周易尚氏学

尚秉和 著

郑同 点校

九州出版社 全国百佳图书出版单位

图书在版编目（CIP）数据

周易尚氏学/尚秉和著；郑同点校. —北京：九
州出版社，2022.9

ISBN 978－7－5225－1101－6

Ⅰ.①周… Ⅱ.①尚… ②郑… Ⅲ.①《周易》—研究 Ⅳ.①B221.5

中国版本图书馆 CIP 数据核字（2022）第 146945 号

周易尚氏学

作 者	尚秉和 著 郑同 点校	
责任编辑	王文湛	
出版发行	九州出版社	
地 址	北京市西城区阜外大街甲 35 号 （100037）	
发行电话	（010）68992190/3/5/6	
网 址	www.jiuzhoupress.com	
印 刷	三河市九洲财鑫印刷有限公司	
开 本	710 毫米×1000 毫米 16 开	
印 张	26.5	
字 数	380 千字	
版 次	2022 年 11 月第 1 版	
印 次	2022 年 11 月第 1 次印刷	
书 号	ISBN 978－7－5225－1101－6	
定 价	78.00 元	

出版说明

一、尚秉和（1870～1950），字节之，号滋溪老人、石烟道人，河北行唐人，晚清进士，著名易学家。博学善文，精通中医，喜玩金石，工于绘事，于易学造诣渊深，著述甚丰。主要易学著作有：《周易尚氏学》《周易古筮考》《左传国语易象释》《焦氏易林注》《焦氏易诂》等。

二、尚秉和认为，卦象是解释《周易》卦爻辞之根本，是《周易》筮占之根本。只有熟练地运用《周易》之大象来筮占，才能得春秋战国太史之遗法。因此，尚秉和先生把古人常用的重要卦象从繁多的典籍中筛选出来，并加以厘订，以便于学者用时有所遵循。

三、尚秉和认为："未学《易》，先学筮。"筮法作为易学的一个要素，在研究易学时有着重要作用。他说："《易》本用以卜筮，不娴筮法九六之义，即不知其何来，而《系辞》'大衍'一章尤难索解。《春秋传》所谓某卦之某卦，亦莫明其故，故学《易》者宜先明筮法。"尚秉和广搜古人筮案，并从学术的角度详加考释。通过对《周易》古筮法的阐释和考订，阐发《周易》的哲学智慧。当然，这也是尚秉和研究筮法的目的所在。

四、尚秉和通过对卦象的归纳整理与推衍，提出了完整而详备的卦象说。通过对象数的阐发和筮法的研究，提出了解《易》的新思路。卓然成一家之言，于象数易学贡献尤大，其成果即体现在《周易尚氏学》和《周易古筮考》中。自民国以来，尚氏的易学理论对易学界一直有着很大的影响。尚氏的研究方法和解《易》思路，对于当前过分偏重于易理的易学研究，更有着重要的指导意义。

五、本书同时收入《周易古筮考》《左传国语易象释》《滋溪老人传》，使读者研究尚秉和先生的易学理论时更为方便。

六、此次整理工作包括标点、文字处理、校勘工作。

七、本书标点根据现行新的标点用法，并结合古籍整理标点的通例，对全书进行统一规范的标点。但全书不使用破折号、省略号、着重号、专名号，正文中不使用间隔号。如引用典籍中书名与篇名并列时，一律在中间加中圆点以别之。如《乾·九二》《乾·九二·象》等。

八、文字处理。汉字简化字以国家文字工作委员会发布的《文字使用规范条例》《简化字总表》《第一批异体字整理表》为基准，以《辞海》和《汉语大字典》为依据。未尽之处，依古籍整理通例处理。所有文字，凡能简化者，一律简化。古体字、不规范字或底本明显的版误之处，一律改为规范简化字。明显讹误之处，径改正之。其他悉从原本，不作改动。

自　序

易理至明也，而说者多误。说何以误？厥有二因。

一因易理之失传。太史公曰："《易》以道阴阳。"阴阳之理，同性相敌，异性相感。《艮·传》云"上下敌应，不相与也"，谓阳应阳、阴应阴为敌也。《中孚·六三》云"得敌"，《同人·九三》曰"敌刚"，谓阴比阴、阳比阳为敌也。阴遇阴，阳遇阳，既为敌而不相与，则不能为朋友、为类明矣。《咸·传》曰"二气感应以相与"，恒曰"刚柔皆应"。夫阴阳相与相应，则必相求而为朋友为类明矣。复曰"朋来无咎"，谓阳来也，阴以阳为朋也。损曰"一人行则得其友"，谓阳行至上而据二阴也，阳以阴为友也。《颐·六二》曰"行失类也"，谓阴不遇阳也。至明白也。乃说者于坤上六，谓阴阳相战争，相伤而出血矣。于《文言》谓阴阳相忌相疑矣。以阳遇阳为朋，阴遇阴为友为类矣。同性相敌，异性相感之理一失，于是初四二五三上阳应阳、阴应阴者谓之失应，人尚知之。至于阳比阳、阴比阴，如夬姤之三四，如颐之六二，说者则茫然。于是全部《易》，如"征凶""往吝""往不胜""壮于趾""其行次且"及"慎所之"等辞，全不知其故矣。又如阳遇重阴，阴遇重阳而当位者，所谓"往吉""征吉""利涉""利往""上合志也"。此其义宋蔡渊曾创言之，而未大行。于是全部易爻象若是者，自汉迄清，说者亦莫明其故，而用爻变矣。又如阳爻，下乘重阴者亦多吉，与前临重阴同也。《蹇·九三》曰"内喜之也"，说甚明也，乃亦失传。于是《颐·上九》之"利涉"，《蒙·上九》《渐·九三》之"利御寇"，皆不知所谓矣。有此一因，于是《易》解之误者，十而四五。

其次则象学失传。《说卦》乃自古相传之卦象，只说其纲领，以为万象之引伸，并示其推广之义。如乾为马，坤、震、坎亦可为马。乾为龙，震亦可为龙。巽为木，艮坎亦可为木。非谓甲卦象此物，乙卦即不许再象也，视其义何如耳。至文王时，又历数千年。其所演易象，必益广益精。故《周易》所用象，往往与《说卦》不同。《说卦》以坎为月，《经》则多以兑为月。月生西，坎、兑皆位西也。《说卦》以离为龟，《经》则以艮为龟。离为龟，取其外坚。艮亦外坚也。此推而益广也。且有与《说卦》相反者。《说卦》以兑为少女，以艮为少男。而《经》则以兑为老妇，以艮为祖为丈夫。《说卦》以震为长男，巽为长女。《经》则以震为小子，巽为少女。女妻即少女，盖以甲乙言。先生者长，后生者少。而以一人言，则初生者少，行至上而老也。此演而益精也。自东汉迄清，于此等义例，都未能明。见《经》所用象，为《说卦》所无，则用卦变爻变或爻辰以求之。谬法流传，二千年如一日。加此一因，于是《易》解之误者，十而七八矣。

以二千年相承之易说，今忽谓其误。以一人之是，谓千百人皆非。毋乃骇众，然而易象固在也，易理固存也。本易理以诂易辞，如磁铁之吸引。由易辞以准易象，如规凿之相投，固不诬也。以为之者少，旁无师友之助。以违之者众，更无声气之同。然而我见固如斯也。我说无一创也。以我之说，仍以《周易》所言之理，推而正说者之误，俾卦爻辞复其本有之易理也。其先儒旧说，与易理合者，如许慎、荀爽、《九家》之诂"龙战"，如《子夏传》、荀爽之诂"得敌"，靡不因也。其与易理戾者，虽千百人皆如此言，而必反之。如虞翻以阳遇阳为朋，阴遇阴为类等是也。至于卦象之误者，非我能创造新象，仍《周易》原有之象，说者失之。今证以《左传》《国语》，周公《时训》与《卦气图》，证以《焦氏易林》、郭璞《洞林》，回环互证而得其象也。及其既得而求其本，仍在《周易》。如坤之为水为鱼、震之为輹等象是也。然而我之说不敢必谓其是也，更不敢自匿其非也。故名曰《周易尚氏学》，以质世之治《易》者。

经者天下之公物，非一人所得私。理者天地之自然，非偏执所能改。倘学《易》之君子，见是编而扬榷其是非，纠正其疏漏，则日夜所祈祷者也。

说　例

一、韩宣子适鲁，见《易象》与《鲁春秋》。夫不曰见《周易》，而曰见《易象》，诚以易辞皆观象而系。《上系》云"圣人观象系辞焉而明吉凶"是也。故读《易》者，须先知卦爻辞之从何象而生，然后象与辞方相属。辞而吉，象吉之也。辞而凶，象凶之也。故甲卦之辞不能施之乙，乙卦之辞不能施之丙。偶有同者，其象必同。如小畜六四、升初六，《象》皆曰"上合志"，夬、姤皆曰"其行次且"是也。且卦爻辞，往往上语方吉，下语忽凶，上下语不相属。圣人吐辞为经，能支离如是乎？象所命也。《睽·上九》曰"有豕负涂，载鬼一车"，《豫·九四》曰"朋盍簪"，《剥·六五》曰"贯鱼以宫人宠"。圣人庸言庸行，能好怪如是乎？亦象所命也。至王弼扫象，李鼎祚目为野文。诚以说易而离象，则易辞概无所属，其流弊必至如宋人之空泛谬悠而后已。兹编所释，首释卦爻辞之从何象而生。辞与象之关系既明，再按象以求其或吉或凶之故，还易辞之本来。

一、易理无不相通。如《大壮·初九》"征凶"，以阳遇阳也。而《夬·初九》之"往不胜"，《大有·初九》之"无交害"可知。又如《随·初九》"出门交有功"，《无妄·初九》"往吉"，以前遇阴也。而《大畜·九三》之"利往"可知。又如《同人·六二》"吝"，以比与应相嫉，远近不能兼取也。而《咸·六二》之"居吉"，《遁·六二》之"执用黄牛"可知。兹编虽多创解，然皆以《易》解《易》，非故异先儒。

一、乾坤二卦为六十四卦之根本。其六爻爻辞，只以明上下，别贵贱。及卦运之兴衰，初终之时位，树六十四卦之准则。至于有无应与，当位不当位之恒例，皆未之及。而六爻之后，复赘以"用九""用六"数语，皆所以明筮例，及"用九""用六"之故。学者须于此先知之。

一、易辞本为占辞，故其语在可解不可解之间。惟其在可解不可解之间，故能随所感而曲中肆应不穷。所谓仁者见仁，智者见智也。此易理也。易理与义理不同。例如《程传》说"黄裳元吉"，云"五尊位，臣居之则羿莽，女居之则女娲武氏，故圣人著为大戒"，陈义可谓正大矣，而于易理则大背，以易辞并无著戒之意也。此编只明易理，至其用则任人感触之。

一、卦名皆因卦象而生。卦名不解，因之卦爻辞亦不解。如睽为反目，谓两目不相听，故一目见为此，一目见为彼。三、上爻辞是也。此义不知，遂多误解。又如节为符节，合以取信，《说文》所谓"竹约也"。乃说者概释为撙节制节，卦义既误，故卦爻辞甘苦之义均不知。六十四卦如此者甚多。兹纲所释，先及诸卦得名之义。其名有沿革者，亦并考其异同。如睽，《归藏》作瞿；夬，《归藏》作规等是也。

一、说易之书，莫古于《左传》《国语》。其所取象，当然无讹。乃清儒信汉儒，而遗《左》《国》。坎变巽。左氏曰"夫从风"，以坎为夫也。曰"震车也"，曰"车有震武"，以震为车为武也。震变离。曰"车说其輹"，以震为輹也。尤要者，明夷之谦，即离变艮。左氏曰"当鸟"，是以艮为鸟也。鸟，黔喙也，于是小过"飞鸟"之象有著。乃后人于此象均不识，依汉儒以震为夫，以乾为武。夫易师莫先于左氏，其可信较汉儒为何如？故兹编所取象，除以《易》证《易》外，首本之《左传》《国语》，以明此最古最确之易象。

一、《时训》为《逸周书》之专篇，《书》云"周公所作"，其气侯皆以卦象为准。故《卦气图》与《时训》不能相离。其所准易象，与《易经》所关最钜。如于屯曰"雁北乡"，以屯上互艮为雁。于巽曰"鸿雁来"，亦以巽为鸿雁，而渐之六鸿象得解。以艮为蛤为蜃，艮外坚，故与离同象，而易之贝象龟象得解。以兑为斧，以艮为巢为鹰，皆赖以解。易而用覆象、半象尤精。如于复曰"麋角解"。震为鹿，艮为角，角覆在地，故曰"解"。于鼎下曰"半夏生"。离为夏，巽为草。初二半离，故曰"半夏"。而昔儒无知者。[①]

---

① 除《易林》外。

兹编所取象，除《左》、《国》外，多以《时训》为本。一《焦氏易林》，后儒皆知其言易象。然以象学失传之故，莫有通其义者。如以坤为水，以兑为月，以艮为火，以巽为少妻，以兑为老妇，以正反兑正反震为争讼，[①]为《说卦》所无，而皆为经中所有。说者因误解经，而失其象，故于《易林》亦不能解。愚求之多年，亦无所入。后读《蒙之节》云："三夫共妻，莫适为雌。子无名氏，翁不可知。"因节中爻震艮，上坎三男俱备，故曰"三夫"。只下兑为女象，故曰"三夫共妻"。震为子，艮为名为翁，上坎为隐伏。故曰"无"。曰"不可知"。字字皆从易象生。由此以推，凡林词皆豁然而解。故兹编取象，除《左传》《国语》《卦气图》外，多本《易林》。

一、《易》中古文甚多。如"场"作"易"，"趑趄"作"次且"，"趾"作"止"，"佚"作"失"等，不可胜数。先儒除晁说之外，知为古文者甚少，于是竟读"易"为"难易"，"失"为"得失"。兹编非好异，凡《易》之古文，必仍其旧例。如"需于血"，即"需于洫"是也。

一、古书多音同通用，而易尤甚。如磐，作盘，作槃，作般。遭如，作驙如。甲坼，作甲宅。冶容，作野容。刑剧，作形渥，作刑屋。经纶，作经论，作经伦。羸，作虆，作累，作缧，作累之类。皆音同通借，无是非之可言。而世儒必以习见者为非，罕见者为是，似未观其通。兹编反是。

一、易用覆象。如《大过·九五》之"枯杨"，用覆巽。《丰·上六》用覆艮，"重门击柝"，以豫上震为覆艮。荀爽及虞翻皆知之，而不能推行。于是困之"有言不信"，蒙之"再三渎"，用覆象者，遂永不得解。岂知左氏"明夷之谦"曰："于人为言，败言为谗。"谦上震，震为言，下艮震覆，故曰"败言"。言相反，故曰"谗"。《易林》本之。凡正反震正反兑相背者，不曰"争讼"，即曰"有言"。于是困、震之"有言"皆得解。此似我创言之，然仍左氏及《易林》所已言。我拾其说以证《易》耳，仍非我说也。

一、卦有卦情。中孚之"鹤鸣子和"，以中爻正反震相对也。

① 争讼即有言。

故下之震鹤一鸣，三至五即如声而反，故曰"子和"。① 又如兑，"朋友讲习"。以初至五，正覆兑相对，若对语然。故曰"讲习"，曰"商兑"。《夬·四》之"闻言不信"。兑为耳，故曰"闻"。兑为言，乾亦为言。乃兑言向外，与乾言相背，故曰"不信"。此似我创解。然《左传》"归妹之睽"，曰"西邻责言，不可偿也"。归妹兑为西，震为邻，故曰"西邻"。而震为言，震言外向，与兑言相背，故曰"责言"。与夬之"闻言不信"义同也。仍非我说也。

一、同此一爻，而爻辞吉凶不同。如《颐·六五》曰"居贞吉"，下又曰"不可涉大川"。《家人·九三》曰"嗃嗃悔厉吉"，下又曰"妇子嘻嘻终吝"。先儒无详其故者。岂知爻有上下，由此爻上取，而象吉者，下取或凶。下取而象吉者，上取或凶。如《渐·九三》"妇孕不育凶"，下又曰"利御寇"是也。易词如此者，不可枚举。此三爻特其例耳。治《易》者如明此例，则事半功倍。

一、易辞与他经不同。他经上下文多相属，《易》则不然。因易辞皆由象生。观某爻而得甲象，又观某爻而得乙象。故易辞各有所指，上下句义不必相联。如《损·象》曰"利有攸往"，指上九也。下又曰"曷之用。二簋。可用享"。震为簋，坤数二，故曰"二簋"，则指上下互卦也。又如困"贞大人吉"，以二五皆阳也。"有言不信"，以三至上正反兑相背也。旧解无知者，故于上下句，常强为联属，致杆格不合。兹编遇此，先指明易辞之说何爻何象。至其意义之不相属者，亦必指明。此自为一义。

一、卦爻辞往往相反。如《履·象》曰"不咥人"，爻曰"咥人凶"。《无妄·象》曰"不利有攸往"，爻曰"往吉"是也。又《大象》每相反以见义。如同人曰"辨物"，无妄曰"时育万物"是也。先儒无知其故者。岂知卦有卦义，爻有爻义，象有象义，绝不同也。

一、易辞皆观象而生。象之所有，每为事之所无。故不能执其解。如《蒙·六三》曰"见金夫"。艮为金为夫，"金夫"指上爻艮。金美称，左氏所谓"式如玉，式如金"是也。朱子谓"金夫，盖以金赂己而挑之。若鲁秋胡之为"，是执其解也。又若《豫·九

---

① 旧解不知子指反震皆自鸣自和。

四》之"朋盍簪"。震为发，艮为簪，而坎为穿。阴以阳为朋，以一阳横贯于群阴之间，有若簪之括发，故曰"朋盍簪"。为事之所必无，理之所难有，而在《易》则为维妙维肖之取象。《杜诗》云"盍簪喧枥马"，谓群马絷于一杠之上也。解此语，可谓明白如画矣。乃执者泥其语为难通，谓簪名汉时始有[①]，而读为哉为撍。又如《大畜·上九》"何天之衢"，谓"天衢如何负何"，而训为"当"，为语词。岂知艮为天[②]为背，震为大涂，于象恰合。若泥其解，则易辞十八九皆不能通矣。故读《易》只可观象玩辞，而不可泥其解。

一、解经惟求其是而已，无所谓派别。自王弼扫象，以野文说《易》，兴于唐而大盛于宋。风气所播，观象系辞之义，至是遂亡。然如邵子之先天卦位，与《易经》合，[③] 与最古易师之《左传》合，[④] 与汉儒合。[⑤] 易学得是，经始大明，则不能不重也。兹编概不敢盲从毛黄诸俗说，以言先天象为戒。

一、汉儒以象数解《易》，与春秋士大夫合，最为正轨。乃郑玄于象之不知者，则用爻辰，取象于星宿。虞翻则用爻变，使变出某卦，以当其象。若此者，亦不敢从也。

一、《易》义有绝不能解者，先儒虽强说之，实皆无当。如《同人·九四》之"吉"，自《象传》不能详其故。《小畜·九二》同。《易》义如此者多有。兹编遇之，必详言其难解之故。偶有揣测，亦不敢自信也。

一、吴挚父先生《易说》，于大畜云："凡阳之行，遇阴则通，遇阳则阻，故初二皆不进，而三利往。"于节云："《易》以阳在前为塞，阴在前为通。初之不出，以九二在前。二则可出而不出，故有失时之凶。"此实全《易》之精髓，为二千年所未发。愚于易理粗有所入，实以此数语为之阶。故特揭出，以尊师说。

一、眼前事物，皆为易理，俯取即是。例如雄鸡与雄鸡见则死

---

① 《韩非子》：周主亡玉簪。李斯《逐客论》《礼经》均有。

② 失传象。

③ 既济以离为东，坎为西。

④ 离变乾而曰"敬如君所"。

⑤ 《易林》多用先天象。康成注《月令》，明言巽在未方。

斗，驴马尤甚，若有宿仇者，是何也？阳遇阳也。《大畜·初九》曰："有厉利已。"厉，危已止也。初有应，但为二三所隔，遇敌故曰"有厉"。止而不动，则灾免矣。《象》曰"不犯灾"，正释厉义也。乃旧解谓厉指四爻。厉若在四，尚何贵此应与乎？不识灾即厉，命二变成坎，以取灾象。岂知《大壮·初九》"壮于趾征凶"，《夬·初九》"壮于前趾往不胜"。壮，伤也。其故皆在阳遇阳。伤之与灾，有何别乎？故夫目前易理，望之似浅，推之实深。昧厥目前，《易》虽一再言之，总不能知。

目　录

总　论

第一　论"周易"二字本诂

　　吴先生曰："易者，占卜之名。《祭义》：易抱龟南面，天子卷冕北面。是易者占卜之名，因以名其官。"《史记·大宛传》："天子发书易，谓发书卜也。"又武帝《轮台诏》云："易之，卦得大过。"易之，卜之也。说者以"简易、不易、变易"释之，皆非。愚案：《史记·礼书》云"能虑勿易"，亦以易为占。"简易""不易""变易"，皆易之用，非"易"字本诂。本诂固占卜也。

　　至于"周"字，郑康成注《周礼》"三易"，于《连山》《归藏》，皆详释其义，于《周易》则缺而不释。然康成《易论》云："《周易》者，言易道周普无所不备。"贾公彦云："《连山》《归藏》皆不言地号，以义名易，则周非地号。《周易》纯乾为首，乾为天，天能周匝于四时，故名易为周也。"孔颖达则据《世谱》等书，谓《连山》为神农，《归藏》为黄帝。《连山》《归藏》既皆是代号，《周易》亦然。谓郑说无据。按：三《易》之名，皆缘首卦。《连山》以艮为首，上艮下艮，故曰"连山"。《归藏》以坤为首，万物皆归藏于地，故曰"归藏"。《周易》以乾为首，乾"元亨利贞"，即春夏秋冬。周而复始，无有穷期。故曰"周易"。郑《论》及贾《疏》所言是也，孔《疏》所据非也。神农之兼号"连山"，黄帝之兼号"归藏"，乃因其所演之《易》名。后人伟其功，即以为号，非其《易》原无名。连山氏所演者，即名连山；归藏氏所演者，即名归藏也。何言之？《连山》、《归藏》皆因卦首之艮坤而得名，显而易见。二帝之所以有此兼号者，亦犹神农创建农功，即以神农为号耳。且《连山》《归藏》，先儒亦谓为夏、商《易》，益可证《连山》《归藏》之名乃因《易》而起，非以《连山》《归藏》标代号。如为代号，胡能又谓为夏、商？孔氏之观察误也。"周"者易之理，十二消息卦周也，"元亨利贞"周也。"大明终始，六位时成"，周也。《彖传》分释"元亨利贞"既毕，又曰"首出庶物"，即贞下启元也，周也。古圣人之卦气图，起中孚，终颐，周也。此其理惟扬子云识之最深。《太玄》以"中"拟中孚，以"周"拟复，终以"养"拟颐。其次序与卦气图，丝毫不紊。而于《玄》首，则释其所以然。其"罔直蒙酋冥"，即"元亨利贞"。故以中、羡、从为始，更、晬、廓为中，减、沈、成为终。循环往来，无一非"周"之理。而于三《易》终西北始西北之义，尤推阐无遗。西北者戌亥，《乾凿度》以戌亥为天门。《庄子》云："有乎生，有乎死。有乎出，有乎入。入出而无见其形，是谓天门。"天门者无有也，万物出乎无有。盖一岁之事，至乾而终，复自乾而始。有无出入，皆以戌亥为枢纽。故先天艮居戌亥，《连山》以为首。月卦坤居戌亥，《归藏》以为首。后天乾居戌亥，《周易》以为首。明乎此，而"周"字之解诂，不待烦言矣。

第二 论《周易》大义之认识

　　《易》本用以为筮，故有卦辞，又有爻辞，其所言皆天地间公例公理。昔人谓专言天道者固非，谓专言人事者亦非。否泰往来，剥复循环。天道与人事，无二理也。句括万有，孕育深宏。凡哲学无不根源于是。而居易俟命，与时偕行，尤学《易》之准则。时而泰，即使"飞龙在天"，亦不必喜，时过则亢矣。时而否，"潜龙勿用"，亦不必忧，时及则舍发也矣。《系辞》云："危者使平，易者使倾。"其有益于身心性命甚大，故自古深于《易》者，无不洞达天人，有自然之乐。如宋之邵雍、晋之郭璞、魏之管辂，其最著者也。

第三　论古易之类别

伏羲既画卦，必更有书以申明其义。《周礼》："小史掌三皇五帝之书。"是三皇已有文字，特亡耳。后人谓"黄帝始造字，[①] 伏羲只画卦无文字"者，谬也。《周礼》："太卜掌三《易》之法，一曰《连山》，二曰《归藏》，三曰《周易》。"其在春秋时，皆三《易》并占。《左传》、《国语》，所谓"艮之八"，"泰之八"，及所引繇辞为《周易》所无者，先儒皆谓为二《易》之辞也。后《连山》《归藏》亡于晋永嘉之乱，只存《周易》，今所诵读者是也。

---

① 黄帝集其成，非始于黄帝。

第四 论《周易》谁作

《左传》："韩宣子适鲁，观《易象》与《鲁春秋》。曰：吾乃知周公之德，与周之所以王也。"周公之德，由《鲁春秋》知之。周之所以王，则由《易象》知之。盖文王演《易》，其忧勤惕厉之精神，备见于易辞。故一观易辞，[①] 即知文王之所以王。是春秋人以文王演《易》。

《系辞》云："《易》之兴也，其当殷之末世，周之盛德邪？当文王与纣之事邪？"是孔氏以文王演《易》。后太史公、扬子云之属，亦以文王演《易》于羑里。既曰"演《易》"，则卦爻辞皆文王所作。自西汉以前，无异议也。只京氏《积算法》云："西伯父子，推爻考象，加乎星宿。局于六十四所、二十四气。"夫以五星二十八宿及二十四气入卦，乃占筮之事。京举此以明其术之所本，正言周公作《卦气图》与《时训》也，非谓周公作《易》。至东汉王充、马融、陆绩之侪，忽谓文王演卦辞，周公演爻辞，孔颖达、朱子等皆信之。而究其根据，则记载皆无。孔颖达以升六四言王，明夷六五言箕子，既济九五言西邻受福。及韩宣子见《易象》，知周公之德为解。岂知升六四言王以震为王。震为陵，形两歧，故曰"王用亨于歧山"。岐歧通也。即使有所指，亦指殷王。文王终身服事殷，故盼王来享，情见乎辞。今谓不合自称为王，以文王追谥为说，故疑为周公。其谬一也。

至明夷六五之"箕子"，与《象传》之"箕子"，绝对不同。《象传》之"箕子"，纣臣也。六五之"箕子"，则赵宾读为"荄兹"，刘向、荀爽读为"荄滋"，王弼读为"其兹"，蜀才读为"其子"，而《焦氏易林》则读为"孩子"。"孩子"指纣，与《论衡》读"微子之刻子"为"孩子"同也。[②] 且以六五之君位，而使纣臣居之可乎？马融知其不可，以箕子演畴，有帝王之德为解。然何以

---

① 凡易辞皆易象。
② 古亥音皆音喜，皆与箕音通。

总论

5

解于"箕子之明夷"？《象传》谓"箕子晦其明"，今谓"箕子明夷"，则竟不明矣。其谬二也。

至既济九五之"东邻""西邻"，原以离坎为东西，以离为牛，以互震为祭，纯是观象系辞。乃汉人忽有"东邻指纣，西邻自谓"之曲说。在文王固不合，在周公尤不合。周公时何来与纣为邻？且语意之肤浅，圣人有若是者乎？其谬三也。

至韩宣子观《易象》之语，解已见前。且杜注云："《易象》《春秋》，文王周公之制。"谓文王制《易象》，周公制《春秋》，解甚分明。今忽因"吾乃知周公之德一语"，[①] 谓"周公遭流言，亦得为忧患，必亦演《易》"，尤为虚妄不实。其谬四矣。

故夫《周易》卦爻辞，纯为文王一人所作。其欲加入周公者，毫无根据，不可信也。[②]

----

① 述孔旧说。

② 《西溪易说》云："文王囚中演《易》，周公未必生。即生，亦子云家之童乌也，岂能演《易》？"驳孔说至详。

第五　论重卦

孔颖达云："王辅嗣以为伏羲重卦，郑玄以为神农重卦，孙盛以为夏禹重卦，史迁以为文王重卦。"今以诸文验之。《说卦》云："昔者圣人之作《易》也，幽赞于神明而生蓍。"凡言作者创造之谓，非伏羲不足以当之。故《乾凿度》云："垂皇策者羲。"明蓍在六爻之后，非三画之时。伏羲既用蓍，即伏羲已重卦矣。今依王辅嗣为得其实。按：孔说是也。郑以为神农重卦者，盖以《周礼·太卜》"有三《易》，其经卦皆八，其别皆六十有四"之文。郑彼注云：别即重卦。而《世谱》等书，谓神农兼号《连山》，故郑谓其始重卦。惟杜子春谓《连山》为《宓戏易》。贾公彦云："《连山》以艮为首。上艮下艮，故曰连山。"若然，宓戏画卦，即重为六十四卦，愈无疑也。

第六　论《十翼》谁作

自太史公、扬子云、班孟坚诸儒，皆以为孔子所作，无异论也，至宋欧阳公始疑之。然如乾坤《彖传》，除扬子云外，无有通其说者，盖非圣人不能为也。其余若《文言》之"同声相应，同气相求"，"阴凝于阳必战"诸章，及《系辞》之维妙维肖、蹈虚御空之语，《杂卦》之错杂位置、鼓舞颠例之言，试思谁能为之？又谁复敢如此为之？即零辞断句，若《小象》，朱汉上谓其音声皆与律吕相应。律吕之学，为愚所不知。以解经论，如谓大畜九三为"上合志"，升初六亦谓"与上合志"，颐六二谓"行失类"，皆全《易》大旨所关。盖《周易》若无《十翼》，左右推测，与二《易》等亡耳，人仍不知其义蕴也。惟《十翼》解释"元亨利贞"之义，《彖》《象传》与《文言》不同。又或《彖传》与《彖传》，《文言》与《文言》亦不同。由是知《十翼》之义，有采集古《易》说者，如"元者善之长"八句。《左传·襄九年》，穆姜曾述此古义曰"然固不可诬也"，谓此古《易说》可信也。又如《说卦》"帝出乎震"八句，"乾为天"一节，文与《连山》同，而夫子采之。此其所可考者。其不可考，如《文言》一再释乾六爻之义，疑亦采集古说，故义不同。盖自宓戏至孔子，有数千年之久。前后筮法，虽有不同，而理则无二。其间《易》说必多，其为夫子所常常称述者，门人从而辑录之也。有荟萃夫子之说者。夫子之说，如《象传》言"时乘六龙以御天"，言"云行雨施"，《文言》亦言之，而上下《系辞》意重复者尤多。盖皆夫子所说，前后不一时，而记录者亦未必为一人，故辞重意复如是，而非夫子自为也。盖《周易》得夫子之《十翼》，门户始开。而《十翼》幽奥之辞，其难解过于《周易》。朱子云"有文王之《易》，有孔子之《易》"。孔子之《易》即《十翼》，故《十翼》非孔子不能为，不敢为。而纪录《十翼》者，则孔子之门人也。①

---

① 疑《杂卦》或夫子自为之。其叙次卦位，《上经》先一阳卦，次二阳三阳次四阳，而损益则次于《上经》之第十卦，否泰则次于《下经》之第十卦。其位次与经同，其义盖与经大异。此等改作，七十子不敢也。惜其大义失传久，无有能说者。

第七 论《十翼》篇名

　　《十翼》篇名，《史》《汉》皆未详说。依扬子云所拟，则《象传》《文言》《说卦》《序卦》《杂卦》共五篇。而《玄离》《玄莹》《玄掜》《玄图》《玄告》，皆拟《系辞》。似《系辞》原为五篇，足成《十翼》之数。而孔颖达谓经有上下，则以《上象》一、《下象》二、《上象》三、《下象》四、《上系》五、《下系》六、《文言》七、《说卦》八、《序卦》九、《杂卦》十。后儒又各有分配，然无关宏旨，故略而不详。

第八　论《彖》《象》连经始于何人

　　《彖》《象》原各自为篇，而今本皆附于经文之下。后儒谓费直专以《十翼》解《易》。《彖》《象》连经，始于费直，此无稽之言。《史》但言"直以《十翼》说《易》耳"，安见其以《彖》《象》连经？不合一。《史》言"费直无章句"。以《彖》《象》连经，是有章句也。不合二。刘向校诸家《易》，独费直与中古文合。设以《彖》《象》连经，向早言之矣，尚能与中古文合乎？不合三也。考《三国志·高贵乡公传》云："《彖》《象》本不连经。今郑玄注连经，何也？"是以《彖》《象》附于经文下者，实始于康成也。

第九　论传《易》之人

　　《汉书·儒林传》云："商瞿子木受《易》于孔子，以授鲁桥庇子庸，子庸授江东馯臂子弓，子弓授燕周丑子家，子家授东武孙虞子乘，子乘授齐田何。汉兴，田何授雒阳周王孙、梁人丁宽。丁宽授田王孙，田王孙授施雠、梁丘贺、孟喜。"由是得孔氏嫡传者，有施、孟、梁丘三家之学。三家中以孟喜能兼明阴阳，毕田生之业。孟喜授焦延寿，延寿授京房，由是又有京氏之学。此外有高相，专明阴阳灾变，自言出于丁将军。费直专以《十翼》解《易》，其传授不明。此西汉传《易》之大略也。

第十 论消息卦之古

亦曰月卦，曰侯卦，曰十二辟卦，为全《易》之本根，大玄之纲领。清儒毛西河等，动以月卦属之汉人，此大误也。干宝《周礼注》引《归藏》云："复子，临丑，泰寅，大壮卯，夬辰，乾巳，姤午，遁未，否申，观酉，剥戌，坤亥。"是月卦已见于二《易》，故《坤·象》及上六爻辞，非用月卦不能解，明以坤居亥也。《左传》得复卦，曰"南国蹙，射其元，王中厥目"。以复居子，尤为显著。后汉人注《易》，往往用月卦而不明言，以月卦人人皆知，不必揭出，其重要可知已。

第十一　论先后天之方位

八卦圆布四方，各有其位，而先后不同。盖《易》之道一动一静，互为其根。先天方位，乾南坤北，离东坎西。一阴一阳，相偶相对，乃天地自然之法象。静而无为，惟阴阳相对必相交。坤南交乾，则南方成离。乾北交坤，则北方成坎。先天方位，遂变为后天，由静而动矣。《周易》所用者是也。然《周易》虽用后天，后天实由先天禅代而来，不能相离。故《说卦》首以"天地定位，山泽通气"，演先天卦位之义，再明指后天。诚以经中如坤卦蹇卦，以坤为西南，从后天位。而既济九五，则以离为东，坎为西，从先天位。《说卦》不得不兼释也。及后天方位，以《说卦》明指，人知之。先天方位，至魏晋而失传。以余所考得，西汉焦延寿，于先天方位无不知，《易林》皆用之。①

《九家》注同人曰："乾舍于离，同日而居。"夫曰"乾舍于离"，是以乾居南也。后荀爽亦曰"乾舍于离，相与同居"。夫曰乾与离同居，是亦以乾居南。荀爽又注"阴阳之义配日月"云："乾舍于离，配日而居。坤舍于坎，配月而居。"是不惟以乾居南，并以坤居北。又注家人云："离巽之中有乾坤，是以离与乾同位，巽与坤同位。故曰离巽之中有乾坤。"又郑玄注《月令》："季夏，国多风欬，云辰之气乘之也。"未属巽辰，又在巽位。按：季夏为未月，巽初主丑未，故未属巽辰。又在巽位者，言未在西南。巽亦在西南，故云未在巽位。孔氏不知先天卦位，故此句不能释。是先天方位，在两汉皆未失传。

至魏管辂，谓乾必宜在南生，以乾位西北为不合，而疑圣人矣。则以先天位已失传，辂但见其尾，不见其首也。历魏晋迄唐，无有知者。至宋邵子揭出，《易》本始大明。而黄梨洲、毛西河等，以邵氏所传，本于道士，肆力排击，若非是不足以卫道者。而耳食者流，不加详察，懵然从之，成为风气。实《左传·闵二年》："大

---

① 详《焦氏易诂》。

有之乾。曰：同复于父，敬如君所。所者位也，复者复其位也。离变乾，乾为父，故同复于父。乾为君，乾之所在南，离亦在南。故人之敬离位，如乾位也。"又《成十六年》："卦遇复。曰：南国蹙，射其元，王中厥目。"夫乾为王为首，凡学《易》者皆知之。阳气自北射南，故离目受咎。乾亦在南，故乾首亦受咎而被射也。杜注但知离在南，故能释目象。不知乾南，故王象元象不能释也。又万裕沄云："《左传》如山岳则配天，风行而著于土，川壅为泽。"震之离亦离之震，是艮与乾同位西北，巽与坤同位西南，坎兑同位西，震离同位东。左氏已备言之，故荀爽郑玄资以注经。他若《乾凿度》，言先天义尤多也。

第十二　论易理易象失传后之易派

　　凡春秋人说《易》，无一字不根于象。汉人亦然。惟古书皆竹简，本易散亡。王莽乱起，中原经兵燹者十数年。至汉末，西京易说皆亡，独存孟京二家，以无师莫能传习。于是韩宣子所谓《易象》者，颇多失传。东汉儒者，知说《易》不能离象也，于象之知者说之。其不知者，则当敬阙其疑。乃虞翻浪用卦变，郑玄杂以爻辰，虚伪支离，使人难信。王辅嗣遂乘时而起，解缚去涩，扫象不谈，唐李鼎祚所谓野文也。自是《易》遂分为二派：其以辅嗣为宗者，喜其无师可通，显于晋，大于唐，而莫盛于宋，所谓"义理"之学也。实所谓义理者，于易理无涉。朱子晚年，深悟野文之非，诋訾《程传》先辞后象之颠倒。然卒不敢改其《本义》，以违忤时尚。易学之衰落，盖莫甚于此时。其以荀虞为宗者，号为"汉易"，以别于野文家，极力复古。惟其所宗，适当《易象》失传之后，于象之不知者，仍用卦变爻变。奉虞氏遗法，为天经地义。于是焦循变本加厉，于象之不知，义之不能通者，以一卦变为六十四，以求其解，其弊遂与谈空者等。然汉学家于训诂必求其真，无空滑之病，少越轨之谈。一洗元明以来讲章之霾雾，于初学较便也。

周易尚氏学卷一 上经

䷀（乾）

乾。元亨利贞。

《说卦》"乾健也"，《子夏传》"元始也，亨通也，利和也，贞正也"。盖天之体以健为用，而天之德莫大于四时。元亨利贞，即春夏秋冬，即东南西北。震元离亨兑利坎贞，往来循环，不忒不穷。《周易》之名，即以此也。后儒释此者，莫过于《太玄》。《玄》文云："罔直蒙酋冥。罔北方也，冬也，未有形。直东方也，春也，直而未有文也。蒙南方也，夏也，物之修长也。酋西方也，秋也，物皆成象而就也。有形则复于无形，故曰冥。故万物罔乎北，直乎东，蒙乎南，酋乎西，冥乎北。罔舍其气，直触其类，蒙极其修，酋考其就，冥反其奥。罔蒙相极，直酋相赦。出冥入冥，新故代更。将来者进，成功者退。已用则贱，当时则贵。"按《太玄》阐发此四字之理，至矣尽矣。除《彖传》外，无此深奥明晰之解释也。其所谓直蒙酋，即震春离夏兑秋，即元亨利也。所谓罔冥，即坎冬，即贞也。必以二字拟贞者，盖以子复为界。子复者冬至也。故由亥坤至子复为冥，由子复至泰寅为罔。罔，不直也。冬至以后，万物虽枉屈，不能见形于外，然阳气已生，与冬至前之冥然罔觉者异矣。故曰"罔舍其气"。舍者，蓄也，养也。即《彖传》所谓"保合太和"也。

或曰：《彖传》释此，纯指天道。然《彖》不曰"春夏秋冬"，必曰"元亨利贞"者何也？曰："乾之德无所不统，无所不包。言元亨利贞，则天时人事，尽括于其中。"

惟此四字，义蕴宏深，非一解所能尽。《彖传》《象传》，皆释贞为正。而"大贞","小贞","不可贞","贞吝","贞凶","不利君子贞",义皆不通。而《彖》《象》传遇此皆不释,似委为不知而阙疑者。《文言》曰:"贞固足以干事。"又释贞为固。然于"贞凶""贞吝"等辞,仍不能通。此《彖》《象》传与《文言》不同也。

尤异者,《乾·彖传》以"万物资始"释元义,以"云行雨施品物流形"释亨义,以"大明终始六位时成"释利义,以"天道变化各正性命"释贞义,是以四德平列也。而于屯、随之"元亨利贞",则释曰"大亨贞"。于临、无妄、革之"元亨利贞",则释曰"大亨以正"。舍"利"不言,只为二德。是《彖传》与《彖传》,所释不同也。《文言》曰"元者善之长,亨者嘉之会,利者义之和,贞者事之干",是以四德平列,尤为显著。乃下又曰"乾元者始而亨者也,利贞者性情也",则以"元亨"为一义,"利贞"为一义,亦为二德。此又《文言》与《文言》所释不同也。昔儒以《彖》、《象》传释贞字,与《文言》不同,疑《十翼》非出一手。愚谓《彖传》当为一人作矣,而前后所释不同。《文言》当为一人作矣,而前后所诂仍异。此无他,乾健之德,不可名言。似必再三释,方能毕其义蕴也。

然则"元亨利贞"四字,究以何解为当乎?曰:其在乾则确为四德。《彖传》之所释,宏深透辟,于四德各有推阐。而以"天道变化,各正性命,保合大和",释贞之原理,尤幽隐难识。故《文言》曰:"君子行此四德。"盖四德缺一,即不成为天时,不成为人事。故《太玄》以罔直蒙酋冥拟之,并著其义曰"春夏秋冬",指其方曰"东西南北",则亦以"元亨利贞"为四德也。

至于"贞吝""贞凶","不利君子贞",其义与"乾元亨利贞"之贞,绝不相同。案《周礼·春官》,"天府季冬陈玉,贞来岁之媺恶",注"贞谓问于龟卜"。郑司农曰:"贞问也。《易》曰:师贞丈人吉。"又《左传·哀十七年》"卫侯贞卜",《国语》"贞于阳卜",皆以贞为卜问。而"师贞丈人吉",前郑引以解《周礼》,是以贞为卜问,已有先例。愚以为"大贞""小贞""贞吝""贞凶""不利君子贞",皆宜诂作卜问,与"乾元亨利贞"之贞,判然为二义,不得混同。五经字同而义异者多矣,不独此也。盖贞有正义,又有

"贞固""贞定"二义。朱子兼采之，曰"贞正而固也"。岂知兼二义，仍不能尽通。近儒王陶庐先生又以全《易》"贞"字皆释作卜问，于文理可通矣。然若乾之"利贞"，亦释作卜问，则乾德不全矣，似不尽协也。

盖"元亨利贞"，合之为乾德，分之为八卦之德。故即为六十四卦之根本。《象》或曰"亨"，或曰"元亨"，或曰"贞"，或曰"利贞"，或曰"亨利贞"，或曰"利贞亨"，或曰"元亨利贞"。似以此四德，为衡量卦德之准的者。然如无妄凶卦也，亦曰"元亨利贞"，则似别有标识，而非论卦德。端木国瑚曰："《易》遇东南方春夏之卦，则曰元亨。遇西北方秋冬之卦。则曰利贞。"由其言推之：屯下震春也，故曰"元亨"。上坎冬也，故曰"利贞"。随下震春也，故曰"元亨"。上兑秋也，故曰"利贞"。临下互震，故曰"元亨"。上坤下兑，故曰"利贞"。无妄下震，故曰"元亨"。上乾为冬，故曰"利贞"。革下离互巽，故曰"元亨"。上兑为秋，互乾为冬，故曰"利贞"。其余虽不尽当，然大概如是也。总之元亨利贞，春夏秋冬，东南西北，仁义礼智，一二三四，兹数者，合之一之，混之同之，融会贯通，遗貌御神，天人不分。陶冶既久，然后知此四字，已括尽易理，非言诠所能尽。而能申其义者，前惟《象传》，后惟扬子云。

初九。潜龙勿用。

九者老阳之数。动之所占，潜隐也。阳息初复，一阳伏群阴之下，故曰"潜"。物莫神于龙，故借龙以喻阳气。复子时当冬至，一阳初生，伏藏地下，故曰"勿用"。又卦位初为士，未出世之君子，德亦如是也。

九二。见龙在田。利见大人。

初二于三才为地。二在地上，故称田。乾为大人。二虽不当位而居中，利见者，言大人宜于此时出见也。郑康成谓利见九五之大人，非，五无应也。阳息至二临，阳出地上，由潜而显。大人亦如此也。

九三。君子终日乾乾。夕惕若。厉无咎。

乾为君子，为大明，故为日。晋"顺而丽乎大明"，大明谓离日也，故乾亦为日。《易林·困之泰》云："阴云四方，日在中央。"以泰上坤为云，下乾为日也。又《蹇之咸》云："日月并居。"以咸上兑为月，互乾为日。余证尚多，皆详《焦氏易诂》中。三居下卦之终，故曰"终日"，曰"夕"。"惕"，忧思也。"厉"，危也。忧危故"无咎"。阳息至三泰，万物思奋，人事亦如是。三四于三才为人爻。人居天地之中，宜乾惕有为也。"厉"，许慎作"贲"，后易家多从之。而《文言》作"厉"，并以"危"释"厉"义。注莫古于《十翼》，似当从也。

九四。或跃在渊。无咎。

《易林》、《九家》、荀爽，皆以乾为江河，故乾亦为渊。跃，起也。四居上卦之下，故曰"跃渊"。"或"者，言事不一定，可则为之，慎审而行，故"无咎"也。阳息至四大壮，百果草木甲坼之时也。

九五。飞龙在天。利见大人。

五于三才为天位，又为天子位。贵而得中，故曰"飞龙在天"。大人于此，居极尊之位，履万物之上，向明而治，圣人作而万物观，故亦曰"利见大人"。九五阳息至五夬，万物繁荣，相见之时也。

上九。亢龙有悔。

王肃曰："穷高曰亢。"上九居卦之极，故曰"穷"。在六爻之上，故曰"高"。高则易危，穷则事尽。故"有悔"。按：乾盈于巳，盈则亏，满则损，乃天道之自然。《太玄》云："成功者退。"又中首次六云："月阙其抟，不如开明于西。"是其理也。

用九。见群龙无首。吉。

此文王以筮例示人也。《易》之本为六七八九。七九阳，八六阴。今遇阳，胡以只言九，不言七？则以《周易》以九为用，与二《易》殊也。用者，动也变也。"用九"者，言遇九则动，遇七则不动。若作"用"训诂，则《周易》竟不用七八矣。不用七八，则揲蓍时常不遇九六，将何以为占？盖九六占爻，七八占象之义。治《易》者十六七皆忽之，故其义常晦。"见群龙无首吉"者，申遇九则变之义也。九何以必变？阳之数九为极多，故曰"群"。阳极反阴，乃天地自然之理。乾为首，以阳刚居物首，易招物忌。变坤则无首，无首则能以柔济刚，故"吉"。"无"，《说文》云"奇字"。王育谓"天屈西北为无"。

此节自古说者常有数蔽。见说"吉"即疑为占辞，不知其申"用九"之义，一蔽也。见说"群龙"，即疑群龙指上六爻，不知其言九，二蔽也。见说"群龙无首"，即疑六爻全变，不知其指揲蓍之三变成一爻言，三蔽也。甚至以此为爻辞，四蔽也。笼统浮泛，诠释乾健大义，五蔽也。岂知六十四卦，六爻之后，独乾坤二卦，有此赘语者，诚以乾坤者阴阳，六十四卦，皆乾爻坤爻所积而成。乃乾卦只言九不言七，坤只言六不言八。不申明其故，揲蓍者胡所遵循？故于乾坤六爻之后，申曰"用九""用六"。复恐人不解"用九""用六"之义，又曰"见群龙无首吉，利永贞也"。其详说皆在《周易古筮考》中。

《彖》曰：大哉乾元。万物资始。乃统天。

《系辞》云："彖者材也。"材财通，《孟子》有"达财"者。而财与裁通，《泰传》"后以财成天地之道"。汉人上书，"伏惟裁察"，每作"财察"。然则材即断也，即裁度也。"元亨利贞"者，彖辞也。此则释《彖》者，先儒名曰《彖传》，《十翼》之一也。自太史公、扬子云、班固，皆以为孔子作。

乾元者，乾之元气也。于时配春，故曰"资始"。"统"，《说文》"纪也"。《史记·乐书》："乐统同。"注："统，领也。""统天"者，言乾元之德统领万物，总治一切。《九家》释统为继，谓乾德统继天道。后诸家又有训统为始为本为合者，皆非也。按：此释"元"义。

云行雨施。品物流形。

此释"亨"义，于时配夏。乾交坤成坎，坎为云为雨，故曰"云行雨施"。坤为品物，乾入坤。故曰"流形"。乾施坤受，和而为雨，品物润泽，万物洁齐，相见乎离，亨之义也。

大明终始。六位时成。时乘六龙以御天。

此释利义，于时配秋。乾为日，故曰"大明"。日始于离，终于坎，以成昼夜，积昼夜以成四时。六位者六爻。爻各有时，时而至秋，万物成熟，故曰"时成"。《太玄》拟之曰："酉西方也，秋也。"万物皆成象而就，释时成之义也。《文言》曰："利者义之和也。"兑正秋，兑悦故和，秋成故利也。然乾之六时，果何属乎？六龙者六阳。乾阳卦，故其所乘之时皆阳时，即子寅辰午申戌。《乾凿度》所谓"乾贞十一月子，左行阳时六"是也。言乾而乾三子可知。若坤之所乘，则六阴时。《乾凿度》所谓"坤贞六月未，右行阴时六"是也。"时乘六龙以御天"，即言乾乘六阳时以统御天道。自汉以来，不知"时乘六龙"，即乾乘六阳时。笼统解说，与上句"六位时成"无以异，而《传》义愈晦矣。

乾道变化。各正性命。保合太和。乃利贞。

此释贞义，于时为冬。万物自有而入无，由动而之静，故曰"变化"。《太玄》拟贞为冥，曰"有形则复于无形，故曰冥"。又曰"冥者明之藏也。出冥入冥，新故代更。入冥者变，出冥者变后而化也"。"变化"者天道必然之理也。"性命"者精神。"太和"者元气。"正"者定也。《周礼·天官》："宰夫令群吏正岁会，正月要。"注："正，定也。""各正性命"者，言万物入冬而形气定也。"保合"者固也。"保合太和"，言万物静定而无为，正所以养育其生命也。"各正性命，保合太和"，略如人入夜寝息，休养神明。《系辞》云："尺蠖之屈，以求信也。龙蛇之蛰，以存身也。精义入神，以致用也。"正谓此也。贞者元之本，元者贞之著。下文曰"首出庶物"，即贞下启元之义也。后儒舍冬义，以"既济定"说贞者，皆未当也。

首出庶物。万国咸宁。

元亨利贞，相循环者也。贞非寂灭无为也，乃所以植元亨之基。故夫冬尽春来，贞久元至。"首出庶物"者，元也，言又复始也。春生震仁，故曰"咸宁"。"万国咸宁"者，言如圣君当阳首出，万邦有庆也。

《乾·彖传》简括宏深。自非深于《易》者，不能为也。自汉以来，除《太玄》外，无有明其义者。而诂"六龙"为"六位"，"利贞"为"既济定"，尤谬误之大者。"首出庶物"二语，解者皆不误矣。而皆不知于"元亨利贞"之后，再缀此语者，乃所以示四德循环之义。朱子云"不贞则无以为元"，又曰"四德循环无端"，知此义矣，乃讫未明指再缀此语之故。岂知六龙与六位无别，则"六龙"句为赘语。"首出庶物"，与"万物资始"理同。而不疏其循环之义，则"首出"句又为赘语。乌乎！可哉！揆厥原因，皆由不确知"元亨利贞"，即春夏秋冬，即东南西北。《象传》与《文言》虽未明言，固皆本此为义，特义奥语文，后儒遂歧于索解。及扬子云揭出"春夏秋冬"，"东南西北"二义，然后知《象传》所言者，皆"元亨利贞"之原理，及其所以然，义遂明彻。然"罔直蒙酋冥"之演"元亨利贞"，除范望、司马温公外，他儒无言者。于以知《太玄》之难读，等于《易》也。

《象》曰：天行健。君子以自强不息。

《系辞》云："象者像也，像此者也。"先儒以其推阐一卦之义谓为《大象》，亦《十翼》之一。[①]《尔雅》："行，道也。""天行健"，谓天道健也，与"地势顺"为对文。按：《左传·襄九年》，"晋伐郑，杞人从赵武斩行栗"，注"行道也"。由是以推，蛊、剥、复《象传》皆曰"天行"，皆天道也。凡《大象》，专以人事言。言天道强健不息，君子法之也。

潜龙勿用。阳在下也。见龙在田。德施普也。

初阳伏在下。德施普，言阳和之德，普及万物也。下音户。《诗·邶风·凯风》："爰有寒泉，在浚之下。有子七人，母氏劳苦。"下音户，与苦韵，此亦同也。

终日乾乾。反复道也。

乾盈则反巽，坤盈则复震。乾坤者震巽之终，震巽者乾坤之始。

或跃在渊。进无咎也。飞龙在天。大人聚也。

"跃"，《释文》云"上也"。初与四相上下，初潜渊底，故曰"或跃在渊"，言由初跃四也。时可进，故"无咎"。五天位，故曰"在天"。"聚"原作"造"。《释文》云："刘歆父子皆作聚。""聚"与《文言》"云从龙，风从虎"义合。且向、歆所据皆中秘古文，

---

① 王引之云。

必无误，故从之。

亢龙有悔。盈不可久也。用九。天德不可为首也。

阳在上乾盈，盈则必亏，故曰"不可久"。阳极则变，不变则刚柔不能相济，凶之道也，故"无首吉"。

《文言》

此卦爻辞全为文王作之证也。《彖传》申《彖》意，故曰"《彖》曰"。《大象》申卦义，《小象》申爻义，故曰"《象》曰"。此则合卦爻辞总述之，而制此乾坤之卦爻辞者，文王也，故曰"文言"，绎文王所言耳。仍"《彖》曰""《象》曰"之例，并无其他深奥。乃刘瓛曰："依文而言其理，故曰'文言'。"姚信曰："乾坤为门户。文说乾坤，六十二卦皆放焉。"讫不得解，揆其因皆由王充、马融等，谓"文王制卦辞，周公制爻辞"。后儒惑其说，疑但言文王，或遗周公故也。

曰。元者善之长也。亨者嘉之会也。利者义之和也。贞者事之干也。君子体仁足以长人。嘉会足以合礼。利物足以和义。贞固足以干事。君子行此四德者。故曰"乾元亨利贞"。

李鼎祚云："元为善长，故能体仁。仁主春生，东方木也。亨为嘉会，足以合礼。礼主夏养，南方火也。利为物宜，足以和义。义主秋成，西方金也。贞为事干，以配于智。智主冬藏，北方水也。"李氏此诂，最为透彻，与《太玄》"罔直蒙酋冥"理合，识《周易》真谛。盖此八句，为最古之易说。梁武帝、任钓台谓为文王所言，固无根据。然穆姜即述之，可见其为旧说，故孔氏复述之。而欧阳公谓左氏著书，亦欲信今传后。若本孔子之言，而以为穆姜，其谁传信之？谓《文言》非孔子作。按：左氏所纪古人言行，皆古人实有是言，有是行，而后纪之。非并无是事是言，尽左氏所造作也。观穆姜述是语已曰："然固不可诬也。"即谓古《易》说之可信，而不我欺也。且《周易》之兴，至春秋已数百年。所传古训，必已多矣。然则穆姜述之，孔氏复述之，事之常耳。必谓甲述之为真，乙再述之即伪，似不然也。左氏非传《易》者，其是否见《十翼》，未可知也。盖《文言》皆杂采古《易》说，荟萃而成之。故此处以四德释"元亨利贞",下又曰"元亨者,始而亨者也,利贞者性情也",又为二德,与前不同,显为采集古说之证。不过古人质,不似后人之必曰某某云耳。

初九曰:潜龙勿用。何谓也。子曰:龙德而隐者也。不易乎世。不成乎名。遁世无闷。不见是而无闷。乐则行之。忧则违之。确乎其不可拔。潜龙也。

吴先生曰:"易,当读如《论语》'丘不与易'之'易'。"按《孟子》"易其田畴"。赵岐云:"易,治也。"初潜在下,与世无涉,故曰"不易世","不成名"。"遁世无闷"者,言甘于隐遁。"不见是而无闷"者,言人不知亦不惘也。乐则行,忧则否,坚决自守,利禄不能移,威武不能屈,故曰"确乎其不可拔"。《庄子》"应帝王确乎能其事",注"确坚也"。

九二曰:见龙在田。利见大人。何谓也。子曰:龙德而正中者也。庸言之信。庸行之谨。闲邪存其诚。善世而不伐。德博而化。《易》曰:见龙在田。利见大人。君德也。

二居下卦之中,故曰"正中"。庸言庸行中也。中则言必信,行必谨矣。闲邪使不入,则中不乱。存诚使不出,则中可守。善世中也。善世而伐,则偏而不中。不伐若己无所与者,则时中矣。人能如是,其德必博,而化必广。二虽未升乎五为君,然君德已具,必升五也。

九三曰:君子终日乾乾。夕惕若厉无咎。何谓也。子曰:君子进德修业。忠信所以进德也。修辞立其诚。所以居业也。知至至之。可与言几也。知终终之。可与存义也。是故居上位而不骄。在下位而不忧。故乾乾因其时而惕。虽危无咎矣。

"修辞"者,立言也。"诚"者,法则也。"居"者,蓄也,积也。业以积而高大也。爻至三而极,其境至高。识其高而必达其境,故曰"可与言几"。《说文》:"几微也。"《系》云:"几者动之微,吉之先见者也。"爻至三而终,其道已穷。识其穷而必赴之,故曰"可与存义"。"义"者，宜也。

九四曰：或跃在渊。无咎。何谓也。子曰：上下无常。非为邪也。进退无恒。非离群也。君子进德修业。欲及时也。故"无咎"。

欲及时用其学，以济天下，故不避其嫌。四与初相上下，初潜四跃，初退四进。

九五曰：飞龙在天。利见大人。何谓也。子曰：同声相应。同气相求。水流湿。火就燥。云从龙。风从虎。圣人作而万物睹。本乎天者亲上。本乎地者亲下。则各从其类也。

此与象辞之"大人聚"义同也。乾坤初爻交震巽，故曰"同声相应"。上爻交艮兑，故曰"同气相求"。中爻交坎离，故曰"水流湿，火就燥"。湿燥以方位言，荀爽谓"坤湿乾燥"者是也。坤原居北方，北方涸阴沍寒，故曰"湿"。乃乾自南往交坤成坎，故曰"流湿"。乾原居南方。南方炎爔焦灼，故曰"燥"。乃坤自北往交乾成离，故曰"就燥"。此于先天南北之乾坤，变为后天之离坎，至明白矣。乾若不在南，如何流北？坤若不在北，如何就南？故夫方位不明，《易》本立失，所关至巨。坤为云。《易林·困之泰》云："阴云四方。"又《未济之升》云："云兴蔽日。"皆以泰升上坤为云。乾为龙，故曰"云从龙"。坤为风。《易林·讼之剥》云："烈风雨雪。"《大壮之剥》云："乘风驾雨。"皆以剥下坤为风。陆绩云："风土气也。巽坤之所生。故为风。"按陆说是，坤本为风也。乾为虎，故曰"风从虎"。风云者阴，龙虎者阳，言阴必从阳也。乾虎之象。《易林·师之乾》云："三奸成虎。"《小畜之乾》云："东遇虎蛇。"皆以乾为虎。此象昔儒无知者，后会稽茹敦和始发之。近师俞樾袭其说，谓虎阳物，君象。京虞以坤为虎，马以兑为虎，皆不如《九家》以艮为虎之义长。艮何以为虎？以得乾之上爻，犹震得乾初亦为龙也，是乾本为虎也。故履革皆以乾为虎，说与《易林》暗合。"圣人作"者，乾为圣人，坤为万物。"圣人作而万物睹"，即比象也，仍阴从阳也。天地者阴阳。"本乎天者亲上"，谓阳性上升顺行，故乾二必上升坤五，以与阴类。"本乎地者亲下"，谓阴性下降逆行，故坤五必下降乾二，以与阳类。故曰"各从其类"。阴阳相遇方为类，与朋友同。若阴遇阴阳遇阳，则为敌矣，不朋不类也。《颐·六二》曰："行失类也。"以所遇皆阴，至明白也。乃由汉迄今，无有察觉者。

按此节旧解所以不明彻者，一由于类字义失，二由于乾虎、坤云、坤风象失，三由于不知此说阴阳相感之理，以著"大人聚"及"利见"之义，四由于不知此言先天象，故两两对举。震巽对故相应，阴阳相应也。艮兑对故相求，阴阳相求也。水流湿，阳求阴；火就燥，阴求阳也，水火对也。云从龙，风从虎，言阴阳不相离，乾坤对也。皆所以著阴阳类之理也。二千年以来，惟一茹敦和识虎为阴象之非，其功过荀虞远矣。

又"亲上""亲下"二语，使人识阴阳交之所以然也。亲上者居上，亲下者居下，则阴阳气不交而为否矣。亲上者居下，亲下者居上，则阴阳气接而为泰矣。各从其类，统相应相求各语而言之也。

上九曰：亢龙有悔。何谓也。子曰：贵而无位。高而无民。贤人在下位而无辅。是以动而有悔也。

在上故贵，失正故无位，失位故无民。乾为贤人，既非九五之位，则臣下也。三无应，故曰"无辅"。有此三因，故"动而有悔"。

潜龙勿用。下也。见龙在田。时舍也。终日乾乾。行事也。或跃在渊。自试也。飞龙在天。上治也。亢龙有悔。穷之灾也。乾元用九。天下治也。

"舍"，发也。《诗》"舍矢如破"，《易林·家人之大有》云："仲春孟夏，和气所舍"，皆以"舍"为发。作舍弃者固非，以舍为舒之假字者亦非也。"自试"者试其可否，"上治"者居上治民，"天下治"申用九之故也。用九者刚变柔，言天下未治，治之以刚。若天下已治，则当济以柔。明用九之故，因天下已治也。此治字与"上治"治字相呼应。后人因不识用九真谛，故笼统解说。多误者。

○王弼曰：此一章全以人事明之。

潜龙勿用。阳气潜藏。见龙在田。天下文明。终日乾乾。与时偕行。或跃在渊。乾道乃革。飞龙在天。乃位乎天德。亢龙有悔。与时偕极。乾元用九。乃见天则。

王弼云："此一章全以天气明之。"《象传》曰："时乘六龙以御天。"即乾乘六阳时也。初乘子，阳气虽生而未出，故曰"潜藏"。二乘寅，阳出地上，百物思奋，故曰"文明"。三乘辰，百菓草木，长养兴起，故曰"与时偕行"。四乘午，阳盈于巳，消于午，阴起用事，代有终，故曰"乾道乃革"。其以二上变成革为说者，非也。五乘申，百菓草木，至秋成熟，乾德乃见，故曰"位乎天德"。《广雅》："位正也，"言正当天德之时也。上乘戌阳气将尽矣，故曰"与时偕极"。阳极反阴，阴极反阳，乃天道之自然，故曰"乾元用九，乃见天则"。"则"者法也，一定之理也。

乾元者始而亨者也。利贞者性情也。乾始能以美利利天下。不言所利。大矣哉。大哉乾乎！刚健中正。纯粹精也。六爻发挥。旁通情也。时乘六龙。以御天也。云行雨施。天下平也。

"性"之与"情"，清惠栋、阮元、姚配中、洪震煊、胡缙诸儒说之，可谓详尽矣。而"利贞"何以谓之"性情"？只以六爻正成既济为说，无能了解者。则以自东汉以来，于"利贞"之真谛不明也。《易林·中孚之坤》云："符左契右，相与合齿。乾坤利贞，乳生六子。""合齿"者交也，即乾坤利贞也。盖贞之为义属冬。消息卦：坤起午，至亥而为纯坤，与原居亥之纯乾相遇。阴牝阳，天地合德，阴阳和姤，万物本以出生，故曰"乾坤利贞，乳生六子"。然则利贞之为和合明矣。故六十四卦言"利贞"者，二五无不交。否则卦体自相交，如中孚、小过者也。《象传》曰："各正性命，保合太和。"正《易林》所本也。且夫阳之喜阴，阴之喜阳，乃天地自然之性。本其性之所喜，以阳求阴，以阴承阳，而和合焉，则由性而入于情矣。情者，欲也，感也。"利贞者性情"，即谓阴之凝阳，变化和合。乃天地固有之性情，感之极正者也。崔觐云："不杂曰纯，不变曰粹，精者专一。"极形容乾德之大。"发挥"者变动也，言六爻遇九六即变动也。"旁"，《玉篇》云："非一方也。""通"者，感也，应也。阴阳相感故相通。《系辞》云："探赜索隐，钩深致远。"又曰"旁行而不流"。皆谓正象之旁，尚有伏象。故曰"索隐"，曰"钩深"，曰"旁行"。而震与巽相对，艮与兑相对，阴与阳绝异也。而《文言》曰"同声相应，同气相求"，盖阴阳未合，有阴阳之分。阴阳既合，则和同混一而不分矣。故曰"同"。同则通，故《易辞》与《易林》用象，正伏常不分。而其所以能旁通之故，则仍阴阳相求相感固有之理。故曰"旁通情也"。"时乘六龙"义见前。云行雨施，万物亨通，故曰"天下平"。

君子以成德为行。日可见之行也。潜之为言也。隐而未见。行而未成。是以君子弗用也。

此言潜龙仍志在行道，与甘心隐遁鸣高者异。然而"勿用"者，时未可也。夫子盖恐山栖谷隐之流，执初爻为口实，故首以"成德为行"，明儒者之责任。旧解鲜有当者。俞越云："日为曰之讹。"似当从之。

君子学以聚之。问以辨之。宽以居之。仁以行之。《易》曰。见龙在田。利见大人。君德也。

宽，博。居，蓄也。言蓄德广博也。君德既具，特升九五。则不惟居之，且行之矣。德者行之本，仁者行之用。

九三。重刚而不中。上不在天。下不在田。故乾乾因其时而惕。虽危无咎矣。

"君子终日乾乾夕惕若"，是自朝及夕，无不乾惕也。故曰"因时"。所以然者，初二刚，三仍刚，故曰"重刚"。阳遇阳则窒，又卦以二五为中，三失中，上不及五，下不居二，故不敢自懈也。

九四。重刚而不中。上不在天。下不在田。中不在人。故或之。或之者。疑之也。故"无咎"。

侯果曰：《下系》云"兼三才而两之"，谓两爻为一才也，初兼二地也，三兼四人也，五兼六天也。四是兼才，非正，故言不在人。朱子疑四非重刚，岂知重刚与卦位无涉，乃谓上下爻也。疑则慎，慎故"无咎"。

夫大人者。与天地合其德。与日月合其明。与四时合其序。与鬼神合其吉凶。先天而天弗违。后天而奉天时。

天且弗违。而况于人乎？况于鬼神乎？

　　大人者五。五天位，二地位。上下昭列，尊卑判分。而五与二相往来，故"与天地合其德"。五坎位。坎月。二离位，离日。火为水妃，东西终始，故"与日月合其明"。夫天地日月，先天四中象也，惟大人能则之。元亨利贞，即春夏秋冬。四时之序，将来者进，成功者退。已用则贱，当时则贵。循环往来，不差不忒。故曰"与四时合其序"。夫震春离夏兑秋坎冬，即后天之四中象也，惟大人能兼之。消息卦：乾生于东，神也。坤死于西，鬼也。生则吉，死则凶。乃乾虽主生，不杀亦不能成岁功。故生死递嬗，吉凶代更，亦惟大人能合之。先天之象，天地日月，牝牡雌雄，二仪肇分，法象自然如此，虽天亦不能违。后天之象，震兑坎离，互兴迭废。时而生，时而壮，时而老病死。人如此，物亦如此，天地亦如此。夫事而至于天不能违，人与鬼神，不待言矣。

　　亢之为言也。知进而不知退。知存而不知亡。知得而不知丧。

　　进也，存也，得也，阳之事也。退也，亡也，丧也，阴之事也。六者相对待，相循环，至上九亢极矣。极则宜变而知所返。憪不知返，故有悔也。按：此专释上九"亢龙"之义，兼申下文"用九"之故。"知退"即用九也。

　　其唯圣人乎！知进退存亡。而不失其正者。其唯圣人乎？

　　此专释"用九"之故也。知进复知退，知存复知亡，故用九也。"见群龙无首"，即知退也，即阳变阴也。故夫用之为变，观此而益明矣。自荀、虞以来，不知此节系专释"用九"之义，浮泛解释。然《文言》此处舍"用九"不释，是其辞未毕也。李鼎祚知此说"用九"，而以"乾元用九，天下治也"为解。仍不知"知退知亡"，即释"用九"及"无首"之义。

周易尚氏学卷二　上经

䷁（坤）

坤。元亨。利牝马之贞。君子有攸往。先迷后得主。利。西南得朋。东北丧朋。安贞吉。

元亨，谓二五也。乾元亨二五独吉，坤亦然。元亨并无阴阳之分。虞仲翔谓"坤含光大，凝乾之元，终于坤亥，出乾初子，故元亨"。案《象传》曰："至哉坤元！"是坤亦言元，不专属乾，《坤·六五》云"黄裳元吉"是其证。乾为马，坤为牝，贞卜问也。"利牝马之贞"，即利牝马之占也。牝马柔顺，言阴必顺阳也。"君子有攸往"，言具坤德之君子，有所行也。惠栋、端木国瑚泥于"坤为小人"之象，谓君子指阳非也。"地道无成"，故不可先，先则迷而失道。惟随阳之后，以阳为主，则靡不利也。"西南得朋，东北丧朋"。旧解以"朋"字"类"字失诂，故鲜得解者。马融、荀爽以阴遇阴为朋，虞翻谓失之甚矣。乃用《参同契》："月三日出庚，震象。八日见丁方，兑象。兑二阳为朋，庚西丁南，故曰'西南得朋'。三十日坤象。月灭乙癸，癸北乙东，故曰'东北丧朋'。"苦心搜索以求朋象。岂知兑之为朋，以阴遇阳，非以二阳。阳遇阳，同人谓之"敌刚"；阴遇阴，中孚谓之"得敌"。然则虞说与马、荀背易理等耳。然支离穿凿，则过于马、荀矣。复曰"朋来无咎"，《蹇·九五》曰"大蹇朋来"，《解·九四》曰"朋至斯孚"，皆以阴得阳为朋。而坤逆行。消息卦：自西而南阳日增，自东而北阳递减。增则得朋，减则丧朋，而坤道无成，故安静贞定则吉也。

《象》曰：至哉坤元！万物资生。乃顺承天。坤厚载物。德合无疆。含弘光大。品物咸亨。

何休《公羊传》"元年"注云："元者气也。"万物资坤元以生，坤元实顺天以行，故天道广大无疆，惟坤之德能合之也。万物皆孕毓于地，故曰"含弘"。万物皆成长于地，故曰"光大"。光大则咸亨矣。

牝马地类。行地无疆。柔顺利贞。君子攸行。

阴阳合为类，乾为马，故马与地类，而牝马尤与地类。"君子攸行"者，谓柔顺利贞之德，为君子所法也。《九家》谓"乾来据坤，为君子攸行"，失《传》旨。

先迷失道。后顺得常。西南得朋。乃与类行。东北丧朋。乃终有庆。

夫曰"行"曰"终"，乃自西而南，自东而北而逆行也，非以西南东北相对待也，明矣。消息卦自西而南阳日增，故曰"西南得朋"。阴以阳为类，故曰"乃与类行"。消息卦自东而北阳递减，故曰"东北丧朋"。夫事有终必有始，丧朋之地始于巳，终于亥。坤行至亥，阳丧尽而为纯坤，乃反曰"有庆"者何也？则以《周易》之位，乾原居亥。纯坤与纯乾相遇，天地合德，万物由此出生，故曰"有庆"。《易》凡言"有庆"者，皆谓阴遇阳。大畜、晋、睽六五，皆上承阳，故皆曰"往有庆"。《易林·中孚之坤》云："符左契右，相与合齿。乾坤利贞，乳生六子。"《太玄·玄文》云："入冥出冥，新故代更。"皆说"有庆"之故也。后儒皆承用虞氏解，谓"坤行至西南，月又将生明为有庆"，是不知终为何处也。终者艮象亥方。《周礼·宰夫》，及《大司徒》"岁终"注，皆曰"周季冬也"。周季冬为亥月。又《尔雅·释天》云："月在壬曰终。"壬亦亥方，是终指亥方甚明。《说卦》云："艮成终。"终于亥也。故夫洞明易理者，莫过于焦延寿与扬子云也。①

安贞之吉。应地无疆。

坤道主静，故曰"安"。《易林》云："乾坤利贞，乳生六子。"安贞即利贞，利贞即天地合德。合则相感，故曰"应地无疆"。

《象》曰：地势坤。君子以厚德载物。

王弼曰："地形不顺其势顺。"是王弼之本，作"地势顺"也。

----

① 《焦氏易诂》，有详说，可参阅。

宋衷曰："地有上下九等之差，故以形势言其性。"夫曰"性"则亦读为顺也，而皆未引《说卦》"坤顺"为诂。是愈证宋王本之皆作"地势顺"，故不引《说卦》为证。盖坤古文作巛，而巛为顺之假字，故宋王皆读巛为顺。自《正义》改作坤，而顺字遂无由识。至清儒王引之等，据《说卦》"乾健坤顺"之文，谓"天行健，即天行乾；地势顺，即地势坤"。夫乾坤之为天地，不惟《说卦》言之，《彖》《象》传并言之。故以天代乾，以地代坤。今不从宋王注，以坤为顺之讹字，[①] 谓天行健即天行乾，地势顺即地势坤，是天行天地势地也，尚可通乎？王又谓巛即川字，川与坤顺声近，故借川作坤，是尤不安。夫坤古作巛，是古文作巛也。隶书原以变古文之繁重。若巛字本即简易，故隶书常因而不改。《大戴礼·保傅篇》："《易》之乾巛。"《家语·执辔篇》："此乾巛之美。"《后汉·舆服志》："尧舜垂裳，盖取诸乾巛。"《北史·太和三年》："巛德六合殿成。"又坤字之见于汉碑者，无不作巛。再征之金文。周师旬敦铭云："用作巛宫宝。"王陶庐云："巛即坤字。"由此证巛即坤，非有所借也明矣。引之谓顺因川而得声，愚以为顺因巛而得声，推之训驯巡纼等字皆然。引之盖泥于《说文》"坤下无重巛"之文，谓巛非坤本字。王陶庐云："《玉篇》巛下注曰'古文坤字'，《广韵》亦曰'古文以坤为巛'，二书皆胚胎于《说文》。据此《说文》必有巛字，后夺之耳。不然二书不敢臆造。"又云："《释文》原云：巛本又作坤，坤今字。今改为坤，本又作巛。巛今字，文理谬戾已极，是皆因孔氏改巛作坤，后人遂并《释文》而亦改矣。"按王说是也。《诗·周颂》"有巛之行"，《释文》云："巛苦魂反，字亦作坤。"此处《释文》应同。然则坤本作巛，征之金石传记无不然。汉本《易》之作"地势顺"，征之宋注王注亦无不然。然今本《易》何以讹作"地势坤"，则以汉本《易》，坤原作巛，乃借巛为顺也。何言之？顺既因巛而得声，在古文例常假借。如大壮卦以易为场，夬以次且为趑趄，小畜以血为恤，皆因其得声之字而假借。今以巛假顺，正其例耳。孔氏知巛即坤，不知巛为顺之假字，遂竟改作坤

---

① 若作巛则不讹。

矣。若宋、王则皆读作顺也，以宋王本皆作《《也，作《《则人易知为顺矣。其以《说卦》为解者，于字之沿革，尽失其义。厚德载物者坤，君子取以为法。虞仲翔必谓君子为乾亦非。

又《易》以《《为大川。《焦氏易林》以《《为水，为江河淮济。《九家》注蛊亦以坤地为水，邵子坤水之象之所本也。盖《《即川字即水字，故《易林》复以坎为土，邵子复本之。疑古以水土为一物，能合而不能分。比曰"地上有水"，师曰"地中有水"。证以古文，稽之卦象，而益信矣。[①]

初六。履霜。坚冰至。

阳进阴退，阳顺阴逆。故阳自七进九为老阳，阴自八退六为老阴。阴极则变，故《易》用六也，于卦为姤。时当夏至，一阴初生，初震爻故曰"履"，阴微故以"霜"为喻。乾为冰为坚，坤行至上当亥方，与乾相遇，故曰"坚冰"。言五月微阴初见，驯至亥月而极寒，必然之势，当惕然悟也。干宝以五月无霜，谓阴气既动，则必至于履霜，必至于坚冰者非也。霜即喻此微阴，微阴见故曰"履霜"，非有待于后也。其待者，乃坚冰也。

《象》曰：履霜。阴始凝也。[②]驯至其道。至坚冰也。

乾为坚冰，言阴生于午，至亥纯坤与纯乾相遇，故曰"至"。

六二。直方大。不习无不利。

二为坤本位。坤二之利，与乾五之利同也。后人泥于乾动为直，及"小往大来"之文，必以直大属之乾，于是经义遂迂曲而不得解。岂知"直方大"皆谓坤，《象传》《文言》所释至明。《文言》云："直其正也。"正谓二。二得位中正，故曰"直"。《象传》云："含弘光大。"大谓坤。坤万物资生，焉得不大？盖方者地之体，大者地之用。而二又居中直之位，故曰"直方大"。后儒见《象传》未言大，便疑大为衍文。然陆德明时，汉魏六朝本具在，从无谓大字衍者，况《文言》引亦有大字乎？阴消至二遁，前承重阳，得主

---

① 金文水作𣲘，两旁画不连。刘润琴云：效鼎涉作𣲘，殷契衍作𣲘，𣲘作𣲘。又永字从水，而金文作𣲘。是皆水字两旁画皆不断。可证《《川水三字，古文皆同。

② 依郭京读。

有利，故"不习无不利"。《文言》释曰："不疑其所行。"正谓二承阳也。

《象》曰：六二之动。直以方也。不习无不利。地道光也。

六二与九五相上下，故曰"动"。阴顺阳，故曰"地道光"。

六三。含章可贞。或从王事。无成。有终。

坤为文，故曰"章"。坤闭，故曰"含章"。阴消至三否，正君子俭德避难之时。故虽有文章，含而不露，贞静自守。荀虞谓三阳位，以阴据其上，故曰"含章"。后儒多从之，非也。《文言》释章为美，仍坤象，非谓阳位也。否上乾为王，三承重阳，故曰"从王事"。三不当位故"或"之，与"或跃在渊"义同，言慎审也。阴顺阳，故无敢成。"成"，法也，式也，言不敢作法也。阴始姤，代乾终事，故曰"有终"。

○按：纯坤无乾，"王事"之象何来乎？须知乾息从复始，坤消从姤始，故复姤亦为小父母。坤消至三，上乾如故也，故曰"从王事"。彼夫讼三曰"从王事"，履三曰"武人为于大君"，皆以上承阳。兹与之同。观初爻曰"履霜坚冰至"，言阳将以次消也。故卦虽无乾，爻辞皆视乾而系也。先儒坐不明此理，又鲜能以《易》解《易》，故说"王事"皆无著。

《象》曰：含章可贞。以时发也。或从王事。知光大也。

时不可，故俟时而发。"或从王事"，知时至矣。故曰"光大"。

六四。括囊。无咎无誉。

坤为囊。扬子《方言》："括，关闭也。"坤闭故曰"括囊"。阴消至四八月观，天地将闭塞矣。阴在三否，阴阳平均，故"或从王事"。至四则阴盛阳衰，时不可矣，故"括囊"，言无所表著也。无与于世，故"无咎"誉。

《象》曰：括囊无咎。慎不害也。

慎故"无咎"，不害即无咎也。

六五。黄裳元吉。

坤为裳，色黄，故曰"黄裳"。坤为下，裳者下饰。五位正中，黄者中色，故曰"黄裳元吉"。元者善之长，五位极尊，故曰"元"。元谓五，大有、鼎皆曰"元吉"，皆谓六五。毛奇龄谓"五降二承乾为元吉"，以元专属乾，非也。

《象》曰：黄裳元吉。文在中也。

坤为文，黄裳文饰。言所以吉者，以居中位也。

上六。龙战于野。其血玄黄。

阴至上六，坤德全矣，故万物由以出生。然孤阴不能生也。荀爽云："消息之位，坤在于亥。下有伏乾，阴阳相和。故曰龙战于野。"坤为野，龙者阳。《说文》壬下云："《易》曰龙战于野，战者接也。"《乾凿度》云："乾坤合气戌亥，合气即接。"《九家》云："玄黄天地之杂。"言乾坤合居。"夫曰相和，曰合气，曰合居，则战之为和合明矣，皆与许诂同也。而万物出生之本由于血，血者天地所遗氤氲之气。天玄地黄。"其血玄黄"者，言此血为天地所和合，故能生万物也。《易林》说此云：① "符左契右，相与合齿。乾坤利贞，乳生六子。"夫曰"符契"，曰"合齿"，则乾坤接也，即"龙战于野"也。消息卦，坤亥下即震子出，故曰"乳生六子"。《象传》云："乃终有度。"度，此也。惟荀与《九家》，皆以血为阴，仍违《易》旨。《易》明言天地杂，则血非纯阴可知。纯阴则离其类矣，胡能生物？至侯果谓阴盛似阳，王弼、干宝谓阴盛逼阳，阳不堪故战，以战为战争。后孔颖达、朱子，因经言"战"又言"血"，疑阴阳两伤者，皆梦呓语也。清儒独惠士奇用许说谓"战者接也。阴阳交接，卦无伤象"。识过前人远矣。

《象》曰：龙战于野。其道穷也。

阴至上六而极，故曰"穷"。穷，尽也。

用六。利永贞。

此亦明筮例也。八六皆阴，今遇阴，胡以只言六不言八？则以六为用而变七也。利永贞，申用六之故也。六何以必变？六为老阴，阴极不返，则太柔矣。《文言》曰："贞固足以干事。"永贞则健而阳矣，故《象》曰"以大终"。大者阳，言阴极则变阳也。

《象》曰：用六永贞。以大终也。

阳大阴小。"以大终"者，言阴极必返阳也。旧解因不知用六

---

① 《中孚之坤》。

义意，故说"大终"，无有当者。

《文言》曰：坤至柔而动也刚。至静而德方。后得主而有常。含万物而化光。坤道其顺乎？承天而时行。

坤柔动刚，义与用六"大终"同。言坤虽至柔，遇六则变阳矣。故曰"动刚"。"后得主而有常"者，言最后变六为阳，以阳为主也。

积善之家。必有余庆。积不善之家。必有余殃。臣弑其君。子弑其父。非一朝一夕之故。其所由来者渐矣。由辩之不早辩也。《易》曰：履霜坚冰至。盖言顺也。

坤为积为殃为恶，故曰"不善"。坤多故曰"余"。又为臣子为弑为夕，君父则指乾也，坤消阳故曰"弑君父"。此正申明"履霜坚冰至"之理。阴在姤至微耳，积之不已，则阳可全消。其祸有不可胜言者，故曰"余殃"。余者，多也。此本世界之公理，人事之自然，而李鼎祚忽以夫子不语怪力乱神为疑。若余度余殃，有类于神道感应之说者，真可谓污蔑圣言，不识语旨矣。渐，《孔疏》云："徐而不速谓之渐。"辩，《说文》"判也，别也"，谓宜别之于先也。顺与循同义。"盖言顺"者，仍循其道则至坚冰之意。荀爽谓"臣顺君命而成之"，背经旨，不可从。[1]

直其正也。方其义也。君子敬以直内。义以方外。敬义立而德不孤。直方大。不习无不利。则不疑其所行也。

直则不挠，故曰"直其正"，言二中正也。方则不诡随，故曰"方其义"，言不苟同也。正直发于心，故曰"直内"。内直则必敬矣，故曰"敬以直内"。义方以接物，故曰"方外"。外方则无不宜矣，故曰"义以方外"。敬义之德立于下，五阳应于上，故"德不孤"。盖阴消至二遘，前承重阳，二五应予，乾先坤后，阳唱阴和。得主有利，故"不疑其所行"。[2]

阴虽有美。含之以从王事。弗敢成也。地道也。妻道

---

[1] 《文言》释初六嘘吸经髓，超妙绝伦。使人惕然省，憬然悟。释上六只以阴凝阳天玄地黄，逗露坤地生物之本。由于天地交，而总不明言，仍还经文昆仑语气。由此见圣人之言，宁使人不易知，而不能不文。《太玄》云："不约则其旨不详，不要则其应不博，不沈则其意不见。"真能窥见载道之故者哉！

[2] 旧解只惠栋知以二五相应说不孤，最为卓识。

也。臣道也。地道无成。而代有终也。

阳革于午，阴代阳用事，以讫于亥，故曰"代有终"。凡终皆谓亥。《象传》曰："乃终有庆。"《说卦》曰"万物之所成终"。终皆谓亥。《内经》与《庄子》，所谓天门者此也。自复子至乾巳皆成事，阳主之，故"地道无成"。自姤午至坤亥皆终事，阴主之，故曰"代有终"。言代阳终事也。终字从冬，言一年之事，至亥冬而终也。① 故艮居亥而艮即为终。成者，法也，式也。《周礼·天官·太宰》："五曰官成，以经邦治。"注：官成谓官府之成事品式。又《秋官·士师》"掌士之八成"，注："八成犹八法。"然而成者法也。"地道无成"者，谓坤柔不敢先创为法式，只能代阳终事也。成与终虚实先后，绝对不同。汉宋衷以成名为说，清惠栋谓成与终同义。夫成与终义诚可通，但此曰"无成"，曰"有终"，则判然二事，不得混同也。

天地变化。草木蕃。天地闭。贤人隐。《易》曰：括囊无咎无誉。盖言谨也。

阴消至四八月观，由"元亨"而入"利贞"。天地之气，将变易矣。观下坤为茅茹为草，巽为木，坤闭艮止，故曰"草木蕃"。蕃与藩通。《诗·大雅》"四国于蕃"是也。又《周礼·地官·大司徒》"九曰蕃乐"，注："杜子春读蕃乐为藩乐，谓闭藏乐器而不作。"贾疏："藩谓藩闭。"然则草木蕃者，言草木至八月而生气藩闭也。自汉以来，无不以蕃息为解。岂知此与下"天地闭贤人隐"，平列为证，以释括囊之义。若作蕃息，与括囊何涉乎？《乾·象传》云："乾道变化，各正性命。保合太和，乃利贞。"言元亨时过，利贞时至也，故曰"变化"。此变化与彼变化同也。变化之征，在物则草木黄落，在天则阳气闭藏，在人则贤哲隐遁。"谨"，慎也，释"括囊"之故也。

君子黄中通理。正位居体。美在其中。而畅于四支。发于事业。美之至也。

地色黄，黄中色，五中位，故曰"黄中"。《玉篇》"理，文也"。坤为文，故曰"理"。"黄中通理"者，言由中发外，有文理可见也。正位居体，即体居正位。坤为体为事业，言有黄中之德

---

① 子即阳复。

者，身必润，事业必成也。

阴凝于阳必战。为其嫌于无阳也。故称龙焉。犹未离其类也。故称血焉。夫玄黄者。天地之杂也。天玄而地黄。

凝，王弼本作疑。《释文》云："荀虞姚信蜀才作凝。"兹从其多者。然疑即凝字。《庄子·达生篇》"用志不分，乃疑于神。"即凝于神也。《诗·大雅》"靡所止疑"，《传》"疑定也"。《正义》音凝，可见疑凝本通。孟喜、王弼诂作"疑似"之疑，致与经旨全背。夫阴阳相求相应，何疑忌之有？又何来战争？天地若至于战争，又胡由相杂？是皆由"战"字失诂，不知相杂者为何义也。阴凝阳即阴牝阳。阴极于亥，与伏乾相遇。坤上乾下，坤外乾内。阳不见，故曰"嫌于无阳"。称龙所以明有阳也。阴阳合为类，离则为独阴独阳。独阴独阳不能生，即不成为血。即曰"血"，即阴阳类也，即天地杂也。"其血玄黄"者，言此血非阴非阳，亦阴亦阳。为天地所和合，故能生万物也。旧解不知阴阳合为类，又不知此言大地生物之本，故"未离其类"四句，举不知其所谓。

䷂（屯）

屯。元亨。利贞。勿用有攸往。利建侯。

上坎为险，下震为动，动乎险中，故名曰"屯"。屯，难也，止也。诸家皆以乾通坤为"元亨"，三之正成既济为利贞"。按：以乾通坤为元亨，初五得位，乾元以通是也。以三之正成既济，为利贞非也。"利贞"者利于贞定也。"勿用有攸往"，申其义也。端木国瑚谓遇春夏卦，即曰"元亨"，秋冬卦即曰"利贞"。《易》本以时为主，说颇胜于旧解。屯由震春以至坎冬，一年气备，故曰"元亨"，又曰"利贞"。乾初勿用，往遇险，故曰"勿用有攸往"。侯，君也，主也。震为君，初临万民，五居尊位，故曰"利建侯"。

《彖》曰：屯。刚柔始交而难生。动乎险中。大亨贞。雷雨之动满盈。天造草昧。宜建侯而不宁。

始交为初五也。前乾坤二卦，皆纯阳纯阴莫能交。屯下震以乾交坤初，上坎以乾交坤中，以其次纯乾纯坤之后，刚柔杂始见，故曰"始交"。难谓坎也。《蹇·传》云"蹇难也"，即指上坎。动而遇险，故曰"难生"。下雷上雨，坤为多故曰"满盈"。造，始也。草，杂乱。昧，冥昧。坤为茅茹为乱，故曰"草"。地黑，故曰"昧"。《易林·艮之晋》云："釜甑草土。"即以晋下坤为草，为釜。"天造草昧"者，言天地之运，始于草昧，故宜建侯于此时，使万物有主也。

诸家皆用虞翻说，谓刚柔始交，为坎二交初。如是穿凿，又何不可谓萃四交初？盖虞氏不知"始"字承前两卦乾坤而言，而以为指屯初二，故误解若是。后阅道光间，卜斌《周易通解》，亦谓始交指初五。然则此义百年前已发之。

《象》曰：云雷。屯。君子以经纶。

"经纶"据《释文》，王弼本作"经论"。今本作"经纶"者，乃孔本也，因将王注亦改之矣。《释文》又云："黄颖曰经纶匡济也。本亦作伦。"案《释名》云："纶，伦也。为之有伦理也。"《论语正义》引郑玄云："论者，纶也，理也。"然则纶伦论，字微异，义则同也。若以卦象言，震为言，初至五正反震，似论于易象较切。若《正义》所云"刘表郑玄作沦"，似不合矣。

初九。磐桓。利居贞。利建侯。

"磐桓"，《释文》云"旋也"。《尔雅·释水》"钩盘"，郭注"水曲如钩，流盘桓不直前也"。《禹贡》"西倾因桓是来"，注："桓，陇阪名。"其道盘旋，曲而上旋，即不能直前也。盘磐通。《释文》云："本亦作盘，马又作槃，又或作般，皆以音同通用。"外坎故利居贞不动，震为主，建侯则坤民有主，故"利"。

《象》曰：虽磐桓。志行正也。以贵下贱。大得民也。

坤为民。阴贱阳贵，阳在下，故曰"以贵下贱"。阳为大，初阳临群阴，故曰"大得民"。

六二。屯如邅如。乘马班如。匪寇婚媾。女子贞不字。十年乃字。

阴遇阴得敌，故屯邅不进。《释文》云："邅。马行不进之貌。"班，《子夏传》"相牵不进貌。郑作般"。般盘同，亦盘桓不进也。又震为马，坤坎皆为马，马多故曰"班如"，言行列不前也。吴先生曰："《汉书》'车班班，往河间'，义同此也。"五坎为寇，二与五应，故曰"匪寇"，曰"婚媾"，乃二前为三四所阻，下为初阳所牵。体又为坤，坤虚故"不字"。字，妊育也。震为孕，《左传·昭元年》"武王邑姜方震太叔"是也。故震为妊育。王引之力辟宋耿南仲朱子以"字"为许嫁之非，其说是也。今河北尚呼牝牛为字牛，义本此也。坤为年，数十，故曰"十年乃字"。言二五，应与虽难，然究为正应，久必合也。

《象》曰：六二之难。乘刚也。十年乃字。反常也。

此"难"字与《象传》"难生"难字不同。彼指坎，此谓乘刚字难也。说者多混而同之，非。乘刚势逆，故字难。

六三。即鹿无虞。惟入于林中。君子几。不如舍。往吝。

鹿，虞翻王肃皆作麓。鹿麓古通。《诗》"瞻彼旱麓"，《周语》作"旱鹿"，韦注"鹿，山足也"。三为艮初，正山足也。"即鹿"者，言至山足而从禽也。即，就也。虞，备虞也。孟子曰："有不虞之誉。"义同此也。言田猎而无备虞，焉能有禽？震为木，艮亦为木，故曰"林中"。坤虚故空入林中。几者事之先见者也，舍去也，言君子见几而去也。上无应故往吝。艮为君子。《淮南子》说此云："夫施薄而望厚者，未之有也。"又《三国志·陈琳传》："《易》称即鹿无虞，夫微物尚不可欺。"夫所谓欺，即无备虞也。王弼云："虽见其禽而无其虞，徒入于林中。"亦诂虞为备虞。乃《孔疏》忽谓虞为虞官，失王义矣。《左传·隐五年》："不备不虞，不可以师。"正与此"无虞"义同。

《象》曰：即鹿无虞。以从禽也。君子舍之。往吝。穷也。

"从禽"义与"即鹿"同。吝遴古通。《说文》"行难也"。三无应得敌故行难。吝字初见。《说文》口部引作吝，云"恨惜也"。足部引又作遴，云"行难"。愚以为凡言"往吝"者，宜从"行难"义。只言"吝"者，宜从"恨惜"义。此曰"往吝"，即行难也。

六四。乘马班如。求婚媾。往吉。无不利。

坎坤皆为马。故亦曰"班如"。艮为求。四与初本为正应，婚媾而已。然必求者，以二三为阻也。知其阻而求之，故"往吉"也。四上承阳，下有应，故曰"无不利"。

《象》曰：求而往。明也。

艮火曰"明"，艮阳在上亦明。自艮火艮明象失传，诸家皆以三变互离为明矣。岂知《旅·九三》云："焚其次。"《易林·大壮之遁》云："火烂销金。"皆以艮为火。说详《焦氏易诂》中。

九五。屯其膏。小。贞吉。大。贞凶。

坎水故曰"膏"。坎陷故"屯其膏"。盖五虽下履重阴，然坤民三分之二，为初所有。四又应初，五虽君位，实无一民，故膏泽无所施也。小谓二，五应二，阴得阳应故吉。大谓五，五虚拥尊位，威柄下移，孤露无辅，故"大贞凶"。震为威，坤为柄也，贞卜问也。诸家强以贞正说之。夫正而有大小，已不词矣。大正而凶，益悖理矣。惠士奇知其不安，又以因为说，其不协与正无异也。

《象》曰：屯其膏。施未光也。

坎为隐伏，故曰"未光也"。

上六。乘马班如。泣血涟如。

坎为血，坎水故曰"涟如"。《诗·卫风》："泣滋涟涟。"《释文》："泣貌。"坎忧惧，下无应，故有是象。

《象》曰：泣血涟如。何可长也。

上六居卦之极，故曰"不长"。

䷃（蒙）

蒙。亨。匪我求童蒙。童蒙求我。初筮告。再三渎。渎则不告。利贞。

艮少，坎隐伏不明，故名曰"蒙"。蒙，穉也，不明也。二得中有应故亨。艮为"童蒙"，为求。而二至上正反艮。自二言若求五，自五言若求二，有互相求之象。然二阳也，阳大明。五阴也，阴迷。我谓二。"匪我求童蒙，童蒙求我"者，言二不必求五，五自来应二也。《传》曰"志应"，言二五相应与相上下也。旧解诂实匪字，定谓二不应五者，非也。坎为圣为通故为筮。比曰"原筮"，亦以坎为筮。震为言，故曰"告"。而二至上正反震，言多，故曰

"渎"。渎，亵渎也。震反为艮，艮止故"不告"。昔贤说此，总不知"再三渎"之故何在。由正覆象并用之义，失传故也。又筮象亦失传，故"初筮"不知何所指。岂知坎在下故曰"初筮"，专指九二。艮坎皆冬日卦，故曰"利贞"。

《彖》曰：蒙。山下有险。险而止。蒙。蒙亨。以亨行。时中也。匪我求童蒙。童蒙求我。志应也。初筮告。以刚中也。再三渎。渎则不告。渎蒙也。蒙以养正。圣功也。

"志应"，言二五互求也。坎为圣，故曰"圣功"。

《象》曰：山下出泉。蒙。君子以果行育德。

艮为君子，为坚，为果。震为行，故曰"果行"。"果行"者，言坚定不易也。《传》曰："致果为毅。"是其义也。震为生为德，故曰"育德"。"以"者，法也。言君子法蒙象，而果毅其行，养育其德也。

初六。发蒙。利用刑人。用说桎梏。以往吝。

发，启也。《诗·大雅·思齐篇》曰："刑于寡妻。"《左传·襄十三年》："一人刑善，数世赖之。"注皆训刑为法，是刑与型同。"利用刑人"者，言宜树之模型，使童蒙有所法式，得为成人，永免罪辟也。坎为桎梏。《说文》："桎足械，梏手械。"四无应，故"往吝"。《说文》引作"遴"，云"行难也"。吝遴古通。《汉书·鲁安王传》："晚节遴。"《王莽传》："性实遴啬。"义皆为吝。"以往"，王安石、朱震、王宗传、朱子、皆训为"以后"，大误。

《象》曰：利用刑人。以正法也。

正，平也。坎为平，故曰"正法"。言以法则示人，俾童蒙有所则效，即释刑人之义也。

九二。苞蒙。吉。纳妇。吉。子克家。

阳居阴中，故曰"苞蒙"。五阴来应，故曰"纳妇吉"。震为子，艮为家。五艮体，二应之。故曰"子克家"。克者，能也，言能任家事也。

《象》曰：子克家。刚柔接也。

"接"与"龙战于野"战字义同，言交接也。

六三。勿用取女。见金夫。不有躬。无攸利。

取、娶同。坤为女。"见金夫，不有躬"，申"勿用"之故也。"金夫"者美称。《诗》："有匪君子，如金如锡，如圭如璧。"《左传》："思我王度，式如玉，式如金。"皆以金喻人之美。艮为金，为夫。人徒知乾为金，不知艮坚亦为金。《易林·随之屯》云："金玉满堂。"以屯之互艮为金也。人徒知震有夫象，不知三男皆为夫。比曰"后夫凶"，以艮为夫也。《易林·复之剥》云："夫亡从军。"以剥上艮为夫也。三与上艮应，故曰"见金夫"。坤为躬，三体震。震为行而决躁，故"见金夫"而及欲往上，不顾四五之阻，故曰"不有躬"。女行如此，不顺，故"无所利"也。

《象》曰：勿用取女。行不顺也。

坤为顺，震躁动，故"不顺"。案此爻旧解，虞翻以阳为金，谓"三为二所淫"，朱子谓"金夫，盖以金赂己而挑之，若鲁秋胡之事"，均堪喷饭。若夫王弼以金夫为刚夫，毛大可、惠栋等用卦变，又以兑阳为金，皆非。故夫卦象一失传，无论若何揣测，皆不能当。其关系之重若是。

六四。困蒙。吝。

四无应。承乘皆失类。故曰"困"。

《象》曰：困蒙之吝。独远实也。

实为阳。初三五皆近阳，四独否，故曰"独远实"。

六五。童蒙吉。

艮为"童蒙"，上承阳，下应二。虽不当位，而居中，故"吉"。

《象》曰：童蒙之吉。顺以巽也。

上承阳，顺阳而行，下与二相上下，故曰"顺以巽"。

上九。击蒙。不利为寇。利御寇。

艮手为击，变启发之意。上应在三，三坎为寇，道穷于上，故"不利为寇"。然艮为坚为守，下拥群阴，势众。故"利御寇"。《坎·彖传》云："王公设险以守其国。"守谓互艮也，能守故利。

《象》曰：利用御寇。上下顺也，

君子守其前，小人随其后，故"利御寇"。"上下顺"者，言坤民顺上也。

䷄（需）

需。有孚。光亨。贞吉。利涉大川。

乾为行，行而遇险，故曰"需"。需，待也，《归藏》作溽。坎兑皆水，故溽。溽，湿也，而溽与濡音义并同。杨氏《古音》云："溽，人余切。"《归藏易》需卦作溽，同濡。案《孟子》"是何濡滞也"，是溽有迟义。古文多省笔，疑需为古文濡字，与《归藏》同。且濡滞亦有须义，与《象传》不背。《周易》本因二《易》而作，溽濡需不过字形之辗转耳，音义并同也。卦辞皆指九五。五上下皆阴，故"有孚"。互离故光，得位故"亨"。"贞吉"者，卜问则吉也。坤为水，为大川。《易林·贲之损》云："龙蛇所聚，大水来处。"以损互震为龙蛇，互坤为水。又《师之复》："渊泉隈防，水道利通。"亦以复坤为泉为水。此外《九家》说蛊之"利涉大川"云："此卦乾天有河，坤地有水，二爻升降，出入乾坤，利涉大川也。"亦以坤为大川。"利涉"谓五，言五居坤中，孚于上下而利也。故《象传》以"位乎天位，往有功"释之。而虞翻谓往指二，二失位，变阴涉坎，故"利涉"。夫以坎为大川，涉之而利，则不必需矣。是背卦义也。彼夫塞无坤也，而曰"利西南"，以塞五居坤中也。需五亦居坤中，坤为大川，当位而尊，上下皆孚，故曰"往有功"。五居外，故曰"往"。非必内卦往外卦，方谓往也。此卦只五爻能利涉，他爻无利者，自坤水象失传，不知五所涉者为坤水，为大川，必以坎为大川。于是《易》之"利涉大川"，无一得解者。

《象》曰：需。须也。险在前也。刚健而不陷。其义不困穷矣。需有孚光亨贞吉。位乎天位。以正中也。利涉大川。往有功也。

须，待也。待则不陷于险中，故"不困穷"，释需之故也。"位乎天位"，"往有功"，皆谓九五。谓九五居坤水之中，上下皆孚。

"有功"即利涉，虞翻以二当之，失《象传》旨矣。

《象》曰：云上于天。需。君子以饮食宴乐。

坎为云，故曰"云上于天"。二四兑，兑口，故曰"饮食"。兑悦，故曰"宴乐"。乾为君子，言"君子饮食宴乐"，从容以俟也。

初九。需于郊。利用恒。无咎。

乾为郊，初临重阳，阳遇阳得敌，不能行，故"利用恒"。恒，久也常也。言潜龙勿用，守常不变也。守常不动，故"无咎"。阳遇阳行难，需而不进，故《象》曰"不犯难行"。《大畜·初九》曰："有厉利己。"厉与难皆指二三。此与《鼎·九二》"慎所之"，《大有·初九》曰"无交"，《大壮·初九》曰"征凶"，《夬·初九》曰"往不胜"，《姤·九三》曰"其行次且"，皆因阳遇阳。乃二千年说《易》者，皆以需坎为难，谓初不取四，为不犯难，岂知难为二三。二三皆阳，阳遇阳行难，故不取四而用恒，非以坎为难而不取也。故夫同性相敌，异性相感之理不明，则《易》本立失。此"不犯难"及"有厉利己"等辞，所以永不得解也。

《象》曰：需于郊。不犯难行也。利用恒无咎。未失常也。

阳遇阳得敌需而不进，故曰"不犯难行"。"难"，指二三。

九二。需于沙。小有言。终吉。

沙近水，二较初略进，故曰"需于沙"。二至四伏艮，艮为沙。"有言"者，争讼也。乾为言，见《左传》。兑口亦为言，见《易林》。乃兑言向外，与乾言相背，故争讼。夬四之"闻言不信"，即如此取象也。兑为小故"小有言"。有言不吉，然而吉者，《象》曰"衍在中"，以居沙衍之中也。《穆天子传》："天子遂东征，南绝沙衍。"盖水中有沙曰衍，故曰"衍在中"，以象中位也。《象》曰"虽小有言，以吉终"者，明有言本不吉。然而吉者，以得中位也。虞翻用半象，谓三四震象半见，为小有言，穿凿之说也。凡《易》云"有言"，及"闻言不信"，"有言不信"者，皆争讼也，非言之有无也。《左传·昭五年》以谦为逸，首发其义。《焦氏易林》畅述其旨。于是二千年有言误解，尽行暴露。与"利涉大川"同。说详《焦氏易诂》中。

《象》曰：需于沙。衍在中也。虽小有言。以吉终也。

解见前。

九三。需于泥。致寇至。

《震·九四》云："震队泥。"以坎为泥也。九三去险益近，故曰"需于泥"。坎为寇，三近坎，故曰"致寇至"。

《象》曰：需于泥。灾在外也。自我致寇。敬慎不败也。

坎为灾，灾在外，明尚未罹灾。"致寇至"，明寇尚未至也。致之故在我，我能敬慎，则不至矣。不至则不败，乾为惕，故曰"敬慎"。

六四。需于血。出自穴。

血，洫之省字。古文如此者，不可胜数。且沟洫亦坎象也。诸家以坎有血象，便作需于血，不辞甚矣。兑为穴。《易林·乾之咸》云："反得丹穴。"《豫之兑》云："秋蛇向穴。"皆以兑为穴。言四之所处，前临沟洫，故曰"需于洫"。而居兑穴之上，故曰"出自穴"。毛奇龄、惠栋、焦循等，皆以坎为穴。用象既误，故于出义不合也。[①]

《象》曰：需于血。顺以听也。

四阴宜顺五阳。坎为耳，故曰"听"。听，从也。

九五。需于酒食。贞吉。

坎为酒。"食"，实也。颐"自求口实"，郑作食。是食实可通用。坎中实，故坎为食。《易林·履之蹇》云："天下饶食。"《谦之坎》："食非其任。"皆以坎为食。酒食在上，兑口承之，故曰"需于酒食"。"贞吉"者，卜问吉也。

《象》曰：需于酒食。以中正也。

五位中正，释"贞吉"之故也。

上六。入于穴。有不速之客。三人来。敬之。终吉。

互兑为穴，上来应三，则入于兑穴矣。而阳必上升，故曰"不速之客"。马云："速召也。"乾为人，上应在三，故曰"三人来。"坎为畏惧，故曰"敬之"，言阴宜顺阳也。上居卦终，故曰"终吉"。

---

① 只姚配中诂出字得解。

《象》曰：不速之客来。敬之终吉。虽不当位。未大失也。

《象》明曰"不速之客来"，来而不当位，言三升上，不当位也，非谓上六本不当位。王弼不明升降之理，便谓初上无位，真妄说也。荀爽云："上退居三，虽不当位，承阳有实，故未大失。"固的解也。

䷅（讼）

讼。有孚。窒惕。中吉。终凶。利见大人。不利涉大川。

乾阳上升，坎水下降，乃乾即在上，坎即在下，违行，气不交，故曰"讼"。二阳居阴中，故"有孚"。坎中实，故"窒"。坎忧故惕。二虽不当位，居中，故"吉"。二无应，遇敌，故终凶。九五中正，故"利见大人"。坤为大川，二入之不当位，无应与，不能出，[①] 沈沦于坤水之中，故曰"不利涉大川"。

《象》曰：讼上刚下险。险而健讼。讼有孚窒惕。中吉。刚来而得中也。终凶。讼不可成也。利见大人。尚中正也。不利涉大川。入于渊也。

刚来得中谓二也，中正谓五也。坤为渊。《易林·震之复》云："藏匿渊底。"言复阳居坤下，故曰"藏匿渊底"，是以坤为渊也。今二入居坤中，故曰"入于渊"。而上无应不能出，沈溺渊中，故曰"不利"。

《象》曰：天与水违行。讼。君子以作事谋始。

需水上乾下，故气交。反之则背道而驰，愈去愈远，故曰"违行"。行，道也。"违行"，言异道而行也。坎为谋坤为事，二居坤中，故曰"作事"。二无应，故入不能出，若慎始则免矣。卦气以下为始。王弼云："凡讼之起，契之不明。"《孔疏》："由于初时契要之过，慎始制契，则讼端绝。"按乾坎皆为信，"契要"者信也，王注优于各家。

---

① 若解则能出。

初六。不永所事。小有言。终吉。

"事"，讼事也。讼始于初，然初有应，初四相上下成中孚，各当位，则讼事息矣，故曰"不永所事"。坎上下兑口相背，故"有言"。有言即讼也，不永故曰"小有言"。有应故"终吉"。

《象》曰：不永所事。讼不可长也。虽小有言。其辩明也。

兑口多，故曰"辩明"。

九二。不克讼。归而逋。其邑人三百户。无眚。

坎为隐伏，故曰"逋"。上无应，故"不克讼"。不克讼故逋。逋，逃也。逃归何处乎？二居坤中，坤为邑为百为户。茹敦和曰："坎数三，故曰其邑人三百户。"言二逃于坤邑之中也。坎为眚，二逋坤中，孚于上下，故"无眚"。眚，《释文》："马云灾也。"

《象》曰：不克讼。归逋窜也。自下讼上。患至掇也。

上谓五，五刚，二与为敌，故曰"自下讼上"。吴先生曰："掇，借为辍，止也。"愚按《集韵》："掇音辍读若朵。"《逸周书》曰："绵绵不绝，蔓蔓若何。毫末不掇，将成斧柯。"不掇即不辍。言毫末虽微，长而不止，即成斧柯。然则掇辍古通用，又河北方言谓人避事曰"掇避"，正与此同。掇或作躲，《玉篇》"身也"，无避匿之义，非也。"归而逋"，即辍讼矣。辍之故因不克讼而有患也。《释文》："郑作惙，忧也。"近师俞樾又作缀，言祸患之来，联缀不已也。但《小象》原以释经文，作惙作缀于逋义皆无涉。若作辍，则正释逋义也。逋而辍讼，讼止故"无眚"。

六三。食旧德。贞厉。终吉。或从王事。无成。

乾为旧为德，坎为食。三承重阳，故曰"食旧德"。失位故"贞厉"，承阳有应故"终吉"。三承乾，乾为王，故曰"从王事"。坤柔故"无成"。义详《坤·六三》前释。

《象》曰：食旧德。从上吉也。

从上即承乾。

九四。不克讼。复即命。渝。安贞。吉。

阳遇阳则窒，故"不克讼"。巽为命。即，就也，安也。初有应，言复初而安命也。渝，变也。讼则争，争则不安，不讼则变而为安贞矣，故吉也。

《象》曰：复即命。渝安贞吉。不失也。

失与轶通。《荀子·哀公篇》："其马将失。"即其马将轶也。轶，突也，过也。《左传·隐九年》："惧其侵轶我也。"《说文》"车相出也"，即从后出前也。不轶即不前出也，释安贞之义也。与随初、比二、小畜初同。

九五。讼元吉。

五位极尊，故曰"元"。五中正，故讼吉。

《象》曰：讼元吉。以中正也。

有中而不正者，有正而不中者。中且正，无不吉。

上九。或锡之鞶带。终朝三褫之。

《说文》："鞶，大带也。"锡，命也。上应三，三巽为带。乾大故曰"鞶带"。乃巽为陨落，故"终朝三褫之"。褫，夺也。坤为夜，乾为朝。上居乾终，故曰"终朝"，与乾三"终日"同义。上应三，三体离，离卦数三，[①] 故曰"三褫"。先儒不知巽为陨落，[②] 褫之故，全在巽，故无得解者。岂知《中孚·初九》云："有它不燕。"以应四巽也。《姤·九四》"包无鱼"，《鼎·九四》"鼎折足"，《大过·九四》"有它吝"，皆以应初巽也，例甚明也。《释文》"褫郑本作挓"。惠氏栋据《淮南·人间训》"盗挓其衣被"，高诱注云："挓夺也。"是仍与褫同。乃宋项安世《周易玩辞》引郑注曰："三挓，三加之也。"后杨慎臧琳朱芹等，颇祖述其说。谓三挓其绅，以为夸耀，故《象》曰"不足敬。"但《论语》之"拖绅"，因孔子病卧，君来视，故加绅于朝服，以为敬。今非病卧，曰"束绅""垂绅"皆可，曰"拖绅"，似不合也。

《象》曰：以讼受服。亦不足敬也。

乾为敬，旋得旋失，故"不足敬"。

---

① 此数失传，只《易林》《洞林》邵子用之。
② 象本《左氏》，后只《易林》用之。

周易尚氏学卷三　上经

䷆（师）

师。贞。大人吉。无咎。

师，众也。坤舍于坎，俱居子方。坤坎皆为众，故曰"师"。犹乾舍于离，俱居午为同人也。贞，卜问也。大人，《正义》作"丈人"，《子夏传》作"大人"，崔憬、李鼎祚从之是也。此与"困贞大人吉"同，皆谓二。《乾·九二》云："利见大人。"利见故吉。陆绩郑王等皆读为丈，谓震为长子。太者长也，故曰"丈人"。岂知二得中，临御万民，大人之事。以二为大人，于象方合，丈人则于卦名不类矣。陆谓丈人为圣人，王谓丈人为庄严之称，皆曲说也。且《子夏传》为韩婴所作，[①]与田何同时，皆秦遗老，其所据当无误也。

《彖》曰：师众也。贞正也。能以众正。可以王矣。刚中而应。行险而顺。以此毒天下而民从之。吉又何咎矣。

震为帝为王，故曰"可以王"。二应五，坎险坤顺，震为行，故曰"行险而顺"。《易林》以坤为害，坎为毒，震从，乾为云。毒，荼苦也。按：《列子》"宋阳里华子病忘，阖室毒之"，注"毒，苦也"。师旅之兴，不无所苦。然非师旅不能安天下，故民从之而吉也。《吴语》云："吾先君阖庐，以与楚昭王毒逐于中原柏举。"义与此同也。马融训毒为治，与行险而顺，义不相应。行险即毒，

_____

　　① 臧庸据《七略》，谓婴字子夏。今按《艺文志》有韩氏二篇，注曰"名婴"，其篇数与隋唐志《子夏传》卷数同，疑即《子夏传》。

顺即民从也。他若王弼之训毒为役，崔憬训为亭毒，俞樾训为督，皆不协。是皆因坎毒之象，人不尽知，故众说纷纭也。岂知《噬嗑·六三》云："遇毒。"以坎为毒，象甚明也。

《象》曰：地中有水。师。君子以容民畜众。

地中所容畜，莫多于水，故君子法之。

初六。师出以律。否臧凶。

坎为律。律，法也。臧，善也。"否臧"，即失律也。失律故"凶"。

《象》曰：师出以律。失律凶也。

坎为失，故曰"失律"。

九二。在师中吉。无咎。王三锡命。

居下卦之中，故曰"在师中吉"。失位宜有咎。在师中，故"无咎"。震为王为言，故曰命。震数三。锡予也。王三锡命者，言王以官爵或车服器物，锡予有功，而告命之也。《曲礼》："一命受爵，二命受服，三命受车马。"言二为卦主，抚驭万邦，而日有所锡予也。旧解谓六五为君，锡命于二，于卦义全背。只荀爽谓王指二为得解。

《象》曰：在师中吉。承天宠也。王三锡命。怀万邦也。

五天位，言二必升五，为群阴所承也。故曰"承天宠"。坤为万邦，言二临万邦，而有所锡予者，正所以怀念万邦，坎为怀也。故夫旧解谓六五锡二者，不惟于经背，于《象传》亦有背矣。

六三。师或舆尸。凶。

坎为尸，震为舆。管辂以坎为棺椁，故曰"舆尸"。夫陈师而出，舆尸以还，其无功甚矣，故曰"凶"。盖坤为死，三失位无应，以阴遇阴，得敌，故凶如是。

《象》曰：师或舆尸。大无功也。

"大无功"，即太无功。

六四。师左次。无咎。

次，舍也。震为左，故曰"左次"。古人尚右，左次则退也。

四前临重阴，阴遇阴得敌，其行难矣。知难而退，故"无咎"也。

《象》曰：左次无咎。未失常也。

未失常者，言四当位，量力自处，故不改其常。

六五。田有禽。利执言。无咎。长子帅师。弟子舆尸。贞凶。

田，猎。禽，获也。《释文》云："徐本作擒。"王陶庐云："《说文》无擒字。其见于经传者，皆作禽。展获字禽，不从手。是其证。"下应二阳故有禽获。二震为言。"利执言"者，言师出有名，如汤武历数桀纣之罪，汉高讨杀怀王者是也，故"无咎"。五应二，二震主爻。震长子，居师中为主，故曰"长子帅师"。二亦坎主爻，坎为震弟为尸，故曰"弟子舆尸"。舆尸故贞凶。贞卜问也。言五宜与震，不宜与坎。与坎，则使不当矣。

《象》曰：长子帅师。以中行也。弟子舆尸。使不当也。

二居中为震主，故为群阴之帅。二坎陷于阴中，不可使，使则有舆尸之祸也。宋衷、虞翻谓弟子指六三，非是，皆因三爻有"舆尸"字而误。

上六。大君有命。开国承家。小人勿用。

大君指二震。震为君为言，故曰"大君有命"。坤为国。二升五居坤中，故曰"开国"。坎为室为家，二升五仍坎体，群阴承之，故曰"承家"。小人指上六。二升五虽开国承家，上六独居五后，乘阳势逆，不顺承五。比之"后夫凶"，即此爻也，故戒曰"勿用"。宋衷虞翻解"开国承家"是矣。然二升五于上六何涉？即以"勿用"为戒，必有故也。不申其故，只以坤为小人，笼统说之，胡可乎？惠栋知其不安，仍不能得其故，竟谓小人指初三，益淆乱矣。

《象》曰：大君有命。以正功也。小人勿用。必乱邦也。

二升五位正，故曰"正功"。坤为邦为乱。上六反君道，故曰"必乱邦"。

䷇（比）

比。吉。原筮。元永贞。无咎。不宁方来。后夫凶。

比，亲也，辅也。坎坤同舍于子，故曰"比"。唐以前，先天象失传，故卦名不得解。清毛大可黄宗羲等知之而不认，后学不察，相率以言先天为戒，而自命为汉《易》。岂知康成注《月令》，于"季夏"云："未属巽辰，又在巽位。"巽若不在西南，未能在巽位乎？是先天方位，郑且明言之。《九家》注同人云："乾舍于离，与日同居。"荀爽注同人云："乾舍于离，相与同居。"注"阴阳之义配日月"云："乾舍于离，配日而居。坤舍于坎，配月而居。"已一再言之乎！比之义即以坎坤同居也。原者，田也。《左传·僖二十八年》"原田每每"，注"高平曰原"。《周礼·太卜·原兆·注》"原，原田也"。按：古皆井田，"每每"者，井与井相间之形。坤为拆，象原田，故曰"原筮"。坎为筮，坤为原。原筮，犹言野筮也。《曲礼》云："外事以刚日。"郑注："外事郊外之事。"《仪礼·士丧礼》："筮于兆域。"兆域在郊外，即原筮也。而干宝因《周礼·三卜》"一曰原兆"。即训原为卜，可谓大谬。按：《周礼》，"太卜掌三兆之法，一曰玉兆，二曰瓦兆，三曰原兆"。注："言龟兆似玉瓦原之璺铧。"然则原者原田，田必有璺铧，象龟兆之形，故曰"原兆"，岂以原为卜乎？故原指坤，干训卜固非。孔颖达谓原为原究，朱子谓原为再，王夫之谓原为本，俞樾谓原为始，为本，益浮泛不切。故夫说《易》而不求象，未有能当者也。元谓九五。永贞者永定也。坤为乱，故曰"不宁"。"方"，《诗·小雅》"方舟为梁"，《汉书·韩信传》云："今井陉之道，车不得方轨。"注皆训方为并。"方来"，谓下四阴并来归五也。旧解不求卦象，训方为将，为四方，皆失之。艮为夫，上六独居艮后，故曰"后夫"。下四阴皆承阳，独上六乘阳不顺，故"凶"。此卦因原象、筮象、夫象失传，故自汉迄今，无得解者。

《象》曰：比。吉也。比。辅也。下顺从也。原筮元永贞无咎。以刚中也。不宁方来。上下应也。后夫凶。其道穷也。

上谓五，下谓四阴。上六居卦之极，故曰"道穷"。

《象》曰：地上有水。比。先王以建万国。亲诸侯。

"先王"谓五。坤为万国，国必建侯，坤多故曰"诸侯"。五南面称尊，抚临天下，故王者取以为法。亲即比也。

初六。有孚比之。无咎。有孚盈缶。终来有它。吉。

坎为孚。五为卦主，故亦孚于初而比之。初失位，本有咎，比五故"无咎"。坤为缶，初居缶之最下，去五难远。然坎雨下注，始终四，以次及初，至初而缶盈矣。故曰"有孚盈缶"。阳性上升，五升上剥，剥穷上反下，则初阳复矣，故曰"来"。以其有待，故曰"终来"。有它谓有应于他方也。《大过·九四》曰"有它吝"，谓应初也。《中孚·初九》曰"有它不燕"，谓应四也。此两卦皆有应，而皆不吉者，以得敌为害也，故"不安"，故"吝"。此曰"有它吉"者，以阳来反初，当位有应，故吉。荀爽以"非应"释"有它"，清《易》家多从之。岂知大过中孚皆有应，而亦曰"有它"，则夫"有它"之不指非应甚明。虞翻谓初动成屯得正故吉，岂知此谓之变，不谓之来，更不得谓之终来。曰"终来"，固确有所指。且果如虞说，初动之正，乃初爻自变，益不得谓之有它，理甚明矣。虞亦知其说之有佚，复申曰"在内称来"。夫爻在外曰"往"，在内曰"来"。如需讼之"往来得中"，否泰之"大小往来"，皆是。兹曰"终来"，若仅在内称来，复何有始终之可言乎？失经旨矣。它，古蛇字。《易林》以坤为它。《损之比》云："大它当路，使季畏惧。"以比下坤为它，不读为谁他之他。《系辞》云："龙它之蛰，以存身也。"龙为乾，它为坤，言蛰于戌亥也，《林》所本也。而巽亦为蛇，故大过九四、中孚初九，亦曰"有它"。后儒颇有用焦说者，又一义也。

《象》曰：比之初六。有它吉也。

六二。比之自内。贞吉。

二应五，故曰"自内"，言自内比五也。二当位中正，故曰"贞吉"。

《象》曰：比之自内。不自失也。

言自内比五，不敢安逸也。失通佚。诸家作得失诂，非。

六三。比之匪人。

虞氏逸象乾为人，六三不当位无应。承乘皆阴，行失类，故曰"比之匪人"，言不得阳也。

《象》曰：比之匪人。不亦伤乎？

三独失实，故可伤。

六四。外比之贞吉。

四承五，外比即从上。贞吉者，卜问则吉也。

《象》曰：外比于贤。以从上也。

阳为贤指五。

九五。显比。王用三驱。失前禽。邑人不诫。吉。

九五伏离，当阳得位，向明而治，故曰"显比"。王谓五。三驱，猎礼也。《汉书·五行志》："田狩有三驱之制。"注："三驱之礼，一为干豆，二为宾客，三为君庖。"又《晋书·五行志》："登车有三驱之制。"又《刘聪传》："校猎上林，将军负战前导，行三驱之礼。"艮数三，故曰"三驱"。前禽谓下四阴。上为后，故知前为下。失逸古通。逸前禽者，喻人皆来比，无所诛杀，任其逸也。坤为邑，不诫谓王师宽大，所至之邑，百姓仍安居乐业，人人亲附，不惊诫也。《说文》："诫，敕也。"《广韵》："言警也。"《左传·桓十一年》："郧人军其郊，必不诫。"言无备虞也。

《象》曰：显比之吉。位正中也。舍逆取顺。失前禽也。邑人不诫。上使中也。

九五中正，故"显"。逆，迎也。下四阴皆逆我者也，逆而来归，理应舍之，故曰"逸前禽"，如纣师之倒戈归周是也。王注"禽顺行背我而走者，则射而取之"。按：顺行与我同向，同向即背我，上六是也，故取之。此四字只王注得解。虞翻谓舍逆指上六，前禽指初。岂知后夫如得舍，尚何云凶？初有孚盈缶，即孚于五，又安得独不及初？而后儒皆从之，异已。"上使中"者，言五所遣师徒，合乎中道，故无过举，得不诫也。唐郭京《举正》，称得辅嗣真本。以"舍逆取顺"，在"失前禽"下。朱芹引李清植曰："考《象传》，屡以禽与东部字韵。屯三爻禽与穷韵，恒四爻禽与容韵，此又与中韵。"郭京所改，显失《易》韵。今按《诗·小雅》"呦呦鹿鸣，食野之芩"，韵与此同。《焦氏易林》用韵如此者尤多。而履之夬以禽与功韵，与《象传》尤符。盖古音原如此，今晋人读禽为轻，正与古音合。郭京所称辅嗣本，无论真伪，不可从也。

上六。比之无首。凶。

坎为首，首谓五也。而五为坎主。上六乘阳，首为所蔽，故曰"无首"。《大过·上六》曰"灭顶凶"，《既济·上六》曰"濡其首"，与此义同也。而复于此爻，更曰"反君道"。无首即反君道，反君故"凶"。荀虞皆不知首指五，故说皆不切。清惠士奇更实指曰"首指上"，谓木一在下为本，一在上为末，末即首。意谓上六为末爻，故为首也。说尤穿凿。

《象》曰：比之无首。无所终也。

道穷，故"无所终"。

䷈（小畜）

小畜。亨。密云不雨。自我西郊。

卦上下皆阳，一阴止于内，故曰"小畜"。畜，止也，《太玄》拟之曰"敛"。云阳气大满于外，微阴小敛于内，是其义也。旁通豫坤为云，上下皆坤爻，故曰"密云"。兑为雨。乃兑雨前遇巽风，为风吹散，云过日出，故"不雨"也。兑为西，伏坤为我，乾为郊，故曰"自我西郊"。言密云起自西郊，过而不留也。旧解多从虞翻，以半坎为云。既曰半坎，于密义似不合也。人知坎为云，不知坤亦为云。《易林·困之泰》云："阴云四方，日在中央。"以泰上坤为云也。人知坎为雨，不知兑亦为雨。《上系》云："润之以风雨。"风谓巽，雨谓兑也。《睽·上九》"往遇雨"，亦以兑为雨。

《象》曰：小畜。柔得位。而上下应之。曰小畜。健而巽。刚中而志行。乃亨。密云不雨。尚往也。自我西郊。施未行也。

云下降方为雨。"尚往"者，言云气为风所吹，散而往上，故不能雨。又离火上炎，将密云冲散，不能下落为雨。故膏泽未施也。上"往"纯对下"施"言。

《象》曰：风行天上。小畜。君子以懿文德。

懿美也。乾为德，离明，故曰"文德"。离明照天下，巽风散布四方，故曰"懿文德"。

初九。复自道。何其咎。吉。

复，来也。初为阳本位。阳来初，故曰"复"。来初当位，故曰"复自道"。乾为道也。初前临重阳，行难，宜有咎。然当位有应，遁世无闷，故"无咎"也。

《象》曰：复自道。其义吉也。

义者，宜也。言行宜如此，宜其吉也。

九二。牵复吉。

复，来也。伏艮手，故曰"牵复"。《玉篇》云："牵，速也。"《礼·学记》："君子之教喻也，道而不牵。"《姤·九三·象》云："其行次且，行未牵也。"皆训牵为速。"牵复"者，速来也，言来居二得中也。若作阳复解，则九二失位，何复之有？又按九二失位无应，承乘皆阳，本不吉。兹曰"吉"者，徒以得中也。

《象》曰：牵复在中。亦不自失也。

二虽不当位而在中，故"吉"。清儒多从虞翻，以五牵二，令二变阴应五为说。若然，则各卦非先变既济，不能说也。惑乱后学，莫此为甚。失佚古通，速复故曰"不自佚"，言不自安逸也。

九三。舆说辐。夫妻反目。

"辐"，《正义》作辐，而马融以为"车下缚"，郑玄训为"伏兔"，则皆作輹。兹从马郑。伏坤为舆，伏震为輹。輹者舆所恃以行，乃舆在内而輹在外，则舆脱輹矣。乾为夫，坤为妻。巽得坤之初爻，故亦为妻。巽为白眼，卦二至上，正反巽。白眼与白眼相反，是反目也。三上无应，下乘重阳，故有是象。震輹象失传。《左传·僖十五年》："筮遇归妹之睽，曰车脱其輹。"夫归妹之睽，即震变离。震变离则震象毁，故曰"车脱其輹"。輹伏兔，上承车箱，下轭车轴。《子夏传》、《释名》，皆以輹为车屐。因在箱下，有若屐然。故《左传》以震为輹。屐，震象也。虞氏改作腹，非也。

《象》曰：夫妻反目。不能正室也。

坎为室，坎伏不见，故曰"不能正室"。言夫无如妻何也。

六四。有孚。血去惕出。无咎。

四卦主，五阳孚之，故曰"有孚"。《释文》："血马云当作恤，忧也。"是马以血为恤之省文，而荀爽、王弼等，直读为血，非也。坎为恤为惕，乃坎伏不见，故曰"恤去惕出"，言不忧惧也。四当位有应，上承重阳，故"无咎"。

《象》曰：有孚惕出。上合志也。

上谓五上。五上皆阳，四承之，阴遇阳得类，故曰"合志"。此与《升·初六》之"上合志"义同也。巽为志，《易林·姤之小过》："心志不亲。"小过中爻正反巽，故心志不亲。又蒙之升，成子得志，亦以升下巽为志。盖心志在内，而巽为伏，故巽为志。

九五。有孚挛如。富以其邻。

"孚"谓孚于四。四卦主，阳喜阴，故下三阳亦孚于四。挛，引也，牵也。言阳皆孚四，有若牵引连接也。《九家》谓五孚下三爻，虞翻强命二变谓五孚二，并非。阳于阳不孚也。五天子位，巽为利，五乘之，故富。伏震为邻。"富以其邻"，言五之所以富，以邻于四也。《九家》谓五以四阴作财，与下三阳共之，故曰"不独富"。深得经旨。

《象》曰：有孚挛如。不独富也。

"不独"义见前。

上九。既雨既处。尚德载。妇贞厉。月几望。君子征凶。

云上往，至上九而极。兑为雨，兑覆向下，是雨已下施也，故曰"既雨"。既，已也。《诗·召南》："江有汜，其后也处。"《毛传》："处，止也。""既处"者，言雨已止也。德者，雨泽也。"尚德载"，言雨泽下降，乾施坤受，地得载其德泽也。巽为妇，柔之为道不利远。高处在上，非妇德所宜，故妇贞得此爻者，厉也。兑为月，互离为日。月西日东，相望。几，孟荀作既。孟云："既望十六日也。纳甲法，十五日夜乾象，月盈甲。十六日平明巽象，月退辛。上九处巽之终，正既望也。"既望则阳将消，又三无应，故"征凶"。自兑月象失传，小畜、归妹、中孚之"月几望"，旧解皆以坎为月。岂知《易》之言月，十九皆谓兑。《说卦》象，与经所用象，不尽同也。《易林·复之临》云："月出平地。"以临上坤为地，下兑为月也。又《家人之小畜》云："杲杲白日，为月所食。"以小畜互离为日，兑为月，兑月侵入离体之半，故曰"为月所食"。兑月象，后惟邵子知之，而清《易》家皆不信。岂知邵子所用，与《易林》合，与《易》合哉！

《象》曰：既雨既处。德积载也。君子征凶。有所疑也。

吴先生曰："古得德同字。"德积载，即雨泽得为大地所载也。巽为疑，下无应，阳遇阳，故疑。

䷉（履）

履虎尾。不咥人。亨。

《尔雅·释言》："履者礼也。"故《太玄》即拟为礼。礼莫大于辩上下，定尊卑。卦上天下泽，尊卑判然。人之行履，莫大于是，故曰"履"。乾为虎，四虎尾。兑在乾后，故曰"履虎尾"。履，蹑也，言三蹑乾后也。乾为人，兑口为咥，人在外故不受咥。《彖传》曰"柔履刚"，言三步乾刚之后也。荀爽谓三履二，只以下卦为说。岂知卦名，皆合上下卦取义，无取一卦者。且三履二，是柔乘刚，与卦义正相背，非也。

《彖》曰：履。柔履刚也。说而应乎乾。是以履虎尾。不咥人。亨。刚中正。履帝位而不疚。光明也。

说而应乎乾，谓三应上也。五下履巽，巽为病宜有疚。疚即病也。然而"不疚"者，以五履帝位而中正也。互离为日故光明。人知坎为病，不知巽亦为病。故说疚象无有合者。岂知巽为陨落，当然亦为病。《易林·巽之鼎》云："病伤不治。"以鼎下巽为病。《兑之蛊》云："疮痍多病。"以蛊上艮为疮痍，下巽为病也。由《易林》推之《易》，《遯·九三》云："有疾厉。"《丰·六二》云："往得疑疾。"《易》原以巽为疾病，故《易林》本之也。[①]

[①] 《集解》：荀注多"利贞"二字，兑秋乾冬正合，然他本皆无。

《象》曰：上天下泽。履。君子以辨上下。定民志。

谦坤为民为志，艮止为定。民志之所以不定者，以不知上下也。上天下泽，尊卑显然，故君子法之，以定民志。周公制礼，是其事也。

初九。素履。往无咎。

四无应，二阳，阳遇阳得敌，宜有咎。然而无咎者，以能素位而行也。故曰"素履"。言屏去浮华，安常蹈素，循分自守也。能如此，故"往无咎"。

《象》曰：素履之往。独行愿也。

得敌无应，故曰"独行"。甘于独行，故"无咎"也。先儒于同性相违之义知者鲜，故"独行"之故，无有详者。

九二。履道坦坦。幽人贞吉。

伏艮为道路，比阴得中，故"坦坦"。坦坦者，宽平也。兑为昧无应，故曰"幽人"。居中，故"贞吉"。

《象》曰：幽人贞吉。中不自乱也。

《象》多释贞为正。此以不乱释贞，明贞有"正""定"二义也。

六三。眇能视。跛能履。履虎尾。咥人凶。武人为于大君。

《说文》："眇，一目小也。"兑为小，离目，故曰"眇能视"。震为履，二三半震，故曰"跛能履"。眇而视，跛而履，皆力不足而不止之象。故《象》曰"不足以有明，不足以与行也"。三正在乾虎后，故曰"履虎尾"。《象》言"不咥"，此言"咥"者，盖以上下卦言。乾虎在外，兑在后，故"不咥"。而以爻言，四虎尾，上虎首。三应在上，上必来三。虎首回噬，故三独受咥而凶也。伏震为武人，乾为大君。三承乾，故曰"武人为于大君"。言武人忠于大君，阴顺阳，代终事，与讼三之"从王事"同。《象》释曰"志刚"，刚即谓大君，志刚即释为义也。虞翻谓三失位，变得正成乾，直以武人变为大君，失之。近师俞荫甫谓此与坤、讼六三之"或从王事"同义，略露曙光。特又以三升乾上释"为"字，仍误也。震武之象，《国语》："重耳筮遇贞屯悔豫，皆有震，曰车有震武。"武，足迹也。震健，故震为武。《易林》本之，遇震即言武。

于是履及巽之武人，象始大明。

《象》曰：眇能视。不足以有明也。跛能履。不足以与行也。咥人之凶。位不当也。武人为于大君。志刚也。

三承重阳，故曰"志刚"。言志在顺阳而行，即坤六三、讼六三之所谓"从王事"也。巽为志。

九四。履虎尾。愬愬终吉。

《子夏传》："愬愬，恐惧也。"四当乾末，正为虎尾。乾为惕，故为惧。然下孚于三，三阴，阳得阴志行，故"终吉"。《小畜·九五》云"有孚"，谓孚于四阴，此与同义。又《大有·上九》"吉"，《随·九四》"有孚"，皆以下乘阴而吉。昔贤不究阴阳相孚之理，但云惧则吉者，非也。

《象》曰：愬愬终吉。志行也。

阳孚阴故曰"志行"。巽为志。

九五。夬履。贞厉。

夬，决也，绝也。言五承乘皆阳，上下应予绝也。贞，卜问。厉，危也。五居互巽之上，巽陨落，故危。《否·九五》云："其亡其亡。"《兑·九五》云："孚于剥，有厉。"亦皆以居巽上，故危也。

《象》曰：夬履贞厉。位正当也。

五正当巽上，故"贞厉"。

上九。视履考祥。其旋元吉。

"视履"谓三。"祥"，吉凶之朕兆。上处履之终，故可回视已往之行事，而察其善恶之征祥。三上相上下，上来三，则皆当位，故曰"其旋元吉"。旋，复也，来也。"元吉"，大吉也。祥，荀作详。祥详古通。

《象》曰：元吉在上。大有庆也。

五阳独上有应，故"大有庆"。

周易尚氏学卷四　上经

䷊（泰）

泰。小往大来。吉。亨。

阳性上升，阴性下降。乃阴在上，阳在下，故其气相接相交而为泰。泰，通也。阳大阴小，爻在外曰"往"，在内曰"来"，故曰"小往大来"。泰寅月卦，阳长故亨。

《彖》曰：泰。小往大来吉亨。则是天地交而万物通也。上下交而其志同也。内阳而外阴。内健而外顺。内君子而外小人。君子道长。小人道消也。

阳上升，阴下降，故气交。坤为万物，为心志。交则万物气通，心志和合，故曰"同"。坤志象失传。《易林·屯之益》云："心劳且忧。"益互坤，以坤为心。又《需之否》云："毛羽憔悴，志如死灰。"以否下坤为志为死。[①] 内阳外阴，内健外顺，内君子外小人，将老氏宗旨，括尽无余。乾为君子，坤为小人。泰本侯卦，阳长故阴消。

按《上经》始乾坤，终水火，而以否泰为枢纽。明否泰剥复，皆天地自然之法象，循环之原理，君子所宜居而安也，静之象也。《下经》始咸恒，终既未济，而以损益为枢纽。明吉凶失得，进退变化，全在人为。君子所以自强不息也，动之象也。而否泰损益，皆序于第十卦后者，数至十则盈，盈则变也。

《象》曰：天地交。泰。后以财成天地之道。辅相天

---

① 详《焦氏易诂·易象补遗》。

地之宜。以左右民。

　　财、裁同。《释文》："荀作裁。"《释言疏》："财裁音义并同。"汉时臣工上疏，裁察每作财察，是其证。财成即裁成也。互震为左，互兑为右。坤为民，以左右民者，《孔疏》"左右助也，以助养其民也"。虞翻谓坤富称财，非。

　　初九。拔茅茹。以其彙。征吉。

　　初应在四，四坤为茅茹，此象失传。《易林·剥之坤》云："荻芝俱死。"以坤为荻芝。又《同人之屯》云："蓬蒿代柱，大屋颠倒。"屯互艮为屋为柱，互坤为蓬蒿，故坤亦为茅茹。茹，菜属也。《诗·郑风》："茹藘在阪。"《前汉·食货志》："菜茹有畦。"茅，《说文》"菅也"。茹与茅为二物。"以其彙"者，言茅与茹同拔，连类以及也。四有应，故"征吉"。

　　《象》曰：拔茅征吉。志在外也。

　　初应在四，故曰"志在外"。外坤为心志。

　　九二。苞荒。用冯河。不遐遗。朋亡。得尚于中行。

　　《释文》云："荒本亦作巟。"《说文》引同。许云"水广"，虞云"大川也"。晁氏云："汉《易》皆作巟，象辞巟河是一事。象数无田秽之荒，作荒始于王弼。"按晁说是也。巟河为对文，王弼盖以坤为乱，改作荒。岂知坤为水，巟与河皆坤象也。苞今本作包，唐《石经》增改作"苞"。《释文》亦作"苞"。二应在五，五坤为大川，为河，言二必上升，有苞括大川，冯涉长河之势，断不以其辽远而不及也。阴以阳为朋，亡往也去也。"朋往"者，言二必往五，得尚居中正之位也。旧诂因坤水象及朋义失传，故无有得解者。[①]

　　《象》曰：苞荒。得尚于中行。以光大也。

　　五位尊，故曰"光大"。

　　九三。无平不陂。无往不复。艰贞无咎。勿恤其孚。于食有福。

_____

　　① 《礼记·少仪》"有亡而无疾"，《晋语》"请从此亡"，注皆训为去。

陂倾也，复返也。阳息至三天地分，故曰"平"。然三居卦终，乾三云："终日乾乾，反复道也。"言阳至三而盈，将反初成巽也。故曰"无平不陂，无往不复"。[①] 平陂往复，虽相循环。然三本当位，能艰贞自守，必无咎也。坤为忧恤，[②] 三临之孚于群阴，故无恤。兑口为食，坤多故曰"于食有福"。乾为福也。

《象》曰：无往不复。天地际也。

《广韵》："际，边也，畔也。"三应在上，三上居天地之极。极则返始，释平必陂，往必复之故也。宋衷曰："三位在乾极，应在坤极。"以极诂际字，最为明晰。乃惠栋、李道平等解释宋注，竟从《小尔雅》谓："际者接也。天地际，即天地交接也。"岂知乾极坤极，正释"际"义。际若为交接，与"无往不复"之义何与哉！失宋义矣。其他更无有能得解者。《易》理之失传，更甚于易象矣。

六四。翩翩。不富。以其邻不戒以孚。

震为飞，故曰"翩翩"。坤虚，故曰"不富"。以，与也。震为邻，"以其邻不戒以孚"者，言四及五上，皆有应予，下孚于阳也。阴得阳应必吉，故曰"不戒以孚"。戒，告诫也，震飞之象。《易林》屡用之。《同人之坎》云："出于幽谷，飞上乔木。"以坎互震为飞也。证之《易》，《明夷·初九》云："明夷于飞。"《易》即以震为飞。旧解以离为飞，若泰无离象也。

《象》曰：翩翩不富。皆失实也。不戒以孚。中心愿也。

坤为心志。[③]"中心愿"者，言阴喜应阳也。阳为实，"失实"，言无阳。

六五。帝乙归妹。以祉无吉。

---

① 巽陨落故倾。

② 《临·六三》云："既忧之无咎。"以坤为忧。《易林·大壮之损》云："使母忧欢。"以损互坤为忧也。详《焦氏易诂》。

③ 按《益·九五》云"有孚惠心"，以互坤为心也。《否·初·象》云"志在君也"，以坤为志也。《易林》以坤为心志，证尤多。旧解皆以坎为心志。自得此象，凡《易》言心志者，始皆得解。

震为帝，坤贞乙，故曰"帝乙"。兑为妹，震为归。妇人谓嫁曰"归"，归妹谓嫁妹也，正中爻震兑象也。祉福也。"以祉元吉"者，言二升五，五来二，[①] 各当其位，永为俪耦，故元吉也。《象》释曰"中以行愿"，即谓五愿归居二也。帝乙或谓为成汤，或谓为纣父。

《象》曰：以祉元吉。中以行愿也。

五位尊，故曰"元吉"。"中以行愿"，即谓五愿归二也。

上六。城复于隍。勿用师。自邑告命。贞吝。

复、覆通。《诗》"陶复陶穴"，《说文》引作"覆"，是其证。艮为城，兑为隍。城，池也。三至上艮覆，正当兑泽，故曰"城覆于隍"。《九家》云："城覆于隍，国政崩也。"崩即谓艮覆。京房于复卦，"朋来无咎"，朋作崩，与此义同也。又《易林·归妹之泰》云："倾夺我城，使家不宁。"城倾，即谓泰三至上艮覆，释此爻也。坤为师，震为言，为告命。坤阴下降主退，故曰"勿用"。吴先生曰："邑，挹之省文。"挹，损也。言自挹损其告命，如后世之下诏罪己也。贞吝，言卜问不吉，泰极将返否故也。

《象》曰：城复于隍。"其命乱"也。

坤为乱。其命乱者，言泰极返否，为天地自然之命运，无可避免。此命字与告命异。诸家混同之，非。

䷋（否）

否之匪人。不利君子贞。大往小来。

阳上升，阴下降。乃阳即在上，阴即在下，愈去愈远，故天地不交而为否。否，闭也。《泰·上六·象传》云"其命乱也"，言泰极反否，乃天地自然之命运，必至之理，非人力所能为。此曰"否之匪人"，仍其义也。阳往外而诎，阴来内而信，故"不利君子贞"。贞，卜问，其以正为说者，无论若何斡旋，皆不能通。

---

① 来二即归。

《象》曰：否之匪人。不利君子贞。大往小来。则是天地不交。而万物不通也。上下不交。而天下无邦也。内阴而外阳。内柔而外刚。内小人而外君子。小人道长。君子道消也。

天气本上腾而在外，地气本下降而在内，愈去愈远，故气不交。气不交故万物不通而死矣。坤为万物为邦国，乾上坤下，君民不亲，上下闭塞，而邦必乱，故曰"无邦"。否七月卦，阴长阳消，故曰"小人道长，君子道消"。

《象》曰：天地不交。否。君子以俭德辟难。不可荣以禄。

乾为德。俭，约也。坤闭故曰"俭德"，言敛抑自守也。互巽为伏，故曰"辟难"。坤为患为难，言遁世不出，以避世难。乾为禄，艮为荣。巽伏故不可荣以禄位，言当否之时，遁入山林，高隐不出也。

初六。拔茅茹以其汇。征吉。亨。

阴皆有应，故辞与泰同。泰茅茹象，指应爻，此则用本象也。

《象》曰：拔茅征吉。志在君也。

乾为志，乾为君。"志在君"，言上应四也。

六二。苞承。小人吉。大人否亨。

苞今本作包，依唐《石经》及《释文》，下同。包苞古通用。《禹贡》："草木渐包。"注："包，丛生。"《释文》："字亦作苞。"是包苞古不分。《尔雅·释言》云"苞，稹也"，疏：孙炎曰："物丛生曰苞。"《诗·唐风》："集于苞栩。"亦以苞为丛。是苞有多意，众义。坤为众。"苞承"者，言下三爻皆承阳有应也。小人谓二。二得中有应，故"小人吉"。凡阴得阳应必吉，阳得阴应皆不吉。而否卦阳气上腾，不能下降，故"大人否亨"。大人谓五。否，不，言五虽得二应而不亨也。朱升释承为脀，卦既无此象，荀爽谓二为四所包，朱震谓二为五所包。夫四五若能下施包二，则大人不否亨矣，非也。

《象》曰：大人否亨。不乱群也。

坤众故曰"群"。坤为乱。乱，杂也。"不乱群"，言五不能下施应二，俾天地相杂也，故"否亨"。虞翻谓坤三阴，乱弑君，大人不从，故"不乱群"。岂知"不乱群"，即仍"天地不交"之义，言五不能交二也。群义即释苞义也。

六三。苞羞。

此苞字与上同义，仍坤众坤群象也。"羞"，《说文》"进献也"。《左传·隐三年》："涧谿沼沚之毛，可荐于鬼神，可羞于王公。"杜注："羞，进也。"《国语·楚语下》："于是乎每朝设脯一束，以羞子文。"注亦作"进"。"苞羞"者，众进也。否本阴长之卦，故群进而消阳也。

《象》曰：苞羞。位不当也。

六三不当位，进至于四。或与上相上下，则当位矣。言所以进者，以不当位也，释"苞羞"之故也。自荀爽释为羞耻，朱升释为膳羞，"位不当"之义，皆莫知所指矣。

九四。有命。无咎。畴离祉。

"命"，《说文》"使也"，《广韵》"召也"。"有命"言有所使命也。巽为命，《周语》"襄王锡晋文公命"。盖四履群阴之上，万民[1]顺承，故有所锡命。四不当位，宜有咎。得群阴使命，故"无咎"。《颐·上九》云："利涉大川。"与此义同也。畴、俦同。荀子《劝学篇》云："草木畴生。"注"畴同俦"。《前汉·韩信传》："其畴十三人。"义亦同俦。俦，众也。下坤为众。离附著，祉福，"畴离祉"者，言众阴同附阳，得主而受福也。《孔疏》训畴为匹。匹谓初，言初得阳应而受福。然《象》释曰"志行"，荀爽谓志行于群阴，固统三阴言，不专指初也。

《象》曰：有命无咎。志行也。

四履重阴，得行其志，故曰"志行"。

---

[1]　坤为民。

九五。休否。大人吉。其亡其亡。系于苞桑。

《说文》"人依木则休"，休者憩息也。"休否"者，言当否之时，而休息以俟也。盖初四三上相上下，则既济成。五当位居中，宜静俟也。旧解释为休美，与其亡义背，似非也。九五为大人，故曰"大人吉"。九五巽体，巽为桑，坤为多，故曰"苞桑"。陆绩《京氏易传注》云："苞桑则丛桑也。"巽为绳，为系，故曰"系于苞桑"。乃巽为陨落，五虽居中得正，而风陨在下，故有其亡之惧。盖系在大木，方能巩固。桑而丛生，其柔可知。系于柔木，其危可知。"其亡其亡，系于苞桑"者，言时时虑亡，如系于苞桑之不足恃也。王陶庐云："唐《石经》初刻作包，后增改作苞。"按《禹贡》"草木渐包"，《传》释为"丛生"，仍与苞同。自风陨象失传，后儒不知危亡之故，在五履巽，于是旧解皆以坚固为说，遂与易象不协矣。

《象》曰：大人之吉。位正当也。

五位尊而中正，故曰"位当"。

上九。倾否。先否后喜。

侯果曰："倾，覆也。"上应在三，三巽为陨落，故曰"倾否"，言倾否而出之尽也。然当未覆之先，则仍否也，故曰"先否"。上反下则成震，震为乐为后，故曰"后喜"。

《象》曰：否终则倾。何可长也。

"否终则倾"，言否终则泰复，不能长否。

按：否、泰云"大小往来"，[①]"无平不陂，无往不复"，终则曰"城复于隍"，"其命乱也"。否则曰"否之匪人"，皆言天地否泰之运，循环往来，自然如此，不假人为，为《上经》天地水火之枢纽。明天道本如斯，不可易也。至《下经》第十卦之损益，则曰"损益盈虚，与时偕行"，曰"损刚益柔"，曰"损下益上"，"损上益下"，曰"见善则迁，有过则改"。所言皆履世之大经，修治之极轨，无丝毫委心任运之意。以为咸恒既未济之枢纽，明人事宜如斯也。尽人事，听天命，斯学《易》之功也。

---

① 否字疑衍，"大小往来"疑当作"小往大来"。

周易尚氏学卷五　上经

䷌（同人）

同人于野。亨。利涉大川。利君子贞。

荀爽曰："乾舍于离，相与同居。"《九家》曰："乾舍于离，同而为日。天日同明，故曰同人。"是乾之居南，汉儒已言之矣。又荀爽注"阴阳之义配日月"云："乾舍于离，配日而居。坤舍于坎，配月而居。"不惟乾南，且言坤北，而惠徵君以为此汉儒言先天之铁证也。而欲灭其迹，曰荀氏用鬼易，以乾归合离，坤归合坎释之。按：乾归为大有，坤归为比，而荀氏所言者，则同人师，乃离归坎归也。于游归恒例，尚不能知，而欲灭其证，其谁信之？故夫同人卦义，舍《九家》、荀爽说，无有当者。伏坤为野。《正义》云："野以喻宽广，言和同于人，宜无远弗届也。"《易林》《九家》、荀爽皆以乾为河为海，是乾亦为大川。利涉谓五，中正有应，故《传》释为"乾行"。乾为君子，故"利君子贞"。贞，卜问也。

《彖》曰：同人。柔得位得中而应乎乾。曰同人。同人曰：同人于野亨。利涉大川。乾行也。文明以健。中正而应。君子正也。唯君子为能通天下之志。

坤为天下，五应二故能通天下之志。详解见《焦氏易诂》中。

《象》曰：天与火。同人。君子以类族辨物。

《易》以阴阳相遇为类。[①] 族，《正义》云："聚也。"聚居一处，故曰"同人"。然所以能聚者，以其类也。设失类而为纯阳或纯阴，则不能聚矣。类族方能合异为同，乾阳物，坤阴物。同一物也，而分阴阳。

---

① 王引之繁称博引，释类为比，岂知皆非《易》之所谓类。

辨，别也，明也。同人五阳一阴，阴虽少，然五阳之所类也，即五阳之所同也。同则不分。然阴物阳物，判然不同。辨而明之，方知同之中有异。《易》之道，同性相违，异物相感。自类字失诂，义遂不明。

初九。同人于门。无咎。

初于二阴独近，故曰"同人于门"。《象》曰："出门同人。"亦谓二近初，初出门即遇也。虞翻以乾为门，命四变阴以应初，若卦为家人者，而惠栋姚配中皆宗之。朱汉上强命初变，以艮为门，若卦为遁者，而毛奇龄、焦循宗之。是皆曲说害理。二坤爻，坤亦为门户也。

《象》曰：出门同人。又谁咎也。

"谁咎"谓无咎。

六二。同人于宗。吝。

乾为主为宗。二五正应，故"同人于宗"。但卦五阳皆同于二。今二独亲五，则三四忌之，致吝之道也。《下系》云"远近相取，而悔吝生"。远谓应，近谓比。远取应则不能近取比，如无妄六二往应五而利，则不系初。近取比，则不能远取应，如中孚六四绝类上则不应初，而马匹亡是也。是故远近万不能兼取。同人六二远应五，则有近不承阳之嫌。近承阳则失远应，故吝也。彼夫咸六二、遁六二皆有应，象皆与此同。乃《咸·六二》曰"居吉"，《遁·六二》曰"执之"，皆戒其动。俾远近皆不取，不取则悔吝免也。旧说皆不知其故在三四，故鲜有得解者。

《象》曰：同人于宗。吝道也。

许慎《五经异义》云："《易》曰同人于宗吝，言同姓相取，吝道也。"按此皆不明《易》理，不知吝之故何在，而为此穿凿之说。同人二与五，与大有五与二同也。乃大有五应乾，无同姓之嫌，此独曰"同姓"，尚能通哉！

九三。伏戎于莽。升其高陵。三岁不兴。

巽为伏，为寇盗，[①] 为草莽，故曰"伏戎于莽"。乾为山，为陵，[②] 巽为高，乾为行，故曰"升其高陵"。乾为岁，离卦数三，故

---

① 象失传。详《焦氏易诂》。
② 象失传。详《焦氏易诂》。

曰"三岁"。三阳遇阳,得敌,其行塞,故升高不兴也。

《象》曰:伏戎于莽。敌刚也。三岁不兴。安行也。

"敌刚"即阳遇阳,"安行"谓行难。

九四。乘其墉。弗克攻。吉。

巽为墉。四居巽上,故曰"乘其墉"。乘墉据高,故不能攻之。然此爻不当位,无应予。承乘皆阳,困极矣。爻辞曰"吉",则不得其义。《象》曰"困而反则",似亦不得的解,而为此无可奈何之解。独虞翻命四变阴,当位有应,承乘皆阳,人人皆知其吉矣。然四变阴,则巽墉象毁。四居坎上,而谓"乘其墉"则不合矣。

《象》曰:乘其墉。义弗克也。其吉。则困而反则也。

则,法也。反则,言循分自守也。

九五。同人先号咷而后笑。大师克相遇。

此与屯六二义同。屯二欲上应五,而为三四同性之阴所隔,故屯邅不进。然与五为正应,"十年乃字",终必合也。同人九五欲应二,而为三四同性之阳所阻,故"先号咷"。然与二为正应,终必相遇,故"后笑"。伏震为笑为后,虞翻以互巽为号咷。卦伏坤,故曰"师"。相遇,谓遇二也。从前不能相遇者,以三四之伏戎为害也。后克而胜之,故与二相遇。

《象》曰:同人之先。以中直也。大师相遇。言相克也。

端木国瑚曰:"同人先天乾二中直,五无应,故号咷。后天离中虚,五得应,故后笑。"以先后天解同人之先后,及中直之义,虽未确切,较胜于旧解。

上九。同人于郊。无悔。

居外卦之上,故曰"同人于郊"。乾为郊,上乘阳无应,远居郊外,旷莫与俦,故曰"志未得"。伏坤为志。

《象》曰:同人于郊。志未得也。

☲ (大有)

大有。元亨。

离乾皆居南，故曰"大有"，与同人义同也。元亨谓五也。五得尊位，故曰"元"。上下应故曰"亨"。坤五曰"元吉"，比五曰"元永贞"，损五、益五、鼎五皆曰"元吉"，是其证。

《彖》曰：大有柔得尊位。大中而上下应之。曰大有。其德刚健而文明。应乎天而时行。是以元亨。

五天位二应之，故曰"应乎天"。离为夏，万物相见，故曰"时行"。

《象》曰：火在天上。大有。君子以遏恶扬善。顺天休命。

离为恶人，乾为善。二五相应予，而皆不当位。九二云："有攸往。"是二必往五也。二往五，是"扬善"也。二往五则五下居二，是"遏恶"也。乾为天为命，阴承乾，故曰"顺天休命"。休，美也。

初九。无交害。匪咎。艰则无咎。

初无应，阳遇阳失类，故"无交"。无交故无害。然须艰贞自守，方无咎也。

《象》曰：大有初九。无交害也。

九二。大车以载。有攸往。无咎。

伏坤为大车为载。《考工记·车人》："大车、牛车也。两辕，牛在辕内。"凡载物皆用大车，与马车迥异。马车皆小车，一辕。两服在左右，专备人乘。若载物必大车也。故曰"大车以载"。上有应，往则得位，故"无咎"。

《象》曰：大车以载。积中不败也。

二得中，承乘皆阳，故曰"积中"。乾为实，故为积也。阳上升，故曰"大车以载"。义则本爻，象则用伏。[1]

九三。公用亨于天子。小人弗克。

三为三公，兑为亨，天子谓五，小人谓四。四不中不正，失位无应，故曰"小人"。三兑体，可受亨于五。然而弗能者，以四亦阳害之也。

---

[1] 卢氏以乾为大车，乾似无此象。

《象》曰：公用亨于天子。小人害也。

九四。匪其彭。无咎。

《释文》云："彭，《子夏传》作旁。虞作尩，云作彭作旁，声字之误。"王陶庐云："诸家《易》俱不作尩。此仲翔故生异说，与先儒为难。"按《说文》云："彭，鼓声也。"《释名》："彭，旁也。"然则彭之与旁，音义并同。《诗·鲁颂》"以车彭彭"，《毛传》"有力有容也"。《齐风》"行人彭彭"，《毛传》"多也"，《集韵》云："强盛也。"然则彭之义，为声容盛大无疑。兑为刚鲁，故曰"彭"。离为文，故曰"匪"。《考工记》"且其匪色"，注"匪采貌也"。《少仪》"车马之美，匪匪翼翼"，注"行而有文也"，"匪其彭"者，言文采之盛大显著也。

《象》曰：匪其彭无咎。明辨晢也。

明辨晢，即《释文》盛之义。盖离为嘉会为礼。有礼则有文，上下秩然。明辨以晢，故"无咎"也。

六五。厥孚交如。威如。吉。

孚，信也。五阳全孚于五，故曰"交如"。离南面向明而治，故曰"威如"。

《象》曰：厥孚交如。信以发志也。威如之吉。易而无备也。

五孚于诸阳，得行其志。孚即信，故曰"信以发志"。伏坎为信为志也。居尊位，人皆敬之，左右咸宜，故不必有所戒备。

上九。自天祐之。吉无不利。

五天位，祐助也。王弼云："余爻皆乘刚，上独履柔，故吉利也。"

《象》曰：大有上吉。自天祐也。

䷎（谦）

谦亨。君子有终。

山本高而在地下，故曰"谦"。谦，不自足也。三承乘皆阴，故曰"亨"。艮为君子，坤为终，故曰"君子有终"。谦、嗛同。

《汉书·艺文志》："《易》之嗛嗛。"《尹翁归传》："温良嗛退。"注皆云"同谦"。嗛，不足也，少也，故《象传》以"盈"为对文。

《彖》曰：谦亨。天道下济而光明。地道卑而上行。天道亏盈而益谦。地道变盈而流谦。鬼神害盈而福谦。人道恶盈而好谦。谦尊而光。卑而不可逾。君子之终也。

艮为天，为光明。[①] 居下卦，故曰"下济"。济，止也，言一阳止于三而成艮也。艮，止也。坤为卑，居上卦，故曰"卑而上行"，互震为行也。"天道亏盈"四句，申"有终"之原理。变，毁也。坤为亏，为毁，为害，为恶，为鬼。震为神，[②] 为人。艮一阳在上，故尊[③]而光。卑谓居下卦，虞翻谓三位贱，故卑，非也。卑而不可逾者，艮为山，艮止坎险，故虽卑退，而不能逾越，终获福也。

《象》曰：地中有山。谦。君子以捊多益寡。称物平施。

捊，王弼本作"裒"。《释文》云："郑荀董蜀才皆作捊，取也。"捊、裒音同通用。阳来内故曰"益"，艮手故曰"取"。《说卦》坤为众，故为多。剥下五阴，互三坤，多极矣。今上来益三，居中以界上下。坤为物。下物虽寡，阳来益之，上下物等，故曰"称物"。坎为平，物称故施平。[④]

初六。谦谦君子。用涉大川。吉。

初临坎水，坎险坎陷，本不易涉。然初居下卦之下，谦而又谦，卑以自牧，故可用以涉此大川，而无不吉也。

《象》曰：谦谦君子。卑以自牧也。

扬子《方言》："牧，司也，治也。"

六二。鸣谦。贞吉。

《玉篇》："鸣声相命民。"震为鸣，二承之。三阳为二友。损

---

① 象本《易林》。实《易》以艮为天为光明之处甚多，详《焦氏易诂》。荀爽谓阳来成坎，日月之象，故光明。非。

② 象失传，详《焦氏易诂》。

③ 艮为官，为君子，人知之，乃为尊又不知。只《易林》以艮为贵为尊。

④ 虞因艮多节谓艮为多，非。"多白眼，多心，多眚。"多字若可取象，则巽坎皆可为多，不只艮也。

"一人行则得其友"是也。《诗·小雅》："嘤其鸣矣，求其友声。"言二得承三，遂其所愿，故得意而鸣也。二当位，故"贞吉"。

《象》曰：鸣谦贞吉。中心得也。

"中心得"，申"鸣谦"之故也。卦体坎，坎为中为心。

九三。劳谦。君子有终。吉。

坎为劳卦，故曰"劳谦"。艮为君子，艮成终，故曰"君子有终"。

《象》曰：劳谦君子。万民服也。

三临群众，坤众故曰"万民服"。

六四。无不利。捣谦。

《释文》："捣麾同，指捣也。"

《象》曰：无不利捣谦。不违则也。

"则"谓三，言四顺三，而发捣其谦德也。阴顺阳，故"无不利"。《子夏传》："捣谦，化谦也。盖化于三而不违之也。"则纯指三言。各家泛论之，非也。

六五。不富。以其邻。利用侵伐。无不利。

坤虚故不富。震为邻，为侵伐。以，与也。言五与四顺三以征不服，"无不利"也。震为威武，故为侵伐为征。李鼎祚谓"六五离爻，离为戈兵，故为侵伐"，毛奇龄惠栋用之，非也。

《象》曰：利用侵伐。征不服也。

上六反君道，故曰"不服"。荀爽谓指五似非。

上六。鸣谦。利用行师。征邑国。

俞樾云："六二鸣谦，《传》曰中心得，此曰志未得，何相反若是？疑鸣当作冥，与豫升上六同例。"按俞说是也。《豫·上六》"冥豫"，《释文》云"郑读为鸣"。鸣冥古盖同声相假，犹挦之作哀也。坤为师为邑国，震为征为行。人众势强故利，然以冥谦行之，昧于事情，故难得志，宋襄公是也。

《象》曰：鸣谦。志未得也。可用行师。征邑国也。

上应在三，三坎为志。"志未得"，言上为四五所阻，应三难也。

䷏（豫）

豫。利建侯行师。

雷出地上，得众志行，故豫。豫，和乐也。《归藏》作分，言震雷上出，与地分离也。又一阳界于五阴之间，使上下分别，与《周易》义异。震为君，故曰"建侯"，与屯同义。坤为师，顺以动故"利行师"。

《彖》曰：豫。刚应而志行。顺以动豫。豫顺以动。故天地如之。而况建侯行师乎？天地以顺动。故日月不过。而四时不忒。圣人以顺动。则刑罚清而民服。豫之时义大矣哉。

艮为天，坤为地。艮为日，坎为月。顺故不过不忒。坎为刑罚，坤为民。坤顺故刑罚清而民服。艮为时，震卦数四，故曰"四时"。坎为圣。[①] 李鼎祚以震为圣，非。

《象》曰：雷出地奋。豫。先王以作乐崇德。殷荐之上帝。以配祖考。

震为乐，为仁德，为帝，为荐。荐进也，殷盛也。艮为祖考。[②] 古帝王作乐，皆以象其功德，用以郊天，使祖考配享。"雷出地奋"，声容象之，故先王取以为法。震为王。

初六。鸣豫。凶。

初应四，四震为鸣，故曰"鸣豫"。爻在此而象在应。如蒙三之"金夫"，泰二之"包荒""凭河"，及此为《易》之通例。自此例不明，于是明夷初九之飞及翼，皆以离为象矣。初六得敌，不能应四，故"凶"。

《象》曰：初六鸣豫。志穷凶也。

---

① 虞氏逸象。

② 象失传，只《易林》知之。实《小过·六二》"过其祖"，即以艮为祖。详《焦氏易诂》。

穷者极也。初为二三所隔，应四难，故曰"志穷"。

六二。介于石。不终日。贞吉。

《释文》云："介，古文作砎，郑古八反，云磨砎也。马作扴，云触小石声。"案《说文》："扴，刮也，古黠切。"《广韵》："揩扴物也，音戛。"揩扴即磨砎，皆触坚不相入之声。又《庄子·马蹄篇》："加之以衡扼，齐之以月题，而马知介倪。"陆云："介，徐古八反，亦音戛。介者触，倪睨同。介倪者，即马因感触月题等物之磨砎，因而睥睨也。"是《庄子》亦以介为触，然则砎、扴、介音义并同。盖非触坚，不能有磨戛之声。然则"介于石"即触于石。艮为石，二前遇之，故触于石。《易》之道，异性为类，同性相敌。二五无应，承乘皆阴，如触于石之不相入。触石不入，故"君子见几而作，不俟终日"也。旧解诂砎字是，而义则不详。须知砎于石，乃危辞，以形容二之失类。故《系》云："介如石焉，宁用终日？断可识矣。"艮为终日。《易林·大过之艮》云："终日至暮，不离其乡。"以艮为终日，坎为暮也。夫居中位，而又能危惕自警，故"贞吉"也。宋翔凤以《说文》无砎字，有扴，便谓砎为讹字。岂知晋孔坦《答刘聪求降书》曰："何知几之先觉，砎石之易悟？"《桓温传》亦曰"砎如石所以成务"，不止郑作砎也。

《象》曰：不终日。贞吉。以中正也。

二当位，故中正。

六三。盱豫。悔。迟有悔。

《说文》："盱，张目也。"《尔雅》："盱，忧也。"又《诗·小雅》："云何盱矣。"郑笺："病也。"艮为视，[①]坤为病，故曰"盱"。诸爻独三得承阳，然失位，故睢盱上视，有忧悔也。艮止故迟，有又通。"迟有悔"者，言迟疑不决，又有悔也。"盱豫"句。"悔"一字句。

《象》曰：盱豫有悔。位不当也。

位不当，释"盱豫"之故。

九四。由豫。大有得。勿疑。朋盍簪。

---

① 象失传，只《易》及《易林》用之。详《焦氏易诂》。

《孟子》"由由然与之偕"，注"由由，自得之貌"。"由豫"者，从容和乐也。坎为疑，上下四阴附之，阳遇阴则通，故曰"大有得勿疑"。阳以阴为朋。盍，合也。簪与笄同，所以括发。"朋盍簪"言群阴归四，有若簪之括发也。臧庸云："象盍簪者，取一阳横贯于五阴之中，可谓观象独深。"又《杜诗》"盍簪喧枥马"，言群马絷于一杠之上，故以盍簪为喻。此语解《易》，可谓明白如画矣。艮为簪。《易林·恒之咸》云："簪短带长。"以咸艮为簪。《复之节》语同，亦以节之互艮为簪。凡《易林》象，无不本于《易》。《子夏传》为韩婴作，在汉《易》为最古，即作簪。故焦氏亦读为簪，与《子夏传》同。至东汉则多改字，其详皆在《焦氏易诂》中。[①]

《象》曰：由豫大有得。志大行也。

志谓坎。上下五阴皆孚于四，故曰"志大行"。

六五。贞疾。恒不死。

坎为疾，震生故曰"不死"。五以阴柔处尊位，乘刚势逆，故常疾。然久而不死，以处中位也。如齐田得民，姜亦不遽亡也。

《象》曰：六五贞疾。乘刚也。恒不死。中未亡也。

"中未亡"之故，以得中故也。

上六。冥豫。成有渝。无咎。

冥昧不事事，功之成者，必渐隳矣。故曰"成有渝"。然当位，目前虽无大咎，久则祸至。故《象》曰"何可长"。

《象》曰：冥豫在上。何可长也。

"何可长"，言不足恃。

---

① 后之人于笄簪括发之形象，茫昧失考。故于易象维妙维肖之"朋盍簪"三字，皆不知其故，而尤以谓"汉以前无簪名"者为失考。《仪礼》"簪衣于裳"，《韩非子》"周主亡玉簪"，李斯《谏逐客》"宛珠之簪"。谓汉以前无者，非也。

周易尚氏学卷六　上经

䷐（随）

随。元亨利贞。无咎。

《归藏》曰"马徒"。马徒，即《周礼》太仆职所谓前驱。《越语》"勾践亲为夫差前马"，注"前马，前驱，在马前也"。按：震为马，互艮为徒隶。马徒皆随贵人马，前行以辟道。而兑为口，为传呼，于卦象颇合。兹《周易》名随，似取随时之义。震春，故曰"元亨"。兑秋，故曰"利贞"。言春而夏可赅，言秋而冬可赅。"元亨利贞"，即春夏秋冬，周而复始，循环不穷，故曰"随"。随时而动，不过不忒，故"无咎"。

《彖》曰：随。刚来而下柔。动而说。随。大亨贞无咎。而天下随时。随时之义大矣哉。

王肃本"随时"，皆作随之，将卦义全失。朱子从之过矣。故夫读《易》，以明理为先也。

《象》曰：泽中有雷。随。君子以向晦入宴息。

艮为君子，艮止故宴息。兑为昧为晦。震往，往而遇兑，故曰"向晦"。巽伏，故君子法此象，以"向晦入宴息"。

初九。官有渝。贞吉。出门交有功。

"官"，蜀才作"馆"，见《释文》。惠栋云："官，古文馆，以《穆天子传》'官人陈牲'为证。"按作馆是也。艮为馆，下卦艮覆，故曰"馆有渝"。"渝"，变也。初至四为正覆艮，象覆即于覆取义，《易》通例也。自覆象失传，渝之故旧解皆不能说其所以然，而用覆之辞。如《蒙·象》，如中孚之二、三爻，诂皆误矣。渝而得位，故"贞吉"，与下"贞凶"为对文。艮为门，初临之，而震为出，故曰"出门"。出门则有交接，阳遇阴则通，故"有功"。凡阳临重阴者无不吉，此其一也。

《象》曰：官有渝。从正吉也。出门交有功。不失也。

失与佚通用。佚，逸也。震动故不佚，言不敢安逸也。此与《比·六二》"不自失"，《小畜·九二》"亦不自失"，皆读为佚，与吉韵。义详《比·九五》"失前禽"注。

六二。系小子。失丈夫。

此爻旧解，淆乱至今者，一由卦象失传，二由同性相敌之理不明也。初震为小子，四艮为丈夫。二近初，故"系小子"。为六三所隔，不能承四，故"失丈夫"。《易林·家人之巽》云："孩子贪饵。"以伏震为孩子也。孩子即小子，是焦氏以震为小子，义即本此也。又《复之剥》云："夫亡从军。"以剥上艮为夫，是艮为丈夫，焦氏仍本之《易》。盖以二人言，初生者长，从生者少。故《说卦》以震为长子，艮为少子。而以一人言，则初少上老，故经以震为小子，艮为丈夫。先儒不知经取象，往往与《说卦》不同，不敢直认。岂知《象传》所释至明也。

《象》曰：系小子。弗兼与也。

二居初四之间，近初远四，故曰"弗兼与"。虞翻谓二应五。以五为小子，五为少女，焉能为小子？失之远矣。

六三。系丈夫。失小子。随有求。得。利居贞。

三近四承阳，故上"系丈夫"。为二所阻，故下"失小子"。《象》谓"志舍下"，是明以震为小子，艮为丈夫也。"随有求"句，与下"随有获"对文。艮为求，阴承阳故有得。巽为利。《咸·六二》云："居吉。"兹云"利居贞"，似亦以动为戒。盖上无应，静而承阳则吉，动则不利。旧解谓之正应上，于居义相背，非也。

《象》曰：系丈夫。志舍下也。

下谓初。《经》以艮为丈夫，以震为小子，可谓明白矣。

九四。随有获。贞凶。有孚。在道以明。何咎。

下乘重阴得民，故"有获"。不当位，前遇敌，故"贞凶"。然下孚于众，光明正大，遵循正道，亦无咎也。艮为道，为光明。虞氏命三四全变成离，取明象，迂曲失经旨。①

《象》曰：随有获。其义凶也。有孚在道。明功也。

其义凶者，谓四本不凶，而凶者以不当位也。②

九五。孚于嘉。吉。

《易林》每以震为嘉，盖本此也。嘉指二，五孚于二，二震体，故曰"孚于嘉"。

《象》曰：孚于嘉。位正中也。

二五皆当位，故曰"正中"。

上六。拘系之。乃从维之。王用亨于西山。

伏艮为拘为山，兑西故曰"西山"。兑口故曰"亨"。王谓五，三至上正反巽，巽为绳，故曰"系"，曰"维"。虞翻曰："两系称维，③《诗》所谓'絷之维之'也。"卦以随为义，六穷于上，五恐其去。"拘系之"，"从维之"，或即其隐居之处而宴享之。言六无所随，而五必随之也。④

《象》曰：拘系之。上穷也。

穷，尽也。

䷑（蛊）

蛊。元亨。利涉大川。先甲三日。后甲三日。

《左传》"皿"为蛊，而《归藏》作"蜀"。《诗·豳风》"蜎蜎者蠋"，"蠋"葵中蚕也。《诗诂》："蜀已有虫，再加虫俗字。"然则蜀亦虫，与蛊义同也。蛊，败也，坏也。卦上山震木，为材木之所出。乃下卦为巽，巽陨落故败。又巽为虫，虫蠹物朽腐，大过曰"栋桡"。《易林·旅之履》云："木内生蠹。"蠹即蛊，皆以巽也，

---

① 《大畜·彖传》曰："刚健笃实辉光。"刚健谓乾，辉光谓艮。是艮为光明，《易》有明文。

② 大畜颐上九皆下孚于阴而吉。

③ 正反两巽。

④ 《西谿易说》云：先儒说《易》，遇西山西邻，皆曰文王事也。可谓大谬。

故坏。《礼·王制》："执左道以乱政。"疏云："蛊者损坏之名。"
《周礼·秋官·庶氏》："掌除毒蛊。"郑注："毒蛊,虫物而病害人
者。"又《翦氏》："掌除蠹物,凡庶蛊之事。"注："蛊,蠹之类。"
又《史记·秦德公二年》："初伏,以狗御蛊。"注："蛊,恶气。"
是蛊之为蠹为腐坏甚明。又《左传》云："女惑男,风落山,谓之
蛊。"女惑男,男败。风落山,山败。亦以败坏说蛊。荀爽谓蛊为
事,朱子盖以为不安,又曰"坏极而有事"。夫卦名皆由卦象而生,
诂蛊为事为惑,皆正训不误。而此则义为败坏,亦卦象所命也。
《彖》曰"巽而止蛊",亦以败坏为说。若必拘《序卦》而训为事,
则此句义难通矣。阳得阴则通,坤为大川,为事。刚往坤上,下履
重阴,容民得众,故曰"利涉大川",曰"往有事"。乾元为甲,蛊
之先为泰,乾为日,三爻故曰"先甲三日"。乃由泰反否而蛊为之
始,初爻上为蛊,二三随上成否。甲之在下者反上,先甲变为后甲
矣,故又曰"后甲三日"。蛊旁通随,随者由否反泰之始。上爻下
成随,四五随下成泰。甲之在上者反下,后甲又变为先甲矣。否泰
相循环相终始,来往诎信,天道固如是也。

《彖》曰:蛊刚上而柔下。巽而止蛊。蛊元亨而天下
治也。利涉大川。往有事也。先甲三日。后甲三日。终则
有始。天行也。

行,道也。泰者随之终,蛊者否之始。故曰"终则有始"。

《象》曰:山下有风。蛊。君子以振民育德。

风止山下,气郁不通,故"蛊"。蛊则不生育,振而作之,所以
救蛊而育德也。象义有因卦象而取法者,有反省者。兹则反省者也。

初六。干父之蛊。有子考。无咎。厉终吉。

初虽不当位,然上承重阳,与上合志,与《升·初六》同,故
"吉"。《易林》以震巽为父母。[①] 朱汉上以复姤为小父母。复姤仍震
巽。初伏震,故曰"父",曰"子"。"干",正也。能正父蛊,故曰
"有子考"。《逸周书·谥法》云："考,成也。"《左氏襄十三年》
"祢庙"疏："考,成也,言有成德也。""有子考"者,即谓有子能

---

① 详《焦氏易诂》。

成就先业也，故"无咎"。风陨故厉，承阳故"终吉"。马融、王肃读"考"字绝句，王注作"考无咎"，非也。

《象》曰：干父之蛊。意承考也。

"意承考"，谓初上承重阳，能承继先德也。"承"，顺也，巽象。

九二。干母之蛊。不可贞。

巽为母。贞，定也。"不可贞"，言二宜升五也。

《象》曰：干母之蛊。得中道也。

二五得中。

九三。干父之蛊。小有悔。无大咎。

三震体，故亦曰"父"。按：九三上虽无应，然当位，前临重阴，与大畜九三象同，当吉。乃大畜九三"利往"，此云"小悔无大咎"者，以体下断也。凡巽体上爻多不吉，先儒不知其故在本弱。故多误解。

《象》曰：干父之蛊。终无咎也。

九三前临重阴，利往，故"终无咎"。

六四。裕父之蛊。往见吝。

裕，宽也。虞云："不能诤父过也。"前遇敌，阴遇阴则窒，故"往吝"。

《象》曰：裕父之蛊。往未得也。

六五。干父之蛊。用誉。

得中，有应，上承阳，而艮为名，故可致闻誉。

《象》曰：干父用誉。承以德也。

德谓阳，承以德，言上承阳也。

上九。不事王侯。高尚其事。

三震为王，为诸侯。上不应之，故曰"不事王侯"。言不事王侯之事也。高居物表，逍遥事外，故曰"高尚其事"。

《象》曰：不事王侯。志可则也。

则，法也。"不事王侯"，若共伯和吴季札之流是也。作奉事者非。

䷒（临）

临。元亨利贞。至于八月。有凶。

《释诂》：“临，视也。”《谷梁·哀七年》：“有临天下之言焉。”注：“临，抚有之也。”卦以震君临四阴，正抚有也，故曰“临”。临辟丑，阳息卦，故曰“元亨”。《左传》云：“不行之谓临。”行而不已，则至八月而凶矣，故又曰“利贞”，言利于贞定也。月卦始子复，至未遁正八月，故郑陆虞皆以八月为遁。而虞氏以弑君父说凶义，则非。弑君父皆否遁所同有，胡独八月凶乎？按《易林·恒之临》云：“神之在丑，破逆为咎。不利西南，商人休止。”临辟丑，震为神，故曰“神之在丑”。乃行至未而破丑，故曰“破逆为咎”。又按《汉书·翼奉传》：“平昌侯三来见臣，皆以正日加邪时。”孟康曰：“谓乙丑之日，丑为正，日加未而来。未破丑，故曰邪时。”《陆绩易传》“至于八月凶”注曰：“建丑至未也，入遁。”亦以未破丑说凶义。徒以弑君父为说，何以辞于其他消卦乎？凡《易》言八月七日，皆言爻数。后儒往往以殷正周正为说，皆梦吃语也。

《彖》曰：临。刚来浸而长。说而顺。刚中而应。大亨以正。天之道也。至于八月有凶。消不久也。

遁消卦，故曰“不久”。

《象》曰：泽上有地。临。君子以教思无穷。容保民无疆。

震兑皆为言，故曰“教思无穷”。坤为民，震为仁，故曰“容保民”。坤广大，故曰“无疆”。

初九。咸临。贞吉。

咸，感也。初二爻皆有应，故皆曰“咸临”。贞，卜问也。

《象》曰：咸临贞吉。志行正也。

坤为志，应在坤，皆当位，故曰“志行正”。

九二。咸临。吉。无不利。

阳遇阴则通，故曰“无不利”。

《象》曰：咸临吉无不利。未顺命也。

二必升五，得尚于中行，而卦以不行为义。故曰"未顺命"。

六三。甘临。无攸利。既忧之。无咎。

《说文》："甘，美也。"三独近二，阴顺阳，言甘于顺二也。然不当位，无应，故无所利。坤为忧，知无所利而忧之，故"无咎"也。

《象》曰：甘临。位不当也。既忧之。咎不长也。

"不长"谓不久。

六四。至临。无咎。

虞翻曰："至，下也。谓下应初。"当位有实，故"无咎"。

《象》曰：至临无咎。位当也。

六五。知临。大君之宜。吉。

知音智，言宜知几也。震为大君。[①] 九二震主爻，应在五，二五相上下，皆当位，故曰"大君之宜"，言二宜升五也。

《象》曰：大君之宜。行中之谓也。

二五皆中位，故曰"行中"。"知临"者，言宜知几，与二相上下也。

上六。敦临。吉。无咎。

阳息即至三，上稍止即有应，故曰"敦临"。敦与屯与顿皆通，有止意待意，义详复卦。言稍待即有应，故曰"志在内"。内谓三也，故复五、六亦曰"敦复"。言五少迟，阳即息至二，有应，与此同也。旧解训敦为厚，非。

《象》曰：敦临之吉。志在内也。

言顿止之故，因阳息即至三，有应也。《易》之道贵将来，将来有应，故吉。不然内无应，何吉之有？凡云"志在内"，"志在外"者，皆谓应爻。《九家》谓志在二升五，清儒皆宗之，由误解敦字故也。

䷓（观）

观。盥而不荐。有孚颙若。

---

① 象失传，详《焦氏易诂》。

五得尊位，下临万民。艮为庙堂，万民瞻仰。故曰"观"。《易林》以艮为观为视，[①] 盖即本此也。国之大事，在祀与戎。礼之可观，莫盛乎宗庙。宗庙之可观，莫盛乎祭祀。初盥降神也。马融云："进爵灌地以降神也。"卦巽为白茅，茅在地上，坤水沃之，缩酒之象也。灌地降神，其诚敬之心，孚于神明。颙，敬也。及至荐牲则礼简略。孔子曰"禘自既灌而往者，吾不欲观之矣"，与此义同也。

《彖》曰：大观在上。顺而巽。中正以观天下。观。盥而不荐。有孚颙若。下观而化也。观天之神道。而四时不忒。圣人以神道设教。而天下服矣。

坤为天下，天下化则服矣，此"圣人所以以神道设教"也。观亦侯卦，故曰"四时"。临曰"元亨利贞"，亦四时也。

《象》曰：风行地上。观。先王以省方观民设教。

坤为方为民，艮为观，故曰"省方"，曰"观民"，巽为命，故曰"教"。先王巡狩四方，观风问俗，宣布教化，亦若风行地上也。

初六。童观。小人无咎。君子吝。

《释文》："马云童犹独也，郑云稚也。而虞翻以艮为童，诂与郑同。"按马说是也。《太玄》玄冲云："童，寡有也。"而《易林》每以坤为寡。初坤体，上无应，阴遇阴失类，孤寡极矣。故曰"童观"。其在小人，独行踽踽，尚可无咎，若君子则狭隘为病矣，故"吝"。盖童之象不在艮，而在坤。初何以孤寡？则以上无应而行失类也。

《象》曰：初六童观。小人道也。

道，行也。

六二。窥观。利女贞。

《说文》："窥，闪也。"倾头门中视也。二应五，坤为门，二在门中，上窥九五。而坤为闭为羞，故羞缩不敢正视而窥观也。圣人取象之精，非注视卦象，不知其微妙如此也。窥观乃妾妇之行，故利女占。若在丈夫，则可丑矣。

《象》曰：窥观女贞。亦可丑也。

---

① 象失传。详《焦氏易诂》。

丑谓不庄。

六三。观我生。进退。

凡我生皆谓应与。《诗·小雅》:"虽有兄弟,不如友生。"《易》以阴阳相遇为朋友,故谓应与为"我生"。三应在上,故曰"观我生"。进退,上巽为进退,进退者上下也。三与上相上下,谓三宜进居上,上宜退居三,各当位也。故《象》曰"不失道"。

《象》曰:观我生进退。未失道也。

道,行也。

六四。观国之光。利用宾于王。

艮为国为光,四独近五,故曰"观国之光",曰"宾于王"。王谓五,巽为利,言利于朝觐天子作宾王家也。巽为旅客,故曰"宾"。

《象》曰:观国之光。尚宾也。

"尚宾"者,言宾于上也。

九五。观我生。君子无咎。

此"我生"谓二。五应在二,二坤为民,故《象》曰"观民"。九五为观之主,亦艮之主。艮为君子,下观万民,抚恤教养,故"无咎"也。

《象》曰:观我生。观民也。

观民即指二。二坤为民。

上九。观其生。君子无咎。

诸家或释生为出为性为道,一人前后,诂即不同,似非。按:"其"谓五,生指三。上应在三,三坤体,坤民下附,皆五之民也。上贵而无位,高而无民,宜高尚其事矣。乃犹不忘情,欲应三而观其生焉,故《象》曰"志未平"。

《象》曰:观其生。志未平也。

巽为志。

䷔ (噬嗑)

噬嗑。亨。利用狱。

噬，啮也。嗑，合也。亨，通也。夫上下之不能相合者，中必有物间之。啮而去其间，则合而通矣。国家之有刑狱，亦复如是。民有梗化者，以刑克之，则顽梗去，而上下通矣。故曰"利用狱"。震为口，颐利求口实是也。为口故曰"噬"。雷电合居于东，故曰"合而章"。震为口，初至四，正反震口合。上离，正反兑口合。故曰"噬嗑"。自覆象失传，及震为口之象亡，噬嗑之义，遂晦而不明。卦一阴一阳，刚柔交，故曰"亨"。坎为狱，折狱之道，不明则人不服，不威则众不从。今威明并济，故"利"。

《彖》曰：颐中有物曰噬嗑。噬嗑而亨。刚柔分。动而明。雷电合而章。柔得中而上行。虽不当位。利用狱也。

有物谓四。四在颐中，故曰"有物"。颐上下阳，中四爻皆阴，阴顺阳，故求得口食。今四阳横互于中，阳遇阳为仇为敌，不顺，啮去此物，则合而通，故曰"噬嗑而亨"。卦阳爻与阴爻相间，故曰"刚柔分"。雷电合居于东，故曰"合而章"。五不当位，然文明以中，断制枉直，不失情理，故"利用狱也"。

《象》曰：雷电。噬嗑。先王以明罚勅法。

罚法皆坎象。勅，正也。威之用，明则离之用也。

初九。屦校灭趾。无咎。

震为趾，坎为校。初临重阴，利往。往而遇坎，坎在震上，故曰"屦校"。校械也，屦贯也，言以械贯于震足之上，足不见，故曰"灭趾"。初当位，故"无咎"。

《象》曰：屦校灭趾。不行也。

此言人初有过，其过尚微，故罚亦从轻。使有所惩，而不至积累其罪，以至于诛，所谓"小惩大戒"也。初本利行，行而遇险，故"不行"。

六二。噬肤灭鼻。无咎。

震为噬，二艮体，故曰"肤"，曰"鼻"。言艮肤艮鼻，为震口所噬。隐伏于坎水之下，故曰"灭"。二乘刚，故有是象。按：灭趾有类于刖刑，灭鼻有类于劓刑。皆初犯罪，刑之轻者，皆冀其有所惩于后也。二得中，故可免于咎。

《象》曰：噬肤灭鼻。乘刚也。

乘刚不顺。

六三。噬腊肉。遇毒。小吝。无咎。

《说文》："腊，干肉也。"艮坚故曰"腊"。坎为肉，故三爻四爻五爻皆言肉。坎为毒，遇毒者，坎在前也。[1] 然有应故"小吝，无咎"。王弼曰："噬以喻刑人，腊以喻不服，毒以喻怨生。"按三不当位，以斯用刑，民必不服。岂惟不服，怨毒以生。言小民不知惩戒，仍积恶不悛也。

《象》曰：遇毒。位不当也。

三阳位。

九四。噬干胏。得金矢。利艰贞。吉。

胏，《玉篇》"肉带骨也"。离艮皆为火，坎肉居中，故曰"干胏"。艮为金，坎为矢。[2] 四艮主爻，故曰"金"。亦坎主爻，故曰"金矢"。坎陷故"利艰贞"。按：《周礼·大司寇》："以两造两剂，禁民狱讼。入束矢钧金，然后听之。"兹云"得金矢"，仍寓止讼之意。夫令民入金矢，原欲止其狱讼。兹曰"得金矢"，是讼者不止，而益深其罪也。

《象》曰：利艰贞吉。未光也。

坎隐伏故曰"未光"，升五则光矣。

六五。噬干肉。得黄金。贞厉。无咎。

离火故仍曰"干肉"。离色黄，五履艮金上，故曰"得黄金"。贞，卜问。失位，故"贞厉"。得中，故"无咎"。按：五位虽尊，然不当位。以斯噬物，物亦不服，其坚有如噬干肉之难。夫据尊位，能行其戮者也。乃物仍不服，不知诚惧，则其怙恶不悛，顽坚难化也明矣。故曰"得黄金"，言其坚愈进也。得黄金非吉辞，如吉则下不曰"贞厉"矣。

《象》曰：贞厉无咎。得当也。

"得当"者，得中也。

上九。何校灭耳。凶。

---

① 坎肉象，详《焦氏易诂》。

② 详《焦氏易诂》。

坎为校为耳，上应在三，三坎体亦艮体，艮为背为何，坎校在艮背上，耳则遮矣，故曰"灭耳"。易爻在此，而象全在应者，此其一也。王弼曰："处罚之极，恶积不改者也。罪非所惩，故刑及其首。及首非诫，灭耳非惩，凶莫甚焉。"《正义》曰："罪未及首，犹可戒惧归善。罪已及首，性命将尽，非复可戒，故云'及首非戒'也。校既灭耳，将欲刑杀，非可惩改，故云'灭耳非惩'也。"

《象》曰：何校灭耳。聪不明也。

灭耳则有害于聪，故曰"不明"。

䷕（贲）

贲。亨。小利有攸往。

《归藏》作"荧惑"。荧惑火星。《史记》："察刚气以处荧惑，曰南方火，主夏日，丙丁是也。"卦上艮为星，离亦为星。下离为火，艮亦为火。离主夏位南，艮纳丙亦南。故曰"荧惑"，于象恰合。至《周易》作"贲"。贲，《释文》云："傅氏作斑，文章貌。郑云文饰貌。"《太玄》拟作饰。按：卦一阴一阳相杂，相杂则有文，故曰"斑"，曰"文饰"。又按《尔雅》："龟三足曰贲。"卦离艮皆为龟，而震为足，数三，正龟三足也。初二曰"其趾""其须"，九三云"濡如"，六四云"皤如"，言其形也。上九云"白贲"，言其色也。《杂卦》云："贲无色也。"艮为黔，坎为隐伏，为黑，亦无色。无色即不明，不明故《象》言"无敢折狱"。盖山下有火，与地下有火略同。地下有火明夷，山下有火等耳。故孔子筮得贲不乐，以与明夷同也。后人谓山下有火，明不及远，皆读下为旁，故其义永不能通。前一义旧解皆从之，后一义鲜有述之者。故引信其义，以俟深于易理者定夺焉。

亨谓二，离夏故亨，《传》所谓"柔来文刚也"。小谓五，分泰二居上。五得中承阳，故曰"小利有攸往"，言利往五也。唐郭京《举正》，谓小为不，非。

《象》曰：贲亨。柔来而文刚。故亨。分刚上而文柔。故小利有攸往。天文也。文明以止。人文也。观乎天文以察时变。观乎人文以化成天下。

卦刚柔相杂故曰文。离日坎月，艮星震辰。天文，离礼震乐。人文，离夏震春坎冬。故曰"以察时变"。震为生，艮为成，为天。故曰"化成天下"。朱子云："先儒说，'天文上'当有'刚柔交错'四字。"

《象》曰：山下有火。贲。君子以明庶政。无敢折狱。

山下非山旁。火在山下，与地下同，直明夷耳。后儒谓明不及远者误也。艮为君子，"明庶政"。象每以相反见义，如同人曰"类族辨物"，无妄曰"时育万物"，蛊曰"振民育德"皆是。兹因贲不明，君子反以明庶政。坎为狱，折狱须明。离在下不明，故"无敢折狱"。而"无敢折狱"，尤贲为无色无明之确征。

初九。贲其趾。舍车而徒。

初应在四，四震故曰"趾"。坎为车，初在车下，当然不乘而徒也。盖初九正当勿用之时，安于徒步，以遂其志者也。

《象》曰：舍车而徒。义弗乘也。

徒谓徒步。"义弗乘"者，言志行高洁，不肯苟乘也。

六二。贲其须。

艮为须。[①] 艮须在上，下离文之，故曰"贲其须"。其指上卦，言六二之须，谓上艮也。泰二往上成艮，故曰"兴"。二因得当位居中，故曰"与上兴"。侯果谓三至上有颐象，二在颐下，故有须象。虽巧切，不知艮即为须也。

《象》曰：贲其须。与上兴也。

兴，起也。"与上兴"，即喜上兴也。

九三。贲如濡如。永贞吉。

坎水故曰"濡如"。阳贞于三当位，前临重阴，故曰"永贞吉"。

《象》曰：永贞之吉。终莫之陵也。

之，往也。三应在上，上艮为陵。乃上不应，故"终莫之陵"。永贞于三吉也，又前临重阴，皆顺三，无有陵越之患也。

六四。贲如皤如。白马翰如。匪寇婚媾。

《左传·宣二年》"皤其腹"，疏"皤，腹貌"。卦三至上互大

---

① 象失传，详《焦氏易诂》。

离，离为大腹，故曰"皤如"。《释文》："皤，荀作波，郑陆作蟠，音烦。"按皤通番，番音烦，郑陆读烦声是也。凡《易》如此等辞，往往用韵，疑番与翰协。《诗·大雅》："申伯番番，徒御啴啴，戎有良翰。"番与翰协，与此同也。陆绩云："震为白，为马。"按震为羽翰，[①] 翰如马行貌，言疾如羽翰也。四乘坎，坎为寇，疑其逼己。岂知四当位，下有正应，三无能害之，终得与初婚媾也。

《象》曰：六四当位。疑也。匪寇婚媾。终无尤也。

疑谓疑三，坎为疑。

六五。贲于丘园。束帛戋戋。吝。终吉。

艮为丘园，坤为帛。乾圜约其两端，故曰"束帛"。《子夏传》："五匹为束，三玄二纁，象阴阳。"戋戋，马训为委积，虞作多。《易林·旅之丰》云："束帛戋戋，赙我孟宣。"似亦以盛多为训。俗解因戋通残，便训戋戋为薄物，又或作残落者，非也。《仪礼·士冠士虞礼》，《周礼·大宗伯》注，皆以束帛为十端，每端丈八尺，两端合卷，总为五匹，皆与《子夏传》同。然则"束帛五匹"者，乃先王之定制。"戋戋"乃形容束帛之盛，谓薄物固非，残落尤谬也。下无应故吝。上承阳，故"终吉"。《象》谓"小利往"，以此。

《象》曰：六五之吉。有喜也。

五承阳，故有喜。

上九。白贲。无咎。

贲而曰白，其为物也明矣。若训为饰为文为斑为黄白色，[②] 为色不纯，[③] 此二字皆不能通。诸儒据绘事后素，曲为之说，无当也。盖艮为贲，贲无色，故曰"白贲"。

《象》曰：白贲无咎。上得志也。

下乘重阴，故曰"得志"，言阳得阴而通也。《大畜·上九》曰"道大行也"，《损·上九》曰"大得志"，《益·九五》曰"大得志"，《颐·上九》曰"大有庆"，与此义皆同。乃二千年旧解，少能知其故者，真可喟也！

---

① 翰象失传，详《焦氏易诂》。

② 范望《太玄》视首上九注。

③ 高诱《吕览》"贲"字注。

䷖（剥）

剥。不利有攸往。

剥侯卦，时当九月，阴消阳，柔变刚。《杂卦》云"剥烂也"。盖阴消阳，柔变刚，皆以渐而及，非猝然为之，有似于树木老皮之剥落。《归藏》作仆，仆与扑通。《庄子·人间世》："蚊虻仆缘。"仆缘即扑缘。扑，击也。而《豳风》"八月剥枣"，《传》"剥击也"，是仆与剥义同也。"不利有攸往"，谓阴不宜再长也。《传》曰"小人长"，阴长则阳消，故"往不利"。

《彖》曰：剥。剥也。柔变刚也。不利有攸往。小人长也。顺而止之。观象也。君子尚消息盈虚。天行也。

艮为视为观，[①] 观卦即顺而止。今一阳在上，下观群阴，仍观象也。剥本消卦，然相对者必息。一消一息，一盈一虚，天道循环本如此，不足异也。

《象》曰：山附于地。剥。上以厚下安宅。

上谓上九，坤为厚为下，艮为宅为安。

初六。剥床以足。蔑。贞凶。

初震位，故曰"足"。以，及也。《周语》："太宰以史祝。"《管子·服制》："官吏以命士。"《盐铁论·大论篇》："呻吟槁简，诵死人之语，则有司不以文学。"以义皆同及。"剥床以足"，即剥床及足也。艮为床，《易林·比之贲》云："展转空床，内怀忧伤。"以贲艮为床也。剥全体艮象，故屡言床。虞翻不知此象，以坤消乾

---

① 象失传。详《焦氏易诂》。

初，成巽为床。而惠栋又谓巽为木，坤西南卦。设木于西南奥，乾人藉之，床之象也。故夫一象之失传，可使名家《易》，迂曲至于如此，真可叹也！蔑，《释文》云："荀作灭。"《象》曰"灭下"，盖荀之所本。王陶庐云："蔑、灭古通。"《周语》"而蔑其人民"，《文选·邻里相送方山诗》"音尘慰寂蔑"，注皆作灭。故王注云"犹消也"。惟灭属下读，似难为句。灭，《说文》"尽也"。"剥床以足蔑"者，言床足被剥尽也，故卜问凶。虞翻下属为句，训为无，谓初失位，故曰"蔑贞"，谓失正也。然二爻当位，亦曰"蔑贞"，则不合矣。而清《易》家多从之，非。

《象》曰：剥床以足。以灭下也。

"灭下"即释蔑义。

六二。剥床以辨。蔑。贞凶。

《释文》云："辨，徐音办具之办。足，上也。马郑同。薛虞云：膝下也。王弼亦云足上。"按马郑王等似皆以二在初上，故云"足上"。虞翻谓为指间，王引之读为蹁。蹁，膝头也。俞樾谓辨通胖。胖，胁侧也。似皆未安。按：《周礼·天官·小宰》"六曰廉辨"，注"杜子春云廉辨或作廉端"，故贾疏云"经本作廉端"，是辨端音近通用。端，首也。剥床以端，是剥及床头也。剥之而尽，故"贞凶"。

《象》曰：剥床以辨。未有与也。

"未有与"，言上无应。

六三。剥无咎。

《释文》"一本作剥之无咎"，非。按：之字，乃从象辞而衍，无者是也。三处五阴之中，独能从善不党于上下二阴，故曰"失上下"。

《象》曰：剥之无咎。失上下也。

六四。剥床以肤。凶。

四艮体，艮为肤，故曰"剥床以肤"。足辨肤皆指床言，肤犹言床面也。人卧床，身与床切，剥及于是，故言近灾。自王肃以肤指人身言，岂知剥及人身，则灾及矣，胡得曰"近"？乃后儒惑之，谓床不能称肤。王引之谓王弼云："剥床之足，剥床之辨，下文亦可曰剥床之肤乎？"夫床既可曰足，曰辨，又何不可称肤？似皆惑于肃说，故拘泥若是。

《象》曰：剥床以肤。切近灾也。

六五。贯鱼以宫人宠。无不利。

坤为鱼，① 除《易林》外，后唯郭璞知之。《洞林》："璞筮迁徙，得明夷。曰'嗟呼黔黎，时漂异类。桑梓之邦，其为鱼乎'？"明夷上坤为鱼，为邦，震为桑梓，故曰"桑梓之邦，其为鱼乎"。剥重坤，故曰"贯鱼"。艮为宫为宠。以宫人宠者，《周礼·九嫔》注云："女御八十一人当九夕，世妇二十七人当三夕，三夫人当一夕。"是天子之宫人进御，每夜九人或三人。故曰"贯鱼以宫人宠"，言宫人之宠御，以次而进，若贯鱼也。即五率群阴以承阳，鱼贯而进也。《诗·邶风》"宴尔新婚，不我屑以"，笺"以，用也"。"以宫人宠"，即用宫人宠也。蒙之"用说桎梏"，益之"利用为依迁国"，皆与此以字义同。此与《豫·九四》之"朋盍簪"，皆为易象之最神妙，而最难于形容者。王陶庐云："易辞有非注视卦象不能解者，此等是也。"而二千年来，因簪象鱼象之失传，遂改簪为戠为攒，以求与坎象合；命剥五变巽，以求与鱼象合，而易理遂亡于解说矣。杜甫云："盍簪喧枥马。"鲍照云："鱼贯度飞梁。"皆此二句之确诂。而杜诗尤非真知《易》者，不敢如此道也。②

《象》曰：以宫人宠。终无尤也。

五得承阳，故无尤悔。

上九。硕果不食。君子得舆。小人剥庐。

艮为果蓏。硕，大也。孤阳在上，故曰"硕果"。震为食，震覆故不食。③ 卦一阳未消，剩余在上，是其义也。艮为君子，坤为大舆为载，艮在坤上，乘舆之象也。故曰"得舆"。坤为小人，艮为庐，侯卦阴终消阳，故曰"剥庐"。君子得舆，由上视下取象。小人剥庐，由下视上取象。

《象》曰：君子得舆。民所载也。小人剥庐。终不可用也。

坤为民，艮为终。

---

① 象失传。详《焦氏易诂》。

② 宋蔡弼注杜诗，遂误为宴朋友。

③ 震食象失传。详《焦氏易诂》。

䷗（复）

复。亨。出入无疾。朋来无咎。反复其道。七日来
复。利有攸往。

阳反故曰"复"。出入反复，皆对姤言。复者姤之反。若舍姤
不言，则复何所自乎？入者入巽，出者出震。坤为疾，[①]阳通故
"无疾"。阴以阳为朋，剥穷上反下故曰"朋来"，阳遇阴故"无
咎"。阳自姤而消，消至剥上，六日，反复则七日。自复而息，息
至夬上，六日，反姤仍七日。循环不已，故曰"反复其道"，"七日
来复"。复阳长，故曰"利有攸往"。

《彖》曰：复亨。刚反。动而以顺行。是以出入无疾。
朋来无咎。反复其道。七日来复。天行也。利有攸往。刚
长也。复其见天地之心乎？

震动坤顺，故曰"动而以顺"。"天行"，天道也。言阴阳刚柔
往来消长，天道固如斯也。此天地之心也。坤为心。[②]此以爻数括
天地间之公例公理。其谓卦气起中孚，至复为七日，不惟于数不
合，[③]且于理大谬。是皆执于自姤至复为七月，经言"七日"故疑
也。岂知易辞皆举一例，包括万有。[④]即以日言，《豳诗》云"一之
日"，"二之日"，日皆谓月，侯果已言之矣。阴阳相遇为朋。自此
象失传，皆用卦变，俟阳息至二成兑，二阳为朋。虞氏之说讹误至
今。又《五行志》《京房易传》曰："复崩来无咎。"读朋为崩，是
用覆象，谓剥艮覆在下为山崩。而《易林》遇此象，亦往往曰"山
崩"，京所受也。其详皆在《焦氏易诂》中。覆象久失传，后惟惠
栋用此说。实《易》言覆象者，不止此也。

《象》曰：雷在地中。复。先王以至日闭关。商旅不

---

① 象失传。详《焦氏易诂》。
② 象失传。详《焦氏易诂》。
③ 只六日七分。
④ 十日数至七必相反。辰数亦然。

行。后不省方。

曰"至日"则兼二至言也。姤云:"施命诰四方。"即诰戒商旅将闭关也。《易林·晋之解》,所谓"二至之戒"也。盖古最重二至。《汉书·薛宣传》:"日至休吏,所由来久。"《后汉·鲁恭传》:"《易》,五月姤用事。先王施命令,止四方行者。"是夏至亦休息。与冬至同。坤为门户。故曰"关"。震为商旅,坤闭故曰"闭关",曰"不行"。坤为方,震为王。

初九。不远复。无祇悔。元吉。

复在内,故曰"不远复"。严元照云:"祇从氏非。此当从氏。氏、是同用,故王肃作禔,坎祇既平,京房亦作禔。"王陶庐云:"唐《石经》即作祇。氏是古同部,故得同用。若氏则另为一部。不同部者不相假,古之例也。然则今作祇者误也。"祇,郑云病也。段玉裁云:郑盖借祇为疧。按:祇之训病。《诗·小雅》"何人斯。壹者之来,俾我祇也",《毛传》"祇病也"。兹训为病,正本毛传。段谓借祇为疧非。病犹蓄也。复出入无疾,故无蓄悔。乾元通,故"元吉"。

《象》曰:不远之复。以修身也。

坤为身,阳微故宜修养以待。

六二。休复。吉。

休者,俟也。俟阳息至二,故吉。

《象》曰:休复之吉。以下仁也。

仁者,初也。阳主生,故曰"仁"。"以下仁"者,言下阳即息至二,静俟则吉也。

六三。频复。厉。无咎。

虞翻曰:"频,蹙也。三失位,故频复。"按频,古文颦字,故云"频蹙"。三失位,承乘皆阴,又无应予,失类极矣,故"频复厉"也。知其危厉而振奋焉,则"无咎"矣。

《象》曰:频复之厉。义无咎也。

六四。中行独复。

《文言》乾九四云:"中不在人。"中谓三四,居一卦之中也。又《系辞》云:"其初难知,其上易知。若夫杂物撰德。非其中爻不备。"中爻谓中四爻，即下所谓二与四三与五也。四居卦中，独与初应，故曰"中行独复"。虞翻谓"四不在二五，何得称中行？"岂知三四称中爻，《易》固有明例也。

《象》曰：中行独复。以从道也。

"道"谓初，"从道"谓应初。

六五。敦复。无悔。

敦与屯通。《诗·大雅》"铺敦淮濆"，笺"敦当作屯"。扬雄《甘泉赋》"敦万骑于中营兮"，注"敦与屯同"。又按《豳风》云"敦彼独宿"，即"屯彼独宿"也。屯者，止也，次也。而敦又与顿同。《尔雅·释丘》："丘一成为敦丘。"疏："即卫风之顿丘。"顿亦止也，《史记·王翦传》"三日三夜不顿舍"是也。是敦有止意待意。"敦复"者言五应在二，阳即升二，五稍待即有应也。故《临·上六》亦曰"敦临"，以上六亦稍待，阳即息三，有应也。旧诂皆训为敦厚，非。

《象》曰：敦复无悔。中以自考也。

向秀曰："考，察也。"五中位，应在二，亦中位。阳息即至二，五有应，故"无悔"。"中以自考"者，释敦之故。《易》之道贵将来，言顿止以待中二之阳息，自考省也。与临上之"志在内"义同。

上六。迷复。凶。有灾眚。用行师。终有大败。以其国君凶。至于十年不克征。

凡上六多不吉，上穷也。坤为迷为死丧，故"有灾眚"。坤为众，故为"师"。坤为死丧，故"行师终有大败"。坤为国，震为君，[1] 故曰"国君"。坤为十年，震为征。"不克征"，言不能兴起也。《比·上六》"后夫凶"，《师·上六》"小人勿用"，皆以其不承阳也。[2] 不承阳则背叛君命，而殃及国君，故曰"以其国君凶"。君者国之本，国君受胁，根本动摇，故其凶至于十年也。

《象》曰：迷复之凶。反君道也。

"反君道"，即谓上六不承阳。旧解皆以不顺君命为反君道，然上六之何以独反君道，其故无能明者。此与六五"敦复"，及临之

---

① 象失传。详《焦氏易诂》。
② 他爻皆可承阳，独上六不能。

"敦临"义晦同也。

䷘（无妄）

无妄。元亨利贞。其匪正有眚。不利有攸往。

震巽为草木为禾稼，下艮为火，故焦京王充皆以无妄为大旱之卦。而乾为年，巽为入，年收失望，故曰"无妄"。"元亨"者，谓乾元通也。初当位，前临重阴。五中正，故乾元以通。"利贞"者，利于贞定也。正亦定也。匪正谓三上。三上不当位，妄动，故"有眚"。眚，病也。巽为疾病。"其匪正有眚"者，言不能贞定而躁动，即"有眚"也。"不利有攸往"，仍以动为戒也。震为决躁，躁动于内，外与刚健遇，必无幸矣，故曰"不利有攸往"。妄，《释文》云："马郑王肃皆作望，谓无所希望也。"按此训最古。《史记·春申君传》云："世有毋望之福，又有毋望之祸。今君处毋望之世，事毋望之主。"是自战国即读为望，作"毋亡"。亡，古文妄之省。王陶庐云："妄望同音相借。"《大戴礼·文王篇》"故得望誉"，望誉即妄誉。史迁受《易》于杨何，固无误也。又按《杂卦》云："无妄灾也。"故《太玄》拟无妄为去。《汉书·谷永传》："遭无妄之卦运。"应劭云："天必先云而后雷，雷而后雨。今无云而雷，无妄者无所望也。万物无所望于天，灾异之最大者也。"《后汉·崔篆传》："值无妄之世。"《王充·论衡》："《易》无妄之应，水旱之至。"蔡邕《邓皇后谥议》："消无妄之运。"举两汉之人，无作虚妄及失亡解者，无妄犹孟子所谓不虞也。六爻爻辞皆不虞之事，又无妄灾也，以艮火象失传之故，皆莫知灾之自来。而焦京以无妄为大旱[1]之卦，其故自荀虞莫明矣。[2] 虞翻知巽为禾稼，而不知艮火象，故不知大旱之义，斥京氏为非，诂为亡失。不亡失则卦吉矣，然何以解于《杂卦》之"无妄灾"及《象传》？《象传》曰："无妄之往，何之矣。天命不右，行矣哉！"无妄若为吉卦，而曰"天命不右"，曰"无所往"，有是理乎？

---

① 《易林》屡见。详《焦氏易诂》。
② 卞斌云：匪正宜作匪贞，经无作正者。

虞翻最忌郑学，郑作望故驳之。其所谓俗儒，殆即指郑。[①]

《彖》曰：无妄。刚自外来。而为主于内。动而健。刚中而应。大亨以正。天之命民。其匪正有眚。不利有攸往。无妄之往。何之矣。天命不祐。行矣哉。

震为主谓初也。先儒谓遁上来初，故曰"自外来"。震为躁卦。躁动于内，而外遇乾刚，故所之不合。五刚中，二有应，故曰"刚中而应"。"大亨"者，元亨也。"以正"者，利贞也。"元亨利贞"，循环来往，天命固如斯也。乾为天，巽为命也。《临·传》云："大亨以正，天之道也。"天命与天道同也，故时当元亨而动。时当利贞，即不宜动。不宜动而强动，违天者也。违天而行，天所不福。"右"，福也。"何之"者，言时值无望，无往而可也。盖《易》之旨，阳刚不宜在外，在外则气穷，有阳九之厄。故卦辞以行为戒，以贞定为主。

《象》曰：天下雷行。物与无妄。先王以茂对时育万物。

"与"，举也。"天下雷行"，万物震恐，举失其求望。茂与懋通，勉也。对，答也。言因雷而勉答天威。傅亮文云："祇服往命，茂对天休。"潘岳《秋兴赋》："览花蒂之时育兮。"是茂对连文，时育连文，古读如是。《释文》作"茂对时"，非也。艮为时，震巽皆为草莽，而震为生，故曰"时育万物"。即严畏天命，顺时育物也。《象》有以相反为义者，如蛊曰"振民育德"，剥曰"上以厚下安宅"，明夷曰"用晦而明"，及此皆是也。虞仲翔不知此旨，据象言时育，证万物皆死之非，审如是也。将蛊曰"振育"，亦可谓之"不蛊"；剥曰"安宅"，亦可谓之"非剥"。尚可通乎？

初九。无妄。往吉。

阳遇阴则通，故"往吉"。

《象》曰：无妄之往。得志也。

"得志"谓往遇二阴也。《大畜·九三》云："上合志。"《涣·九二》云："得愿。"上皆无应，皆以前遇二阴。虞翻不知此为《易》不刊之定理，命四爻变阴，初得应释得志。清儒从之，讹误至今。

---

① 后崔憬、何妥竟作虚妄解，益与《传》背。世岂有忠信之人，天命不右，往无所合者哉！害理乱道，莫斯为甚。

六二。不耕获。不菑畬。则利有攸往。

获，《说文》"刈谷也"。《诗·小雅》"于此菑亩"，疏"菑，灾也，始灾杀其草木也"。故《说文》云："不耕田也。"畬，《说文》"三岁治田"。《诗·周颂》："如何新畬。"《传》："一岁曰菑，二岁曰新田，三岁曰畬。"《尔雅》同。独郑康成及虞翻谓"田二岁曰畬"。[①] 岂知《诗》明曰"新畬"，是第一年菑田，第二年便为新田。然尚未柔和也，故第三年为畬田。观《诗》不曰"畬新"，而曰"新畬"，郑虞误也。盖二居艮震之间，震为耕为菑乃前遇艮。艮止，故不耕不菑。艮手为获，艮成终，为畬。不耕而获，不菑而畬，为必无望之事。故《象》以"未富"为释。据《坊记》引"则"为凶字，又据《说文》引"畬"下多田字。段玉裁以为即凶之形讹字。然则"则"为凶字无疑。乃王注谓"不耕而获，不菑而畬。只代终，不造始，臣道固如是也，故利往"。如王诂是亦获亦畬也，与《象》"未富"之义不合。按：《易林·无妄之讼》云："不耕而获，家食不给。"谓既不耕，获必无得，故家食不给。读虽与王同，而义则与《小象》不背矣。又《礼·坊记》引此郑彼注云："言必先耕乃得获，先菑乃得畬。安有无事而取利者乎？"皆正诂，宜从。二有应，故"利往"。此自为一义，与上二句不相属，与《困·象》同。

《象》曰：不耕获。未富也。

六三。无妄之灾。或系之牛。行人之得。邑人之灾。

无妄之灾。犹不虞之灾也。艮为牛，[②] 巽为系，故"或系之牛"。震为行为人，巽为盗，故"行人之得"。艮为邑，艮火故曰"灾"。言"或系之牛"，被行人牵去，居者反有盗嫌，遭诘捕之祸也。爻辞取象，神妙已极。乃自艮牛艮火象失传，自虞翻以来，皆用卦变，致妙用全失。盖三不当位，而巽伏为盗，[③] 故有是象。灾之无妄，莫过于是。

《象》曰：行人得牛。邑人灾也。

九四。可贞。无咎。

---

① 皆以在二爻。
② 象失传。详《焦氏易诂补遗》。
③ 象失传。详《焦氏易诂补遗》。

阳遇阳则窒，下又无应，不宜于动，故曰"可贞"。贞，定也。然得重阴履之，故亦"无咎"。

《象》曰：可贞无咎。固有之也。

"固有"即谓二阴。虞翻亦用卦变说之，非。

九五。无妄之疾。勿药有喜。

巽为疾，为草莽，故为药。"无妄之疾"，言疾之愈已失望。乃勿药而愈，其喜可知。五应在二，震为笑乐，故有喜也。"勿药"者，言巽药为艮火所焚也。

《象》曰：无妄之药。不可试也。

"不可试"，言此为事之偶然，非所期望，不可尝试。盖五虽当位有应，然承乘皆阳，未为全吉。

上九。无妄。行有眚。无攸利。

上应在三，巽为疾病，为眚，为利。然四五遇敌，故行有眚而无所利也。

《象》曰：无妄之行。穷之灾也。

䷙（大畜）

大畜。利贞。不家食吉。利涉大川。

乾为大。乾阳上升，为艮所止，故曰"大畜"。阳为艮畜，故利于贞定也。兑为食，艮为家，皆在外，故"不家食吉"。坤为大川，上居坤水之颠，下履重阴，得行其志，故曰"利涉大川"，与《颐·上九》之"利涉大川"同也。

《象》曰：大畜刚健笃实辉光。日新其德。刚上而尚贤。能止健。大正也。不家食吉。养贤也。利涉大川。应乎天也。

刚健笃实，谓乾。辉光谓艮。艮为日，故曰"日新"。艮为君子，故曰"尚贤"，曰"养贤"。五天位，上乎于五，故曰"应乎天"。

《象》曰：天在山中。大畜。君子以多识前言往行。

以畜其德。

识，《论语》"女以为多学而识之者欤"，注"识，记也"。乾为前，为言，为行，为德。艮止于下，故"多识前言往行"，以畜其德。艮为君子。

初九。有厉。利已。

厉，危也。已，止也。初有应，似利往。然二三皆阳，遇敌，故曰"有厉"。初勿用，故"利已"，言往应四则有灾也。旧解皆不知有厉之故在二三，于是虞氏命二变成坎，四在坎体，以取灾象。经义之晦，至于如此，真可叹也！

《象》曰：有厉利已。不犯灾也。

"不犯灾"，释利已之故也。灾即厉，指二三。

九二。舆说辐。

伏坤为舆，震为辐。二应在五，五震体。乃舆在内，辐在外，故曰"舆脱辐"。车之行全恃辐，辐脱则车不能行。二承乘皆阳，阳遇阳则窒，故有是象。旧说以二应五。便谓"利涉大川"指二者非也。如二能利涉，焉有此象哉！然爻辞无吉凶，无咎悔，故《象》曰"中无尤"。言无尤之故，以得中也。

《象》曰：舆说辐。中无尤也

九三。良马逐。利艰贞。日闲舆卫。利有攸往。

乾为良马，震为逐。三多惧，故"利艰贞"。乾为日。《尔雅·释诂》："闲，习也。"《诗·秦风》"游于北园，四马既闲"，《传》亦训闲为习。震为舆卫。"日闲舆卫"者，言车马已闲习，利于行也。三临重阴，故行利。

《象》曰：利有攸往。上合志也。

三遇重阴，阳遇阴则通，故曰"上合志"。上谓四五，此与《升·初六》之"上合志"同。初六之上谓二三，阴遇阳则通，与阳遇阴同也。虞翻谓上为上爻，故《易》本一失，说无不误。

六四。童牛之牿。元吉。

《释文》："童牛，无角牛也。"按《太玄·更次》五云："童牛角马，不今不古。"即谓牛无角也。牿，《释文》云："陆作角。刘云牿之言角也。《九家》作告，云牛触，角著横木，所以告人。"按刘陆作角者是也。牿角，音同通用。艮为牛，[1] 艮少故为"童牛"。而艮为角，四居艮初，有若初生之角，言小牛角初生也。四应初，故"吉"。

《象》曰：六四元吉。有喜也。

应在初阳故有喜。[2]

六五。豮豕之牙。吉。

《尔雅·释兽》："豕子猪豵豵。"注云："俗呼小豮猪为豮子。"是豮豕为小豕。艮少象也，二兑为牙，五应之，故曰"豮豕之牙"，言小豕初生牙也。按：艮为黔喙，兽之黔喙者莫过于豕，疑艮或有豕象。又姤以巽为豕，大畜三至五伏巽，或仍以巽为豕也。[3]

《象》曰：六五之吉。有庆也。

六五承阳，故"有庆"。晋六五、睽六五，皆上承阳，皆曰"往有庆"。兹与之同。

上九。何天之衢。亨。

艮一阳在上为天，又为背，故曰"何"。艮为道路，故曰"何天之衢"者。《左传·昭二年》"尸诸周氏之衢"，注"衢道也"。又《尔雅·释宫》："四达谓之衢。""何天之衢"者，言阳在上不为所畜，通达之甚。《象》曰"道大行"，亦释衢为道，"大行"即谓其通达。虞翻释何为当，王弼竟释何为"何乃"，朱子取之，益非。盖皆以天衢如何负何为疑。岂知易辞皆摄取象之精神，而不能执其解。执则易辞无一可通。

《象》曰：何天之衢。道大行也。

艮为天。《易林·豫之旅》云"入天门"，《随之蹇》云"戴瓶望天"，皆以艮为天。

---

① 象失传。详《焦氏易诂》。
② 卢浙云：《说文》"牿牛马牢"，牛在牢则范而不越，故吉。于艮止义亦合。
③ 李鼎祚深知"豮豕"二字皆由象生，然求之不得，谓五应二，二坎爻为豕，非。又卢浙云"《埤雅》以杙系豕，谓之牙。牙者系之者也，系而不去故吉"，亦与艮止义合。

周易尚氏学卷八　上经

䷚（颐）

颐。贞吉。观颐。自求口实。

郑玄曰："颐者，口车辅也。震动于下，艮止于上。口车动而上，因辅嚼物以养人，故谓之颐。"按《左传》"辅车相依"注："辅，辅颊。车，牙车。凡物入口，牙车载之，故曰车。"辅在上不动，车在下动而上，故曰"因辅嚼物"。颐上艮，辅也，不动者也。下震，牙车也。动而上，因辅以嚼物者也。故郑释最得卦义。颐能养人，故"贞吉"。艮为观为求，震为口，坤为物，故曰"口实"。实者食也。言口含物以自养也。虞翻谓离为目，郑玄谓二五皆离爻故能观。岂知艮一阳在上为光明，为目，为观，①不必用卦变及爻位也。

《彖》曰：颐贞吉。养正则吉也。观颐。观其所养也。自求口实。观其自养也。天地养万物。圣人养贤以及万民。颐之时大矣哉。

"天地"谓初上。坤为"万物"为"民"。艮为"君子"为"贤"。伏乾为"圣人"。

《象》曰：山下有雷。颐。君子以慎言语。节饮食。

艮为君子，震为言为食，正反震言语相背，有相讼意。慎则讼息。饮食者人之所欲，震为口，正反艮手相对。有争意。节则饮食平。慎与节皆艮止象。此《易》用覆象，最为神妙之语。旧说，惟

---

① 象失传。详《焦氏易诂》。

《易林》能阐其义。①

初九。舍尔灵龟。观我朵颐。凶。

离为龟，以刚在外。艮亦刚在外，故颐、损、益皆以艮为龟。此其义，唯《易林》知之。《屯之震》云："龟鳖列市。"以震互艮为龟。《泰之节》云："龟厌河海。"以节互艮为龟。虞翻用卦变，以晋离为龟。《易》取象无此迂曲也。初爻艮覆。故曰"舍尔灵龟"。"朵"，《释文》云"动也"，人食物则颐动。初应在四，四当颐中，故曰"观我朵颐"。言初当位，拥有群阴，贞静自养，斯亦足矣。乃舍其自有之灵宝，而窥观他人之宠禄，②则躁竞贻讥，而殃咎或至，故曰"凶"。按：初当位有应，前临重阴。阳遇阴则通，本无凶理。《随·初》"出门有功"，《益·初》"利用为大作"，其证也。此则凶者，以艮震相反覆，内动外止，故宜静不宜动。《屯·初》云"利居贞"，是其义也。屯初至五，亦颐也。由此悟随初有功者，以外兑，兑悦震喜。《益·初》"利用为大作"者，以外巽，同声相应，故皆动而吉。独《屯·初》"利居贞"以外坎，坎为险难，故宜贞定。其故全在外卦。颐外艮，艮止故不宜动。旧解皆不详凶之故何在，则易理失传，不能观其会通也。

《象》曰：观我朵颐。亦不足贵也。

言初本可贵，反因妄动而不足贵也。

六二。颠颐。拂经。于丘颐。征凶。

颠与闐通。《礼·玉藻》"盛气颠实"，注"颠读为闐"，而闐与寔通。《前汉·游侠传》"人无贤不肖闐门"，注"闐与寔字同"。寔，塞也。三四五皆阴，故曰"寔颐"。丘，《前汉·息夫躬传》："寄宿丘亭。"师古云："丘，空也。"经，常。拂，违也。"丘颐"，空颐也。盖颐以空为用，今乃寔塞，违颐之常，故曰"寔颐"。"拂经于丘颐"，前得敌故"征凶"。其以"颠颐拂经"为句，或以"拂经于丘"为句者，非。

《象》曰：六二征凶。行失类也。

---

① 说详《焦氏易诂》。
② 四艮体，艮为贵为官。

二无应，前遇重阴，阴遇阴则窒，故曰"征凶"。阴阳相遇方为类。今六二不遇阳，故曰"失类"。象义如此明白，乃二千年《易》家，皆以阴遇阴为类。于是《文言》之"各从其类"，《坤·象传》之"乃与类行"，《系辞》之"方以类聚"，乃此皆失解，与"朋""友"同。①

六三。拂颐。贞凶。十年勿用。无攸利。

吴先生曰："拂颐犹不可口也。"贞，占也。坤为十年，三不当位，承乘皆阴，故"十年不用，无攸利"也。按：三有应，阴得阳应多吉。此独不吉者，以四五得敌，应上甚难，故曰"无攸利"。

《象》曰：十年勿用。道大悖也。

艮震皆为道路，乃艮震上下象皆相反，故曰"道大悖"。《玉篇》："悖，逆也。"言艮震皆有覆象相逆也。②

六四。颠颐。吉。虎视眈眈。其欲逐逐。无咎。

六二无应，以阴寔颐，故"凶"。六四有应，寔颐以阳，故"吉"。艮为虎为视。"眈眈"，视貌。《说文》云："视近志远。"坤为欲，"逐逐"言所欲在初，乃为二三所阻，不能遽遂其欲，故逐逐不已。

《象》曰：颠颐之吉。上施光也。

初阳应四，故曰"上施光"。三有应不当位，故"凶"。四当位有应，故"吉"。然四虽有应，为二三所隔，难以下施，故须初上施而吉也。

六五。拂经。居贞吉。不可涉大川。

"拂经"，王注作"拂颐"。五不当位，故"拂颐"。居，安也。安居五位，顺上承阳，故"贞吉"。若下涉坤水，阴遇阴则窒，故不可也。

《象》曰：居贞之吉。顺以从上也。

上阳，故当顺从。

———————————

① 说详《焦氏易诂》。
② 艮震皆为道。乃上卦覆震，与下震相逆。下卦覆艮，与上艮相逆。《象》下一悖字，寻味无穷。

上九。由颐。厉吉。利涉大川。

由，自得也，义详《豫·九四》。九四下乘重阴，故曰"由豫"。此亦下乘重阴，故曰"由颐"。然高居万民之上，恐逸豫随之，故振厉方吉也。坤为大川，阳遇阴则通，故"利涉大川"。此与五爻旧解所以全误者，一由坤水象失传，必用虞翻再三变之法，始得坎为大川。二由类字失诂，故不知"利涉""不利涉"之故何在也。

《象》曰：由颐厉吉。大有庆也。

"大有庆"，谓上九乘重阴。

䷛（大过）

大过。栋桡。利有攸往。亨。

过，失也。谓中四阳陷于阴中，失其用也。《说文》："栋，极也。"《尔雅》："栋谓之桴。"郭璞云："屋脊也。"《易林》以坎为栋为屋极。大过本大坎也。坎以中爻为栋，大过以三四为栋。桡，《释文》云："曲折也。"兑毁折，巽陨落，故"栋桡"。以易理言，阴承阳则利。"利有攸往"，应指初。《升·初六》曰"允升"，曰"上合志"。大过初与升初同，而四有应，故"往利"也。虞翻知阳爻无利往者，乃谓二变应五故利往。如虞说，《传》云"栋桡本末弱"，本谓初，初亦失位可变也，尚何弱之有哉！乃自宋朱震以来，即承其说，甚矣其不思也。

《象》曰：大过。大者过也。栋桡。本末弱也。刚过而中。巽而说行。利有攸往。乃亨。大过之时大矣哉。

《卦气图》：大过十月卦，闭塞成冬。故曰"大过时"。

大过"过"字，《象传》未明释。后儒或以过往为说，[①] 或以过盛为说，[②] 皆有可疑。愚按《太玄》拟大过为失，言四阳为阴所锢，失其用也。故汉人皆谓大过为死卦。《易林·明夷之大过》云："言

---

① 先天位兑左巽右中过乾。
② 此说尤不协。四阳五阳卦多矣。胡此独盛？

笑未毕，忧来暴卒。"又《大壮之大过》云："道绝不通，商旅失意。"又《既济之大过》云："身加槛缆，囚系缚束。"《太玄》又拟为剧。剧，甚也，病也。皆谓阴大贼阳，阳失其用，与《易林》说合若符契。

《象》曰：泽灭木。大过。君子以独立不惧。遁世无闷。

不曰"泽中有木"，而曰"泽灭木"，此汉人死卦之说所由来也。灭者人之所惧，君子则独立不惧。巽为寡故曰"独"，乾为惕故曰"惧"，兑悦故"不惧"。阳陷阴中，阴伏不出，故曰"遁世"。遁世宜有忧矣，乃君子则遁世无闷，以兑悦在终也。《大象》每反以见义，此亦其一也。

初六。藉用白茅。无咎。

藉，荐也。凡以物承物曰"藉"。《曲礼·执玉》："其有藉者则裼，无藉者则袭。"注："藉藻也。"疏："执玉必有藻以承玉。"巽为伏，初在下，故曰"藉"。巽为白为茅，茅柔物，初阴故曰"藉用白茅"。又祭时藉茅于地，用以缩酒，而巽为漏，[①]于象尤切。

《象》曰：藉用白茅。柔在下也。

初柔在下，承阳故"无咎"。

九二。枯杨生稊。老夫得其女妻。无不利。

巽为杨，为陨落，为枯。《易林·泰之咸》云："老杨日衰，条多枯枝。"《噬嗑之否》云："朽根枯树。"是以咸否互巽为枯也。稊，郑作荑，木更生。按：《诗·卫风》"手如柔荑"，《传》云："如荑之新生。"然则荑为木新生之条。盖稊、荑同字。《庄子·知北游》云："在荑稗。"《释文》云"荑本又作稊"，是其证。乾为生，巽为木，巽柔，故曰"枯杨生稊"。伏震为老夫，巽为女妻。"女妻"者，少妻。二下孚于阴，故"无不利"，巽为利也。《易林》遇震即曰"老夫"，遇巽即曰"少齐"，曰"少姬"，本此也。[②]虞翻以乾老为枯，岂知乾实虽老不枯。又以乾老为老夫，兑为少女，创

---

① 《井·九三》："瓮敝漏。"

② 详《焦氏易诂》。

二应上初应五之例，以圆其说。是贞悔不必拘，而应与常例可破也。乃清儒翕然从之，异已！①

《象》曰：老夫女妻。过以相与也。

过以相与，言其不当。非谓初可过四应五，二可过五应上也。

九三。栋桡。凶。

初爻本弱，故"栋桡"。上虽有应，然四五皆阳，得敌，九三不能应上，故曰"不可以有辅"。

《象》曰：栋桡之凶。不可以有辅也。

辅，佐助也。

九四。栋隆。吉。有它吝。

巽为高，四居巽上，故曰"栋隆吉"。"有它吝"者，言四应在初，四若它往应之，则为二三所忌，而致吝矣。四与三不同。三与初同体，本弱无如何。若四只不与初应，则吉也。

《象》曰：栋隆之吉。不桡乎下也。

不桡乎下，即不应初。

九五。枯杨生华。老妇得其士夫。无咎无誉。

兑为反巽，故仍曰"枯杨"。兑为华。《易林·否之咸》云："华落实槁。"以咸上兑为华。《需之剥》云："老妇亡夫。"以剥伏兑为"老妇"。又《否之中孚》："老妾据机。"以中孚下兑为老妾。伏艮为"士夫"，故曰"老妇得其士夫"。五比阴志行，故"无咎"。下无应，故"无誉"。虞翻以五应初巽为老妇，《易》无此例也。盖《易》有伏象，伏即旁通，即对象，人知之。而旁通之原理，鲜能明之。《文言》云："旁通情也。"情者，感也，言阴阳不能相离也。故夫茅茹坤象也，泰初爻亦言之。云雨坤坎象也，小畜亦言之，②《易林》本之。正伏象常不分，略如见一男子，可推知其家必有妇。见一妇人，可推知其家必有夫也。然非以夫为妇，以妇为夫，使男

---

① 只俞樾以虞说为不通，知用旁通，打破二千年之谬误，为功甚伟。特又以大过二五与颐二五相升降以取象。岂知巽即为少妻，兑即为老妇。《易林》有明征，不必如是穿凿。故夫象一失传，虽以俞氏之深识旁通，且洞明阳顺阴逆之理，亦无如何也。

② 否初言茅茹。小过言云雨，则用正象。

女无别也。《易》系辞取象可用伏，而义则正也。彼夫王引之讥虞翻用旁通，致阴阳无别，是皆于"旁通情"，"情"字失诂，故于易理隔阂如斯也。大过老夫士夫，皆在对象。而自荀虞以来，皆苦于本象求之，胡有得乎？

《象》曰：枯杨生华。何可久也。老妇士夫。亦可丑也。

匹配失宜，故"可丑"。

上六。过涉灭顶。凶。无咎。

乾为首，故为顶。泽水在上，故"灭顶"，与"比之无首"义同也。灭顶则死，故"凶"。大过之为死卦在此，然上六当位有应，凶则有之，咎则无也，故《象》曰"不可咎"。

《象》曰：过涉之凶。不可咎也。

"不可咎"，言致命遂义，杀身成仁。属于天者虽凶，而咎则未有也。

颐、大过四象在先天处四隅，而包天地水火于其中。天地水火四正卦，《上经》首尾也，亦即离坎也。而即列于离坎之前，以结《上经》，最耐寻味。

䷜（坎）

习坎。有孚。维心亨。行有尚。

《归藏》曰"荦"。李过曰："荦者，劳也，以万物劳于坎也。"黄宗炎曰："物莫劳于牛，故从牛。"按《说文》："荦，驳牛也。"坤为牛，阳入坤中，色不纯，故曰荦。而牛为物之最劳者，故取于驳牛。《周易》名坎，则取于陷险二义。上下坎故曰"习"。罗汝怀云："习当为褶。"《礼·玉藻》"帛为褶"，注"衣有表里而无著也"。《急就篇》注："褶谓重衣。"皆重复之义。而褶又假袭。《礼·裼袭》："书卜不袭吉。"故习当作袭。《彖》曰"重险"，《象》曰"水洊至"，即释习坎之义。自注有便习之说，后儒多从之。夫谙练于行事，此事理之常，岂有谙练于行险者哉！按罗说是也。《彖传》、《象传》，皆有明释。王注及《正义》，诂为便习。此所以有野文之讥也。孚，信也。"有孚"谓二五居中，遇阴，阳孚于上下阴也。旧解不知孚之故，在阳遇阴，故说皆不当。坎为心，亨通也。"心亨"亦谓二五，《传》所谓"刚中也"。"行有尚"则专谓五。五往外得尊位，故曰"有尚"，曰"有功"。

《象》曰：习坎。重险也。水流而不盈。行险而"不失其信"。维心亨。乃以刚中也。行有尚。往有功也。天险。不可升也。地险。山川丘陵也。王公设险以守其国。险之时用大矣哉。

水流若盈，则非坎矣。既曰坎，则不盈也。坎为失，为信，阳居中，故不失其信。五天位，居坎中，故曰"天险"。艮止，故不可升。二地位，居坎中，故曰"地险"。艮为山为丘陵，坎为川，故曰"山川丘陵也"。震为王公，艮为国，为守，为时，为天。

《象》曰：水洊至。习坎。君子以常德行。习教事。

洊，再也。重坎故曰"再至"。艮为君子，震为德行为言，故曰"教"。习则教之不已，而德行有常矣。

初六。习坎。入于坎窞。凶。

《说文》："窞，坎中更有坎。"王肃云："坎，底也。"《字林》云："坎中小坎，一曰旁入。"案王肃说是也。初居坎之最下，故入于坎底。

《象》曰：习坎入坎。失道凶也。

震为大涂，故曰"道"。初于震无应，故曰"失道凶"。

九二。坎有险。求小得。

二失位，故有险。阴为小，二居中，孚于上下阴，故曰"求小得"。

《象》曰：求小得。未出中也。

《象》曰"未出中"，言五无应，故曰"未出"。有应则上升五而当位，所得大矣。

六三。来之坎坎。检①且枕。入于坎窞。勿用。

三居上下坎之间，来内为坎，之外亦坎。故曰"来之坎坎"。《孟子》："狗彘食人食而不知检。"赵岐云："检，敛也。"又《释名》云："枕检也。所以检项也。"然则枕与检义同。"检且枕"，仍承"来之坎坎"言。言内外俱受检制，既检且枕，仍与初爻之"入坎窞"同。夫前检后枕，来往既陷于险境，其不能用也必矣。故曰"勿用"。

《象》曰：来之坎坎。终无功也。

"勿用"，故曰"无功"。艮为枕。《易林·需之大壮》云："婚姻配合，同枕共牢。"大壮通观，以艮为枕。坤众故同枕。

六四。樽酒。簋贰用缶。纳约自牖。终无咎。

坎为酒，震为尊，故曰"尊酒"。震为簋。簋，祭器，以盛黍稷。中爻正覆震，故曰"簋贰"。贰、二同。《曲礼》"虽贰不辞"，注"贰谓重殽"。此簋贰与损之二簋同。缶，《说文》"瓦器"。簋贰用缶者，言用瓦簋。《周礼》"旅人为簋"，疏"祭宗庙用木簋，今用瓦"。祭天地尚质，器用陶匏。《郊特牲》亦云："器用陶匏，象天地之性。"王夫之谓"缶瓦也"，与《礼经》合，得其义矣。"约"，神约也。《周礼·秋官·司约》："掌六约，治神之约为上，治民之约次之。"爻辞言尊簋，则祭神也，故知此约为神约。注："神约，命祀郊社群望及祖宗也。"《汉书·高帝纪》："约先入关者。"注："约，要也。"《吕览·淫辞》："秦赵相与约。"注："约，盟也。"艮为牖，震为言，故曰"纳约自牖"。言诏明神而要誓，荐其盟祝之载辞于牖下也。又《春官》："诅祝作盟诅之载辞，以叙国之信用。"坎为信，故要誓于神也。四承阳当位，故"无咎"。艮为终，故曰"终无咎"。酒、缶、牖、咎为韵。

《象》曰：樽酒簋贰。刚柔际也。

四承阳，故曰"刚柔际"。际，《说文》"会也"。

九五。坎不盈。祇既平。无咎。

"坎不盈"，义见前。祇，京虞作禔，曰"安也"。郑云"当作

---

① 从郑向本。

坻，小丘也"。按：《易》字不能定者，当定之以象。郑于复卦"无祗悔"，训祗为病，兹又训为坻，诚以"坎不盈"，与"祗既平"为对文，则祗为实字无疑。又五为艮主爻艮山故曰坻，而坻与氏通。《说文》："氏，巴蜀名山岸胁之堆，旁箸欲落堕者，曰氏。氏崩声闻数百里。"扬雄赋"响若氏陨"，而《文选·解嘲》作"坻陨"。应劭云："天水有大坂名曰陇坻。"韦昭云："坻音若是理之是。"是坻与氏通。俞樾云："祗既平，即氏陨之氏，氏陨即平矣。古本《易》盖止作氏既平，后人误加示耳。"案郑诂为坻，盖即疑祗为氏。俞说正与郑合。而韦昭音坻为是，由是证祗、坻、提音皆由氏得，从氏者误也。王引之谓郑作"宛在水中坻"之坻为误，岂知郑并未作坻。坻，《毛传》云"小渚"。《释水》云："小洲曰渚。"兹曰"小丘"，明非渚也。以郑作坻与《解嘲》同，与《说文》同也。不然郑岂不知仍诂为病，使前后一律哉！坎为平，故曰"坻既平"。"坎不盈"为一事，"坻既平"又为一事，上下对文。诂祗为安者固非。仍诂为病，于象虽合，于义未安也。

《象》曰：坎不盈。中未光大也。

阳陷阴中，虽得中而未光大。

上六。系用徽纆。寘于丛棘。三岁不得。凶。

刘表云："三股为徽，两股为纆，皆索名，以系缚罪人。"虞翻云："徽纆，黑索也。"徽纆之象，虞用卦变，以观巽为绳，非也。盖坎为矫揉，物之能矫揉者，莫过于绳，故以徽纆取象。坎为棘，上坎下坎，故曰"丛棘"。寘示通。《周礼·朝士》郑司农注及《穀梁·宣二年》范宁注引，皆作"示于丛棘"。而《诗·鹿鸣》"示我周行"，郑则云"示当作寘"。寘，置也。"寘于丛棘"，旧解皆谓以黑索系罪人，置于狱，或议于九棘之下也。"三岁不得"，言三年不得出也。茹敦和云："坎为三岁。"

《象》曰：上六失道。凶三岁也。

上六应在三，三震为道，乃三不应上，故曰"失道"。

案：以丛棘为狱者，虞说也。虞谓狱外种棘，张惠言以不知所本而疑之矣。以《周礼·秋官·朝士》为本，使公卿议于九棘之下而定罪者，郑说也。然不曰"九棘"，而曰"丛棘"，文王演《易》

之时仍殷制，殷是否有三槐九棘之制不可知，则亦可疑也。况爻词曰"三岁不得"，不得者不能遂其愿也。《象》曰："上六失道。""失道"者，言所为不当也。不当故"不得"，于入狱词意皆不合。按：《列子·说符篇》："臣有所与，共担缠薪菜者，曰九方皋。"是徽缠可以约薪菜。扬雄《酒箴》云："子犹瓶矣，居井之湄。不得左右，牵于缠徽。"是徽缠可为井索，胡为必束缚罪人？若以丛棘为疑。《诗》云："园有棘，其实之食。"又云："墓门有棘，斧以斯之。"是棘常生于墓门及园囿。《羽猎赋》："斩丛棘，夷野草。"《吴志·诸葛恪传》："升山赴险，抵突丛棘。"是丛棘常生于山林，安在必为狱？故《易林·需之坎》云："鉴井求玉，非卞氏宝。名困身辱，劳无所得。"上二句谓所施不得地，释"寘于丛棘"，及"失道"之义也。下二句谓徒劳无功，释"寘于丛棘，三岁不得"之义也。依《易林》此释。似言徽缠所以系物。然施于丛棘，则权桠剌激，难于施设，故久不得。不得之故，则由于所寘失道也。如是则不得与失道之故，与上文皆协洽矣。徽缠皆绳索名耳，系物之用甚多，必谓专系罪人？无乃执乎？

䷝（离）

离。利贞。亨。畜牝牛吉。

乾交坤为坎，坤交乾为离，坎为隐而离则明矣。凡相对之卦，其义皆对。二五中正，故"利贞"。二五丽于阳中故亨。坤为牛，离得坤中爻，故亦为牛。俞云："《说文》：牝，畜母也。牝牛即母牛。"虞翻谓以"离为牝牛"为俗说。岂知《左传·昭五年》，明云纯离为牛，由是证虞翻未见《左氏》。

《彖》曰：离。丽也。日月丽乎天。百谷草木丽乎地。重明以丽乎正。乃化成天下。柔丽乎中正。故亨。是以畜牝牛吉也。

五为天位。离日兑月，^①皆在五，故曰"日月丽乎天"。《礼·王制》"邮罚丽于事"，注"丽附也，言日月附于天也"。二四互巽，为百谷，为草木。而二为地位，故曰"丽乎地"。^②两象故"重明"，万物得日以"化成"。

《象》曰：明两作。离。大人以继明照于四方。

向明而治，故曰"大人"。重明，故曰"继"。

初九。履错然。敬之。无咎。

王注："错然敬慎之貌。处离之始，故宜慎所履以敬为务，避其咎也。"按初为震爻，震为履，"错然"，盖又有郑重不苟之意，故曰"敬"。以"敬之"连"无咎"读者，非。

《象》曰：履错之敬。以辟咎也。

六二。黄离。元吉。

坤色黄，离得坤中爻，故曰"黄离"。得中，故"大吉"。

《象》曰：黄离元吉。得中道也。

九三。日昃之离。不鼓缶而歌。则大耋之嗟。凶。

三居离终，故曰"日昃"。故《象》曰"不可久"。此爻全用伏象，伏震为鼓为缶为歌，伏艮为坚，故《易林》常以艮为寿为老。《释言》："耋，老也。"盖三居下卦之终，时已迟暮，故曰"不鼓缶而歌"。《诗》"坎其击缶"，缶固古乐也。而三居互艮之初，艮为大耋，言不及时行乐，则将有衰老之嗟也。震为乐，震反为艮则嗟矣。此与《中孚·六三》之"或鼓或罢，或泣或歌"，皆正覆象并用。与《杂卦》"震起艮止，兑见巽伏"之义同也。而能识此旨者，在古则《左传》，在西汉则《易林》，后则无知者。

《象》曰：日昃之离。何可久也。

九四。突如其来如。焚如。死如。弃如。

九四虽失位，然其凶不至如此之甚。盖此爻之义，仍取覆象。自覆象失传，故说者皆莫明其故。离二至四巽，巽顺。三至五巽覆，即不顺矣。兑刚卤，故"突如其来如"。突与云同，亦作炗。

① 象失传。详《焦氏易诂》。
② 从王肃，不作土。

《说文》云："不顺忽出也，从倒子。《易》曰'突如其来如'，不孝子突出不容于内也。"云亦作𡿦者。《说文》𡿦下云："或从倒古文子，即《易》突字。"按古文子作𠳲，倒之即为𡿦。惠栋校《集解》，竟改为𡿦。然《说文》明曰"即《易》突字"，是古本《易》作"突"与今同，改作𡿦非也。巽覆故不顺，子体倒故曰不孝子。不孝子无所容于世，体离故"焚如"，兑毁折故"死如，弃如"。《说文》："弃，捐也。从𡿦。"𡿦，不孝子也。故《匈奴传》："王莽造焚如之刑。"如淳云："焚如死如弃如者，谓不孝子也。不𡿦于父母，不容于朋友，故烧杀弃之。"按如淳及许慎之说，皆与《象传》"无所容"义合，盖古义如此也。

《象》曰：突如其来如。无所容也。

六五。出涕沱若。戚嗟若。吉。

目汁出曰"涕"。五离为目。兑为雨水。《夬·九三》："往遇雨。"《革·传》："水火相息。"水出自目，故曰"涕沱"。沱，《说文》"水别流，言涕被面而支溢也"。清儒皆以伏坎为涕，于卦象之神妙全失。兑口为嗟，若者语辞。象本不吉，然而云"吉"者，以丽于阳中也。

《象》曰：六五之吉。丽王公也。

乾为王为公，谓四上。

上九。王用出征。有嘉。折首。获匪其丑。无咎。

此与大有、鼎上九义同也。《大有·上九》云："自天祐之，吉无不利。"《鼎·上九》云："大吉。"盖大有鼎中爻皆不利。凡中爻不通利者，上九必利。大畜中爻为艮所畜，至上九忽亨。则以上九高出庶物，不为所畜也。大有、鼎、离与大畜理同也。茹敦和云："离有征伐象。"《明夷·九三》曰："南狩，得其大首。"《晋·上九》曰："维用伐邑。"皆为离上爻。盖一阳突出兑说之上，而兑为斧钺，离为甲兵，故曰"王用出征"。兑为毁折，乾为首。先儒皆谓坎折坤，则离亦折乾也。[1] 故离有杀象，既济云"东邻杀牛"是也。折首谓杀敌。于思泊云："虢季盘折首五百，执讯五十，不𢦔

---

① 皆以中爻。

段。女多禽折首。"执讯",徵之金文,皆谓杀敌,非谓魁首。按:于说是也。匪与分古通。《周礼·地官》:"廪人以待国之匪颁。"注:"匪读为分。""获匪其丑"者,谓匪颁所获丑虏于有功,以为奴隶也。

《象》曰:王用出征。以正邦也。

征,正也。折首获丑,皆正邦之事。邦象未详。诸家皆以坤为邦。按:三至五伏艮,艮为邦。

周易尚氏学卷九　下经

䷞（咸）

咸。亨。利贞。取女吉。

咸，感也。《归藏》曰"钦"。《诗·秦》："风忧心钦钦，传思望之。"心中钦钦然，盖以少男仰求少女，有钦慕之情。是钦亦有感意，与咸义同。六爻皆有应，故曰"亨利贞"。少女在前，少男在后，而艮为求，兑为悦。艮男求女，兑悦应之，得婚姻之正，故曰"取女吉"。

《彖》曰：咸。感也。柔上而刚下。二气感应以相与。止而悦。男下女。是以亨利贞。取女吉也。天地感而万物化生。圣人感人心而天下和平。观其所感。而天地万物之情可见矣。

否三上交，故曰"柔上而刚下"。山泽通气，故曰"二气感应以相与"。艮止兑悦，故曰"止而悦"。兑上艮下，故曰"男下女"。天地感即阴阳和合，和合则万物生。圣人感人则仁义兼施，仁义浃则天下和平。盖天地万物之事，莫不由感而通，由感而成，而其所以能感之故则情也，故曰"其情可见"。

《象》曰：山上有泽。咸。君子以虚受人。

艮为君子，艮男下兑女，卑以自牧，故曰"以虚受人"。虞翻曰："否坤为虚，乾为人。今坤虚，三受上，故以虚受人。"

初六。咸其拇。

"拇"，《释文》："马郑薛云：足大指也。"初在下震爻，故曰"咸其拇"。感及拇，则欲行矣。

《象》曰：咸其拇。志在外也。

处谓四。初应在四，初四相上下，则各当其位。足者人所恃以行，今感在拇，故欲之外也。巽伏故亦为志，见《易林》，亦失传象也。

六二。咸其腓。凶。居吉。

胫腓所恃以行，感及于腓，则欲前进。乃进而凶者何也？按二当位，承阳有应，与革二至上同。《革·六二》"征吉"，此应与之同。然而凶者，以革义取革新，故利于征。若咸则义取阴阳相感。感在五为正应，乃三四亦阳，二独与五，则为三四所忌，故动凶居吉。此与《同人·六二》同。二同于五，原为正应。然而吝者，以三四亦阳，二不与同而独同五，则招忌也。其故皆在三四，近比三则失五之正应，远应五则有近不承阳之嫌。《遁·六二》絷以牛革，亦戒其动，以遁二与同人、咸体同也。腓，《说文》"胫腨也"。腨，《说文》"腓阳也"。段玉裁云："腓肠谓胫骨后之肉。腓之言肥，似中有肠者，故曰腓肠。"按段释腓肠，至为明晰，即今俗所谓腿肚也。《庄子·天下篇》"禹腓无胈"，注"胈，细毛也"。腓因劳受摩揩，故胈不生，然则腓为胫肚明矣。人之行恃胫，感及于胫，必前进矣。进则有咎，故曰"凶"。居则不动而承阳，故曰"居吉"。此爻凶义，鲜有详其故者。崔憬谓二应五，失艮止义。惠栋谓二比三，失五正应。义皆未备。

《象》曰：虽凶居吉。顺不害也。

二承阳有应，当位，本无凶理。象辞恐人生疑，故释其故。言爻辞虽云动凶居吉，然阴顺阳为天职。六二但上承诸阳，亦无害也。《传》意似重近取，不必远应也。翼经之大，莫过于是。

九三。咸其股。执其随。往吝。

巽为股，股在腓上，故感及于股。阳遇阳则窒。上虽有应，不能往也，往则为四五所忌而吝生矣。若初二则随三者也。三下履重阴，止于是可矣。执者止也。止于三下比于阴，不必前进，否则吝穷也。

《象》曰：咸其股。亦不处也。志在随人。所执下也。

股所以行，故曰"不处"。巽为志。乾为人。言初二志在随三，故三之所执，宜于下也。

九四。贞吉。悔亡。憧憧往来。朋从尔思。

四不当位，承乘皆阳，故必贞定无为，方免悔吝。"朋"谓初，"尔"谓四。"憧憧"，思不定也。盖四来应初则三害之，初往应四，则二害之，故初四不宜动，宜静。然阻愈多则感愈切。"朋从尔思"者，言初不得应阳，而慕思四也。

《象》曰：贞吉悔亡。未感害也。憧憧往来。未光大也。

《下系》云："凡《易》之情，近而不相得则凶，或害之。"三近四，二近初。然三亦阳，为四敌。二亦阴，为初敌。故二三为初四害。知其害而不动，害斯免矣。故曰"未感害也"。初四相上下成离，离为光大，今不能相上下，故曰"未光大"。

九五。咸其脢。无悔。

脢，《说文》"背脊肉也"。郑虞同。伏艮，艮为背，故曰"咸其脢"。当位得中，故"无悔"。脢居人身之上，故《象》曰"志末"。"末"谓上六，言九五感上，近而无阻，故"无悔"也。案五正应在二，而舍二感上者，以三四害之也。

《象》曰：咸其脢。志末也。

大过云："本末弱。"以上为末也。兹曰"志末"，谓五为三四所阻，不能应二。故舍远取近，感在上也。

上六。咸其辅颊舌。

虞翻曰："耳目之间曰辅颊。"按《说文》："辅，人颊车也。颊，面旁也。"《左传》"辅车相依"，注："辅，辅颊。车，牙车。"《正义》云："《易》以辅颊舌三者并言，则三物也。"故郑注颐卦云："颐者口车辅也。震动于下，艮止于上。口车动而上，因辅嚼物以养人。"按郑所谓"口车"即"牙车"。牙车在口下，故曰"动而上"。辅在口上，故曰"因辅嚼物以养人"。是辅与牙车对，在口中。颊在面旁，居口上，与颐连。不过颊在上，颐在下；颊以骨言，颐以肉言耳。是辅与颊确为二物，又皆为口之属，故与舌并言。兑为口为言，"辅颊舌"皆兑象。所用以言者，感及于是，则言说多矣。故《象》曰"滕口说"。来矣鲜云："舌动则辅应而颊随之，三者相须用事。皆所以言者，皆兑象。”

《象》曰：咸其辅颊舌。滕口说也。

《释文》：“滕，达也。”《九家》作“乘”，虞作“媵”，郑云“送也”。按：郑虞说非也。朱子云：“滕与腾通，即达也。”李鼎祚本正作“腾”。

䷟（恒）

恒。亨。无咎。利贞。利有攸往。

咸男下女，男求女，得婚姻之正。夫妇之道既立，则长男在前，长女在后，夫倡妇随，终身以之，故受之以恒。恒，常也，久也。卦六爻皆有应，故“亨利贞”。《易林·大畜之未济》云：“乾坤利贞，乳生六子。”“利贞”者和合也。二五应初承重阳，四临重阴，故曰“利有攸往”。虞翻谓终变成益者是也。

《彖》曰：恒。久也。刚上而柔下。雷风相与。巽而动。刚柔皆应。恒。恒亨无咎利贞。久于其道也。天地之道。恒久而不已也。利有攸往。终则有始也。日月得天而能久照。四时变化而能久成。圣人久于其道而天下化成。观其所恒。而天地万物之情可见矣。

泰初四相上下成震巽，故曰“刚上而柔下”。震巽相反覆，乾坤者震巽之终，震巽者乾坤之始，故曰“终则有始”。蛊“先甲三日，后甲三日，终则有始”，与此理同也。“夫妇”者天地也。天地之道，循环往来，恒久不已。乾为日，兑为月，日月久照，恒也。震为春，巽为夏，兑秋，乾冬，四时反覆，无有穷期，恒也。乾为圣人，震巽为草木，故曰“万物之情”。

《象》曰：雷风。恒。君子以立不易方。

雷风同声相应，可常可久，立而易方，则不恒矣。故此卦六爻皆有应，而爻辞皆不取。《论语》“有勇知方”，注：“方，义也。”“立不易方”，即蹈义而行，无或违也。

初六。浚恒。贞凶。无攸利。

浚，深也。虞翻云："乾初为渊故深。深谓阳。乃泰初阳上居四，四阴下居初，虽皆失位，而仍有相求相交之象，故曰'浚恒'。"乃四阳为二三所隔，不能应初，若初则可应四也。惟初远应四，则有近不承阳之嫌，为二三所忌，故曰"贞凶，无攸利"。贞，卜问。巽为利也。

《象》曰：浚恒之凶。始求深也。

爻在初称始，宜静不宜动。况阴居初失位，尤不宜动，以违恒久之义。乃初六求与四阳交，不知二三之有厉，故曰"浚恒之凶，始求深也"，言凶之故在初六求与四交也。《焦氏易林·泰之恒》云："蔡侯适楚，流连江滨。逾日历月，思其后君。"巽为草莽，故为蔡。丛木为楚，故震为楚。言初求四，故曰"蔡侯适楚"。乾为江海，初在乾下，故曰"流连江滨"。乾为日兑为月，初前临乾兑，故曰"逾日历月"。初求交四，震为君，故曰"思其后君"。林词专释此爻与四之关系，而曰"思其后君"，释求深之义，尤为明白，故本焦义以为诂。

九二。悔亡。

二不当位，前临重阳，宜有悔矣。然得中位，进虽不利，中正自守，亦无悔也。

《象》曰：九二悔亡。能久中也。

乾为久，为三四所隔，不能应五，故久于中。卦以恒为义，"久中"故"悔亡"。

九三。不恒其德。或承之羞。贞吝。

乾为德，三承乘皆阳，宜静不宜动。倘亟于应上，而四或害之，则羞吝生矣，故贞吝也。又三居巽上，下桡，进退不定，亦不恒之一因也。

《象》曰：不恒其德。无所容也。

乾为德，承乘皆阳，进退有阻，故曰"无所容"。

九四。田无禽。

震为田猎。"禽"，获也。下应初，三二遇敌，为阻，故"无禽"。按：四前临重阴，例之豫四，大壮解丰，四爻皆吉。兹独不吉者，卦以恒久贞定为义，故不取利往也。

《象》曰：久非其位。安得禽也。

乾为久，乾四失位，故曰"久非其位"。

六五。恒其德。贞妇人吉。夫子凶。

二五为夫妇，乾为德。六五下遇重阳，而正应在九二，通利极矣。阴得阳应，终身顺承，故"贞妇人吉"。乾为夫，《大过·九二》"老夫得女妻"是也，故"夫子"谓九二。六五者九二之妇，本为正应。然二若应五而从妇，则三四遇敌，横犯灾难，故曰"夫子凶"。《大畜·初九》曰："不犯灾。"《需·初九》曰："不犯难行。"二卦初九，皆有正应，而皆二三得敌，故曰"灾难"。兹与之同。

《象》曰：妇人贞吉。从一而终也。夫子制义。从妇凶也。

五应二，故曰"从一而终"。坤为义，乾制义者也。阳得阴应，本无足贵，况应之而犯灾难乎？故曰"从妇凶也"。

上六。振恒。凶。

上六居动之极，故曰"振恒"。振，起也。卦以贞静恒久为义，振则于恒德或违，故"凶"。

《象》曰：振恒在上。大无功也。

爻至上而穷，不宜动。大谓三，三欲应上，为四所隔，故曰"大无功"。

周易尚氏学卷十　下经

䷠（遁）

遁。亨。小利贞。

遁月卦辟未，阴长阳消，小人道长，君子道消。遁者，退也，避也。当阴盛之时，势须退避，否则其祸有不可胜言者矣，故曰"遁亨"。盖以行止论，洁身退隐，否所谓"俭德避难"也，无所谓亨。而以祸福论，防微虑远，"不事王侯，高尚其事"，优游事外，亨莫亨于是矣。故《传》曰"遁而亨也"。阳大阴小，"小利贞"者，谓宜贞定也。《传》曰"浸而长"，谓阴方长。长则消阳，故利于静，不利于动也。

《彖》曰：遁亨。遁而亨也。刚当位而应。与时行也。小利贞。浸而长也。遁之时义大矣哉。

五当位，二有应，故曰"刚当位而应"。然而不能不遁者，时不可也。故曰"与时行"。遁太早则有过情之识，如严光是也。太晚则不能遁，沈溺于小人之中，而不能免，如刘歆是也。行而宜之之谓义，故夫子极叹时义之大。

《象》曰：天下有山。遁。君子以远小人。不恶而严。

凡卦皆合上下卦以立名。乾健艮止，皆无退义，然而遁者，以乾与艮先后天皆居西北也。西北者幽潜无用之地，《太玄》谓曰"冥"。冥者明之藏也，故曰"遁"。乾为君子，远遁在外，故曰"远小人"。五应二，故曰"不恶"。然以有阻隔故，绝难为与，故曰"不恶而严"。盖外不与绝，内实远之也。

初六。遁尾。厉。勿用有攸往。

爻象初为尾，初往应四，则为同性之二所阻，危厉之道也。勿往则免矣。

《象》曰：遁尾之厉。不往何灾也。

艮为止，在艮宜静。"勿用有攸往"，则无灾矣。

六二。执之用黄牛之革。莫之胜说。

艮为牛，《无妄·六三》"或系之牛"是也。二居中，故曰"黄牛"。《易林·既济之艮》云："伺侯牛羊。"《同人之无妄》云："负牛上山。"皆以艮为牛。艮为皮革。执，持也，止也。艮手为执。言二得中正，宜贞定自持，如牛革之固，莫能胜我而说去也，仍小利贞之旨也。说、脱同。

《象》曰：执用黄牛。固志也。

巽为志，牛革者至固之物。持志如是，贞定极矣，故曰"固志"。固则不动，不动则不消阳。

九三。系遁。有疾厉。畜臣妾。吉。

巽为绳，故曰"系"。艮止，故曰"系遁"，言系恋而不即遁也。巽为疾，三无应，往遇敌，故"有疾厉"。然下有重阴，承顺于三，"畜臣妾"则吉。艮为臣妾也，巽疾象，详《履卦·象传·注》。艮臣象，亦本《易林》。《易林·夬之坎》云："君臣扰忧。"坎中爻艮震，震为君，艮为臣，故曰"君臣扰忧"。又《兑之艮》云："臣围其君。"亦以艮为臣。盖艮为僮为仆，故为妾。臣与仆古不分，故为臣。由是知《蹇·六二》曰："王臣蹇蹇。"《小过·六二》曰："遇其臣。"《易》原以艮为臣也。

《象》曰：系遁之厉。有疾惫也。畜臣妾吉。不可大事也。

《广韵》："惫，羸困也。"陆绩云："大事谓天下之政。"潜遁之世，但可居家，畜养臣妾，不可治国之大事。

九四。好遁。君子吉。小人否。

虞翻曰："否乾为好为君子，阴称小人。"按四与初有应，"好遁"者，外不与小人绝，当祸患未形之时，从容而遁也。然知几其神，惟君子能之，若小人则系恋而不去也。故曰"君子吉，小人否"。

《象》曰：君子好遁。小人否也。

否，不也。小人不肯退，不退则凶咎至矣。

九五。嘉遁。贞吉。

乾为嘉，五居中当位，下有应与，不必遁也。乃识微虑远，及此嘉时而遁焉。故曰"贞吉"。

《象》曰：嘉遁贞吉。以正志也。

五应在二，二互巽。巽为伏，故为"心志"。虞翻用卦变谓四与初已易位，三已变成坎，上来之三，成坎为志。夫圣人观象系辞，其所用象，乃在三变之后？迂曲如此，使后学乌从测之哉！

上九。肥遁。无不利。

《子夏传》释肥为饶裕，虞翻以乾盈为肥，皆非。《后汉·张衡传》注，引《淮南·九师训》云："飞而能遁，吉孰大焉。"《易林·需之遁》云："去如飞鸿。"《节之遁》云："奋翅鼓翼。"王弼云："矰缴不能及。"并皆读为飞。朱芹引姚宽《西溪丛语》云："肥古作蜚。"蜚、蜚同字。是肥即蜚，蜚即飞也。盖上九居极上，高飞远引，无有阻隔，故"无不利"。而乾为行，故为飞。《乾·九五》"飞龙在天"是也。

《象》曰：肥遁无不利。无所疑也。

上九逍遥世外，故无所逢。

䷡（大壮）

大壮。利贞。

《杂卦》云："大壮则止。"《序卦》云："物不可以终壮，故受之以晋。晋者，进也。"是亦训为止，故与进对文。《太玄》拟为"格"。格，阻也，亦止也。又拟为"夷"。夷，伤也。故马虞皆训壮为伤。吴先生曰："伤则必止，二义相因。"按《说卦》"震为蕃"，蕃有闭义。《诗》"四国于蕃"，笺云"蕃，屏也"。《周礼·大司徒》"蕃乐"，杜子春读蕃为藩，谓藩闭乐器而不用。是蕃与藩通。大壮之所以为止者，以震藩屏闭在前也。四不应初，二三遇敌，下阳全为四所格阻，故曰"利贞"，言利于贞定不动也，即止也。不止则伤，四五两爻是也。郑、王谓为强盛，然注莫古于《十翼》，莫精于《太玄》，皆不如是言，疑非《易》本旨。

《彖》曰：大壮。大者壮也。刚以动。故壮。大壮利贞。大者正也。正大而天地之情可见矣。

大谓乾。乾在下为四所格，故曰"大者壮也"。盖刚宜静，刚而动必多阻格，释壮之故也。"利贞"者，贞定。《乾·彖传》云："各正性命，保合太和，乃利贞。"天地之情，本如是也。

《象》曰：雷在天上。大壮。君子以非礼弗履。

震为履。震履乾，即卑履尊，非礼甚矣。陆绩曰："君子见卑履尊，终必消除，故以为戒。"《大象》每相反为义，此其一也。

初九。壮于趾。征凶。有孚。

初应在四，四震为趾，乃四亦阳，初失应，故"壮于趾"，言趾有所阻格也。又二三亦阳，阳遇阳则窒，故"征凶"。有，《说文》"有不宜有也"，《春秋传》"日月有食之"是也。依《说文》，"有孚"者，谓不宜于有也，即不孚也。正与象辞"孚穷"之义合也。

《象》曰：壮于趾。其孚穷也。

初得敌，无应，故"孚穷"。

九二。贞吉。

二得中，故"贞吉"，与下"贞厉"为对文。

《象》曰：九二贞吉。以中也。

二承乘皆阳，得敌，似不吉。然而"吉"者，以位中也。

九三。小人用壮。君子用罔。贞厉。羝羊触藩。羸其角。

三应在上。小人谓上六，君子谓三。乃上六欲应三，而为五所格，故"用壮"。三欲应上，而为四所格，故"用罔"。罔，无也，言三上皆失其用也，故卜问厉。中爻互兑，故曰"羝羊"。四震为藩。羸，缠绕也。三在下卦之上，于爻象为角。"羝羊触藩，羸其角"者，言三欲上升，为九四所阻格，若羝羊以角触藩而不能决，角反为藩所困也。荀爽以五为角。五为角，则藩已决矣，胡有羸象哉！震藩象。《易林·乾之丰》云："藩屏周卫。"《同人之师》云："藩屏汤武。"皆以震为藩。而藩与蕃通，《说卦》"震为蕃"，即《易林》所本也。

《象》曰：小人用壮。君子罔也。

罔，犹否也。

九四。贞吉。悔亡。藩决不羸。壮于大舆之𫐐。

四前临重阴利往，故贞吉无悔，故"藩决不羸"。震为舆，为𫐐。《象》曰"尚往"，是四往五也。四往五，震象毁。而兑为毁折，故曰"壮于大舆之𫐐"。盖卦以止为义，藩决则进，进则有伤，五爻丧羊相因而至矣。虞翻因不知�象，改�为腹，非。

《象》曰：藩决不羸。尚往也。

尚往言上进居五。

六五。丧羊于易。无悔。

兑为羊，兑毁折故"丧羊"。易，《释文》云："陆作场，谓疆场也。"古文往往如是。《说文》"场，田畔也"，《诗·小雅》"疆场有瓜"。丧羊于场，言丧羊于田畔也。诸家作难易解，不辞甚矣。惟场象无有详者。按：震为阪，《说文》："阪，坡也，山贊也。"《诗·小雅》："瞻彼阪田。"场既为田畔，疑仍震象也。然虽丧羊，下有应得中，亦无悔也。

《象》曰：丧羊于易。位不当也。

"位不当"，释丧羊之故也。

上六。羝羊触藩。不能退。不能遂。无攸利。艰则吉。

卦全体兑象，故仍曰"羝羊"。上欲应三，而为五所格。五亦阴得敌，三之藩在四，上之藩在五，故退欲来三，为藩所阻。进欲前往，而道已穷。故"不能退不能遂"。巽为利，巽伏故"无攸利"。然上当位有应，艰贞自守，终吉也。

《象》曰：不能退。不能遂。不详也。艰则吉。咎不长也。

《释文》云："详，审也。"审，慎也。言不能退不能遂之故，咎在不慎审于始而妄动也。郑虞王肃王弼皆释详为善，于义亦通。三上为正应，终必和合，故曰"咎不长"。

䷢（晋）

晋。康侯用锡马蕃庶。昼日三接。

离出地居五，南面向明而治，故曰"晋"。晋，进也。四诸侯。康，美也，大也。《礼·祭统》"康周公"，注："康犹褒大也。"《易林·随之恒》云："实沈参虚，封为康侯。"康侯略如大侯，为诸侯之美称。犹《诗》之言齐侯，言平王也。坎为马，坤亦为马。坎马众，坤亦为众。故曰"用锡马蕃庶"。艮为手故曰"锡"。锡，予也。言康侯恭顺，来宾于王，锡赍众多。《杂卦》："晋昼也。"艮为手，数三，离为昼，故曰"昼日三接"。侯果曰："《大行人职》曰，诸公三飨三问三劳，诸侯三飨再问再劳，子男三飨一问一劳，即天子三接诸侯之礼也。"昼日三接，即一昼三觌也。

《象》曰：晋。进也。明出地上。顺而丽乎大明。柔进而上行。是以康侯用锡马蕃庶。昼日三接也。

明出地上谓离。顺谓坤。柔进而上行谓五。进居地上，得君位也。

《象》曰：明出地上。晋。君子以自昭明德。

明出地上，自然显著，德不求明而自明。故学《易》之君子，取法乎此，以自昭明德。言明德在己，自然昭朗，视能进与否耳。苟进而上行，未有不显著者。昭，《正义》云："周氏等作照。"按昭照古通，无异义也。

初六。晋如摧如。贞吉。罔孚。裕无咎。

初阴，二三亦阴。得敌，故进而见摧。有应故贞吉。然初虽应四，以为二三所隔，应之甚难，故曰"罔孚"。裕，缓也。言初与四终为正应，缓以俟之，则无咎也。与《屯六二》"十年乃字"义同也。旧解皆不知得敌之理，虞翻以失位诂"摧如"，以罔罟诂

"罔孚"，遂歧误百出矣。

《象》曰：晋如摧如。独行正也。裕无咎。未受命也。

初阴遇阴得敌，故曰"独行"。有应故曰"正"。"未受命"者，言初居勿用之位，尚未膺官守之命也。

六二。晋如愁如。贞吉。受兹介福。于其王母。

二无应，进遇坎，坎为忧，故曰"愁如"。"贞吉"者，卜问吉也。介，虞、《九家》皆训为大。坤为母，伏乾为大为福为王，故曰"受兹介福，于其王母"。王母谓二，言二虽不宜于进，然得中为坤本位，必受此大福也。旧解谓王母指六五。六五亦阴，焉能福二？故夫阴遇阴阳遇阳，敌应之理不明，说《易》无不误也。

《象》曰：受兹介福。以中正也。

言二所以受兹大福者，以得此中正之位也。若六五则中而不正，各家因曰"王母疑非五莫能当"。岂知下坤方为母，伏乾故曰"王母"。《易林》此例甚多也。

六三。众允悔亡。

施氏于《升·初六》"允升"，读作㐺。㐺，进也。此允字当与之同。故吴澄亦读作"众㐺"。众㐺者众进，坤为众，言群阴并进而承阳也。故曰"悔亡"。虞翻诂允为信，朱子从之，与《象传》"上行"之义不合。

《象》曰：众允之志。上行也。

坎为志。"上行"谓进而承阳，即释"㐺"义。可见施读合也。

九四。晋如鼫鼠。贞厉。

《释文》《子夏传》作"硕鼠"，云"五技鼠也"。古盖音同通用。艮为鼠，为穴。坎为盗。鼠居穴中，伺隙盗窃，昼伏夜动。四失位，前临夷主，下拥万民，而坎为隐伏，为畏怯，欲进居五，恐下民生疑。欲下应初，又恐失五位。进退周章，有类于鼫鼠，故贞厉也。

《象》曰：鼫鼠贞厉。位不当也。

"位不当"，即谓不中不正。

六五。悔亡。矢得勿恤。往吉。无不利。

六五得尊位，向明而治，故"悔亡"。矢，辅嗣作失，兹从孟马荀虞郑王肃诸家。坎为矢，五坎体，是得矢也。坎为恤，得矢为用，故"勿恤"。承阳故"往吉"。坎矢象，《噬嗑·九四》云"得金矢"，以坎为矢也，《易林》常用，乃至汉末竟失传。

《象》曰：矢得勿恤。往有庆也。

往过阳，故曰"往有庆"。虞翻强命五变得乾为有庆，岂知六五上下皆乾阳，五居其中，往承阳故"有庆"。若五变为阳，往遇阳得敌，尚能有庆哉？

上九。晋其角。维用伐邑。厉吉。无咎。贞吝。

爻例上为角，故曰"晋其角"。坤为邑。《离·上九》云："王用出征，有嘉折首。"是离有征伐象。盖离为甲兵，故"维用伐邑"。然下应柔爻，故必振厉方吉无咎。以不全吉，故"贞吝"。

《象》曰：维用伐邑。道未光也。

离为光明，至上光将熄矣。夫王道大光，则无用征伐，用征伐必未光也。

䷣ （明夷）

明夷。利艰贞。

郑云：夷，伤也。日出地上，其明乃光。至其入地，明则伤矣。按：二至四互坎，故曰"艰"。坤安故曰"贞"。"利艰贞"者，言当明夷之世，宜以艰苦贞定自守也。

《象》曰：明入地中。明夷。内文明而外柔顺。以蒙大难。文王以之。利艰贞。晦其明也。内难而能正其志。箕子以之。

离文明，坤柔顺，离内坤外，故曰"内文明而外柔顺"。坎为难，故曰"以蒙大难"。坤为文，震为王，故曰"文王"。文王囚羑里，几经艰难，而后出之，故曰"以蒙大难"。坤为黑，坎为隐伏，明伏地下，故曰"晦其明"。坎在下，故曰"内难"。坎为志为正，故曰"内难而能正其志"。震为子为箕，故曰"箕子"。《易林·贲之屯》云："章甫荐屦，箕子佯狂。"以屯震为箕子也。箕子纣诸父，故曰"内难"。纣囚箕子，箕子佯狂为奴，晦明不用，仅以身免，故曰"箕子以之"。以，用也。[1]

《象》曰：明入地中。明夷。君子以莅众。用晦而明。

坤为众，震为君子。"莅众"，谓三也。"用晦而明"，言君子处明夷之世，仍自昭明德也。

初九。明夷于飞。垂其翼。君子于行。三日不食。有攸往。主人有言。

此与《师·六五》义同也。辞在五而象全在应。初应在四，四体震，震为飞为翼，坤为下，故曰"垂其翼"。震为君子，为行，数三。离日故曰"三日"。震为口为食，坤闭，故"三日不食"。震为往，为主人，为言，故曰"有攸往主人有言"。盖初虽应四，而为三所阻格，故飞则不能高，行则不得食。凡有所往，而为主人所恶，责让不安。《左传·僖十五年》："晋筮遇归妹之睽曰：西邻责言。"以归妹上震为责言也。震言外向，与我相背，故曰"责言"。兹曰"有言"，与责言义同也。《易林·同人之坎》云："鼓其羽翼，飞上乔木。"以坎中爻震为鼓为飞，为羽翼。又《易林·蒙之艮》云："攫饭把肉，以就口食。"以艮中爻震为口为食也。《易·颐·象》曰："自求口实。"以颐下震为口食也。乃震飞震翼震口之象皆失传，旧解皆以属之离。离在地下，且为初爻，胡能飞哉！若食象益茫然不知所指。

《象》曰：君子于行。义不食也。

初"潜龙勿用"，况当明夷之世，方自晦之不暇，当然不得禄食也。

六二。明夷于左股。用拯马壮吉。

《释文》云："股，马王肃作般。"孙堂云："般，盘之省。"汉碑盘字常作股，股常作般。然则马王虽作般，义仍作股。汉时般、股通用不分也。互震为左，巽为股。巽伏不见，故曰"夷于左股"。

---

[1] 《易》凡于人名地名，无不从象生。除焦延寿外，无知此者。震箕象形，《易林》屡用。

三震为马。拯，郑云承也。《子夏传》作抍，仍音承。"用拯马壮吉"者，言二承三，三阳，故壮吉也。旧解独惠栋谓马谓三，而谓三抍二故壮，则又非。承者顺，谓阴顺阳。《象》释曰"顺"，即释拯义也。

《象》曰：六二之吉。顺以则也。

则者，法也。阴以阳为则。"顺以则"，谓阴顺阳，释拯马之义也。乃旧解皆不知其所谓，故愈说愈晦。岂知《象》以解经，顺即谓拯也。

九三。明夷于南。狩。得其大首。不可疾。贞。

三遇坤。坤为夜为黑。震为南。《左传·成十六年》："晋筮遇复曰，南国蹴。"以坤为国，震为南也。三南遇坤，故曰"明夷于南"。震为狩为大，坎为首为获，故曰"得其大首"，言得其渠率也。《诗·大雅》"昊天疾威"，《传》"疾，犹急也"。"不可疾"，言虽得其大首，不可持之过急也。贞谓宜安定也。疾与贞相对为义。旧读"疾贞"连文，《九家》谓"不可疾正"，最为害理。独项氏《玩辞》，以贞自为句，与经义合。又旧读以"南狩"连文，义亦不协。

《象》曰：南狩之志。乃大得也。

阳遇阴，故大有得。

六四。入于左腹。获明夷之心。于出门庭。

震为左，坤为腹，为门庭，为心，四坤体，故曰"入于左腹"。坤暗故曰"获明夷之心于出门庭"。震为出，言行至四入坤，悉明夷之故，正在于是也。四当位有应，故无吉凶，坤心之象。《益·九五》云："有孚惠心。"心谓二，二坤体也。又《益·九五·象》云："大得志。"志亦谓坤。故《易林·需之否》云："志如死灰。"以坤为死为志。人第知坎为心志，不知坤亦为心志。故易辞多误解。

《象》曰：入于左腹。获心意也。

坤为心意，故曰"获心意"。旧解多以三升五成坎为心意，穿凿无理，不可从。

六五。箕子之明夷。利贞。

震为箕子已见前。据《易林》，此箕子则孩子也。《夬之中孚》云："道路不通，孩子心愦。"以中孚互震为孩子。又《家人之巽》云："孩子贪饵。"以伏震为孩子。又《损之大畜》云："婴儿孩子，未有知识。"以大畜上艮为婴儿，互震为孩子。凡《易林》取象，无不本之《易》。《易》他处无孩子象也。宋吴棫《韵补》云："古亥字音喜亦音其。"按亥字既读为其，则其字亦必读为亥。《淮南子·时则训》："爨其燧火。"高诱注："其读为该备之该，即爨该燧火也。"其既读为该，于是亥孩刻荄，与其箕常通用。《书·微子》"我旧云刻子"，《论衡》作"我旧云孩子"。孩子谓纣，言久知其愚蒙昏愦也。是应为孩子，而作刻子。《墨子·非攻篇》："纣播弃黎老，贼诛孩子。"是孩子即箕子。古之所谓诛，不尽是杀。贼诛孩子，即幽囚箕子也。是应为箕子，而作孩子。故此处六五之箕子，汉赵宾又作荄兹。夫《墨子》以孩子作箕子，则《明夷·六五》之箕子，《易林》作孩子，正与《墨子》合，与《论衡》同。孩子皆谓纣也。孩、箕、刻、荄，皆非讹字，以音同古通用。犹磐桓之磐，或作盘，作槃，作般，皆非讹字也。《易林》云："婴儿孩子，未有知识。"释孩子之义也。六五天子位，孩子之明夷，谓纣昏蒙。惟其指纣，故《象传》推及于文王箕子。不然，《象传》之"箕子"，胡以无一异读哉！故《易林·姤之明夷》云："西戎为疾，幽君去室。"明夷六五君位，坤黑，故曰"幽君"。坎为室，六五在坎外，故曰"幽君去室"。幽君即释孩子之义。又《困之明夷》："邃忞作云，蒙覆大臣。"坤为云，亦释昏蒙之义。又《京房易传·明夷》云："君暗臣明，不可止。"君暗谓六五，臣明谓六二。亦以五为君，不以为纣臣。又《象传》曰："孩子之贞，明不可息也。"贞正也，言孩子居天子之正位。天子一日万几，故明不可息。若箕子已晦其明矣，有何不可息？古今释者千百家，于此语未有能通者。盖文王与微子，不欲明斥纣，故以孩子为代名。犹《麦秀歌》之谓"狡童"也。观《墨子》以箕子为孩子，则此之箕子，亦为孩子。《易林》之读，独得其真。自孩、箕音同通用之义弗明，竟作纣臣矣。岂知孩子即谓纣，与微子之孩子同。彼夫赵宾作荄兹，刘向荀爽作荄滋，蜀才作其子，王弼作其兹，惠栋作亥子，虽与《象传》

义不合，然皆知作纣臣之必非。乃《孔疏》不从王注，而从马融，竟作纣臣解，疏已！五本君位，马融作纣臣解，亦知其不安。而以箕子演畴，有君德为解，益可证《易林》以孩子为纣之精。五承乘皆阴，下又无应，故曰"利贞"，谓宜艰贞自守不妄动也。

《象》曰：箕子之贞。明不可息也。

五为天子。天子一日万几，明息则政乱矣，故曰"明不可息"。

上六。不明晦。初登于天。后入于地。

明夷之初为晋，晋日在地上而为昼，故曰"初登于天"。乃晋覆成明夷，日在地下而为夜，故曰"后入于地"。入地故晦而不明，卦正如彼，覆则如此，此文王示《序卦》之义也。

《象》曰：初登于天。照四国也。后入于地。失则也。

坤为国，震卦数四，故曰"四国"。则谓三。上为四五所格，不能应三，故曰"失则"。此"则"字与六二"顺以则"，《谦·六四》"不违则"义同，皆谓阳。旧解皆不知失则之故何在，泛说之，非。

周易尚氏学卷十一　下经

䷤（家人）

家人。利女贞。

《归藏》曰"散家人"，卦以一阳一阴，散处于卦内。又上卦巽风，下卦火炎上，均有散意，故以为名乎？马融曰："家人以女为奥主。长女中女，各得其正，故曰利女贞。"然《象传》曰："男正位乎外。"似家人兼男女言，特女贞尤利耳。又考《太玄》拟家人为居，云"躍肤赫赫，为物城郭，万物咸宅"。是以家人初上爻皆阳，故曰"肤"，曰"城郭"。而人宅其中，故曰"家人"也。义似较各家为优。二四得正，承阳有应，故利于女子之占也。

《彖》曰：家人。女正位乎内。男正位乎外。男女正。天地之大义也。家人有严君焉。父母之谓也。父父。子子。兄兄。弟弟。夫夫。妇妇。而家道正。正家而天下定矣。

女正位乎内谓二，男正位乎外谓五。二五者夫妇，即天地也，即父母也。父母皆得正位，故曰"严君"。严君者，尊也。卦下五爻皆得正，故曰"父父，子子，兄兄，弟弟，夫夫，妇妇"。初震爻，震为子，为兄，为夫。三艮爻互坎，坎艮皆为弟，巽为妇。父子兄弟夫妇皆得正，则家正。家齐则国治，故曰"天下定"。

《象》曰：风自火出。家人。君子以言有物。而行有恒。

巽木生火，火动生风，故曰"风自火出"。物，《孔疏》云"事也"。按：《周礼·地官》："司门几出入之不物者。"注："衣服视瞻，不与众同，及所操物，不如品式者。"然则不物即违常，即不法也。言有物者，即言不离乎经常也。

初九。闲有家。悔亡。

《释文》："马云：闲，阑也，防也。"离中虚外坚，故离有闲义，即《太玄》所谓为物城郭也。能闲其家，故悔亡也。荀、郑训闲为闲习，似非。

《象》曰：闲有家。志未变也。

初应在四，四体坎，坎为志。志未变者，言初与四为正应，无敢或渝，所谓行有恒而家道正也。其以遁为说者，皆因不得解而穿凿也。

六二。无攸遂。在中馈。贞吉。

《礼·月令》"百事乃遂"，注"遂，犹成也"。《公羊传·桓八年》"大夫无遂事"，注"遂，专事也"。坤道无成，六二应五承三，顺以巽可矣，不必专事也。故曰"无攸遂"。六二得中，故曰"在中馈"。馈，饷也。《周礼·天官》："膳夫掌王之馈。"注："进食于尊曰馈。""在中馈"者，言坤道顺从，无敢专事，职供中馈，酒食是议也。"贞吉"者，卜问吉也。

《象》曰：六二之吉。顺以巽也。

顺以巽，言承三应五也。

九三。家人嗃嗃。悔厉吉。妇子嘻嘻。终吝。

《释文》："嗃嗃，马云'悦乐自得貌'，荀作确确。"按离外坚，荀读是也。嘻嘻，郑云"骄佚笑乐之意"。然同在一爻，吉吝不同者。盖三居离上，离外坚，有坚确自守，安不忘危之意。故曰"家人嗃嗃"。嗃嗃则守正安常，故厉而吉也。而三前临巽风，巽为妇，为进退，为躁动，为声应，故曰"妇子嘻嘻"。嘻嘻则悦而淫矣，故曰"终吝"。嗃嗃之象下取离，嘻嘻之象上取巽。诚以同此一爻，或吉或吝，必有其故。而先儒无言者，探测如此。

《象》曰：家人嗃嗃。未失也。妇子嘻嘻。失家节也。

失佚古通，未佚者言不敢放逸也，若嘻嘻则淫佚而不中节矣。故曰"失家节"。失，下读得失之失，上读佚，以与节韵。

六四。富家大吉。

乾为富，四承重阳，当位有应，体坎，坎为室家，故曰"富家大吉"。凡上卦为巽，四当位无不吉者。如小畜、观、益、巽、涣、中孚，六四皆吉。惟不当位者，虽临重阳，不尽吉也。此《易》例也。虞翻强命三变成艮，最为害理。三当位，胡为使失正哉！

《象》曰：富家大吉。顺在位也。

言富之故，以顺阳也。五得位，故曰"顺在位"。

九五。王假有家。勿恤。吉。

五天子，故曰"王"。假，《释文》"更白反"，注"至也"。案《虞书》"格于上下"，《传》"格至也"。是王弼、陆德明皆读假为格，与萃之"王假有庙"同。"王假有庙"，言王以至诚感格神明；"王假有家"，言王以至德感格家人，无有不正，故无所忧而吉也。

《象》曰：王假有家。交相爱也。

"交相爱"，谓二五交孚，即释格义。诸家皆释"假"为大，与"交相爱"之义相去甚远，故唯王注为得也。

上九。有孚。威如。终吉。

上九居家之上，为全家所翊戴，故曰"有孚"，曰"威如"。上居卦终，故曰"终吉"。

《象》曰：威如之吉。反身之谓也。

巽究成震，震为威，言震巽相反覆，故曰"反身"。虞翻命三变成阴，以说反身。三当位，胡能使变？乃惠栋不知其强说，谓《蹇上六》"志在内"为反身。夫蹇三上皆当位有应与，若家人则三上皆阳，《艮·传》所谓"敌应也"，上胡能反三哉！

䷥（睽）

睽。小事吉。

《归藏》作"瞿"。《说文》："鹰隼视也。"《礼·玉藻》"视容瞿瞿"，注"惊视不审貌"。夫惊而惧，视而不审，则视象必至乖违明矣。至《周易》曰"睽"，义与"瞿"略同。睽，乖也。《说文》"目不相听也"。卦三至五两目相背，相背则视乖。听，从也。不相从，则一目视为彼，一目视为此，如三上所言是也。盖卦之得名，全以卦象。《六书故》："睽，反目也。"与《说文》义同。自反目之义失，旧解于三上爻辞皆莫详其故矣。小谓阴，六五得中有应，故"小事吉"也。

《彖》曰：睽。火动而上。泽动而下。二女同居。其志不同行。说而丽乎明。柔进而上行。得中而应乎刚。是以小事吉。天地睽而其事同也。男女睽而其志通也。万物睽而其事类也。睽之时用大矣哉。

火性炎上而即居上，水润下而即居下，愈去愈远，故"二女同居不同行"。坎为志也。然所以睽者，以同为女也。若夫天地男女，其形虽睽隔，而其功用，无不和合而同也，其心志无不相感而通也。即推而至于万物，若繁赜不可计数矣。然只有物即有阴阳，有牝牡。阴阳牝牡，则必合而为类无疑也。故睽亦有时有用也。

《象》曰：上火下泽。睽。君子以同而异。

同者同为女，异者不同行。君子法之，不拘于一。

初九。悔亡。丧马。勿逐自复。见恶人。无咎。

震为马，兑二折震，震毁，故曰"丧马"。震为复，二必升五。升五则下成震，故曰"自复"。离为恶人，初前遇之，兑见，故曰"见恶人"。盖初居潜龙之位，勿用之时，居《易》俟命，无所动作，故"悔亡"而"无咎"也。

《象》曰：见恶人。以辟咎也。

言"无咎"之故，在"辟"之也。

九二。遇主于巷。无咎。

五为卦主，《丰·九四》云"遇其夷主"是也。二应之，离为巷，故曰"遇主于巷"。有应得中，故"无咎"。离巷象失传。《易林·无妄之小畜》云："鳛鱮去海，游于枯里。街道迫狭，不得自在。"小畜上巽为鱼，故曰"鳛鳚"。乾为海，巽在外，故曰"去海"。离为枯为里为街巷。《说文》："巷，里道。"《诗·郑风》"巷无居人"，《传》曰"巷，里涂"。离上下阳，中虚，俨然里巷也。巷为里道，故《象》曰"未失道"。巷象失传，故旧解无不误，不足怪也。

《象》曰：遇主于巷。未失道也。

得应，故曰"未失道"。

六三。见舆曳。其牛掣。其人天且劓。无初有终。

兑为见，坎为舆，为曳。坎舆在前，而三居坎后，故曰"见舆曳"。互离为牛。掣，郑作觢，云"牛角皆踊也"。踊，起也。《说文》作"觬"，云"角一仰一俯"。《子夏传》作"挈"，云"一角仰"。案觢、觬同字，皆音挚，义皆同。又《易林·大畜之睽》云："伤破妄行，触壁觝墙。"亦以角踊为说，不以滞隔为训。只王弼作掣，音与诸家同，义与诸家异，非也。"其牛掣"者言牛角腾踊上出也。"天"，马融云"剠凿其额曰天"，虞翻云"黥额为天，割鼻为劓"。黥即古之墨刑，马云"剠凿"殆误也。艮为额为鼻，艮伏不见，故曰劓。兑上毁缺，故曰"天"。惟古刑无名天者。俞樾云："天为兀字。古文天作死，以形近，故兀讹为天。"《庄子》云："鲁有兀者。"《释文》云："刖足曰兀。"其人兀且劓，犹《困·九五》曰"劓刖也"。按：三震象半见，故曰"刖足"，俞氏之说或是也。又胡安定云："天当作而。古文相类，传写遂误。在《汉法》，有罪髡其鬓髪曰而。又《周礼·梓人》，作其鳞之而，亦谓髡其鬓髪。"按"之而"，注训为颊颔。《释文》云"秃也"，《玉篇》亦训颔为秃，《贾疏》亦无"髡其鬓髪"之解。然颔之为秃，字书皆同，则而者秃也。秃则天然无髪，不必受刑，似胡说不如俞说优也。三不当位，故初不吉。有应承阳，故曰"有终"。

《象》曰：见舆曳。位不当也。无初有终。遇刚也。

位不当故"无初"，遇刚故"有终"。

九四。睽孤。遇元夫。交孚。厉无咎。

坎为孤为夫，虞翻强令四变成震，以取夫象。岂知《左传·襄二十四年》"筮遇困之大过"，坎变巽，曰"夫从风"，以坎为夫也。坎者乾元之精，故曰"元夫"。比曰"元永贞"，是其义也。四上下皆阴，故曰"交孚"。坎险故曰"厉"。交孚则志行，故"厉无咎"。

《象》曰：交孚无咎。志行也。

坎为志。"志行"，言阳得阴则孚也。此爻旧解，皆用虞氏爻变，取夫象。信汉儒不信左氏，岂不异哉！

六五。悔亡。厥宗噬肤。往何咎。

《同人·六二》云：“同人于宗。”以五阳为宗。宗，主也，坤“先迷后得主”是也。兹以九二为宗，艮为肤，以刚在外也。故离亦为肤。二兑体，兑口逼近离肤，故曰“厥宗噬肤”。然二为正应，二五相上下，各得位，故“往无咎”。离肤象。《易林·师之井》云：“范子妙材，戮辱伤肤。”井互离，兑毁折，故曰“戮辱”。离兑连体，故作肤。是焦氏以离为肤也。井中爻亦睽也。

《象》曰：厥宗噬肤。往有庆也。

得阳应，故曰“有庆”。

上九。睽孤。见豕负涂。载鬼一车。先张之弧。后说之壶。匪寇。婚媾。往遇雨则吉。

睽为反目，目反故所见不同。一目见为豕，一见为鬼。一目见张弧而惧，一见说壶而喜。一见为寇，一见为婚媾也。“见”字统全爻而言，反止之精神全出。旧解若只见豕负涂者，由不知睽之取象，在反目也。离为见，互坎为豕，为涂，为车，为鬼。坎数一，故曰“一车”。坎为弧为矢，张弧则欲射我矣。离为壶。说，遗也。而坎为酒，遗我以壶酒，则意善也。坎为寇，三虽坎体，而应上九，则婚媾也，寇则非矣。兑为雨，上往居三，故曰“遇雨”。三上相上下，各当位，故“吉”。上之内，宜曰“来”。然蹇五往外也，曰“朋来”。需三往上也，曰“三人来”。盖自本位言则曰“来”，去本位言则曰“往”，不能执也。“壶”，王弼作弧。兹从京、马、郑、王肃、翟子玄。“说”，《释文》：“始锐反，音税。”

《象》曰：遇雨之吉。群疑亡也。

坎为疑，疑之故全在坎。上往三成大壮，天雷一震，坎象消释，故曰“群疑亡”。坎为众，故曰“群疑”，即上所见诸象也。

䷦（蹇）

蹇。利西南。不利东北。利见大人。贞吉。

重坎故曰"蹇"。坤在西南，五往居坤中，得中有应，故曰"利西南"。艮居东北，三阳穷于上而多凶，故"不利东北"。大人谓五，往得尊位，故利于出见。《传》所谓"往有功也"。往五当位居中，故"贞吉"。

《彖》曰：蹇。难也。险在前也。见险而能止。知矣哉。蹇利西南。往得中也。不利东北。其道穷也。利见大人。往有功也。当位贞吉。以正邦也。蹇之时用大矣哉。

坎险艮止，故曰"见险而能止"，此卦义也。虞翻于利不利之故，盖茫然莫解，复以《参同契》"月出庚"之说，解"利西南"。"月灭癸"之说，解"不利东北"。岂知兹所谓西南，确指坤位。坤为邦，五居坤中，故曰"正邦"。而翻则曰"月生西南"。夫月于三日出庚，庚岂西南哉！真管辂所谓美而伪也。

《象》曰：山上有水。蹇。君子以反身修德。

见险而止，反身修德，以俟之而已。《文言》云："进德修业。"《乾·三》云："君子终日乾乾，夕惕若。"修德之事也。艮为身，反身者反而求诸己，不徒止而不前也。艮身象。《艮·象》云："艮其背，不获其身。"以艮为身也。故《易林·需之坎》云："名困身辱，劳无所得。"坎中爻艮，艮为名，为身，坎隐伏，故"名困身辱"。虞翻用卦变，以坤为身，不知艮亦为身也。

初六。往蹇。来誉。

四不应，二至四坎，初临之，故"往蹇"。来居初，静而不动，则有誉也。艮为名，故曰"誉"。

《象》曰：往蹇来誉。宜时也。

"宜时"，《正义》作"宜待"。《释文》云："张氏作宜时，郑本作宜待时，虞同。"兹从张氏。艮为时，"宜时"者，谓时宜如此也。《阮校》[1]云："《石经》'待也'二字，漫漶。"而不言上有宜字，可见郑虞读似非。

六二。王臣蹇蹇。匪躬之故。

---

[1] 指清阮元校刻的《十三经》。——点校者注

艮为臣，五为王，二应五，故曰"王臣"。艮为僮仆，古臣仆不分，故艮亦为臣。二临重坎，故曰"王臣蹇蹇"。蹇蹇，言劬劳也。艮为躬。"匪躬之故"，言所以劬劳如此者，乃从王事，匪为私也。艮臣象。《损·上九》云："得臣无家。"《小过·六二》云："遇其臣。"《遯·六三》云："畜臣妾吉。"皆以艮为臣也。

《象》曰：王臣蹇蹇。终无尤也。

有应故"无尤"。尤，古音怡。《诗·鄘风》"大夫君子，无我有尤，与下之协。"此与上时之下协，与时同，故《正义》上象作"宜待非"。

九三。往蹇。来反。

往遇险，反据下二阴则利也，故曰"往蹇来反"。

《象》曰：往蹇来反。内喜之也。

内谓下二阴，阴欲承阳，故曰"内喜之"，释"来反"之故也。

六四。往蹇。来连。

《正义》："马云连亦难也。"王弼云："往来皆难。"是亦训连为难。盖四居上下坎之间，故往来皆难。荀爽谓与至尊相连，朱子谓连于九三者，皆非也。又《屯·上六》云"泣血涟如"，《淮南子》引作"连如"，盖与此义同。亦连为难之二证。

《象》曰：往蹇来连。当位实也。

坎为实。"当位实"者，言四位当。惟所值上下皆实，故进退难也。坎刚中故为实。《易林·屯之师》云："李梅冬实。"师震为李梅，坎为冬为实也。旧解皆以乾为实，致此句义不明了。岂知此"实"字谓坎。上下坎，方能明来往皆难之义也。

九五。大蹇。朋来。

当位居尊，故曰"大蹇"。阴以阳为朋，阳往阴中，故曰"朋来"。虞翻以下卦伏兑为朋。岂知《象传》曰"中节"，即谓五居坤中，如合符节，释"朋"义也。

《象》曰：大蹇朋来。以中节也。

言五在阴中，阴阳相遇，如符节之合。

上六。往蹇。来硕。吉。利见大人。

上穷故"往蹇","来硕"谓应三,三阳故曰"硕"。《尔雅·释诂》:"硕,大也。"阳大故曰"硕"。"利见大人",谓顺五。五为"大人"。

《象》曰:往蹇来硕。志在内也。利见大人。以从贵也。

应三故曰"在内"。三体坎,故曰"志在内"。五天子位,故曰"从贵"。

䷧（解）

解。利西南。无所往。其来复吉。有攸往。夙吉。

震出险故曰"解"。《归藏》作荔。荔与离通。《上林赋》"答还离支",离支即荔支。干禄《字书》:"离支,俗作荔支。"是离荔音同通用。离即解也,义与《周易》同。坤位西南,四居坤初,前临重阴,阳得阴则通,故"利西南"。五得敌,故"不利往"。来复于二,各当其位,故曰"其来复吉"。"有攸往",谓二往五。夙,早也。《礼记·孔子闲居》"夙夜基命宥密",疏"夙即昕也"。昕,明也。二坎为夜,五震为晨,二往五则由夜及晨而天明矣。明故吉也。旧解于吉之故,皆言早往得位故吉。而王注诂夙为速尤误。岂知《诗》《书》皆以夙与夜对言。夙为早者,言早晨也,非速也。

《象》曰:解。险以动。动而免乎险。解。解利西南。往得众也。无所往。其来复吉。乃得中也。有攸往夙吉。往有功也。天地解而雷雨作。雷雨作而百果草木皆甲坼。解之时大矣哉。

坎险震动,震在外,动而出险,故曰"解"。六五前遇阴,故曰"无所往"。来居二,居中当位,故"吉"。九二往居五,故"有功"。雷震坎雨，是天地解也。震为春，为百果草木。离为甲。孙星衍云："甲，皮也。震动故甲坼。"坼，《说文》"裂也"。言草木当春，得雷雨胚胎迸裂，蓓蕾怒发，芽蘖潜滋，而外甲坼也。《史记·律书》："甲者言万物剖符甲而出。"又《礼·月令》："其日甲乙。"郑注云："时万物皆解孚甲。"皆甲坼之的解也。乃马陆皆读坼为宅，云"根也"。愚以为坼宅音同，故通用。若以宅为根，则古无此训。且草木未得雷雨之先，岂皆无孚甲无根乎？郑康成盖读与马、陆同，而知其难通，故又曰"皆读如人倦之解"，以济其穷。若曰"皆甲宅"，即解甲宅也。岂知甲宅即甲坼，不必如是穿凿。且甲可解，根如何解哉？是仍不通也。然由郑说，可悟以宅为根之非矣。乃雅雨堂刻本从惠栋校，竟改《集解》甲坼为甲宅。岂知荀注本作甲坼，故曰"草木萌芽"。萌芽，即释坼义也。若作宅，荀胡以不释？且《释文》早言之矣。明本《集解》可证也。陆道平作《纂疏》，不顾荀注义如何，亦改作宅，致传文与注不相应，真可异已！[①]

《象》曰：雷雨作。解。君子以赦过宥罪。

坎为罪过，震为解，故"赦过宥罪"。

初六。无咎。

承阳有应，虽失位，得无咎也。

《象》曰：刚柔之际。义无咎也。

际，交也。言初承阳，刚柔交际，故义得无咎。

九二。田获三狐。得黄矢。贞吉。

坎为狐，坎陷故为"获"。二应在五，五震为田猎，数三，故曰"田获三狐"。坎为矢，互离色黄，故曰"得黄矢"。"贞吉"者，卜问吉也。诸家皆以离为矢。离虽为甲兵，然若斧象则专属兑，矢则专象坎。坎为棘为匕为直为穿，故为矢。《经》从未以离为矢。

---

① 《释文》只云"马陆作宅"，后集荀注者，如孙堂，如马国翰，皆改荀注作宅，可谓盲从。

《象》曰：九二贞吉。得中道也。

离为道，二中位，故曰"中道"。

六三。负且乘。致寇至。贞吝。

三不当位，坎为车，三在车上，故曰"乘"。上震向外视之艮。艮为负何，故曰"负且乘"。坎为寇，三上下皆坎，故曰"致寇至"。古者君子方得乘车，若负戴则为小人之事。今负且乘焉，望之不似，则盗贼从而生心，故曰"致寇至"。言招致使来也，致卜问吝矣。"贞吝"与上"贞吉"为对文，故夫从虞氏以贞吉为之正者非也。

《象》曰：负且乘。亦可丑也。自我致戎。又谁咎也。

《说文》："戎，兵也。"寇至，故谓"致戎"。

九四。解而拇。朋至斯孚。

"拇"，陆绩云："足大指也。"王肃云："手大指。"手指于震象不合，故陆注是也。震为足，四前遇重阴，阳遇阴则通，故曰"解而拇"，言利往也。《复·象》云："朋来无咎。"阴以阳为朋，九四前遇重阴，下乘阴，阴孚于阳，故曰"朋至斯孚"，言上下阴共孚于四也。《象传》谓"往得众"，指此爻也。旧解皆从虞翻说，谓"四阳从初，下兑故朋至斯孚"，致孚义全晦。

《象》曰：解而拇。未当位也。

解而拇，前进也。四失位，进至五则当位矣。申"解而拇"之故也。

六五。君子维有解。吉。有孚于小人。

震为君子谓四。"君子维有解"，言四宜升五，当位而吉。"小人"谓阴。四升五成坎，坎上下皆阴。"有孚维心亨"，故曰"有孚于小人"。

《象》曰：君子有解。小人退也。

"君子有解"，谓九四升五；小人退，谓五退居四。释爻义可谓至明白矣。

上六。公用射隼于高墉之上。获之无不利。

震为公为射为隼，伏巽为塘为高。六居巽上，故"射隼于高墉之上"。盖卦为重坎，上六履重坎之上，动作如意，故获之无不利也。震射《左氏》象。震为鸿鹄，故为隼，俱见《易林》。[①]

《象》曰：公用射隼。以解悖也。

坎为悖，上六居重坎之外，故曰"解悖"。

----

① 详《焦氏易诂》。

周易尚氏学卷十二　下经

䷨（损）

损。有孚。元吉。无咎。可贞。利有攸往。曷之用。二簋可用享。

贞我悔彼，以我之阳，益彼之上，故曰"损"。《归藏》作员，朱彝尊谓即损卦。然《归藏》以益为诚，则此未必取义于损。按："员"古作云。《商颂》"景员维何"，《笺》："员，古文作云。"以此例之，《归藏》必原作"云"也。《说文》："云，山川气也。象回转形。后人加'雨'作'雲'。"是"云"即"雲"字。卦上艮下兑，《说卦》"山泽通气"。气即云，中互坤，坤正为云。卦二至上正反震，震为出。云出泽中，至上而反，正回转之形，与《说文》合，与卦象合。六爻皆有应，故曰"有孚"。二阳遇阴，乾元通，故曰"元吉"。"可贞"，言二不宜升五再损也。"利有攸往"谓上也。上九下乘重阴。颐曰"利涉大川"，利涉即利往也。《尔雅·释诂》："曷，止也。"而曷与愒通。《诗·大雅》："汔可小愒。"《传》："愒，息也。"息、止义同。故《集韵》云："愒或作曷也。"而愒与憩通。《诗·甘棠篇》："召伯所憩。"《释文》："憩本又作愒。""曷之用"言憩息之时也。上卦艮，故云"憩"。震为簋，坤数二，故曰"二簋"。兑为享。享、飨通。《左传·成十二年》"享以训恭俭"，《释文》："享本亦作飨。"又《庄四年》"止而飨之"，《周语》"大臣飨其禄"，注皆训飨为食。"曷之用二簋可用享"，言当休暇之时，可以二簋为享。二簋虽俭，然处损时，亦可也。清儒承荀氏旧说，见言簋即以为祭宗庙，侈陈礼制。岂知《仪礼·公食大夫礼》"宰夫启簋"，《诗·秦风》"于我乎，每食四簋"，凡宴享皆用簋，非必祭宗庙始用也。且于《易》义，"之"谓何矣。崔憬以曷为何，荀爽等只说二簋可用享，不及曷义。于是清儒如惠栋焦循张惠言孙星衍等，亦不释曷义。只一姚配中袭崔憬说，疑非也。

《彖》曰：损。损下益上。其道上行。损而有孚。元吉。无咎。可贞。利有攸往。曷之用。二簋可用享。二簋应有时。损刚益柔有时。损益盈虚。与时偕行。

贞我悔彼，内与外，上与下，其亲疏迥不相同。故夫以内阳益外，则我损矣。上下即内外也。泰三往上，故曰"其道上行"。震为应，二至四震，乃上卦震覆，若反声相应者，故曰"二簋应"，与中孚之"鹤鸣子和"理同也。"二簋应有时"，言时当惕息，用二簋享，正与时应也。泰极还否。损者泰之终，否之始。"损刚益柔有时"者，按卦气，损为七月卦，时已当否。阳日减，阴日增，正损刚益柔之时，不可不预知也。时当益则益，时当损则损。益则盈，损则虚。乾盈坤虚，应时而行。所谓"穷则变，变则通"也。

《象》曰：山下有泽。损。君子以惩忿窒欲。

震为决躁，为武人，故为忿。乃上卦震覆为艮，艮止故曰"惩忿"。二至上正覆震，震为口有急食象。坤闭故曰"窒欲"。学《易》之君子，因以取法焉。

初九。巳事遄往。无咎。酌损之。

巳，虞作祀。晁氏云："巳，古文祀字。"按金文《沈子它敦铭》："用巳向公。"巳公即祀公。初应在四，四震为祭祀，兑为飨。遄，速也。"祀事遄往"者，言宜往应四也。当位故"无咎"，所应为阴，故曰"酌损"。

《象》曰：巳事遄往。尚合志也。

尚上同，上谓四。初四婚媾，故曰"合志"。四坤为志。其用卦变以坎为志者，非也。

九二。利贞。征凶。弗损。益之。

三巳损矣，二不宜再损，故利于贞定也。震为征，二阳临重阴，更利于征。然二往五则下愈损，故"征凶"也。"弗损"者，即贞于二不动，不再损下也。"弗损"即益二矣，故曰"益之"。夫

贞我悔彼，泰三阳三阴，而阳全在我，此所以为泰也。损我一阳以
益外，已非善征。若损之不已，则成否矣。否"天地闭，贤人隐"，
故于二爻著以为戒，曰"利贞"，曰"征凶"。旧解惟王弼能识二之
不宜往五，谓刚全上则剥道成。若虞翻则谓二不征之五则凶，故反
经为说。岂知二阳得五阴为应，"利往"诚为常例。独损二因其利
往，再损内也，故因以为戒。乃后世如惠栋、张惠言等，多祖述其
说。独姚配中识虞义之反经，乃又以"利贞"为之正。二之正成
阴，阴与有不相应，故"征凶"。仍以卦变为穿凿，然则不独易象
失传，易理之失传更甚也！

《象》曰：九二利贞。中以为志也。

中谓二，言志贞于二，不前进也。故曰"中以为志"。旧解无
不误者。

六三。三人行则损一人。一人行则得其友。

乾为人，泰三阳原为三人。今成兑，损一人矣。损三以益上，
上乘重阴，阳以阴为友，故曰"一人行则得其友"。友谓四五。旧
解以下应兑为友，故于三则疑之，故无有通者。

《象》曰：一人行三则疑也。

三阳上行则成否，否上九为四五所阻格，所谓敌也。敌则相疑
相忌，而不相友矣。释"得友"之故也。《易》于阴阳相遇为朋友
之故，言之可谓明白矣。乃自荀虞以来，以兑二阳艮二阴为朋友，
相承至今。岂知阳遇阳阴遇阴，艮谓之"敌应"，中孚谓之"得
敌"哉！

六四。损其疾。使遄有喜。无咎。

坤为疾，四得阳应，故曰"损其疾"。遄，往也。坤为忧，乾
为喜。"使遄有喜"者，言往得阳应而喜也。坤疾象失传，旧解故
多不当。

《象》曰：损其疾。亦可喜也。

疾损，故"可喜"。

六五。或益之十朋之龟。弗克违。元吉。

艮为龟。《汉书·食货志》注："苏林曰：两贝为朋。朋值二百一
十六，元龟十朋。"艮为朋友，坤数十，故曰"十朋之龟"。言阳在上

五得承之，若大宝之益也。阴顺阳，故曰"弗克违"。五卦位最尊，故曰"元吉"。艮龟象失传。侯果谓"内柔外刚龟之象"，岂知艮即为龟！

《象》曰：六五元吉。自上祐也。

上为阳，五承之，故曰"自上祐"。祐，福也。《释文》"或作祐"，无言汉人作右者。惠栋擅改之，从学盲从之，于是《集解》之文遂乱矣，不可不知。又自虞翻以来，皆以二益五为说，清儒皆宗之。不惟与《象传》背，且与《经》背。《经》于九二言"征凶"，言"利贞"，言"弗损"，则二固不往五。况《象传》明言"自上祐"，则十朋之龟指上也。"弗克违"，言五承上也。则以二益五为说者，其误益明矣。

上九。弗损益之。无咎。贞吉。利有攸往。得臣无家。

上之三则上损矣。不动则益上，故曰"弗损益之"。"贞吉"者，卜问吉也。上乘重阴，故"利有攸往"，与颐上九同。坤为臣，上据坤，是得臣为助也。三者上九之家，上既得臣为助，即不返三，故曰"得臣无家"，言公而忘私也。

《象》曰：弗损益之。大得志也。

坤为志，上据坤，阳乘阴，故曰"大得志"。[1]

☲ (益)

益。利有攸往。利涉大川。

贞我悔彼，以彼之阳，下来益我，故曰"益"也。《归藏》曰"诚"。《说文》："诚，和也。"《书·召诰》"其丕能诚于小民"，注亦训诚为和。风雷同声相应，和之至也。是《周易》以阳爻上下言，故曰"益"。《归藏》合上下卦言曰"诚"也。"利有攸往"，谓五。五既中且正，《传》所谓"中正有庆"也。"利涉大川"谓初。

---

[1] 旧解皆以上返三为说，非。

坤为大川，震为舟，初阳遇阴而通，故曰"利涉"，《传》所谓"木道乃行"也。

《彖》曰：益。损上益下。民说无疆。自上下下。其道大光。利有攸往。中正有庆。利涉大川。木道乃行。益动而巽。日进无疆。天施地生。其益无方。凡益之道。与时偕行。

坤为民，震为乐，故曰"民说"。坤为广，故曰"无疆"。否四来居下卦之下，故曰"自上下下"。震为玄黄，故曰"大光"。"利有攸往，中正有庆"，谓五。"利涉大川，木道乃行"，谓初。震为舟故曰"木"。古刳木为舟，故谓舟为木。涣曰"乘木有功"，中孚曰"乘木舟虚"，皆以木为舟。"利涉大川"，故曰"木道乃行"。言舟行水上，舟楫之利用溥也。此纯释"利涉"之义。坤为水，震为舟，故曰"木"曰"行"。程子不知木即为舟，改木为益。野文之害，至斯而极。阳自外来，故曰"天施"。震为生，坤为地，故曰"地生"。益者否之终，泰之始。《太玄》云："已用则贱，当时则贵。"艮为时，"与时偕行"者，言时而当益，不能不益也。

《象》曰：风雷益。君子以见善则迁。有过则改。

乾为善，坤为过。乾来初，得位得民，是迁善也。乾来初成震，坤象减，是改过也。故学《易》之君子法之。

初九。利用为大作。元吉无咎。

虞翻云："大作谓耕播耒耜之利。"按《虞书》"平秩东作"，注"岁起于东，而始就耕，谓之东作"。《禹贡》"恒卫既从，大陆既作"，注"二水已治，从其故道，大陆之地已可耕作"。是作即耕也。震为春，为耕，至春民尽耕，故曰"大作"。阳遇阴故"利"。乾元通，故"元吉无咎"。

《象》曰：元吉无咎。下不厚事也。

震健而决躁，故左氏以为射，言其速也。厚，余也。行速故无余事。坤为事。言初虽在下，往利无阻，事无积滞，仍"利涉大川"之意也。

六二。或益之十朋之龟。弗克违。永贞吉。王用享于帝吉。

艮为龟为朋友，坤数十，故曰"十朋之龟"。二应在五，五艮故以十朋之龟益二也。二得阳应，故曰"弗克违"。二当位，故"永贞"于二吉。震为帝，王谓五，震为祭祀，故曰"享"。"王用享于帝吉"者，言五应二，则二吉也。

《象》曰：或益之。自外来也。

外谓九五，恐人疑为初。

六三。益之用凶事。无咎。有孚中行。告公用圭。

三居坤中，坤为凶，为事。益之用凶事，言上来益三，为五所阻，《大畜·初九》所谓"有厉"也，故曰"凶事"。二三四阴爻皆承五。《夬·九五》云："中行无咎。"《泰·二》云："得尚于中行。"中行谓五。"有孚中行"者，言三与二四，同孚于五也。震为言，故为告。为玉故为圭。坤为众，故曰"公"。公，共也。三震为诸侯。"告公用圭"者，言约同诸侯执圭，共往朝五也。圭者天子所锡予，今朝天子，故执以为信。旧解以凶事为凶丧，或为凶荒，则告之天子，告之友邦，而受其赙禭。告必将仪，或执璧，或用圭，如臧文仲以纪献玉告籴于齐。岂知"告公用圭"，即申"有孚中行"之义，与上之凶事无涉。是皆以他经例《易》。不知《易》文，上下句不必相属也。

《象》曰：益用凶事。固有之也。

言阴遇阴，阳遇阳，近而不相得，故"凶"。乃易理当然之事，故曰"固有"。

六四。中行告公从。利用为依迁国。

中行谓五。震为告，坤为臣，为众。从谓顺五。"告公从"者，言下三阴宜共同承五也。坤为国，震动，故曰"迁国"。艮止故曰"依"。《左传·隐六年》："我周之东迁，晋郑焉依？"《说文》："依，倚也。""利用为依迁国"者，言坤国播迁，至五艮而止，依以建国也。阴从阳故利。巽为利也。

《象》曰：告公从。以益志也。

坤为志，"公从"九五，阳益阴，故曰"益志"。自坤志象失传，遂令某爻变成坎，以求志象矣。

九五。有孚惠心。勿问元吉。有孚惠我德。

《尔雅·释言》："惠，顺也。"坤为顺为心。"有孚惠心"，言五孚于下坤而顺我也。震为问，五震覆，故曰"勿问"。五位尊，故曰"元吉"。"勿问元吉"者，言五乘重阴而大吉也。乾为德。"有孚惠我德"，言下三阴皆承顺我而有孚也。

《象》曰：有孚惠心。勿问之矣。惠我德。大得志也。

坤为志，阳为大，阳五下乘重阴，故曰"大得志"。《管子·度地》："天下之人皆归其德而惠其义。"注："惠，顺也。"正说此也。

上九。莫益之。或击之。立心勿恒。凶。

上与五为敌，故曰"莫益"，言益三也。上应在三，然上若益三，则为五所忌，而或击之。五艮体，艮为手为击也。坤为心，上应在坤，下虚，处巽上，风陨，进退不果，故曰"立心勿恒，凶"。《恒·九三》云："不恒其德。"益上九与恒九三同为巽上，故亦曰"勿恒"。缘巽下桡，故义同也。

《象》曰：莫益之。偏辞也。或击之。自外来也。

恐其被击，戒以莫益，故曰"偏辞"。《左传·襄三年》："君子谓祁奚举其偏而不党。"注："偏，属也。"独，私也。外谓五，五为上敌。《下系》云："凡《易》之情近而不相得则凶，或害之。"故上欲应三，五或击之。五在外，言击之者仍在外也。《同人·九三》曰："敌刚。"《中孚·六三》云："得敌。"《子夏传》："三与四为敌。"是阳遇阳，阴遇阴，愈近而愈不相得。旧解自虞翻以来，皆不知此为《周易》根本定例。故说"或击之"，皆不知击上九者为何爻，而无不误矣。

按：否泰者，天道之自然，为运会所必有，故以次于《上经》十卦之后。损益者，人事之进退，为人为之所关，故以次于《下经》第十卦之后。十者数之终，终则变，变则否泰迭更，损益互见，此其义也。又损者泰之终，否之始。益者否之终，泰之始。以见否泰虽属天道，而由否而泰，由泰而否，损之益之，推挽之权，则在人为，有定而无定也。此上、下《经》天人之分，动静之别。非参育之圣人，固不能知其故也。故于《上经》之否泰，自为一卷。《下经》之损益，自为一卷。以见此四卦为全《经》之枢纽，与他卦绝不同也。

周易尚氏学卷十三　下经

䷪（夬）

夬。扬于王庭。孚号有厉。告自邑。不利即戎。利有
攸往。

王育云："夬即古文玦字。"按《礼·内则》："右佩玦。"《释
文》"本又作决"，《诗·小雅》"决拾既佽"是也。而夬为决，故夬
与玦同。玦，《说文》"玉佩也"。《广韵》："佩似环而有缺，夬乾为
玉为圜。"兑上缺，俨然玦形也。而决者，绝也。《左传》"晋献公
赐太子申生玦"，以示决绝。卦以五阳决一阴，故谓之夬也。《归
藏》以夬为规。规，圜也。夬重乾，乾圜故为规。玦亦圜，然上
缺。是《周易》取象，与《归藏》同而更切也。乾为王，伏艮为
庭。一阴履五阳之上，故曰"扬于王庭"。兑口为号。厉，危。孚
号有厉者，言阴虽孚于阳，为阳所说，然穷处于上，须危厉自警
也。兑口故曰"告"。兑为斧钺，故曰"戎"。《说文》："戎，兵
也。"《礼·月令》"以习五戎"，注"弓殳矛戈戟"。伏艮为邑。"告
自邑，不利即戎"者，言一阴危处于上，告诫国人，不可妄动也。
皆指上六言也。"利有攸往"，谓五。夬本阳息卦，五息而往则阴
尽。夬者，决也。决者，绝也。阳决阴也。

《彖》曰：夬。决也。刚决柔也。健而说。决而和。
扬于王庭。柔乘五刚也。孚号有厉。其危乃光也。告自
邑。不利即戎。所尚乃穷也。利有攸往。刚长乃终也。

下健上说，说故和。"其危乃光"者，危谓阴退，阴退则阳长，
阳长故光，所尚乃穷，申"不利即戎"之故也。阳长乃终，终谓阴
尽也。

《象》曰：泽上于天。夬。君子以施禄及下。居德则忌。

禄谓恩泽。泽在天上无用，故君子思以下施。乾为富，故为德。德、得同。《荀子·礼论篇》："贵始得之本也。"注："得当为德。"居，积也。下乾。二至四，三至五，皆乾。乾多故曰"居德"。"居德则忌"者，言蓄积太多，多藏厚亡，为人所忌也。象辞每相反以取义，此亦其一也。

初九。壮于前趾。往不胜为咎。

初震爻，震足故曰"趾"。震动故曰"前趾"。壮，伤也。阳遇阳得敌，故伤于前趾，故往不胜而有咎矣。趾，荀作"止"，晁氏云"止古文"。按：《说文》有止无趾，止即足之象形字，加足者非也。

《象》曰：不胜而往。咎也。

前有重阳，所遇皆敌，不胜必矣。明知不胜而往，宜其有咎。

九二。惕号。莫夜有戎。勿恤。

乾为惕为言，故曰"惕号"，言有所警戒也。二应在五，五兑，兑为昧谷，故为莫为夜。兑为兵戎，故曰"莫夜有戎"，言有寇警也。然五不应二，故虽"莫夜有戎"，无忧也。乾为惕，故为忧。旧解因不知"勿恤"之故何在，故用象皆误。岂知《随·象》云："君子以向晦入宴息。"向晦即谓兑。然则兑为莫夜，《易》有明象。而兑五不应二，故虽有虚惊，实不足忧恐也。

《象》曰：有戎勿恤。得中道也。

乾为道，二中位。

九三。壮于頄。有凶。君子夬夬独行。遇雨。若濡。有愠。无咎。

頄，面颧也。三居下卦之上，故曰頄。而四五皆阳，故伤及于頄。伤頄故"凶"。乾为君子，承乘皆阳遇敌，故"夬夬独行"。而应在上，上兑为雨，故曰"遇雨"，曰"若濡"。濡，沾泾也。乾为衣，衣濡故愠。然究为正应，亦无咎也。

《象》曰：君子夬夬。终无咎也。

"夬夬",独行状。三于四五虽遇敌,于上独有应,故曰"终无咎"。"终"谓上。

九四。臀无肤。其行次且。牵羊悔亡。闻言不信。

伏艮为肤,为尾,故为臀。臀,尾间也。艮伏故曰"无肤"。乾为行,承乘皆阳,失位,故"其行次且"。"次且",马云"却行不前也"。兑为羊。《玉篇》:"牵,速也。"《姤·九三》云:"行未牵也。"亦以牵为速。次且行缓,速则无悔。"牵羊悔亡"者,言四宜随五,速进决阴。阴决则当位居五,故曰"悔亡"。旧说皆不知"悔亡"之故何在,则以"牵"字失诂也。兑为耳,故曰"闻"。乾为言为信,兑口亦为言。"闻言不信"者,兑言向外,与乾言相背,故不信也。兑耳象。《鼎·传》云:"巽而耳目聪明。"目谓上离,耳谓互兑也。

《象》曰:其行次且。位不当也。闻言不信。聪不明也。

兑为耳,为黯昧,故曰"不明"。不明犹不审,俗所谓不清。虞氏以离目当之,非。

九五。苋陆夬夬。中行无咎。

孟喜云:"苋,陆兽名。"夬有兑。兑为羊也。《说文》亦云"苋,山羊细角"。诸家说此二字,人人异辞,独孟氏于象密合。凡五皆谓中行,又"夬夬"于羊行貌独切。郑虞等训苋陆为草属,草焉有夬夬之象哉!

《象》曰:中行无咎。中未光也。

兑黯昧,故"未光"。

上六。无号。终有凶。

一阴在上,为阳所推,不能久也。兑为口,故曰"号"。"无号终有凶"者,言不必号咷,必消灭也。

《象》曰:无号之凶。终不可长也。

"不可长",言不能长久。

☰ (姤)

姤。女壮。勿用取女。

《归藏》曰"夜"。古娶必以夜，故曰"昏"。姤阴遇阳，即女遇男，亦婚姤也。是夜与姤义同也。女谓阴。虞翻云："壮，伤也。"阴伤阳，柔消刚，故曰"女壮"。"勿用取女"，戒词也。

《彖》曰：姤。遇也。柔遇刚也。勿用取女。不可与长也。天地相遇。品物咸章也。刚遇中正。天下大行也。姤之时义大矣哉。

消息卦：乾盈于巳，盈则必亏，故至午而一阴生于下。阴遇阳，故曰"天地相遇"。时当五月，万物洁齐，而巽为草木，为高，为长，故曰"品物咸章"。荀爽以南方夏位说"品物咸章"，于象亦切也。五刚既中且正，教化天下，命令大行，如风之溥遍。姤五月卦，故曰"时"。天地相遇，岁功方成，故曰"时义大"也。郑玄谓"姤一女当五男，非礼之正，故谓之姤。女壮以淫，故不可取"。而朱子喜用其说，便谓女德不贞，于易理太不类也。

《象》曰：天下有风。姤。后以施命诰四方。

复冬至，姤夏至。《易林·复之履》云："先王日至，不利出域。"又《晋之解》云："二至之戒，家无凶祸。"故《复·象》云："先王以至日闭关，商旅不行，后不省方。""至日"，王弼、孔颖达皆谓二至。又《汉书·薛宣传》："至日休吏，由来已久。"注："至日，夏至、冬至也。"盖古时视二至最重，自周讫南宋，可考见者，至日皆停止工作。乾为后，巽为命，伏坤为四方。"后以施命诰四方"者，言君以夏至之日，施命令止四方行旅也。《后汉·鲁恭传》说此，最合古义。详《焦氏易诂》中。

初六。系于金柅。贞吉。有攸往。见凶。羸豕孚蹢躅。

巽为绳，故曰"系"。巽木乾金，故曰"金柅"。马融云："柅在车下，所以止轮。"《释文》《广雅》云："止也。"《说文》作"杘"，云"络系柎"。按：今本《说文》，柎讹为杘，云"从木杘声，读若柅"。陶庐云："古从尔从柅之字，同音通用。"《毛诗》"饮饯于祢"，《韩诗》作"坭"。《书·典祀》"勿丰于昵"，《释文》引马云"考也，谓祢庙也"。然则柅、杘古通用，后儒必谓杘是者非也。况马君训作止车木，可证古文原作柅。若为杘，马君能有异说哉！

按：络系者，络系之器。王肃所谓"梱织绩之器，妇人用者"是也。趺者横木，安络器下，以防欹侧。在下似足，故谓之趺。唐阴宏道云："络器，关西谓之络垛。"梁益谓之系登，其下栚即梱也。

按：阴氏所谓"栚"，即《说文》之"趺"，故《玉篇》即作"络系栚"。陈寿祺云："栚趺同字。"络，缚也，与系同义。"系于金梱"者，言以系缚于金梱之上，止而勿动，以喻阴不宜动而消阳。故下"云往见凶"，是其义也。"贞吉"者，卜问吉。"往见凶"者，进则凶也。巽为羸为豕，巽进退，故"蹢躅"。"羸"，《释文》："陆读为累，郑力追反。"是仍读为累，与大壮同。累，缠绕也。羸、垒、累音同通用。巽为绳故为羸。巽伏故亦为豕。"蹢躅"，动也。"羸豕孚蹢躅"者，言豕虽拘羸，然蹢躅前进，信其必然，不可忽也。喻阴虽微，后必长也。巽豕象失传。详《焦氏易诂·易象补遗》。

《象》曰：系于金梱。柔道牵也。

《玉篇》："牵，速也。"下九三，《象》释"其行次且"，曰"行未牵也"，是《象传》亦训牵为速。"柔道牵"者，言柔之为道，消阳甚速，故以金梱止之。诸家皆谓柔牵于二，失经旨。经旨恐阴进危阳，故止其动。《象》释为"柔道牵"，申"系于金梱"之故也。牵速之象取风疾，兼取巽绳。

九二。苞有鱼。无咎。不利宾。

"苞"，今本作"包"。《书·禹贡》"草木渐包"，《释文》："或作苞。"是包、苞古通，故虞氏作苞，见《释文》。虞云："巽为白茅。"《诗》："白茅苞之。"巽为鱼，二据阴居中，故曰"苞有鱼"。巽为宾客。"不利宾"者，宾指上四阳，言初为二所据，四阳不能及初也。《子夏传》作"庖"，而荀爽则作"胞"。胞、庖通，是皆以庖厨为义。然卦无是象，故虞氏合也。

《象》曰：苞有鱼。义不及宾也。

二近，宾远，故"义不及"。

九三。臀无肤。其行次且。厉。无大咎。

三居下卦之末，故亦曰"臀"。初阴爻，下烂，故曰"无肤"。乾为行，三得敌，故次且不前。然三当位，故虽危厉而无大咎也。旧解皆不知"次且"之故何在，而以复震为行为说，失之远矣。

《象》曰：其行次且。行未牵也。

"行未牵"，即行未速。"次且"者却行未前，故曰"未速"。

九四。苞无鱼。起凶。

四应初，疑于有鱼。岂知初已为二所掳，实"无鱼"也。无鱼则勿动，动应初则为二三所害，故"凶"。起，作也。

《象》曰：无鱼之凶。远民也。

阴为民。言四距初远，故"无鱼"也。

九五。以杞苞瓜。含章。有陨自天。

下巽为杞，上乾为圜，为瓜。《孟子·告子》曰："以人性为仁义，犹为杞柳为桮棬。"《说文》："桮，𪎭也。棬，屈木盂也。""以杞苞瓜"者，言以杞柳之器盛瓜也。乾为大明，故曰"章"。瓜为杞所苞，故曰"含章"。五承乘皆阳，行窒，故含章自守。五天位，巽为陨。"有陨自天"者，言不久阴消至二，五与为应，有陨落之险也。知其险而预为之备，则得矣。此圣人防微虑远之意也。自荀虞以来，皆不知《左传》有风陨象，因之清儒亦皆不知。于是虞氏令四陨初之说，沿袭至今，而经义全晦。[①]

《象》曰：九五含章。中正也。有陨自天。志不舍命也。

巽为命。"舍命"谓任命也。"志不舍命"者，言知其后有陨落之险，不任命而预防之也。

上九。姤其角。吝。无咎。

乾为首。上九居乾之上，角之象也，故曰"姤其角"，然亦无大咎也。

《象》曰：姤其角。上穷吝也。

处亢龙之位，故"穷吝"。

䷬（萃）

萃。王假有庙。利见大人。亨利贞。用大牲吉。利有

---

① 《复·六五》曰"敦复无悔"，待阳息至二，五有应而吉。此则虑阳消至二，五应之而凶。

攸往。

萃，聚也。坤为万物，聚于泽中，故曰"萃"。王谓五。艮为庙。假格通至也。巽为入。"王假有庙"，言王以至诚，格于宗庙而有事也。九五得位，故曰"利见大人"。二五应予，故曰"亨利贞"。兑为羊，巽为豕，坤为牛，皆大牲有事于宗庙用之而吉也。"利有攸往"，谓二应五。五天位，故《传》曰"顺天命"。

《彖》曰：萃。聚也。顺以说。刚中而应。故聚也。王假有庙。致孝享也。利见大人亨。聚以正也。用大牲吉。利有攸往。顺天命也。观其所聚。而天地万物之情可见矣。

五天位，巽为命，坤顺。"顺天命"，谓二顺五也。艮为观，坤为万物。天地万物，阴阳而已。有阴阳即有情感，可见而知也。

《象》曰：泽上于地。萃。君子以除戎器。戒不虞。

戎，兵也。《月令》"以习五戎"，注"五戎，弓殳戈矛戟也"。兑为斧钺，艮为刀兵。除，治也。君子观于萃象，因以治戎器而戒不虞。坤为乱，艮为止。止乱，故曰"戒不虞"，言防意外也。

初六。有孚。不终。乃乱乃萃。若号。一握为笑。勿恤。往无咎。

四有应，故曰"有孚"。乃初为二三所阻格，难于应四，故曰"不终"。"乃乱乃萃"，坤为乱，为聚，言乱萃于下也。四巽为号，艮手为握。"若号"者，言四免初与相上下也。四下来初，则初四相握手，下卦成震。震为笑，故曰"一握为笑"也。坤为忧，有应故"勿忧"。初之四得正，故"往无咎"。

《象》曰：乃乱乃萃。其志乱也。

坤为志，为乱。

六二。引吉。无咎。孚乃利用禴。

引，进也。《礼·檀弓》："兄弟之子，犹子也。"盖引而进之也。"引吉无咎"者，言进应五则吉而无咎也。"禴"，薄祭也。二孚五，五兑为享，而坤为吝啬，故曰"孚乃利用禴"。"禴"，夏祭。互巽为夏也。

《象》曰：引吉无咎。中未变也。

进应五仍中位，故曰"中未变"。

六三。萃如嗟如。无攸利。往无咎。小吝。

三无应失位，而巽为嗟，故曰"嗟如"。巽为利，失位无应，故"无所利"。三前遇重阳，故"往无咎"。然上无应，故"往"又"小吝"也。

《象》曰：往无咎。上巽也。

巽，顺也。上巽言上顺四五。四五阳，故"无咎"。虞氏谓动之四故上巽，误之远矣。

九四。大吉无咎。

下乘三阴，故"大吉"。失位故"无咎"。"无咎"者，仅免于咎也。

《象》曰：大吉无咎。位不当也。

《系辞》云："无咎者，善补过者也。"故"无咎"非全美之辞。

九五。萃有位。无咎。匪孚。元永贞。悔亡。

得位居中，故"有位无咎"。五孚于二，乃为四所阻，难于应二，故曰"匪孚"。然乾元永贞于五，居高临下，亦无悔也。

《象》曰：萃有位。志未光也。

兑为黯昧，艮为光明。艮伏故"志未光"。巽为志。

上六。赍咨涕洟。无咎。

兑为口，故赍咨。《释文》："赍咨，嗟叹之辞，郑同。马云'悲声怨声'。"兑为泽，故"涕洟"。《玉篇》："目汁出曰涕。"《说文》："洟，鼻液也。"上乘阳，三无应，故悲哀若是，然当位亦无大咎也。虞翻作"赍资"，云"赍持资赙也"，即持赙助丧也。非。

《象》曰：赍咨涕洟。未安上也。

言不安于穷吝。

䷭（升）

升。元亨。用见大人。勿恤。南征吉。

阳遇阴则通，故名曰"升"。《归藏》曰"称"。《牧誓》"称而戈"，注"称，举也"。又誉人曰"称扬"。升者升而上，举者亦扬之使上，故《归藏》曰"称"，《周易》曰"升"，其义并同。阳上升，故"元亨"。元谓乾元也。大人谓二。二为三所阻格，故不曰"利见大人"，而曰"用见"，言二宜升五也。坤为忧为恤，二升五大人得位，故曰"勿恤"。震为南，为征，三临群阴，故"南征吉"。《左传·成十六年》"晋筮遇复，曰南国蹙"，以震为南。《明夷·九三》曰"南狩"，亦以震为南。自震南象失传，清儒皆用虞氏法，以二升五互离为南。

《彖》曰：柔以时升。巽而顺。刚中而应。是以大亨。用见大人。勿恤。有庆也。南征吉。志行也。

二升五，故"有庆"。坤为志，三临重坤，故曰"志行"。

《象》曰：地中生木。升。君子以顺德。积小以高大。

巽为高为长，故为"高大"。坤为小为积，"积小以高大"者，言以坤阴柔顺之德，积累以成其高大也。象卦形也。

初六。允升。大吉。

"允"，施氏作"𡵂"。《说文》同，云"𡵂，进也"。《晋·六三》云"众𡵂"，即众进也。兹曰"𡵂升"，仍前进而升也。进遇阳，故大吉。

《象》曰：允升大吉。上合志也。

上谓二三。《九家》谓上爻，非。巽伏故为志。

九二。孚乃利用禴。无咎。

二孚五，五坤为吝啬，故曰"禴"。"禴"，夏日薄祭也。兑为祭，巽为夏，故曰"孚乃利用禴"，"无咎"矣。

《象》曰：九二之孚。有喜也。

升五故"有喜"。

九三。升虚邑。

马云："虚，丘也。"按：《左传·僖二十八年》"晋侯登有莘之虚"，《诗·卫风》"升彼虚矣"。虚者高丘，巽为高，故曰"虚"。坤为邑，"升虚邑"者，言升邑之高处也，正巽上象也。与《同人·九四》之"乘其庸"，取象正同。荀爽作空虚解。后来诸家，以虚为坤象，多宗荀说，非。

《象》曰：升虚邑。无所疑也。

坤为迷为疑，阳遇阴，故"无所疑"。

六四。王用亨于岐山。吉。无咎。

震为王，兑为亨。震为陵为阪，而形上岐，故曰"岐山"。"王用亨于岐山"者，言望二升五，四得承阳。阴顺阳，犹臣事君。望二升五，犹望王至岐山，而有所亨献也。《象》曰"顺事"，顺，承也。二若不升五，四如何得承阳哉？故望之也。此正文王服事殷之本旨。乃后儒谓文王作爻辞，不合自称为王。若为殷王，又无至岐山之理。以爻辞为周公作。此无论易辞皆由象生，故韩宣子不谓为"易辞"，而曰"易象"。即只以人事言，纣尚能囚文王，何不可到岐山？且文王于此事数言之，服事忠诚，溢于言表。又岂必实有其事，乃谓王为文王，无理甚矣。[1]

《象》曰：王用亨于岐山。顺事也。

坤为顺，言二升五，四得承阳，故曰"顺事"。

六五。贞吉。升阶。

贞吉，卜问吉也。坤为土为重，故有阶级之象。升阶，言二升五也。五阳，故《象》曰"大得志"。

《象》曰：贞吉升阶。大得志也。

坤为志，阳升五，故"大得志"。

上六。冥升。利于不息之贞。

坤为晦冥为夜，故曰"冥升"。得阳应，故曰"利于不息之贞"，与"利永贞"同旨。盖上六为同性之四五所格，不能应三，故有此象。

《象》曰：冥升在上。消不富也。

坤消，故不富。

---

[1] 李过《西谿易说》云："若以此王为文王，则王用三驱，王假有庙，亦文王耶？"驳旧说至详尽。

䷮（困）

困。亨。贞大人吉。无咎。有言不信。

二五刚得中，处险能说，故"亨"。贞，占也。二五为大人，故"贞大人吉"也。兑口为言，三至上正反兑，所向不同，故"有言不信"。此其义始见于《左传》。《左传·昭五年》："明夷之谦。曰：于人为言，败言为谗。"谓谦上震为人为言，下艮为反震，故曰"败言"，是以正反震为谗。《易林》承其义，于《讼之困》云："心与言反。"正释此语也。《坤之离》云："齐鲁争言。"离二至五正反兑，故曰"争言"。争言即不信。离二至五，与困三至上同也。旧解皆误。详《焦氏易诂》。

《彖》曰：困。刚掩也。险以说。困而不失其所亨。其唯君子乎？贞大人吉。以刚中也。有言不信。尚口乃穷也。

坎刚掩。三至上刚掩，阳陷阴中故困。困而不失其所亨，唯君子能之。君子即大人，若小人即不堪矣。兑为口。三至上正反兑，故曰"尚口"。"尚口乃穷"者，言徒尚口说，必有相反而不信者，故穷也。

《象》曰：泽无水。困。君子以致命遂志。

水在泽下，则泽竭矣，故曰"无水"。巽为命，而兑为反巽，为毁折，故曰"致命"。坎为志，二入于渊不出，故曰"遂志"。学《易》之君子以之。

初六。臀困于株木。入于幽谷。三岁不觌。凶。

初在下，故曰"臀"。与《夬·九四》同。"株木"谓坎。言初欲应四，坎陷为阻，故"困于株木"。株，干也，《韩非子》"守株待兔"。而坎为栋，故为株木。坎为幽，坎陷为谷，初在下，故"入于幽谷"。离伏故"不觌"。"三岁"言其久。盖初失位，处坎下，故其象如此。茹敦和以坎为三岁，王昭素谓初至三三爻为三岁，以《坎·上六》证之。茹说是也。

《象》曰：入于幽谷。幽不明也。

离伏坎夜，故"幽不明"。

九二。困于酒食。朱绂方来。利用亨祀。征凶。无咎。

坎为酒食，《需·九五》"需于酒食"是也。二居坎中，故"困于酒食"。巽为绳为绂，坎为赤，巽在二前，故曰"朱绂方来"，言将膺锡命也。《博雅》："绂，绶也。"朱绂贵人所服，以祭宗庙者，故用以亨祀则利也。然五不应故"征凶"，得中亦"无咎"。

《象》曰：困于酒食。中有庆也。

居阴中，故"有庆"。

六三。困于石。据于蒺藜。入于其宫。不见其妻。凶。

巽为石，坎为蒺藜。三前临巽，故"困于石"。下据坎，故"据于蒺藜"。石坚刚不可入，蒺藜刺人，不可践也。巽为入，坎为宫，故"入于其宫"。巽为齐，妻者齐也，故巽为妻。巽为伏，又上无应，故入宫而不见妻也。象而如是，凶可知也。巽石象，宋邵雍用之，后儒怪骇。岂知《焦氏易林·同人之小畜》云："戴石上山，步跌不前。"小畜上巽为石，下乾为山为首，石在首上，故曰"戴石"。余证尚多，详《焦氏易诂》卷一。

《象》曰：据于蒺藜。乘刚也。入于其宫。不见其妻。不详也。

《释文》云："蒺藜，茨草。"虞翻谓为木名，似非。《释诂》"茨，蒺藜"，注"布地蔓生，有子，三角刺人"。《诗·鄘风》"墙有茨"，《传》："茨，蒺藜。"《孔疏》"蒺藜有刺，不可践"者是也。惟不可践，故以喻乘刚，若为木则不合矣。《正义》作"藜"。然《尔雅》及《毛诗传》皆作"藜"。藜、蔾通用。《阮校》必谓蔾是，似亦无确证。详，善也。

九四。来徐徐。困于金车。吝。有终。

来应初为二所阻，故曰"徐徐"。二坎为车，离色黄外坚，故曰"金车"。"困于金车"，申"来徐徐"之故也。仍阻于险，不得应初也。然与初为正应，初吝终合，故曰“有终”。

《象》曰：来徐徐。志在下也。虽不当位。有与也。

坎为志，志在下，言应初。

九五。劓刖。困于赤绂。乃徐有说。利用祭祀。

艮伏鼻不见，故曰“劓”。兑折震足象毁，故曰“刖”。坎为赤，巽为绂，故曰“赤绂”。乃二爻坎不应，故“困于赤绂”。上遇阴利往，故有说。兑为食，故“利用祭祀”。

《象》曰：劓刖。志未得也。乃徐有说。以中直也。利用祭祀。受福也。

坎为志，二无应，故“志未得”。坎五曰“受福”，兹与之同。《传》所谓“祭则受福”也。

上六。困于葛藟。于臲卼。曰动悔有悔。征吉。

巽为葛藟。三至上正反巽，而三不应上，故“困于葛藟”。“臲卼”，危险不安之貌。上乘刚，无应，故有是象。兑为口。“曰”者自警也。言处此臲卼之境，时时以“动悔有悔”自警。“动悔”者言动而应三，三不应故悔。“有悔”者言下乘阳又有悔也。征吉谓三，言三往四，上得阳应而吉也。此二句向无的解，姑测其义如是。

《象》曰：困于葛藟。未当也。动悔有悔。吉行也。

“未当”者，言上不宜乘阳也。“吉行”者，三之四上得阳应，故吉也。

䷯（井）

井。改邑不改井。无丧无得。往来井井。汔至亦未繘。井。羸其瓶。凶。

水在泽下，泽竭故困。水在泽中，汲之不穷。故兑为井。《易林·复之旅》云：“井沸釜鸣。”以旅互兑为井。郑玄以巽木为桔槔，汲水以取井象。桔槔焉有在井下者乎？

兑为井，坤为邑。泰初往坤中，故“改邑”。二至四仍兑，与泰体同，故“不改井”。不改故无丧得。初至四正反兑，故曰“往来井井"。《易林·益之萃》云："往来井井。"即以萃三至上正反兑，为"往来井井"。荀云："汔，竟也。""汔至"者，言绠系至井底而尽也。繘，绠也。"亦未繘"者，言巽绳在下，尚未繘瓶使上也。其以汔为几，谓瓶几至井口而覆者非也。《经》明曰"未繘"，若至井口，则已繘矣。中爻离为瓶，正当毁折之地。而巽为绳，故曰"羸"。羸、累通。"井羸其瓶"者，言瓶为井甓所拘羸钩挂也。瓶即为井所挂碍，非覆即破，故"凶"。扬子云《酒箴》云："子犹瓶矣，居井之湄。不得左右，牵于缠徽。一旦重碍，为甃所轠。"注："重，县也。甃，井以砖为甓也。轠，击也。言瓶县为井砖所挂碍，而瓶受击也。"是扬子读井羸其瓶，井不属上读。后荀爽袭子云，亦以井属下读。其以"繘井"为句者，则下文之羸其瓶，莫详其故矣。非也。"羸"，《易林·家人之颐》云："长股羸户。"长股即蟏蛸。"羸户"者，言以丝缠绕于户上也。是以羸为累，故荀训为拘羸，虞释为钩羸。他若陆绩蜀才作累，王肃作缧，其字虽异，其音皆同，其义如一。

《象》曰：巽乎水而上水。井。井养而不穷也。改邑不改井。乃以刚中也。汔至亦未繘。未有功也。井羸其瓶。是以凶也。①

坎在上故曰"上水"。巽，入也。"巽乎水而上水"，言以瓶入水，汲水使上也。水所以养人，取之不竭，故"养而不穷"。二五皆刚，故不改。未繘故无功。井拘累其瓶使水覆，故"凶"。"汔至亦未繘"，荀注云："汔，竟也。繘所以出水通井，今居初未得应五，故未繘也。"不与井连文。"井羸其瓶"。荀注云："井谓二，瓶谓初。初欲应五，为二所拘羸。"以井属下读，与扬子同，故从之。

《象》曰：木上有水。井。君子以劳民劝相。

坎为众为民为劳卦，故曰"劳民"。《释诂》："相，导也。"兑为言，故曰"劝相"。言以言语劝道，使有所勉也。

初六。井泥不食。旧井无禽。

初在井下，故曰"泥"。兑口为食，兑覆故不食。井原以汲水

---

① 句依荀读，故汲古阁所刊李氏《集解》，及雅雨堂刊本，皆井字属下。

今无水而泥，其为旧井无疑也。禽，获也。无水故无所得。其以禽鸟为诂者，非。又按：旧井者，发井也。兑为井，兑覆为巽，故井发。

《象》曰：井泥不食。下也。旧井无禽。时舍也。

舍。弃也。

九二。井谷射鲋。瓮敝漏。

二居兑体之下。故曰"井谷"。巽为鱼，故曰"鲋"。《子夏传》："虾蟇也。"伏震为射，蟇穴居水际，故曰"井谷射鲋"。伏震为瓮。巽下缺，瓮无当，故"敝漏"。夫井内之穴，井矢所能加，瓮漏则水泄，而失其用。以二前遇阳，应亦阳，故动静皆不适也。

《象》曰：井谷射鲋。无与也。

言五无应与。

九三。井渫不食。为我心恻。可用汲。王明。并受其福。

三应在上，上居坎水上，故曰"井渫"。《汉书·王莽传》："愦眊不渫。"注："渫，彻也，通也。"扬子《方言》："渫，歇也。"兹曰"井渫"，谓井水浑浊沉歇而清彻也。初为泥则上为渫，正上居坎水上之象也。夫水洁宜食矣，乃竟不食者，以五亦阳为阻三不得应上也。兑为食，为使也。坎为心为忧。"为我心恻"者，言三被阻，不能汲上，使我心忧也。然三与上究为正应。上水既渫而清，三仅可汲，五岂能终阻之？王谓五。五坎为隐伏，故不明。然王终有明时，王明则三上汲引，养而不穷，天下普受其福矣。凡爻有正应者，初虽有阻，终必相合。《同人·九五》曰："先号咷而后笑，大师克相遇。"言五克去三四之阻，终能遇二也。《渐·九五》曰："终莫之胜吉，得所愿也。"言五终能胜三，与二相合也。兹害三者五，五君位尊，三不敢言克言胜，只冀王明而已。王明则三上终相遇也。文王服事忠诚，情见乎辞，因五为阻，故呼"王明"。旧解不知不食之故，在五敌为阻。又不知"王明并受其福"，即言三上终能应与，特以五而变其辞耳。故无一得解者。

《象》曰：井渫不食。行恻也。求王明。受福也。

不食之故，其咎在五，故曰"求王明"。

六四。井甃。无咎。

以瓦甓砌井曰"甃"。兑为井，六四居兑上，则井将修成，故
"无咎"。

《象》曰：井甃无咎。修井也。

甃，修也。

九五。井洌寒泉。食。

洌，甘也。坎为寒为泉。泉既甘洌，故可食。

《象》曰：寒泉之食。中正也。

五虽无应，然位正中，故可食。

上六。井收勿幕。有孚元吉。

收，成也。幕，盖也，覆也。坎为隐伏，故为盖覆。六居坎
上，故"勿幕"。言井既成，以出水为功，不宜盖覆也。三得阳应，
故有孚而吉。

《象》曰：元吉在上。大成也。

成，即收也。

周易尚氏学卷十四　下经

䷰（革）

革。己日乃孚。元亨利贞。悔亡。

革，改也。言水火更代用事也。离为日贞己。故曰"己日"。己日谓二。二离主爻，承阳应五，故曰"己日乃孚"。王弼等谓即日不孚，己日乃孚，训己为过往，不辞甚矣。顾炎武《日知录》，谓朱子发读为戊己之己，当从之。按：虞氏注云："离为日，孚谓坎，四动体离，故己日乃孚。"是虞氏亦以离为己日，读为戊己之己明甚，而非始于朱子发。"元亨利贞"，即春夏秋冬，《象传》所谓"四时"也。四时更代，乃革之最大者。卦巽居春夏之交，离为夏，兑为秋，乾为冬，故曰"元亨利贞"，纯取革义。辞虽与《乾·象》同，义则殊也。

《彖》曰：革。水火相息。二女同居。其志不相得。曰革。己日乃孚。革而信之。文明以说。大亨以正。革而当。其悔乃亡。天地革而四时成。汤武革命。顺乎天而应乎人。革之时大矣哉。

息，长也，言更代用事也。但兑离皆阴卦，《易》之道阴遇阳，阳遇阴方志得。若阴遇阴，阳遇阳，则为敌矣。《中孚·六三》曰"得敌"，《艮·象》曰"敌应"是也。故"其志不相得"。巽为志，二至上正反巽，故不相得。己中央土，仁义礼智信，信亦隶中央，故曰"己日乃孚"，"革而信之"。信故无悔。四时相代实相革，期无或爽，信也。汤武革命，天人皆应，亦信也。不信则不能革，故时之所关甚大，此其义也。

《象》曰：泽中有火。革。君子以治历明时。

历者日月星辰之所历。识其处以定四时，《书》所谓"敬授民时"。《大戴记》之《夏小正》，《小戴记》之《月令》，皆历也。卦上兑为月，下离为日，乾为寒，离为暑，兑雨巽风皆备，故君子法之，以治历明时。

初九。鞏用黄牛之革。

离外刚故曰"鞏"。鞏，固也。离为牛。《左传》曰"纯离为牛"。《离·六二》云"黄离"，故曰"黄牛"。乃虞翻则谓"离无牛象，乾实谓离爻本坤，故曰黄牛"，皆非也。离外坚为甲故为革。革，皮去毛者也。固莫固于牛革，言初当勿用之时，不可妄动，宜固守也。牛革所以喻其固也。

《象》曰：鞏用黄牛。不可以有为也。

初"潜龙勿用"，故不可以有为。又上无应，即不信也。不信即不可革。

六二。己日乃革之。征吉。无咎。

二离主爻，离贞己，故曰"己日"。二有应，故曰"己日乃革"。二遇阳，故征吉而无咎也。按：二为日中，王弼以过往诂己日，故决知其非是。

《象》曰：己日乃革之。行有嘉也。

乾为嘉，"行有嘉"，谓二征则遇阳，遇阳故吉。

九三。征凶。贞厉。革言三就。有孚。

三临重阳，阳遇阳则窒，故"征凶"，卜问厉也。然三应在上，上兑为言，而兑为毁折，故曰"革言"。就，即也，遇也。"革言三就有孚"者，言三虽得敌，不能应上。若上六即三，则甚顺利而有孚也。兑为言，乾亦为言。言多故曰"三就"。又三在三爻。《损·六三》云"三人行"，《需·上六》云"三人来"，皆以在三爻，取数于三。三就者，三遇也，谓革言来之多也。"有孚"者，上孚于三也。易理失传，旧解于征凶之故，莫有明者。岂知"征凶贞厉"，谓阳遇阳。下二句谓上应三，义不相属也。

《象》曰：革言三就。又何之矣。

之，往也。"又何之"者，言上六即三，不必他往也。盖革言日至则孚者众，而事已审，革之而已，勿再犹豫不定也。

九四。悔亡。有孚。改命吉。

四失位，宜有悔。无应予则无孚。然九四居乾之中，乾为信，故无悔而有孚。巽为命，四至上巽覆，是改命也。《易林·大畜之夬》云："太子扶苏，出于远郊。佞幸成邪，改命生忧。"即以夬上兑为改命本此也。改命则革也。盖初以时未至而固守，二孚于天时，三孚于人事，至四遂实行改革矣。《乾·四》云"或跃在渊"，与此理同也。自覆象失传，旧解皆以四变阴成既济为改命。既济者终止，何吉之有哉？非也。

《象》曰：改命之吉。信志也。

巽为志，改命则实行革命，故曰"伸志"，言得行其志也。志行，故吉。

九五。大人虎变。未占有孚。

乾为大人为虎。"大人虎变"者，喻大人履九五之尊，威德诞敷，崇高巍焕，改易旧观，故曰"虎变"。下有应，故未占而有孚也。乾虎象失传，后惟茹敦和俞樾知之。虞翻以坤为虎，宋衷以兑为虎，皆非。

《象》曰：大人虎变。其文炳也。

五应二，二离为文，故"其文炳"。

上六。君子豹变。小人革面。征凶。居贞吉。

伏艮为君子，为豹。"君子豹变"者，谓革命后佐命之动，皆得封拜而有茅土，尊显富贵，易世成名，故曰"豹变"。阴称小人，艮为面，艮伏故"革面"。"小人革面"者，谓革命之后，除旧布新，小民皆改易其视向也。面，向也。《史记·项羽本纪》"马童面之"是也。上六当位，不宜动宜静，故"征凶居吉"。艮，面象。《易林·遁之蒙》云："云过吾面。"以蒙坎为云，艮为面。虞氏谓面指四，非。

《象》曰：君子豹变。其文蔚也。小人革面。顺以从君也。

下应三，离为文。面，向也。故曰"顺以从君"，言下顺乾也。

䷱（鼎）

鼎。元吉。亨。

元谓五，得位有应，故“吉亨”。端木国瑚曰：“鼎之象不在鼎，而在伏象屯。屯下震为足，互坤为腹，上坎为耳，为铉。凡鼎之象无一不备。后人不知《易》于正伏象不分，谓下阴为足，中三阳为腹，五阴为耳。《易》焉有巽足乾腹离耳之象哉！”按端木氏说是也。二千年误解，得是而正，其功甚伟。

《彖》曰：鼎。象也。以木巽火。亨饪也。圣人亨以享上帝。而大亨以养圣贤。巽而耳目聪明。柔进而上行。得中而应乎刚。是以元亨。

鼎之用在亨饪，以木巽火，鼎之用也。乾为圣人，离为目，兑为耳。六五为离兑主爻，故曰“耳目聪明”。虞翻谓三动成坎离，以坎为耳，后儒多从之。岂知三当位，焉能之不正？任意如此，何象不可得。按：《易林·观之中孚》云“鼎炀其耳”，以中孚下兑为耳。《比之丰》云“李耳彙鹊”，亦以丰互兑为耳。盖坎之为耳以其陷，兑亦坑坎也，故亦为耳。三爻“鼎耳革”，五爻“鼎黄耳”，象甚明也。

《象》曰：木上有火。鼎。君子以正位凝命。

鼎偏倚则势危，故贵正，不正则悚覆。鼎敛实于内，故贵凝，不凝则实漫矣。故君子取之，以“正位凝命”。

初六。鼎颠趾。利出否。得妾以其子。无咎。

震为趾，震伏巽陨，故曰“颠趾”。巽为臭腐，故曰否。否，恶也，污也。初在下卑污之地，出之四则各当位而利矣。四，兑为妾，四来初是得妾也。初之四体震，震为子，是得妾兼得子也。故“利出”也。

《象》曰：鼎颠趾。未悖也。利出否。以从贵也。

悖，逆也。初阴顺阳，故曰“未悖”。初承阳应四，故曰“从贵”。

九二。鼎有实。我仇有疾。不我能即。吉。

乾为实。仇，匹也，指五。五乘阳势逆，不能即二，故曰"有疾"。《豫·六五》乘刚曰"贞疾"，兹与之同。我谓二。二为三四所隔，既不能即五；五因乘刚有疾，亦不能即二。然我与我仇，究为正应，始虽阻，终必合也。故结之曰"吉"。《象》曰"终无尤"，即谓二五终合也。

《象》曰：鼎有实。慎所之也。我仇有疾。终无尤也。

之，往也。二前临重阳，行不利，故慎所之。二五终合，故"终无尤"。按：此爻旧解，鲜有当者。一仇字失诂。虞翻谓二据四妇，四为仇。朱子以仇为初，阳遇阳为敌之义。自汉失传，故"慎所之"三字，皆莫知所谓。清儒以汉为步趋，汉儒误遂无不误矣。

九三。鼎耳革。其行塞。雉膏不食。方雨亏悔。终吉。

三至五兑为耳。巽陨落，故曰"耳革"。行，道也。《易林·复之中孚》云："鼎炀其耳，热不可举。大路壅塞，旅人心苦。"以行为道路。盖三承乘皆阳，阳遇阳故其行塞。上离为雉，兑为膏。雉膏在上，乃上不应三，故"雉膏不食"。兑为雨，为昧，故曰"亏悔"。亏悔，不明也。吴先生云"悔，晦也"。按：《易林·复之鼎》云："阴雾作匿，不见白日。"不见白日，亏也。《子虚赋》"日月蔽亏"，江淹诗"金峰各亏日"是也。阴雾作匿晦也，吴读与《易林》同也。"终吉"者，初之四则三临重阴，阳得阴则通，故吉。

《象》曰：鼎耳革。失其义也。

义，宜也。鼎之用全在耳。今耳革失其用，故曰"失义"。

九四。鼎折足。覆公𫗧。其刑剧。凶。

震为足，三至五兑。兑二折震，震象毁。故曰"鼎折足"。巽为𫗧，马云"键也"，郑云"荣也"。乃三至五巽覆，四为诸侯，三公之位，故曰"覆公𫗧"。"刑剧"，王弼作"形渥"。古音同通用。《管子·心术下》云："意然后刑，刑然后思。"注："意感其事，然后呈形。"是刑形古通用。兹从各家。京云："刑在颐为剧。"《汉书·叙传》："底剧鼎臣。"师古注："剧，厚刑。"又《周礼·秋官·司烜氏》："邦若屋诛。"郑注云："屋当读为"其刑剧"之剧，剧诛谓不于市也。"盖四不当位，故象凶。如是巽𫫇之象，按《易林·未济之无妄》云："求𪎭耕田。"以无妄互巽为𪎭。而马氏训𫫇为犍，与《易林》同。犍即𪎭也。郑氏训为荣。按：韩奕之《诗》曰："其蔌维何，维筍及蒲。"疏引《易》曰"鼎折足，覆公蔌"。是𫫇与蔌通用，而郑训与《诗》合。盖皆巽象，可从。《九家》云："三公调阴阳，犹鼎之调五味。"足折𫫇覆，犹三公不胜其任，而覆天子之美，故受此重辠也。王弼以形渥为沾濡，程子谓为汗赧。岂知《下系》云："德薄而位尊，鲜不及矣。"谓及于刑辟也，即读为刑剧也。王程所释，皆望文生义，非也。

《象》曰：覆公𫫇。信如何也。

乾为信。信如可者，言行为如此，信仰失也。

六五。鼎黄耳金铉。利贞。

兑为耳，离黄中，故曰"黄耳"。乾为金，故曰"金铉"。铉与局同。《士冠礼》"设局鼏"，郑注"局，今文为铉"，《释文》"局，鼎扛也"，《孔疏》所谓"贯鼎耳而扛之"是也。伏，坎象也。六五得中，下有应，故"利贞"。"利贞"言二五应也。

《象》曰：鼎黄耳。中以为实也。

乾为实。九二云："鼎有实。"五得中应二，故中以为实。实指二，黄中色，故曰"中以为实"。

上九。鼎玉铉。大吉无不利，

乾为玉，上九阳为直，故象玉铉。又上九以铉举鼎，动作自如，无有滞碍，故"大吉无不利"。与《大畜·上九》义同。《象》释曰"刚柔节"，以五阴为承也。

《象》曰：玉铉在上。刚柔节也。

上阳得五阴为承，故曰"刚柔节"。诸家多以三变应上成未济，为刚柔节。岂知六爻独三当位，胡可使其失正？且变而成未济，六爻皆不安，胡能大吉？此自虞翻卦变伎俩，以济其穷者，可复申述之乎？

䷲（震）

震。亨。震来虩虩。笑言哑哑。震惊百里。不丧匕鬯。

震，振也，动也。一阳伏二阴之下，阳必上升，故振动而为雷，为起。《归藏》作厘。李过曰："厘者，理也。"黄宗炎曰："谓雷厘地而出以作声。"愚按震为笑乐，为喜，而厘与僖通。《史记》以鲁僖公为厘公，是其证。《说文》："僖，乐也，与喜同。"又震为生为福，而厘亦为福。《前汉·文帝纪》："祠官祝厘如淳曰福也。"是厘与震义多同，故《归藏》作厘，《周易》作震。阳得出故"亨"。"虩虩"恐惧貌。阳来居初，故曰"震来"，雷之发也。万物震恐，故"震来虩虩"。阳遇阴则通，故"笑言哑哑"。哑哑笑貌。震为百，艮为里，坎为棘匕，为鬯。鬯，秬酒也。震为黍，坎为酒，故曰鬯。"震惊百里，不丧匕鬯"者，言震雷虽威及百里，而不惊惧也。匕所以载牲，鬯所以降神，皆祭祀之用，故《传》曰"可以守宗庙为祭主也"。

《彖》曰：震亨。震来虩虩。恐致福也。笑言哑哑。后有则也。震惊百里。惊远而惧迩也。出可以守宗庙社稷。以为祭主也。

震为福。故曰"恐致福"。则，法也。互坎为法则。震为后。"后有则"者，言阳复于下为阴主也。震为出，为祭，为主。艮为守，为社稷，为庙。震为长子，惊远惧迩，能匕鬯不失，故可为祭主，而长守宗庙社稷也。

《象》曰：洊雷震。君子以恐惧修省。

洊，再也。上下震故曰"洊雷"。因震而恐，因恐而修省。

初九。震来虩虩。后笑言哑哑。吉。

阳在下，故曰"后"。言初虽虩虩恐惧，后则乐也，阳遇重阴故也。

《象》曰：震来虩虩。恐致福也。笑言哑哑。后有则也。

恐则修省，修省则致福。

六二。震来厉。亿丧贝。跻于九陵。勿逐。七日得。

来者，复也。震来厉，言阳复初。二乘之，故危厉不安也。亿、噫通。《释文》云："本亦作噫。"虞翻云："惜辞也。"艮为贝，震者艮之覆，故"丧贝"。古以贝为货币，因厉丧贝；震为言，故曰"惜辞"。郑作十万解，似不如虞义也。二至四艮，艮为陵，艮阳在上。阳老故曰"九陵"。震为跻。跻，升也。而坎为盗，在艮陵上，言有人持贝，跻九陵以去也，然不必逐也。震为逐，数七，故曰"七日"。震为复。"勿逐七日得"者，言所丧之贝不必追逐，至七日自然来复也。旧解皆以离为贝。《易林·剥之蒙》云："赍齐贝赎狸。"蒙上艮为赍为贝。又《谦之蛊》《讼之大畜》，皆曰"丧贝"，亦皆以上艮为贝。盖艮坚在外，与离同也。

《象》曰：震来厉。乘刚也。

"乘刚"故危。

六三。震苏苏。震行无眚。

"苏苏"，郑云"不安也"。坎为疾病，故为"眚"。盖三不当位，故"不安"。然得阳为承，亦"无眚"也。

《象》曰：震苏苏。位不当也。

虞以苏为死而复生。由《象传》观之，郑释为当。

九四。震遂泥。

遂，隧之省文。隧即坠也。《论语》："文武之道，未坠于地。"《石经》作"隧"。又《列子》："矢隧地而尘不扬。"皆以隧为坠。遂，古文隧之省。《荀子·理论篇》："入焉而隧。"杨倞注云："隧，古坠字。"故荀爽作"隧"。四坎为泥，陷四阴中，故"隧泥"。震为行，隧泥则行难矣。

《象》曰：震遂泥。未光也。

坎隐伏，故"未光"。

六五。震往来厉。亿无丧有事。

往得敌，来乘阳，故往来皆危厉也。自阳遇阳阴遇阴为敌之理失传，于是虞翻不知往厉之故在阴遇阴，只以乘刚为说。乘刚则来厉，于往无涉也。五得中位尊，匕鬯之事，故无丧也。

《象》曰：震往来厉。危行也。其事在中。大无丧也。

行，道也。"大无丧"即"亿无丧"。

上六。震索索。视矍矍。征凶。震不于其躬。于其邻。无咎。婚媾有言。

"索索"，郑云"犹缩缩，足不正也"。三在震上，苏苏不安，上亦同也。"矍矍"，郑云"目不正也"。《说文》："佳欲逸走也。"徐曰："左右惊显也。"震，目无上睑，故因恐惧而视矍矍也。《易林·讼之豫》云："眵鸡无距，与鹊格斗。翅折目盲，为鸠所伤。"眵，《说文》"目伤无上睑也"。豫上震，目睑，故曰眵，曰盲，义即本此也。虞翻不知《易》用象之妙，以卦无视象，命三变成离取视象。《易》取象无此迂曲也。三无应，故"征凶"。震"不于其躬于其邻"，仍"惊远惧迩"之意。艮为躬，艮覆为震，故"不于其躬于其邻"。震为邻。《易林·蹇之噬嗑》云："不利出邻，疾病忧患。"噬嗑下震为邻为出，出即与坎险遇，而有疾病忧患之苦，是明以震为邻也。邻仍谓三也，言三苏苏，即知其可惧而戒备也。知惧故"无咎"。卦二至上正反震，故"有言"。有言者争讼，与困之三至上正反兑"有言不信"同也。卦三男俱备，无一女象，故不能婚媾。如婚媾刚必争讼也。自覆象失传，此句旧解二千年无一当者。只《易林·中孚之谦》云："伯氏争言。"谦亦正覆震，与震二至上同。争言即有言，震为伯也。

《象》曰：震索索。中未得也。虽凶无咎。畏邻戒也。

在震上，故曰"中未得"。困畏而戒，故"无咎"。

☶（艮）

艮其背。不获其身。行其庭。不见其人。无咎。

《归藏》作狠。狠，《广韵》："很之俗字。"《说文》："很，不听从也，一曰行难也。"艮，郑云"艮之言很也"，是很艮义同。艮，止也。震为行，震反故止。《杂卦》"震起也，艮止也"，即言正反之义也。旧说以阳在上为止，非其义也。艮为背，为身，为庭，为人。艮其背，静也。三至五互震，故又曰"行其庭"。行其庭，动也。乃因无应与，静则不获身上手足之用，动则不见庭除应予之人，无动作无交际，故亦"无咎"也。

《彖》曰：艮。止也。时止则止。时行则行。动静不失其时。其道光明。艮其止。止其所也。上下敌应。不相与也。是以不获其身行其庭不见其人。无咎也。

艮为时，下艮，故曰"时止则止"。三至五互震，故曰"时行则行"。止则静，行则动。动静受时，故"其道光明"。艮为道路，阳在上故光明。六爻无应予，故曰"敌应"。阴阳相遇为朋为类。若阳遇阳，阴遇阴，则皆为敌。《同人·九三》云："敌刚。"以比应皆阳，故曰"敌刚"，以阳遇阳为敌。《中孚·六三》云："得敌。"《子夏传》云："四与三为敌。"而不释其义。荀爽解之曰："三四俱阴，故称敌也。"以阴遇阴为敌。此实《易》义之根本。明乎此，则屯二之"十年乃字"，比三之"比之匪人"，颐六二之"失类"，六五之"不利涉"，大壮初九之"征凶"，解九四之"解而拇"，夬初九之"往不胜"，九四之"其行次且"，鼎九二之"慎所之"，震六五之"往厉"，皆可观象而得其义，否则不知其所谓矣。此《易》义之所以终古长夜也。然观《子夏传》之解得敌，似此义韩婴已知之。荀爽能释之，然何以于上列各爻，任其失解？抑有解而采辑者不合其意而不录欤！

《象》曰：兼山。艮。君子以思不出其位。

艮为位，艮止故"不出"。坎为思，得中唯心亨，亦不出。学《易》之君子法之。

初六。艮其趾。无咎。利永贞。

爻例在下称趾。足止不动，故"无咎"。"利永贞"者，利于永远贞定也。盖初失位无应遇敌，故贵于无为也。趾，荀作止。止，古文趾字。

《象》曰：艮其趾。未失正也。

"利永贞"，故不"失正"。

六二。艮其腓。不拯其随。其心不快。

腓，胫肚也。义详咸卦。腓之用在行。艮其腓，是不行也。

拯，京房作"抍"，举也。《释文》作"承"。曰"马云举也"，可证马氏、王氏本原作承。今作拯者，盖开成以后所定。然抍、承、拯音义并同。艮为手，故曰"拯"。艮止故不拯。然阴以顺阳为天职，仍须随阳，故曰"不拯其随"。坎为心为忧，既不可动，又须随阳，不能自主，故"其心不快"。

《象》曰：不拯其随。未退听也。

坎为耳，故曰"听"。听，从也。腓之用在动而前进，不拯是不动不前，而退听也。然阳在上，义必随行，是又不能退听也。进退不克自主，故心不快也。

九三。艮其限。列其夤。厉薰心。

限，《说文》"阻也"，《玉篇》"界也"，即脊骨界左右也。故马、荀、郑、虞皆训为要。三居卦中，坎为要，故取象于限。坎为脊马肉，故取象于夤。夤，马虞皆以为夹脊肉。脊骨居中为限，脊肉左右分列。列、裂同。《墨子·明鬼下》云："生列兕虎。"《荀子·哀公问》云："两骖列两服入厩。"注皆作"裂"。脊肉裂分左右，脊界其中，故曰"裂其夤"，皆坎象也。艮为火，互坎为心，故"厉薰心"。自坎肉象失传，后儒皆不知噬嗑三、四、五三爻之肉象，及此夤象何属。自艮火象失传，虞翻以艮为阍，读薰为阍，谓古阍作薰字，并云"马言薰灼其心"。未闻《易》道以坎水薰灼人者。岂知艮为火，马氏所诂，正与《易》合。至荀氏以薰为勋，读作动。来知德又云"以三十年之功，始悟薰字之由于伏离"。由斯证一象之失传，可使名家《易》人人异词，真可叹也。艮火坎肉象，皆详《焦氏易诂》。[①]

《象》曰：艮其限。危薰心也。

厉，危也。故曰"危薰心"。

六四。艮其身。无咎。

艮为身，见上象。虞以坤为身为孕非也。初趾二腓，三要四身。按：爻序自下而上，故《象》释为躬。得位故"无咎"。

《象》曰：艮其身。止诸躬也。

---

① 《易林·艮之无妄》云："颠覆不制，痛熏我心。"是焦亦作熏。

艮为躬，躬即身也。三四居卦之中，故曰"要"，曰"身"，并无他义。虞氏谓五动乘四则妊身，以止诸躬为妊身。卦无离象，强命五爻变成离，惑乱后学，莫此为甚。

六五。艮其辅。言有序。悔亡。

辅，《说文》："人颊车也，在颊之上，与牙车相对。"《春秋·僖五年》："辅车相依。"注云："车牙车。"疏："牙车，牙下骨之名，在颊之下。盖凡物入口，皆赖牙车载之，故名曰车。"人欲嚼物，或言语，则牙动而上与辅对，故四辅车相依。辅在上不动，故艮为辅，颐即用以取象。三至五震，震为言。上卦震反，故曰"艮其辅"。序者，次也，言不紊也。三至五震，时而当言则言。四至上，震反，时而不当言，则言止矣。故曰"言有序"。《诗·大雅》"序宾以贤"，言宾之位次，与其贤相当，秩然不乱也。"言行君子之枢机"，时言则言，时止则止。有序如是，故无悔也。虞氏《易》"序"作"孚"，言孚于上也。

《象》曰：艮其辅。以中正也。

五中而不正，"正"字或疑衍，又或作正中。然《未济·九二·传》："中以行正也。"《大壮·九二·传》："大者正也。"大谓九二，似亦不拘。

上九。敦艮。吉。

敦与顿通。顿，止也。《易》凡言敦，皆有止义，待义。义详"敦临""敦复"。"敦艮"者，顿止于上也。下履重阴，故吉。

《象》曰：敦艮之吉。以厚终也。

艮为山，故曰"厚"。而艮为终，故曰"以厚终"。唯厚故止也。

周易尚氏学卷十五　下经

䷴（渐）

渐。女归吉。利贞。

上下卦皆阴承阳，阴承阳即妇从夫，故曰"渐"。渐，进也，次也。言阴次于是，宜进而承阳也。巽为妇，艮止于下，有女妇之象。二五应，故利贞而吉。

《彖》曰：渐之进也。女归吉也。进得位。往有功也。进以正。可以正邦也。其位。刚得中也。止而巽。动不穷也。

五得位，故有功。艮为邦，故曰"正邦"。

《象》曰：山上有木。渐。君子以居贤德善俗

居，积也。居贤德，即积贤德也。坎为积，艮为贤，巽为风俗。有贤德故以善俗，居贤德善俗，皆非猝然可能之事，皆渐义也。

初六。鸿渐于干。小子厉。有言。无咎。

鸿，大雁也。艮为鸿。《周公·时训》以雁北乡当屯卦，是以坎为北。互艮为雁，故《易林·师之萃》云："鸿雁哑哑，以水为家。"以萃互艮为鸿也。《需之遁》云："去如飞鸿。"亦以遁下艮为鸿。干，水涯也。二至四坎水，初在坎下，故曰"鸿渐于干"。艮少，故为小子。有言者争讼。震为言，艮为反震，败言，故曰"有言"。《左传》云"败言为谗"是也。有言故厉。然初为士，潜伏在下，亦无咎也。

《象》曰：小子之厉。义无咎也。

初勿用，故"义无咎"。

六二。鸿渐于磐。饮食衎衎。吉。

磐，大石也。三艮为石，故"渐于磐"。二坎体，坎为饮食。"衎衎"，和乐也。二当位得中应五，故象吉如是。

《象》曰：饮食衎衎。不素饱也。

坎中实为饱，应在五，巽为白，故曰"素饱"。素饱犹素餐。不素饱，言得之以道也。

九三。鸿渐于陆。夫征不复。妇孕不育。凶。利御寇。

马云："山上高平曰陆。"艮为夫，在上，故"不复"。《易林·复之剥》云："夫亡从军，抱膝独宿。"以剥艮为夫也。孕妊，娠也。育，生也。震为孕，《左传·昭元年》"武王邑姜，方震太叔"是也。三震覆，故不育。郭璞《洞林·否之小过》云："妇女胎反见华盖。"否三互巽，故知为妇女。二四互艮，世变艮，艮为反震，是胎反也。胎亦孕也，义即本此也。巽为寇，三下拥群阴，而艮为守御，为坚。寇在外，守御在内，使外寇不入，故利也。旧解皆以坎为寇，岂知坎之为寇。以其隐伏，巽亦为伏，故《易》亦以巽为寇。且以坎为寇，坎寇已在内矣，如何能御之？虞翻以坎为寇，谓自上御下。自上御下，其利在上，于三何与？一象失传，使经义颠倒错乱，至于如此，真可喟也。

《象》曰：夫征不复。离群丑也。妇孕不育。失其道也。利用御寇。顺相保也。

坤为众为丑。丑，众也。《诗·小雅》"执讯获丑"是也。离，附离也。群丑谓下二阴，言三阳系恋于下二阴，故不复也。诸家训离为去，与下"顺相保"之义不合，非也。艮为道，坎为失，故失道不育。下二阴顺三阳，以为保守，故曰"顺相保"。

六四。鸿渐于木。或得其桷。无咎。

巽为鸿，《九家·逸象》："巽为鹳。"鹳、鸿皆水鸟，故亦为鸿。《周公·时训》以鸿雁来当巽卦，是以巽为鸿。故《易林·中孚之同人》云："鸿飞遵陆。"以同人互巽为鸿。又《大畜之兑》云："鸿盗我襦，逃于山隅。"兑互巽为盗为鸿。旧以离为鸿，非也。巽为木为桷，《说文》"椽方曰桷"，得桷言安也。四当位承阳，故"无咎"。

《象》曰：或得其桷。顺以巽也。

言顺承五上二阳。

九五。鸿渐于陵。妇三岁不孕。终莫之胜。吉。

巽为高，五应在二。二艮体，五居艮上，故"渐于陵"。巽为妇，震为孕。震伏，下敝漏，故"不孕"。又五应在二，为三所阻，不能应二，故"三岁不孕"。坎为三岁，言其久。然五与二为正应，三岂能终阻之？故终胜三，得所愿而吉也。"莫之胜"，言三不能胜五也。

《象》曰：终莫之胜吉。得所愿也。

五终能应二，故"得所愿"。旧解皆从虞氏以成既济定为说，强命初上变，非。

上九。鸿渐于陆。其羽可用为仪。吉。

在卦上，与三同，故仍渐于陆。巽为羽仪，饰也。"其羽可用为仪"者，巽为高为白，言上居高明之地，羽毛鲜洁，故可用以为仪，贲一切也。巽，羽之象。《易林·随之小畜》云："奋翅鼓翼。"以小畜上巽为翼。又《颐之兑》："六翮长翼。"亦以兑互巽为翼。

《象》曰：其羽可用为仪吉。不可乱也。

仪型万方，秩然不紊，故"不可乱"。

䷵（归妹）

归妹。征凶。无攸利。

兑为少女，故曰"妹"。震为归。妇人谓嫁曰"归"，故曰归妹。震巽长女从长男为恒，则曰"利有攸往"。兹少女从长男，与恒同耳。乃《彖》义则与恒相反，曰"征凶无攸利"何也？曰恒下巽，巽阴承阳。与上震无一爻不相应，故"利有攸往"。归妹则巽覆为兑，阴乘阳，初三皆失应，故"征凶"。巽为利，巽覆故"无攸利"。又中四爻皆不当位，贞静自守，尚恐有咎，动则悔吝生矣，故"征凶不利"也。《下系》云："其为道也屡迁。变动不居，周流六虚。上下无常，刚柔相易。不可为典要，唯变所适。"正谓此。恒与归妹，上卦同也，下卦同为二阳一阴也。乃巽则如彼，巽覆则如此，唯变所适也。唯变所适，谓甲卦与乙卦，一爻变动，则吉凶相反。非谓卦无是象，强命某爻变，以成其象也。自汉以来，因误解"变动不居"，"唯变所适"二语，援为护符，浪用爻变，以济其穷。前有虞翻，后有焦循，其尤也。

《彖》曰：归妹。天地之大义也。天地不交。而万物不兴。归妹。人之终始也。说以动。所归妹也。征凶。位不当也。无攸利。柔乘刚也。

归妹而后有夫妇。天地者，夫妇之义。天地交而后有万物，故归妹为"女之终"。生人之始，中爻皆不当位，三五皆以柔乘刚，故"征凶无攸利"也。

《象》曰：泽上有雷。归妹。君子以永终知敝。

女归则永终。兑毁折，故以知敝为戒。

初九。归妹以娣。跛能履。征吉。

初在兑下，故曰"娣"。娣者，嫡之女弟也。《公羊传》："诸侯一聘九女，嫁者一娣一姪，媵者皆有姪娣。"嫁者谓嫡，嫡及两媵六姪娣共九女。兑折震故跛。然二升五则下成震，震为足，故曰"跛能履，征吉"也。《象》曰"吉相承"，即承二升五而吉也。

《象》曰：归妹以娣。以恒也。跛能履。吉相承也。

按初无应，二阳为阻，不能前进，有凶无吉。兹曰"吉相承"，谓二升五下卦成震，初临重阴，相随而吉。"相承"者谓二升五吉，初承其后仍吉也。虞翻求其义而不得，强命初爻变阴承阳为说。夫初当位，胡能使变？经义之不明，此等曲说乱之也。以恒盖谓女嫁随姪娣，乃娶妇之常道。说者动以恒卦为解，非。

九二。眇能视。利幽人之贞。

二三半离，故曰"眇"。《说文》："眇，一目小也。"然能视者，以互离也。二应在五，五震为人，兑为昧，故曰"幽人"。"利幽人之贞"，言利与五相上下，各当位也。

《象》曰：利幽人之贞。未变常也。

"未变常"，言二五相应与乃常道也。

六三。归妹以须。反归以娣。

"须"，《说文》："面毛也。""归"，嫁也。"归妹为嫡"，今以须之故，反嫁为娣也。伏艮为须，《易林·同人之否》云："牵于虎须。"否互艮为虎为须。虞氏训须为需。需，待也。六三若有待义，与九四之有待义复矣。《易林·涣之归妹》云："妹为貌嫯，败君正色。"《庄子》："田子方老聃新沐，方将被发而干，嫯然似非人。"嫯，言可怖也。是焦氏亦训须为面毛也，故曰"貌嫯"。

《象》曰：归妹以须。未当也。

"未当"，言不宜有是恶象也。困上六当位矣，《象》曰"未当也"，义与此同。《革·传》曰"革而当"，义皆同宜。后雅雨堂集解本见虞注作"位未当"，竟于《象传》添一"位"字。岂知正文若作"位未当"，《释文》早言之矣。今《释文》无有，可证虞本亦无"位"字。雅雨本皆从惠栋校，改字甚多。昔人谓惠氏乱经，兹更添字，宜罪之者多也。

九四。归妹愆期。迟归有时。

震为时，坎陷故"愆期"。愆，过也。"愆期"，故迟归待时，待升五也。又下无应，亦愆期之一因。卦四时俱备，故曰"有时"。升五则时至矣。

《象》曰：愆期之志。有待而行也。

坎为志，震为行。"有待而行"者，待升五也。

六五。帝乙归妹。其君之袂。不如其娣之袂良。月既望吉。

震为帝，曰"帝乙"。帝乙，汤也。《京房易》载其嫁妹之辞，是汤曾嫁妹，故曰"帝乙归妹"。震为君为袂，而震亦为口。袂，袖口也。袂在五震，故曰"君袂"。在二兑，故曰"娣袂"。皆取象于口。乃五阴二阳，故君袂不如娣良。坎为月，为中。震东兑西，坎月离日，东西相望，正望日也。惟五居坎末，时已过中，故曰"既望"。"既望"从孟荀读。虞作"几"，京作"近"。晁说之云："古文近、既读同。"孟云既望者，十六日也。五得中有应故吉。震君震袂震口象皆失传，说详《焦氏易诂》。

《象》曰：帝乙归妹。不如其娣之袂良也。其位在中。以贵行也。

虽不正而得中，中五位尊，故曰"贵"。

上六。女承筐无实。士刲羊无血。无攸利。

下兑为女，震为筐，女在下，筐在上，故曰"女承筐"。乃上不应三，故"无实"。震为虚，亦"无实"也。震为士，下兑为女，震为筐，女在下，筐在上，故曰"女承筐"。乃上不应三，故"无实"。震为虚，亦"无实"也。震为士，兑为羊，为斧，为毁折，故曰"士刲羊"。乃三不应上，故"无血"。坎为血，三体离，坎伏，故"无血"。此与夬九二，因爻无应，即就无应取义。旧解坐不知此，故说之永不能通。巽为利，巽伏上下失应，故"无攸利"。震虚象失传。虞翻用卦变成坤，取虚象。岂知震为苍筤竹为苇，皆取其中虚。况《象传》曰"虚筐"，亦以震为虚。

《象》曰：上六无实。承虚筐也。

《象》明言震虚，故知虞氏非。

䷶（丰）

丰。亨。王假之。勿忧。宜日中。

雷电皆至东，故丰。《说文》："丰，豆之丰满者也。"四阳遇重阴，故亨。震为王。假，至也。王假之，言四宜上升至五也。震为乐，故曰"勿忧"。离为日，中谓五。"宜日中"者，谓四升五，当位如日中也。

《象》曰：丰。大也。明以动故丰。王假之。尚大也。勿忧宜日中。宜照天下也。日中则昃。月盈则食。天地盈虚。与时消息。而况于人乎？况于鬼神乎？

尚，上也。大谓阳。"尚大"谓四宜上升五。四升五则日中，光照天下。兑月离日，日中则昃，月盈则食，言丰之不足恃也。

《象》曰：雷电皆至。丰。君子以折狱致刑。

先天离东，后天震东，故曰"皆至"。离明故可"折狱"，震威故宜"致刑"。

初九。遇其配主。虽旬无咎。往有尚。

阴阳相配，配主谓二。二五为卦主，故五曰"夷主"。配郑作妃，义同也。离为日，日之数十，十日为旬，初居日之末，故曰"旬"。至旬则癸日也。《后汉·邓禹传》："明日癸亥。匡等以六甲穷日，不出。"是至旬当有咎，自古相传如是也。"虽旬无咎"者，以初遇阴也。二阴，故往有尚。

《象》曰：虽旬无咎。过旬灾也。

旬者盈数。"过旬灾"，仍月盈则食之意也。

六二。丰其蔀。日中见斗。往得疑疾。有孚发若。吉。

二至五互大坎。坎为隐伏，故中四爻象皆暗昧。"蔀"，虞翻云"日蔽云中称蔀"，虞未申其义。然坎云在离日之上，正日蔽云中也。离为星，故曰"斗"。又震亦为斗斗，七星也。言离日有障蔽，日隐而星见也。二巽体，巽为疑为疾。《巽·初六·象》曰"进退志疑"是也。五不应，故往得疑疾。然二承重阳，孚于三四。"发若"者，言其顺利也。阴孚阳故"吉"。离星巽疑象详《焦氏易诂》。

《象》曰：有孚发若。信以发志也。

有孚故信，巽为志。"信以发志"者，言阴孚于阳，得行其志也。

九三。丰其沛。日中见沫。折其右肱。无咎。

沛，大雨貌，《孟子》："沛然下雨。"《易林·泰之丰》云："龙蛇所聚，大水来处。滂滂沛沛，使我无赖。"《九家》云："大暗谓之沛。""沫"，《子夏传》："星之小者。""日中见沫"者，言当日中而昏暗见小星也。三兑体，兑为雨，故曰"沛"。兑为晦，故曰"见沫"。艮为肱，三应在上，上艮覆，故"折其右肱"，兑为右为折也。然三当位有应，故"无咎"。

《象》曰：丰其沛。不可大事也。折其右肱。终不可用也。

三遇敌，不利往，所应为阴，阴小故不可大事。三虽有应而折肱，故"终不可用"。虞氏以二至五大过死解，似非。

九四。丰其蔀。日中见斗。遇其夷主。吉。

《易林·升之临》云："据斗运枢，以震为斗。"兹震在日上，以为障蔽，故仍曰"丰其蔀，日中见斗"。主谓五。五柔爻，故曰"夷主"。《诗·周颂》"布有夷之行"，《毛传》："夷，易也。"阳遇阴则通，故曰"易"，曰"吉"。

《象》曰：丰其蔀。位不当也。日中见斗。幽不明也。遇其夷主。吉行也。

兑为昧，故"幽不明"。阳遇阴，故"志行"。郭京《举正》"行"上脱"志"字，宜从。

六五。来章。有庆誉。吉。

呼九四来五，当位居中，《象》所谓"日中"也，故曰"章"。五得位，故"有庆誉吉"。或谓四往五不能曰"来"。岂知六五呼四，当然曰"来"。况《睽·上九》云："往遇雨则吉。"是上来内，《易》有时亦言往也。《需·上》曰"有不速之客三人来"，是三往上亦曰来也。《蹇·五》"大蹇朋来"，是阳往五亦曰来也。此曰"来章"。又何疑乎？

《象》曰：六五之吉。有庆也。

"庆"谓阳升五得位。

上六。丰其屋。蔀其家。窥其户。阒其无人。三岁不觌。凶。

屋，家户。后儒不知其象，穿凿百出，愈说愈晦，此覆象失传之故也。按：虞注云："从外窥三。"又《九家》说"重门击柝"云："豫下艮，从外示之。"上震复为艮，《丰·上六》从外示内，亦艮也。艮为屋为家为户，中爻大坎，故障蔽其家。艮为观，下视，故曰"窥其户"。震为人，上应在三，三巽伏，故阒寂无人。"阒"，虞云"空也"，郑云"无人兒"。震为岁，数三，故曰"三岁不觌"而凶也。阒孟喜作窒。窒，古与空通用。《列子·黄帝篇》："玉人潜行不空。"《庄子·达生篇》引作窒。然则孟虞之诂同也。

《象》曰：丰其屋。天际祥也。窥其户阒其无人。自藏也。

五天位，上在五外，故曰"天际"。《说文》："祥，福也，善也。"徐铉曰："凡吉凶之先见其兆者，皆曰祥。"故孟喜曰："天际祥，天降下恶祥也。""自藏"谓三。三宜应上，而巽为伏，故曰"自藏"，释无人之故也。祥从郑本。《正义》作翔。翔、祥音同通用。

此卦旧解，因易理失传，不知二五为卦主。于是"遇其配主"，"遇其夷主"，皆以震为主，权枒不合。因卦象失传，于是爻变卦变，杂然并用，以求其象。学者只涵泳白文，或尚能明其一二。若即旧解求之，则愈茫昧疑惑，真可慨也。

䷷（旅）

旅。小亨。旅贞吉。

旅之卦义，先儒皆以行旅为说。然卦名皆由卦象生，火山何以为旅？侯果、《孔疏》皆以火在山上，势难久留，故为旅。如所诂火在山上，不久即灭耳，安见其为行旅？按《易林·剥之旅》云："居正不安，大盗为咎。"《大畜之旅》云："安其室庐，傅母何忧。"是皆以居家为说，于行旅之义正相反。《履之旅》云："鸟子鹊雏，常与母俱。愿慕群旅，不离其巢。"又《晋之旅》云："逐旅失群。"是以旅为伴旅。卦二阴，随二阳。一阴随一阳，阳前阴后，有若伴侣。疑焦氏所诂者，于卦象为切。又《释诂》："旅，众也。"卦离火，艮亦为火。火多故众，伴旅亦众也。《九三·象》云："以旅与下。"以众与下也。若作行旅，此句难通矣。又初爻"旅琐琐，斯其所"。斯，离也。行旅往来，有不离其所者哉！于行旅之义尤不合。故疑焦义是也。六五得尊位，故"小亨，贞吉"。

《象》曰：旅。小亨。柔得中乎外而顺乎刚。止而丽乎明。是以小亨。旅贞吉也。旅之时义大矣哉。

六五上下皆阳，故曰"顺乎刚"。《离·六五》云："离王公。"

即顺乎刚也。旅五月卦，当中夏，故曰"时"。

《象》曰：山上有火。旅。君子以明慎用刑。而不留狱。

《大象》以相反见义，此亦其一也。离为明。君子不敢恃其明，故用刑必慎。艮为慎，兑为刑也。艮为止，君止不敢怠于事，故"不留狱"。艮为拘系为狱也。

初六。旅琐琐。斯其所。取灾。

"琐琐"，陆绩郑玄皆训为"小"，马云"疲弊貌"。按：《尔雅·释诂》："琐琐，小也。"注："舍人曰琐琐，计谋褊浅之貌。"《诗·节南山》："琐琐姻娅。"盖往来猥琐，劳弊不安也。斯，《释言》"离也"。"斯其所"言离其所欲应四也。二得敌，故取灾。离为灾，盖初六不当位，而得敌，在下，宜静不宜动。故《易林·复之旅》云："二人辇车，徙去其家。井沸釜鸣，不可以居。"徙去其家，即离其所。井沸釜鸣，即取灾也。义详《焦氏易诂》。

《象》曰：旅琐琐。志穷灾也。

初不当位，二得敌，不能应四，故曰"志穷"。

六二。旅即次。怀其资。得僮仆。贞。①

艮为舍。次，舍也。即次，言就舍也。资，财也。巽为利居中，故"怀其资"。艮为僮仆，二得位承阳，故"得僮仆"。"贞"下宜依《举正》增"吉"字，"贞吉"与下，"贞厉"为对文。

《象》曰：得僮仆贞。终无尤也。

即次身安，怀资用足，得僮仆役使有人，故"终无尤"。艮为终。

九三。旅焚其次。丧其僮仆。贞厉。

艮为火，故"焚其次"。巽为陨落，故"丧其僮仆"。"贞"，卜问也。虞翻以离火焚其次，并谓三动艮坏为焚。夫离火在外，上又不应三，焉能下焚？《易林·蹇之噬嗑》云："火起上门，不为我残。"噬嗑火在艮门上，故不焚下。旅火亦在上，其不能下焚同也。三当位，强命其变，以之不正尤非。艮火象，详《焦氏易诂》。

---

① 〔《举正》作"贞吉"。宜从。〕

《象》曰：旅焚其次。亦以伤矣。以旅与下。其义丧也。

兑毁折，故曰"伤"。以众与下，威权下移，宜其丧失。下谓初二，言三于初二相得，以势众付之也。

九四。旅于处。得其资斧。我心不快。

"资斧"从王弼各家多作齐斧。资、齐音同通用。按：《周书·谥法解》："资辅供就曰齐。"言佐身之具，供张整齐也。而《春秋元命苞》云："斧之言辅也。"是斧、辅音义皆同，故资斧即资辅。独阳不生，孤阴不成，故阴阳互相资助。四遇阴故曰"得其资斧"。而兑为斧，亦为辅。张轨云："资斧盖黄钺斧。"直以为兵器，非也。毛奇龄云："处，居也。""旅于处得其资斧"者，言于所居之处，而得此资辅也。然而"不快"者，以尚未升五得位，又四为三所阻，不能应初，亦"不快"之一因也。巽为志，故为心。《巽·初·象》云："志疑也。"即以巽为志。《杂卦》云："巽伏也。"心志伏在内，故巽象之。旧解命四变成坎取心象，非。

《象》曰：旅于处。未得位也。得其资斧。心未快也。

凡九四比六五，例终升五。《归妹·九四》曰："有待而行。"待升五也。《丰·九四》曰"遇其夷主吉行也"，《六五》曰"来章"，亦言四来五也。兹曰"未得位"，因未得五位，故处以俟也。下《六五》曰"终以誉命"，即谓四终升五也。

六五。射雉。一矢亡。终以誉命。

离为雉，兑毁折，故"射雉"。射必以矢，坎为矢，乃坎伏不见，故"一矢亡"，坎数一也。誉，令闻也，艮为誉。命，爵命也，巽为命。"终以誉命"者，言巽命在二，虽不应五，然四必得位升五。四升五，二应之，是誉命终及于五也。

《象》曰：终以誉命。上逮也。

逮，及也。"上逮"，谓二终上应五也。

上九。鸟焚其巢。旅人先笑后号咷。丧牛于易。凶。

离为鸟，中虚故为巢。巽风扇火于下，故"焚巢"。上履阴，兑悦故先笑。三巽体，巽为号。三不应上，故"后号咷"。《左传·昭五年》："纯离为牛。"兑毁折，故"丧牛"。艮为田为易。易，田畔也。牛在艮外，故丧牛于田畔。焚巢丧牛，故"凶"。晁说之云："易，古文场字。"《诗·小雅》"疆场有瓜"是也。

《象》曰：以旅在上。其义焚也。丧牛于易。终莫之闻也。

旅，众也。在上者众，不自敛抑，则高亢为祸。《左传·隐四年》"兵犹火也，不戢将自焚"，是其义也。坎为耳，坎伏故莫之闻。虞翻用爻变取震象，谓震为筐故为巢，后儒多从之。按：《易林·离之需》云："高木腐巢。"需坎为木，在上故曰"高木"。互离为巢，在泽水中，故曰"腐巢"。《讼之解》云："南徙无庐，鸟破其巢。"解上震，震为南为徙。下坎为室，震在坎外，故曰"南徙无庐"。互离为鸟，为巢。而坎为破，故曰"鸟破其巢"。以离为巢，庶得真解。

周易尚氏学卷十六　下经

䷸（巽）

巽。小亨。利有攸往。利见大人。

初四皆承阳，故曰"巽"。巽，顺也。顺阳故小亨。往遇阳故利。阳居二五得中，故"利见大人"。

《彖》曰：重巽以申命。刚巽乎中正而志行。柔皆顺乎刚。是以小亨。利有攸往。利见大人。

巽为命令。《虞书》"申命义叔"，《传》"申，重也"。"重巽以申命"者，谓王者一再宣布命令，以示郑重也。巽为风，行莫疾于风，命令一出，传远天下，有若于风，故巽为命也。二五中正，下阴顺承，故"志行"。

《象》曰：随风。巽。君子以申命行事。

重巽故曰"随风"。随，继也，从也，言后风之随前风也。令出惟行，万事以治，故君子以之。

初六。进退。利武人之贞。

初临重阳得主，故"宜于进"。而四无应与，故进而又退。《象》释曰"志疑"，疑四无应也。震为武人。此巽卦也，何以利武人之占？因震巽相反复，巽究则为震。《易》贵将来，故武人利也。

《象》曰：进退。志疑也。利武人之贞。志治也。

巽不果，故"志疑"。返震，故"志治"。言得行其志以治天下。

九二。巽在床下。用史巫纷若。吉。无咎。

巽为床。初顺二，故曰"巽在床下"。初至四正覆兑，兑口多，故曰"用史巫纷若"。按：《周礼·内史》云："凡命诸侯孤卿大夫，则策命之。凡四方之事书，内史读之。"《仪礼》云："辞多则史。"又《司巫》云："男巫女巫，凡邦之大烖，则歌哭而请。"是史巫皆以口舌为用，而二居正反兑之间，故曰"纷若"。纷若言不一也。二得中故"吉无咎"。此义先儒无知者。只茹敦和云："巽初之阴，伏于床下，慝也。于是乎用史巫以祛之，史巫云者互兑也。"象始大明。而茹氏仍不知初至三为覆兑，故纷若不得解。

《象》曰：纷若之吉。得中也。

二无应，失位，遇敌。然下孚于阴，得中，故吉。

九三。频巽。吝。

王弼云："频，频蹙不乐。"按《玉篇》"颦"下云："《易》本作频。"是频即古文颦字。三居巽上，虽当位而下桡，故频蹙不安而吝也。

《象》曰：频巽之吝。志穷也。

巽为心志，上无应，下乘阳，故曰"志穷"。

六四。悔亡。田获三品。

当位承阳，故"悔亡"。伏震为田猎，兑羊离牛巽豕，故"田获三品"，离卦数三也。凡阴遇重阳多吉。

《象》曰：田获三品。有功也。

有所获，故"有功"。

九五。贞吉。悔亡。无不利。无初有终。先庚三日。后庚三日。吉。

九五得位，下孚于阴，故"贞吉悔亡"。巽为利，故"无不利"。震巽相反复。"无初"者，言巽之初为震。震纳庚，一爻当一日，故曰"先庚三日"。今震究为巽，故"无初"。"有终"者，言巽之究仍为震。终即后也，故曰"后庚三日"。以其终为震，故曰"有终"。震阳复故吉。"先庚三日"，言巽之先。"后庚三日"，言巽之究。与蛊之"先甲三日，后甲三日"义同。无初有终，与蛊之"终则有始"义亦同。

《象》曰：九五之吉。位正中也。

九五既中且正，故"吉"。

上九。巽在床下。丧其资斧。贞凶。

巽，顺也，谓四。巽在床下，言顺我者在下。上九失其辅助，故曰"丧其资斧"。斧、辅通用。兑为斧亦为辅。上卦兑覆，故曰"丧，失也"。说详旅卦。

《象》曰：巽在床下。上穷也。丧其资斧。正乎凶也。

九穷于上而下桡，故"贞凶"。《象》仍释贞为正，其义不协。

䷹（兑）

兑。亨利贞。

兑，悦也。兑何以悦？以一阴见于二阳之上，阳得阴而悦也。刚中柔外，与泰义合，故"亨"。阴阳相遇，故"利贞"。

《象》曰：兑。说也。刚中而柔外。说以利贞。是以顺乎天而应乎人。说以先民。民忘其劳。说以犯难。民忘其死。说之大。民劝矣哉。

阴阳相遇故悦，悦故利贞，所谓"保合太和，各正性命"也。五天位，上顺之，故曰"顺乎天"，互巽为顺也。三人位，巽于二，故曰"应乎人"，互巽为应也。三至上大坎。坎为民，为劳，为险难，为棺椁，故为死。而三至上正反兑，坎民来往，皆在兑说之中，故役之而忘劳，犯难而不知死也。兑见在上，故曰"先民"。先民说，先使民悦也，故"民劝"。

《象》曰：丽泽兑。君子以朋友讲习。

《玉篇》"丽偶也"。《周礼·夏官·校人》"丽马一圉"，注"丽耦也"。又《士冠礼》："主人酬宾，束帛，俪皮。"注："俪皮，两鹿皮。古文俪作离。"《离·传》云："离，丽也"。是丽与俪通仍耦也。重兑故曰"丽泽"。独重巽曰"随风"。其以互离为义者，非也。阴阳相遇相悦为"朋友"，兑口故曰"讲习"。初至五正反兑相对，正朋友互相讲习之象，故君子法之。虞翻谓兑二阳同类为朋。夫阳遇阳，阴遇阴，则为害为敌，艮与中孚皆言之，岂得为朋友？又云"伏艮为友"，盖取义于《损·六三》"一人行则得其友"。岂知艮之为友，以一阳上行，遇二阴为友。与兑之以一阴下降，遇二阳为朋友同，皆取义于阴阳相遇。朋友之诂既误，于是卦无艮兑而言朋者，必百计变动以求兑象。甚至用《参同契》纳甲之法，谓八日兑象月见丁，以解《坤·象》之"得朋"。凡《易》之言朋者，无不误矣。

初九。和兑吉。

与二并行，故曰"和"。当位故吉。初与二本为敌，卦以兑说为义，和以处之，自然吉矣。

《象》曰：和兑之吉。行未疑也。

初得敌，故疑于二。和以处之，故行不疑。《损·三》云："三则疑也。"《易》于阳遇阳相疑相忌之故，言之至为明白矣，乃竟失传何哉！

九二。孚兑吉。悔亡。

孚于三，阳遇阴故吉。得中，故"悔亡"。

《象》曰：孚兑之吉。信志也。

阳遇阴故志得伸。巽为志，三巽主爻，二遇之，故"信志"。

六三。来兑凶。

在内称"来"。来就二阳以为悦，行为不正则有之，无所谓凶。但三本多凶，又不当位，来而不正，遂不宜矣。

《象》曰：来兑之凶。位不当也。

来而不当位，故"凶"。

九四。商兑未宁。介疾有喜。

四不当位，无应，前又遇阳，似不吉。然而"有喜"者，以下履阴也。《小畜·九五》曰"有孚"。《履·九四》曰"志行"，皆以下遇阴而吉。此与之同。商，量度也。商兑者，以初至五正反兑相对，而四若与下对语者，故曰"商兑"。"讲习"之象，亦以此也。三至五巽，进退不果，故"未宁"。互大坎为疾，乃四独履阴，志行，是疾去也。介，助也，《诗》"以介眉寿"是也。"介疾有喜"者，言助疾使愈，兑悦故有喜也。

《象》曰：九四之喜。有庆也。

九四独履阴，履阴故有喜，故曰"有庆"。

九五。孚于剥。有厉。

阳遇阴则通。故二五皆孚于三上。然吉凶不同者，兑为秋，六三当正秋，万物成熟，故二孚之而吉。若上六则为季秋，其辰在戌，其卦为剥。《杂卦》云："剥，烂也。"当此时万物荒落，阳气为阴所剥将尽矣。九五若再孚于是，必为所剥无疑也。故曰"有厉"。

《象》曰：孚于剥。位正当也。

以人事言，上六处悦之极，是小人佞幸之尤。九五当人君之位，而昵近此等小人，其为祸有不可胜言者。《象》曰"位正当"，言正当人君之位，不可与上六近也。

上六。引兑。

"引"，开弓视的也。伏艮为手，故"引兑"。言上六来就五阳以为悦，犹射者之志于的也。

《象》曰：上六引兑。未光也。

兑暗昧，故"未光"。

䷺ （涣）

涣。亨。王假有庙。利涉大川。利贞。

旧解皆以风行水上，涣散为说。然如"涣王居"，"涣其躬"等爻辞，散义皆不通。按：《太玄》拟涣为文。司马光云："扬子盖读涣为焕。"案涣即有文义。《淮南子·说山训》："夫玉润泽而有光，涣乎其有似也。"注："文采似君子也。"《后汉书·延笃传》："涣烂其溢目。"

注："涣烂，文章貌。"是涣本有文义。故《归藏》作奂。《礼·檀弓》："美哉奂焉。"《释文》："奂本亦作焕。"是扬子之读，与古训合。卦坎为赤，震为玄黄，巽为白。而风行水上，文理烂然，故为文也。为文则于爻辞无扞格矣。震为王，艮为庙。假，至也。言王有事于宗庙。震为舟，在水上，故"利涉"。皆中爻象。

《彖》曰：涣亨。刚来而不穷。柔得位乎外而上同。王假有庙。王乃在中也。利涉大川。乘木有功也。

刚来居二，临一阴则陷，二阴则通，故曰"不穷"。四当位，上承一阳固吉，承二阳尤吉。上同者与《小畜·六四》《升·初六》之"上合志"同也。言孚于五上也。震为舟，古刳木为舟，五乘之，故曰"乘木"。乘木即乘舟。

《象》曰：风行水上。涣。先王以享于帝立庙。

享帝则礼仪繁盛，立庙则楹桷巍焕，皆属于文。正释卦义也。

初六。用拯马壮吉。

震为马，初承之，故曰"拯马"。郑云"拯，承也"。拯马即承阳，震健故壮吉。此与明夷六二象同，故辞同。故《象传》皆以顺释之。拯，顺也。

《象》曰：初六之吉。顺也。

言阴顺阳，以顺释拯义也。

九二。涣奔其机。悔亡。

焦循云："《汉百官公卿表》，'虎贲郎'注：贲读与奔同。据是奔贲古通，奔其机即贲其机。"按机即几筵之几，庙中所用物。贲，文饰也。艮为几，震为玄黄，故贲其机。得中，遇阴，故悔亡。

《象》曰：涣奔其机。得愿也。

阳遇重阴志行，故曰"得愿"。旧解无有知其故者。

六三。涣其躬。无悔。

艮为躬，"涣其躬"，即行有文也。得阳应，故"涣其躬无悔"。

《象》曰：涣其躬。志在外也。

巽为志，应在上，故"志在外"。

六四。涣其群。元吉。涣有丘。匪夷所思。

坎为众为群。四体艮，艮为光明，在坎上，故“涣其群”。承阳故元吉。艮为丘，丘陵所以设险。今去坎险而复遇山险，故曰“匪夷所思”。夷，平也，常也，言为恒常所不料也。

《象》曰：涣其群元吉。光大也。

遇阳故“光大”。按：《象》曰“光大”，亦释涣为文。

九五。涣汗其大号。涣王居。无咎。

吴先生曰：“涣汗连绵字。”愚按《上林赋》：“采色澔汗。”注：“玉石符采映耀也。”涣汗盖与澔汗同，与涣烂亦同。巽为号令，“涣汗其大号”，即颁布光显其号令，如风之无不届也。艮为居，五君位，故曰“王居”。“涣王居”，言王居巍焕也。五履万民之上，故光大如此也。“得中”故“无咎”。

《象》曰：王居无咎。正位也。

五位中正，故曰“正位”。五无应，然无咎者，以得中也。

上九。涣其血去逖出。无咎。

血，古文恤字。逖与惕音同通用。《小畜·六四》“血去惕出”，与此同也，诂逖为远者非。应在三，坎为忧惕。王国维云：“古易锹同字。《山海·大荒东经》并《竹书》皆云‘王亥托于有易’，而《楚辞·天问》作‘有狄’。又简狄，《古今表》作简逷。”按《汉书·王商传》：“卒无怵惕忧。”师古云：“惕古惕字。”故虞翻注云：“逖，忧也。”与《小畜·六四》诂惕为忧同。是虞即以逖惕同字。上九应在三，三坎为忧惕，而上九高出卦上，去坎险既远，又不为互艮所止，与《大畜·上九》义同。“涣其”，光明貌。“涣其恤去惕出”，言光明在上，忧患自免也。句法与《论语》“涣乎其有文章”同。

《象》曰：涣其血。远害也。

坎为害，上去三远，故曰“远害”。

䷯（节）

节。亨。苦节不可贞。

坎居西方，兑又居西，合为一处，故曰"节"。节，信也。古剖竹为符，合以取信。故《说文》云："节，竹约也。"《序卦》云："物不可以终离，故受之以节。"节之用在合，故与离对文。又曰"节而信之"，是《序卦》即以节为符信也。凡卦名皆从卦象生，震为竹，而二至五正反震，两竹相合，则信成矣，而坎为信也。苦节向无通诂。虞翻命三变成离，火炎上作苦，以说苦节，而后儒多从之。诚以诂苦为甚为过，皆不安也。按：《周礼·考工记》："辨其苦良。"《史记·五帝纪》："舜陶于河滨，器皆不苦窳。"皆以苦为恶。节所以取信，苦窳则难以持久，不能符合，故曰"苦节不可贞"。自先天象失传，节字失诂。于是苦节之义，遂亦失矣。又坎为破，兑毁折。按：卦象节易苦窳，戒之所以慎始也。

《彖》曰：节亨。刚柔分而刚得中。苦节不可贞。其道穷也。说以行险。当位以节。中正以通。天地节而四时成。节以制度。不伤财。不害民。

艮为道，艮止故道穷。《荀子·性恶篇》："故善言古者必有节于今。"节，信也。四时往来，不差不忒，故曰"天地节而四时成"。艮为时为成，震卦数四，故曰"四时成"。度，丈尺也。度有制则民有信，信则不伤财，不害民。

《象》曰：泽上有水。节。君子以制数度。议德行。

数度皆所以取信于民。数纪于一，协于十，长于百，大于千，衍于万。有数而度量衡以起。度十分为寸，十寸为尺，十尺为丈。而度之生由于律。律，竹管也。累秬黍九十为九寸，以为黄钟之长，用以度长短。《虞书》云："同律度量衡。"诚以日久度量衡或差。同之以律，则不失毫厘。律者，节也。人之德行，亦有定节，以取信于世，与数度同。故君子取以为法焉。

初九。不出户庭。无咎。

初应在四，艮为户庭，而二阳为阻，故不宜出。不出则无咎。《象》曰"知通塞"，言二阻塞也。

《象》曰：不出户庭。知通塞也。

初应在坎，坎为通，二遇敌，不能应四，故曰"塞"。知其塞不出户庭，以求通，故曰"知通塞"。吴先生曰："《易》以阳在前为塞，阴在前为通。"初之不出，以九二在前，故曰"知通塞"。二则可出而不出，故有失时之凶也。

九二。不出门庭。凶。

互艮为门庭。二比重阴，阳遇阴则通。通则利往，乃竟不出。是失时也，故"凶"。

《象》曰：不出门庭凶。失时极也。

艮为时。极，中也。《说文》："极，栋也。"栋居屋脊，当屋之中，故极为中。"失时极"，即失时之中也。

六三。不节若。则嗟若。无咎。

三失位无应，故曰"不节"。震为笑，震反为艮则嗟矣。《离·九三》云："不鼓缶而歌，则大耋之嗟。"与此象义并同也。王弼云："若，辞也，语助辞也。"顺二故"无咎"。

《象》曰：不节之嗟。又谁咎也。

言其咎在己。

六四。安节亨。

得位有应，上承九五，艮止为安，故"安节亨"。

《象》曰：安节之亨。承上道也。

言能承上不失其道。

九五。甘节吉。往有尚。

《说文》："甘，美也。美，甘也。"而坎为美脊，故坎有美象，甘节即美节也。节而美善，方可用以取信，与下"苦节"为对文。五当位居中，下乘重阴，正位居体，故"甘节吉"。爻在外为往，往得尊位，居之不疑，故曰"往有尚"。虞氏强命二变应五，以释往字。岂知爻在外即曰"往"，泰否之"大小往来"可证也。

《象》曰：甘节之吉。居位中也。

艮为居，五中位。

上六。苦节贞凶。悔亡。

甘为美则苦为恶。坎为破，故曰"苦节"。节为信约，窳恶则不能符合，故"贞凶"。得位故无悔。

《象》曰：苦节贞凶。其道穷也。

在上无应故"穷"。

周易尚氏学卷十七　下经

䷼（中孚）

中孚。豚鱼吉。利涉大川。利贞。

上卦节。节，信也。节何以为信？以中爻两震竹相合。中孚初至五象与节同，仍两竹相合。而在中四爻，故曰"中孚"。孚，信也。《归藏》曰"大明"。大明者，离日晋顺而丽乎大明是也。是以小过为坎，大明为离，取义与《周易》微异也。巽为豚为鱼，鱼象人知之，豚即失传。岂知《姤·初》云："羸豕孚蹢躅。"即以巽为豕。《易林·大有之姤》："牝豕无猳。"《旅之遁》："彭生为豕。"皆以巽为豕。盖坎为豕以其隐伏。巽为伏，故亦为豕，而中孚正覆巽。豚鱼合居于中，故吉。坤为大川，震为舟为虚为木。五履重阴，乘震舟之上，故曰"利涉大川"。《传》释曰："乘木舟虚。"按《涣·传》云："乘木有功。"乘木即乘舟。又《益·传》云："木道乃行。"木亦谓舟。据王应麟所辑郑注云："舟谓集板如今船。[①] 空大木为之曰虚。"即古又名曰虚，总名皆曰舟。据郑注木舟虚三者，平列为义，皆船也。"利贞"，《传》释为应乎天。五天位，三四皆阴爻，阳得阴则通。阴顺阳，故曰"应乎天"。

《彖》曰：中孚。柔在内而刚得中。说而巽。孚乃化邦也。豚鱼吉。信及豚鱼也。利涉大川。乘木舟虚也。中孚以利贞。乃应乎天也。

中爻艮为邦。艮邦、震舟、震虚象皆失传。详《焦氏易诂》。

《象》曰：泽上有风。中孚。君子以议狱缓死。

---

① 原作自。阮校《诗·谷风·正义》云："自当为船。"

《玉篇》："狱谓之牢，又谓圜土。"中爻艮止为狱，两艮相合，则圜狱也。震为言，故"议狱"。兑为毁折，故曰"死"。"议狱缓死"，欲孚及罪人而向善也。

初九。虞吉。有它不燕。

《仪礼·士虞礼》注，释虞为安。初阳遇阳不宜动，与节初同。《节·初九》"不出户庭无咎"，即谓安吉也。它谓四，四巽为陨落，"有它"谓不安于初，不顾二阻。而它往应四，则不燕也。燕与宴通，亦安也。兑为燕，四巽兑覆，故曰"不燕"。《易林》，《小畜之兑》《随之萃》，皆曰"燕雀衔茅"，则皆以兑为燕。除《易林》外，他无用者。故《易林》为易象薮。

《象》曰：初九虞吉。志未变也。

巽为志，志未变，言安于初而不应四。

九二。鸣鹤在阴。其子和之。我有好爵。吾与尔靡之。

震为鹤，为鸣，为子。"阴"，山阴。二至五正反震，下震鹤，鸣于山阴。三至五震反，如声回答，若相和然。故曰"其子和之"。其子谓覆震，非互震，判然二物也。《易林·大有之屯》云："喁喁所言。"喁喁对语也。屯初至五亦正覆震相对，与中孚同。又《同人之中孚》云："衣裳颠倒。"震为衣，三至五震覆，故曰"颠倒"。《涣之中孚》云："闻言不信。"震言，三至五震覆，故"不信"。"不信"取其相反，"子和"取其相对，仍同也。而二至五亦正反艮，艮纳丙为山阳，下二至四艮覆，则山阴矣。而二正当其处，故曰"鸣鹤在阴"。《易林·颐之中孚》云："熊黑豺狼，在山阴阳。"正覆艮故既曰"熊黑"，又曰"豺狼"。上艮为山阳，下覆艮为山阴也，故曰"在山阴阳"。《易林》释此语，可谓明白矣。山阴之义，知者甚鲜。后独茹敦和以阴为山阴，而取义于兑。兑者艮之反，艮山阳，兑山阴，义不本《易林》，而取义与《易林》同。故夫有清一代之《易》家，主张自己，不随声附和者，莫茹氏若也。爵，《说文》："饮器，酒尊也。"震为尊为爵为嘉，故曰"好爵"。正覆震相对，故曰"吾与尔靡之"。孟喜云："靡，共也。"贞我悔彼，尔谓五，言二五共此爵也。

《象》曰：其子和之。中心愿也。

巽为心志，鸣和全在中四爻，故曰"中心愿"。

六三。得敌。或鼓或罢。或泣或歌。

《子夏传》三与四为敌，故曰"得敌"。荀爽曰：三四俱阴，故称敌也。中四爻艮震相反覆。震为鼓，艮止故罢。罢疲通音婆，下与歌叶，诸家或作罢音，非也。震为歌，震反则泣矣。与艮为山阳，艮反为山阴义同也。盖三不当位而遇敌，故不常如此也。得敌与颐二之失类，艮之敌应，为《易》义之根本，所关甚大。乃"得敌"韩子夏与荀知之，"失类"则无知者。致阴遇阴、阳遇阳之处皆失解，可唶也。

《象》曰：或鼓或罢。位不当也。

义见前。

六四。月既望。马匹亡。无咎。

兑为月，十五日日月望，乾象月盈甲；十六日平明，巽象月退辛。六四巽主，故曰"既望"。既王弼作"几"，孟荀皆作"既"，孟云"十六日也"，作"既"于巽象方切。震为马，四匹在初，马匹亡，言不应初而承上也。承阳故"无咎"。

《象》曰：马匹亡。绝类上也。

阴阳相遇方为类。旧解皆以阴遇阴为类，故全《易》类字皆失诂。绝者，决也。言四遇三敌，不能应初。类上即承上也。

九五。有孚挛如。无咎。

五下乘重阴，得类，故曰"有孚"，言孚于二阴也。挛，系也，恋也。《前汉书·李夫人传》："挛挛顾念我。""有孚挛如"者，言系挛三四也。五得位，故"无咎"。

《象》曰：有孚挛如。位正当也。

五既中且正。

上九。翰音登于天。贞凶。

《曲礼》曰："鸡曰翰音。"巽为鸡，为高，居巽上又居卦之极上，故曰"翰音登于天"。上应在三，三震为翰为音也。巽下陨，故"贞凶"。王注："翰，高飞也。"飞音者，音飞而实不至之谓也。居卦之上，华美外扬，虚声无实，故不可久长。

《象》曰：翰音登于天。何可长也。

穷上失位，下虚，故不长。翰音取象皆在应，非只巽鸡。《易》

无一字不由象生，观此益信矣。震翰象失传，详《焦氏易诂》。

䷽（小过）

小过。亨利贞。可小事。不可大事。飞鸟遗之音。不
宜上。宜下。大吉。

"过"之为义，《象传》即不明释，故讫无定解。后儒于是有以
"经过"为说者。端木国瑚谓兑巽过乾之左右，故曰"大过"。艮震
过坤之左右，故曰"小过"。有以过越为说者。朱震谓大过阳过阴，
大者过越也。小过四阴二阳，小者过越也。前一说只见于端木氏，
后一说则《易》家多从之。然尚有五阳五阴之卦，何以不言过？且
汉人以大过为死卦，阳过盛而反死，又何说乎？如谓四阳为上下二
阴所束缚故死，则小过四阴包二阳，胡以不谓之死乎？又四阳在中
为大过，四阴在中何以不谓为小过，而必以四阴在外者为小过乎？
是皆可疑，而先儒无言者。按：《太玄》拟大过为失，云"阴大作
贼，阳不能得"。言阳为阴贼，而失其用也。拟小过为羡为差，云
"阳气资幽，推包羡爽，未得正行"。言震阳本可直出，乃为上下四
阴所包，推排曲抑，仍有羡爽。羡，邪曲。爽，差也。盖大过按卦
气时当小雪，穷阴极寒，故阳气极衰。小过时当立春，阳气辟东，
本可无阻。乃为阴气所包，仍不免小有回曲。大小过纯以卦义言，
不以阴阳多少言也。卦二五阴得中，二阴承重，阳故亨。阴牝阳故
"利贞"。阴得中故"可小事"。阴失位而不中，故"不可大事"。
《左传·昭五年》："筮遇明夷之谦曰：日之谦当鸟。"日之谦即离变
艮，变艮而曰"当鸟"，是以艮为鸟。《易林》本之，以艮为黔啄为
鸟。[①] 小过下艮故曰"鸟"。上震故曰"飞鸟"。而震为覆艮，是上
下皆鸟。故《传》曰"有飞鸟之象焉"。宋衷谓二阳在内，上下各
二阴，有似飞鸟舒翮之象。虞翻则用卦变，云"小过从晋来，晋上
离为鸟"。惠士奇谓"古飞、非通用。小过即非字象，故曰飞鸟"。

---

① 详《焦氏易诂》。

愈演愈奇，皆艮鸟象失传之过也。遗，送也。震为音。茹敦和云："下艮为反震，口向下若送音于人者，故飞鸟遗之音。"上谓五，五失位而乘阳。下谓二，二当位而承阳。故上不宜而下大吉也。

《彖》曰：小过。小者过而亨也。过以利贞。与时行也。柔得中。是以小事吉也。刚失位而不中。是以不可大事也。有飞鸟之象焉。飞鸟遗之音。不宜上宜下。大吉。上逆而下顺也。

艮为时，刚失位指四，不中指三。"有飞鸟之象"，谓上下卦皆艮也。非如宋衷之解。艮为鸟，上艮覆故曰逆，下反是故顺。又五乘刚故逆，二承阳故顺。

《象》曰：山上有雷。小过。君子以行过乎恭。丧过乎哀。用过乎俭。

震为行，恭或为艮象。兑毁折，故曰"丧"。震为乐。震反为艮，故为"哀"。俭亦或为艮止象。旧解皆用卦变，无确诂，姑测其义如此。又三者皆过之微，即诂"小过"之义也。

初六。飞鸟以凶。

艮为鸟。四虽有应，二得敌，应予阻格。又失位，故"凶"。

《象》曰：飞鸟以凶。不可如何也。

言应四难。

六二。过其祖。遇其妣。不及其君。遇其臣。无咎。

艮为祖，二承三故"过其祖"。巽为妣，二当巽初，故"遇其妣"。《尔雅》："母曰妣。"妣谓二，祖谓三。二应在五，五震为君。乃五不应，故"不及其君"。艮为臣，三艮主爻，二承之，故"遇其臣"。艮为祖，巽为母。震君、艮臣象皆失传，故旧解无通者。义详《焦氏易诂》。

《象》曰：不及其君。臣不可过也。

《传》义未详。旧说或昆仑，或浮泛，皆不安。

九三。弗过防之。从或戕之。凶。

四遇敌故"弗过"。艮为守为坚，下有群阴承之，利于防守，故曰"防之"。与《渐·九三》《蒙·上九》"利御寇"，义同也。三应在上。戕，害也。"从或戕之"者，言三若应上，则四或害之也。艮为刀剑，四艮反向下，故"戕之"。首曰"防之"，所以戒也。

《象》曰：从或戕之。凶何如也。

极言其凶。

九四。无咎。弗过遇之。往厉必戒。勿用永贞。

四临重阴，利往，故"无咎"。四应在初，遇谓遇三也。三为四敌，故戒以弗过。然而"遇之，往厉"者，谓往应初而厉也。往应初，则三戕之，故厉。厉则宜有所戒，勿用而贞定自守可也。"无咎"指上行，"弗过"指下行。昔贤皆泥于往外为往。岂知《需·上》云："三人来。"是往外而曰来。《睽·上》云："往遇雨。"是来内而曰往。《易》固于往来不执定例也。

《象》曰：弗过遇之。位不当也。往厉必戒。终不可长也。

言之初仍勿用为宜，终不可长。

六五。密云不雨。自我西郊。公弋取彼在穴。

《文言》以坤为云。五上重阴，故曰"密云"。兑为雨，风火在下，故"不雨"。兑西震东，言此密云起自西郊，而东行也。震为公为射，故曰"公弋"。弋者系绳于矢以射鸟，乃不射鸟而以弋取彼在穴之艮狐，胡能得乎？盖五应在二，二巽为绳，艮为矢。以绳系矢，弋象也。而艮为穴为狐，艮手为取，穴居之物，岂能弋取？言二不应五，有如此也。凡《易》取象，不于本爻必于应。应爻有应予，如明夷初爻应在四震，则曰"飞"，曰"翼"，曰"攸往"，曰"主人有言"，全取震象，而直言之。应爻无应予，亦往往取其象而明其不应。如归妹上六应在三兑，则曰"女承筐"，曰"士刲羊"。女与羊皆兑象，而三不应上，故又曰"无实""无血"，及此爻皆是也。旧解不知此例，见象无著，则用卦变以当之。于是《易》义遂亡于讲说矣。

《象》曰：密云不雨。已上也。

"已上"，与小畜之"上往"同义。

上六。弗遇过之。飞鸟离之。凶。是谓灾眚。

弗遇言为五所格，应三难也。乃竟过之，是无心相值，不虞之祸。盖艮为鸟，上卦艮覆，鸟首向下有坠象。而艮为刀兵，正坠兵刃之上。离、罹通，遭也。遭此意外之祸，故凶也。三巽体，巽为疾病，故为"灾眚"。"是谓灾眚"者，言祸非由己，致无妄之灾，不可如何也。

《象》曰：弗遇过之。已亢也。

虞翻云："飞下称亢。"按《说文》："亢，人颈，或从页。"是亢即颃，古通为一字。《诗·邶风》"颉之颃之"，《毛传》："飞而上曰颉，飞而下曰颃。"故《前汉书·扬雄传·解嘲》，"邹衍以颉亢而取世资"，颃即作亢。师古云："颉亢，上下不定也。"亦训亢为下。上卦艮鸟覆有坠象，故曰亢。已亢者，言飞鸟离灾而下也。李道平云："阳言亢，阴不言亢。故虞不从俗说。"《闻见录》云："唐张师为赞皇尉，梦白鸟飞翔堕于云际，召黄贺筮之，遇小过。曰：雷震山上，鸟堕云间。声迹两销，不可复见。委心顺命可也。"是亦以艮为鸟，艮覆故曰"鸟堕"，互大坎故曰"云间"。震为声迹，坎隐伏，故曰"声迹两销，不可复见"。是亢之为下，再见于唐人所释。以艮覆为鸟堕，黄贺独知也。

䷾（既济）

既济。亨。小利贞。初吉终乱。

《尔雅·释天》："济谓之霁。"疏："霁，止也。"《说文》同。《归藏》作"岑㙷"，㙷即霁字。上坎为雨，下离为日，雨过日出，故曰"既济"。《谦·传》"天道下济"，即下止也。《诗·鄘风》"不能旋济"，《传》："济，止也。"《庄子·齐物论》"厉风济则万窍为虚"，注"济，止也"。《象传》曰"终止"，《杂卦》曰"既济定"，亦皆训济为止。既者，尽也。《左传·桓三年》"日有食之"即是也。既济者言六爻尽当位而止其所也。止其所而不迁，则道穷，故象辞不许其终吉。《释文》释"济"为度，《太玄》释为成。惟《象传》曰"终止"，即明释既义、济义。既者尽也，终也。终止即既济。后儒纷纭不已者，以忽略终止，即《说卦》义也。

六爻皆当位有应，故亨。"小利贞"小字，俞樾云："衍文，卦辞只曰亨利贞，故《传》特以小者亨也释之。如原有小字，则人人皆知，《传》不如此释矣。"《子夏传》："虞翻皆以享小断句，似非。"毛奇龄云："宜以'既济亨'句'小利贞'句，'小利贞'与'小利有攸往'同。"按毛说于句读适矣。然《传》曰刚柔正，是兼大小言也。今专以属之小，于六爻当位之义不合。然则小字属上下读皆不安。征之《象传》，其为衍文无疑。俞氏之说，似为可信。盖《易》之为道，以阳为主。阴与阳绝不平等，故阴得阳应必吉，阳得阴应则不必吉。且有以为凶者，如大过四爻，中孚初爻皆是。既济二、四承乘皆阳，又三阴皆有阳应，故小者亨。《象传》专以亨属小，亦谓大者不然。大何以不然？凡阳遇重阴必吉，一阴则否。既济三五皆陷阴中，虽三阳皆得位有应，然所应者阴，固与柔爻异也。此《传》之所以专以亨属之小也。既济者终止，其在既济之初，上下得所，民物咸宜，故初吉。然《易》之道以变通为贵，无或休息，止而终于是，则《易》道穷矣。故"终乱"。

《象》曰：既济亨。小者亨也。利贞。刚柔正而位当也。初吉。柔得中也。终止则乱。其道穷也。

卦三阴三阳，二为阴始得中，故曰"初吉"。上六则阴之终，故曰"终止"。"则乱"，坤为乱也。五刚亦得中，不许其吉者，以陷于阴中，与柔得中异也。

《象》曰：水在火上。既济。君子以思患而预防之。

治乱相循环，当治不可忘乱。坎为患为心，故曰"思患"。

初九。曳其轮。濡其尾。无咎。

初应在四，四坎为曳，为轮，为濡。四居坎下，故曰"曳"，曰"尾"。所有象皆在应爻，旧解苦于本爻求，胡能合乎？曳濡当有咎，得正故"无咎"。

《象》曰：曳其轮。义无咎也。

得正有应，当然无咎。

六二。妇丧其茀。勿逐。七日得。

《左传·昭五年》："火，水妃也。"故离为坎妇。茀，车蔽也。《诗·硕人》曰："翟茀以朝。"疏："妇人乘车不露见。车之前后，障以翟羽，以自隐蔽，谓之茀。"按《周礼》有"巾车"职，巾所以为蔽，即茀也。坎为隐伏为茀，乃坎在外，故丧其茀。盖离为光明，二承乘皆阳，无所隐蔽，如妇人之丧其茀也。卢兆鳌云："初曳轮，二丧茀，义实相因。其改字作绋作髢者，皆非也。"震为逐，半震故"勿逐"。"七日得"者，震为复，数七。言至七日，自然来复，与震二同义也。

《象》曰：七日得。以中道也。

二得中故得。

九三。高宗伐鬼方。三年克之。小人勿用。

《易林》于既未济，偶用半象，本之《易》也。三四形震，震为帝为主，故曰"高宗"，曰"伐"。坎为"三年"，为"鬼方"。"高宗"，殷王武丁。"鬼方"，西羌国名。《汉书·西羌传》云："殷室中衰，诸侯叛。至高宗伐西戎鬼方，三年乃克。"又曰："周季历伐西落鬼戎是也。"坎为艰为劳，故三年乃克。"小人"谓上六。《复·上六》云："反君道。"《比·上六》云："无首凶。"《师·上六》云："小人勿用。"是上六反君道，无首，为小人之尤。兹于三爻发之者，以三应在上六，故预戒也。

《象》曰：三年克之。惫也。

坎为劳，故曰"惫"。惫，疲极也。

六四。繻有衣袽。终日戒。

此与解三用象同。繻，《说文》"缯采色"。按：缯，《说文》"帛也"。三四震象，震为衣，"繻有"，言有帛衣也。四五巽象，巽为帛，亦为袽。袽，败絮也。"繻有衣袽"者，言虽有帛衣，衣败絮以自晦，终日戒备也。离为日，坎为忧，故曰"终日戒"。盖四居两坎之间，坎为盗，惧有所侵犯，故恶衣以自晦。袽，《说文》引作絮"絮"。《释文》云"子夏作茹。茹、袽、絮音同故通用。"又云"京作絮"。按：絮即絮之形讹字。《太玄·迎首》云："裳有衣襦。"裳者礼服，褚者短衣，乃有裳不用而衣襦，释此句至为明晰。又《释文》："繻，子夏作襦。"薛、虞云："古文作繻。"按襦、繻古通。《周礼·罗氏》注："郑司农云：襦为繻有衣絮之繻。"《弓人》注："郑司农云：帤读为襦有衣絮之。是襦繻袽絮古通用。"故各家读不同。

《象》曰：终日戒。有所疑也。

坎为疑。

九五。东邻杀牛。不如西邻之禴祭。实受其福。

离位东，故曰"东邻"。坎位西，故曰"西邻"。离为牛，兑为毁折为斧，故曰"东邻之杀牛"。坎为饮食，故为祭。禴，薄祭也。坎为薄，故曰"西邻之禴祭"。乾为福，杀牛而祭，当受福矣。然不如禴祭受福者，以坎当五，得中正之时也。此离东坎西之确证。郑氏谓离日出东，故曰"东邻"。坎月生西，故曰"西邻"。而不知离即在东，坎即在西，则卦象失传之故也。又汉人往往以纣与文王之事说此爻，非。

《象》曰：东邻杀牛。不如西邻之时也。实受其福。吉大来也。

受福故"吉"。

上六。濡其首。厉。

坎为首，阴乘阳故"濡其首"。与《比·上六》之"无首"义同。《象》所谓"终乱"者此爻。

《象》曰：濡其首厉。何可久也。

荀爽曰："居上濡五，处高居盛，必当复危，故何可久"。

䷿（未济）

未济。亨。小狐汔济。濡其尾。无攸利。

济，止也。六爻皆当位，止其所而不动，故曰"既济"。兹六爻皆不当位，不止，故曰"未济"。终而止，则其道穷。终而不止，则其道不穷。故既、未济相续而循环，柔得五中故亨。艮为小狐，卦有三艮，故《易林·涣之未济》云："三虎上山，更相喧唤。"是以未济为三艮，故曰"三虎上山"。兹曰小狐，是以艮为狐。"汔"，《说文》："涸也。"干宝云："小狐力弱，汔乃可济。今水未涸，故濡其尾。"艮为尾也。濡尾，故"无攸利"。按：《九家》"坎亦为狐"，兹曰"小狐"曰"尾"，艮为小为尾，故知取艮象。"济"者，济坎水也。

《象》曰：未济亨。柔得中也。小狐汔济。未出中也。濡其尾无攸利。不续终也。虽不当位。刚柔应也。

"未出中"，言二陷于坎中也。六爻皆不当位，"无攸利"。然刚柔相应，穷则宜变，变则通，故“不续终”，申不止之义也。

《象》曰：火在水上。未济。君子以慎辨物居方。

乾阳物，坤阴物。阴阳各当位，是居方也。阴阳皆不当位，是聚而失其方也。辨而明之，慎其居而择所处，则无咎矣。故君子以之。

初六。濡其尾。吝。

在下故曰“尾”。濡尾故“吝”。

《象》曰：濡其尾。亦不知极也。

“极”，《说文》“栋也”。栋居屋中，故极者中也。“濡尾”故不知极，言初在下失中。

九二。曳其轮。贞吉。

坎为轮为曳，居中，故“贞吉”。

《象》曰：九二贞吉。中以行正也。

以位言，九二中而不正。兹曰“行正”，以“正”释“贞”也，非谓位正。

六三。未济征凶。利涉大川。

不当位，前遇险，故“征凶”。征凶则不能利涉。兹曰“利涉大川”，上下文义反背。朱子疑“利上”有“不”字，按《象》云“位不当”，则不利也。缺以俟知者。

《象》曰：未济征凶。位不当也。

承乘皆险，动则必凶，柔居刚，故“位不当”。

九四。贞吉。悔亡。震用伐鬼方。三年有赏于大国。

坎为鬼。《易林·观之既济》云：“班马还师。”是用半震。震为马为反，既济三半震，故曰“班马还师”。兹《易》曰“震用伐鬼方”，亦以四五形震，为《易林》之所本。震为威武为征伐，坎为三年，故曰“三年”。“有赏于大国”者，言伐鬼方有功，以大国赏之也。盖以五上半艮为国也。贞吉，卜问吉也。高士奇《天禄识余》云：“《易》震用代鬼方，郭琛谓震乃挚伯名，《程传》训为威武。则三年有赏于大国，何人也？”以文理言，此说颇胜，而述之者少。

《象》曰：贞吉悔亡。志行也。

坎为志，四承乘皆阴，故“志行”。

六五。贞吉。无悔。君子之光。有孚吉。

离为光，五君位，故"君子之光"。下有应，故"有孚吉"。

《象》曰：君子之光。其晖吉也。

离为大明，故其晖吉。晖，《说文》："光也。"

上九。有孚于饮酒。无咎。濡其首。有孚失是。

坎为酒，为饮食。上九下履重坎，故"有孚于饮酒"。有应故"无咎"。上应在三，三居重坎之中，故亦濡其首。六爻皆有应，故"有孚"。皆失位，故"失是"。然"不续终"之故，正以此也。

《象》曰：饮酒濡首。亦不知节也。

上艮为节。节，止也。过而不止，故"不知节"。

既、未济之卦形，即异于常卦。故所取之象，往往为本卦所无。如曰"逐"，曰"高宗"，曰"伐"，曰"繻衣袽"，曰"杀"，曰"祭"，曰"福"，曰"大国"，曰"震"，本卦皆无此象。于是虞氏用卦变以求其象，惝恍支离，莫可究诘。然《经》于九四曰"震"，且明以四五为震矣，故知其他皆用半象也。《易林》本之。于《观之既济》云："班马还师。"《震之既济》云："蚰蚰唶唶。"《兑之既济》云："积石为山。"《旅之既济》云："逐鹿南山。"《恒之既济》云："三姒治民。"是皆于既济取震马震鹿巽姒兑齿艮山象。又《谦之未济》："千柱百梁。"是以艮为梁柱，未济三艮形，故曰"千柱百梁"。又《涣之未济》："三虎上山。"亦以三艮为三虎。又《蹇之未济》云："一口三舌。"亦以重兑为三舌。凡《易林》取象，无不本于《易》。此用半象，必有所受之。而其详不传，由是证施、孟、梁丘三家易学，其取象皆尚有极繁琐之口传。徒以古人尚质竹书艰难，其所为《易传》，皆疏其大义，而不详其烦琐。致使象数之细微，皆存之口授，不著竹帛，以伤其方雅。故汉时学《易》者必有师，非重师，重口授也。口授一绝，后人虽欲知而莫由。幸《焦氏易林》未亡，吾人可按其辞，抽绎坠象。使《易》之晦辞，得以复明。《易》之误解，俾以复正，不然且终古长夜矣。

《上经》终坎离。坎中爻震艮，离中爻巽兑，是举坎离而六子具也。《下经》终既未济。乾坤具备，而既济一阳一阴，则震兑也。未济一阴一阳，则艮巽也。是举坎离而八卦备也。故以为六十四卦之殿，其卦既无所不包，其象遂父母与六子俱备。故《易》与《易林》，于既未济取象，独不同欤！

周易尚氏学卷十八

系辞上传

《系辞》嘘吸经髓，挈举元神，其难解盖过于经。大抵深于易理者，望而知其所谓。易理不精者，愈读注释，愈不得要领。汉注皆以象，宋注皆以理。然辞有明指卦象者，离象而演空理则非矣。有泛言易理者，求解而必于卦象则执矣。兹择其可解者略说之，其语意昆仑不易知者，则阙之。

天尊地卑。乾坤定矣。卑高以陈。贵贱位矣。动静有常。刚柔断矣。

首二句言圣人仰观天，俯察地，因其尊卑而定乾坤二象。三、四二句，言乾位南，坤位北，高卑不同，而贵贱以分也。动者乾之常，静者坤之常。因其动静之迹，而识其刚柔之性也。

方以类聚。物以群分。吉凶生矣。

"方"，《九家》云："道也。所也。""方以类聚"，言万物能聚于一方者，以各从其类也。阴阳遇方为类。《颐·六二·象》曰"行失类"，言阴不遇阳也。《坤·传》曰"西南得朋，乃与类行"，《中孚·六四》曰"绝类上"，言阴遇阳也。阴阳遇为类，类则聚，聚则和合而吉矣。物者阴物阳物，纯阳或纯阴为群。乾曰"见群龙无首"，以纯阴为群。《否·二象》曰"不乱群"，以纯阴为群。纯阳纯阴则不交而阴阳分，分则类离，离则凶矣。《九家》注"死生之说"云："阴阳合则生，离则死。"自类字失诂，旧解皆不知吉凶之故何在，可喟也。

在天成象。在地成形。变化见矣。

《太玄·玄摛》云："日一南而万物死，日一北而万物生。斗一北而万物虚，斗一南而万物盈。"按日月星斗天之象，象一转移，则万物随以生死。而变化之形，应于地上。以上数者，皆《易》之原理也。

　　是故刚柔相摩。八卦相荡。

　　摩即交也。乾坤初爻摩成震巽，中爻摩成坎离，上爻摩成艮兑，而六子以生，八卦全矣。八卦以一卦荡八卦，而六十四卦备矣。荡犹推也。不曰"重"而曰"荡"者，言以一卦加于此卦，复加于彼卦，有类于推荡也。摩，虞翻训薄。薄即交也。

　　鼓之以雷霆。润之以风雨。日月运行。一寒一暑。

　　雷出自地，阳自下出上。故震为雷，覆之则阳在上为艮。霆自上下击，故艮为霆。自晋宋以来，有以霆为电者，后焦循等从之，以霆为离象。岂知此四句，言六子之用。以霆为离，则与下日象复，而六子不全，故霆为电。于字书虽有本，而在此则非也。雷霆鸣而草木甲坼，故曰"鼓"。阴在下为巽风，覆之则阴在上为兑雨，自上下降者也。为风则东风解冻，为雨则草木华滋，故曰"润"。日南至，月北至则寒。日北至，月南至则暑。坎月离日，对象也。震艮同体，兑巽同体，正覆象也。

　　乾道成男。坤道成女。乾知大始。坤作成物。

　　乾以初爻交坤成震，中爻交坤成坎，上爻交坤成艮，以生三男，故曰"成男"。坤以初爻交乾成巽，中爻交乾成离，上爻交乾成兑，以生三女，故曰"成女"。"大始"谓万物资始，"成物"谓万物资生。"作"，虞、姚作化。姚云："宜作'作'。"故从孔本。

　　乾以易知。坤以简能。易则易知。简则易从。易知则有亲。易从则有功。有亲则可久。有功则可大。可久则贤人之德。可大则贤人之业。易简而天下之理得矣。天下之理得。而易成位乎其中矣。[①]

　　此言乾坤之德，纯一不杂，易知易从也。乾之德则健纯粹，施仁育物而已，故曰"易"。坤之德收啬闭藏，顺阳成事而已，故曰"简"。

　　圣人设卦观象。系辞焉而明吉凶。刚柔相推而生

---

　　① 《释文》云：马、王肃作而"易成位乎其中"，他本皆无"易"字。兹从马王肃本。

变化。

古圣人仰观俯察，象万物万事而画卦，是卦者象也。故韩宣子适鲁，不曰"见《周易》"，而曰"见《易象》"，诚以象者《易》之本。伏羲既画卦以象万物，文王遂观象而系易辞。是易辞皆由象生，象而吉则辞吉，象而凶则辞凶。辞有吉凶，皆象之所命，圣人只明之而已。然则学《易》者，不先明卦象，而欲通其辞，是犹论布帛之良苦，而不知其质为丝枲也。可乎？乃自王弼扫象，演空理。唐宋诸儒，以其易而从之，易学遂亡矣。范宁谓其罪浮桀纣，彼实有所见，非故为苛论也。刚柔相推而生变化，如消息卦互相推荡是也。以卦变爻变言者，失之远矣。

是故吉凶者。失得之象也。悔吝者。忧虞之象也。变化者。进退之象也。刚柔者。昼夜之象也。六爻之动。三极之道也。

吉则得，凶则失，知悔吝则知忧虞，知忧虞则可趋吉避凶。阳生于复，进而推阴，则万物化生。阴生于姤，退而消阳，则万物变死。乾刚坤柔。乾大明，昼。坤黑，夜。《说文》："极，栋也。"《逸雅》："栋，中也。"陆绩曰："初四下极，二五中极，三上上极。"按初四即地极，二五即人极，三上即天极，故郑注云"三极三才也"。盖阴阳者，天之极。刚柔者，地之极。仁义者，人之极。六爻之动，以此为法，随时通变，不偏不畸，胥合乎中，故曰"三极"。

是故君子所居而安者。《易》之序也。所乐而玩者。爻之辞也。是故君子居则观其象而玩其辞。动则观其变而玩其占。是以自天祐之。吉无不利。

居安观象，静也。观象玩辞，玩象辞也。所谓七八占象也，若爻动则为九六。九六观变，而玩其爻辞以为占，故无不利也。

象者言乎象者也。爻者言乎变者也。吉凶者言乎其失得也。悔吝者言乎其小疵也。无咎者善补过也。是故列贵贱者存乎位。齐小大者存乎卦。辨吉凶者存乎辞。忧悔吝者存乎介。震无咎者存乎悔。是故卦有小大。辞有险易。辞也者。各指其所之。

七八不变，故占象。九六变，故占爻。吉则得，凶则失。疵，病也。凡言无咎者，原有咎也。知悔而改，则无咎矣。故曰"善补过"。

五乾位，君南面位贵。二坤位，臣北面位贱。齐，正也。阳卦大，阴卦小，卦列则大小分。例如泰小往大来，为大卦。否大往小来，为小卦也。又全《经》阳爻一百九十二，阴爻亦一百九十二。阴阳齐等，毫无偏畸也。介音戛，介者触也。《豫·六二》云"介于石"是也。谓心有所感触而忧惧，能忧惧悔吝自能免也。震，惧也。惧则悔，悔则无咎。吉则辞易，凶则辞险。之，往也。"辞也者各指其所之"，言凡易辞，皆视其爻之所在，而定吉凶也。此有二义：一、初之四，二之五，三之上。其爻在此，而其辞往往指应爻，应爻即所之。例如《蒙·六三》曰"见金夫不有躬"，指上爻象也。《泰·九二》曰"朋亡得尚于中行"，指六五言。有应故所之皆利，无应则不利也。又凡言"志在外""志在内"者，亦指所之也。二、凡爻之所比，得类失类，所关最大。例如颐六二，前遇重阴，《象传》曰"行失类也"。中孚六三，前亦遇阴，爻辞曰"得敌"。皆以阴遇阴为敌，为失类，故所之不利也。又鼎九二曰"慎所之"，革九三曰"征凶又何之矣"。皆以阳遇阳，敌刚，所之不利。《系辞》指出，故曰"各指其所之"。余卦类推。其第一义虞翻不知，而误解。朱震又谓之为之卦，后独焦循知之。其第二义无知者，故失类慎所之各辞，解无不误，于是此句亦鲜得解矣。

《易》与天地准。故能弥纶天地之道。仰以观于天文。俯以察于地理。是故知幽明之故。原始反终。故知死生之说。精气为物。游魂为变。是故知鬼神之情状。

准，同也。弥纶，包络也。幽明即阴阳。乾始于坎终于离，坤始于离终于坎。故云"原始反终"。始终即生死。《九家》云："阴阳合则生，离则死。""故知死生之说"，宋衷云："说，舍也。盖读如《召南》'召伯所说'之说。"郑云："精气谓七八，游魂谓九六。七八木火之数，九六金水之数。木火用事而物生，故曰精气为物。金水用事而物变，故曰游魂为变。"按七八生，神也。九六死，鬼也。精气谓之神，物生所信也。游魂谓之鬼，物终所归也。言木火之神，生物东南。金水之神，终物西北。知其情状，故不违。

与天地相似。故不违。知周乎万物而道济天下。故不过。旁行而不流。乐天知命。故不忧。安土敦乎仁。故能爱。范围天地之化而不过。曲成万物而不遗。通乎昼夜之道而知。故神无方而《易》无体。

八卦尽万物之象，故曰"知周万物"。过，差也。旁行，《九家》谓指六日七分图，以一爻值一日，一月值五卦，至岁终而周合无余，故曰"不流"。流，溢也。凡物皆生于二气之中，故曰"曲成万物而不遗"。乾大明昼，坤蓍闭夜，无方无体，谓周遍也。

一阴一阳之谓道。继之者善也。成之者性也。仁者见之谓之仁。知者见之谓之知。百姓日用而不知。故君子之道鲜矣。显诸仁。藏诸用。鼓万物而不与圣人同忧。盛德大业至矣哉。富有之谓大业。日新之谓盛德。生生之谓易。成象之谓乾。效法之谓坤。极数知来之谓占。通变之谓事。阴阳不测之谓神。

道无他，即一阴一阳也。继，统也。乾统天生物，故曰"善"。坤顺乾成物，故曰"性"。仁者见道，谓道为仁。知者见道，谓道为知。不免有偏。百姓颛蒙，日由其道，而不知其所以然，故能体君子之道者甚少也。道难见，见诸生物，故曰"显诸仁"。然不见其作为，故曰"藏诸用"。圣人成务故忧天下。若阴阳造化，鼓铸万物，无声无臭，无方无体，故不与圣人同忧。盛德谓天，大业谓地。物无不备，故曰"富有"。变化不息，故曰"日新"。阳极生阴，阴极生阳，转相生，故曰"生生之谓易"。乾三画象三才，故曰"成象"。坤效乾而两之，故曰"效法"。生数极于五，成数极于十，故大衍之数五十。及其揲蓍也，只用四十有九，参天两地，循环往复，然后得此七九八六之数，故曰"极数"。数极然后理尽，理尽然后能知来，占得其吉凶也。阴阳鼓万物，万物不觉知，故曰"不测"，曰"神"。

夫《易》广矣大矣。以言乎远则不御。以言乎迩则静而正。以言乎天地之间则备矣。夫乾。其静也专。其动也直。是以大生焉。夫坤。其静也翕。其动也辟。是以广生焉。广大配天地。变通配四时。阴阳之义配日月。易简之善配至德。

远谓乾天，迩谓坤地。复阳动北，南行推阴。《左传》谓之射，故曰"其动也直"。直故大。姤阴动南，下虚，虚则能容，故曰"其动也辟"。辟故广。乾坤配天地，乾坤交成震兑离坎，故变通配四时。荀爽云："乾舍于离，同日而居。坤舍于坎，同月而居。故阴阳配日月。"

子曰：《易》其至矣乎！夫《易》。圣人所以崇德而广业也。知崇礼卑。崇效天。卑法地。天地设位。而《易》行乎其中矣。成性存存。道义之门。

"知"谓乾效天崇，"礼"谓坤法地卑。上天下地中间人，故《易》行乎其中。乾为道，坤为义。出乾入坤，故道义为乾坤之门户。乾成始，坤成终。成之者性也，往来循环，无或间断，故曰"成性存存"。

圣人有以见天下之赜。而拟诸其形容。象其物宜。是故谓之象。圣人有以见天下之动。而观其会通。以行其典礼。系辞焉以断其吉凶。是故谓之爻。言天下之至赜而不可恶也。言天下之至动而不可乱也。拟之而后言。议之而后动。拟议以成其变化。

"议之而后动"，《释文》："郑姚桓玄荀柔之皆作仪之。"按：《释名》："仪，宜也。"《汉书·外戚传》："皆心仪霍将军女。"作仪义味实深长。但下文云"拟议以成其变化"，承上文言。郑玄等上作仪，下又作议，非。又按：恶，荀读作亚。亚，次也。按：恶、亚古同字。《史记·卢绾传》"绾孙他人，封为亚谷侯"，《汉书》作"恶谷"。又《语林》："有得汉印者，文曰周恶夫。刘原父谓即周亚夫印。"而啧与赜通。《左传·定四年》："曾同难，啧有烦言。"注："啧，至也。"疏："至于会时，有烦乱忿争之言。"然则啧有烦乱意。言天下之至啧而不可亚者，即言天下之物，至为繁赜杂乱，而难以次第也。

鸣鹤在阴。其子和之。我有好爵。吾与尔靡之。子曰：君子居其室。出其言善。则千里之外应之。况其迩者乎？居其室。出其言不善。则千里之外违之。况其迩者乎？言出乎身加乎民。行发乎迩见乎远。言行君子之枢机。枢机之发。荣辱之主也。言行君子之所以动天地也。可不慎乎？

中孚二至四互震，震为言为善，三至五震反，若相和答者，故曰"应之"。震为善，三至五震覆，故曰"不善"。震覆为艮，正与震相反，故曰"违之"。艮为里，震为千万，故曰"千里"。艮为君子，为居为室。枢，户枢也，主闭。机，弩牙也，主发动。艮为枢，震为机。

同人先号咷而后笑。子曰：君子之道。或出或处。或默或语。二人同心。其利断金。同心之言。其自如兰。

此明同人九五爻辞。同人旁通师，乾为君子为道，故曰"君子之道"。师震为出，为语。坤为默。同人互巽为处，故曰"或出或处，或默或语"。九五与六二应，伏坎为心，故曰"二人同心"。巽为利，乾为金，离断金，故曰"其利断金"。乾为言，巽为自为兰，故曰"同心之言，其臭如兰"。

初六。藉用白茅无咎。子曰：敬错诸地而可矣。藉之用茅。何咎之有。慎之至也。夫茅之为物薄。而用可重也。慎斯术也以往。其无所失矣。

此大过初六爻辞。错，置也。巽为茅，在下故曰"错诸地"，曰"藉"。茅之为物虽薄，然香絜可荐于宗庙，用以缩酒。其重为何如哉！术，道也。言持此卑退谨慎之道，则悔吝不生，而无所失也。

劳谦君子有终吉。子曰：劳而不伐。有功而不德。厚之至也。语以其功下人者也。德言盛。礼言恭。谦也者。致功以存其位者也。

释谦九三爻义。坎为劳，震为言语，为功。艮为位。

亢龙有悔。子曰：贵而无位。高而无民。贤人在下位而无辅。是以动而有悔也。

释乾上九。

不出户庭无咎。子曰：乱之所生也。则言语以为阶。君不密则失臣。臣不密则失身。几事不密则害成。是以君子慎密而不出也。

节初九爻辞。节二至五亦正反震，故曰"言语"。而兑为口舌。二至四震言，三至五如言而反，故曰"不密"。震为君。艮为臣，为身。兑毁折，故曰"失"，曰"害"。《升·九五》云："升阶。"以震为阶也。故曰"言语以为阶"。艮为慎密。此与上中孚节，皆演正覆象，而注家无知者。

子曰：作《易》者其知盗乎？《易》曰：负且乘。致寇至。负也者小人之事也。乘也者君子之器也。小人而乘君子之器。盗思夺之矣。上慢下暴。盗思伐之矣。慢藏诲盗。冶容诲淫。《易》曰：负且乘。致寇至。盗之招也。

解六三爻辞。坎为盗，为寇。艮为背，故为负。上卦震为覆艮，故曰"负"。坎为车，六三下据坎，故曰"负且乘"。古在上之君子，方得乘车，故曰"君子之器"。若负戴则小人之事也。今而乘车，是君子也。乃又负戴，是以君子而行小人之事，故"致寇至"。震为言，故曰"诲"。于邑云："招者，射之的也。"《吕氏春秋·本生纪》云："万人操弓，共射其一招。"高注云："招，埻旳也。"又《尽数纪》云："射而不中，反修于招。"注："反修其标旳。"毕校云："招，一作旳。"按旳的同。《说卦》"旳颡"，《说文》作"旳颡"。是其证。而旳古音勺，与招声近，故通用。盗之招即盗之旳，言负且乘与盗以旳也。虞翻命二变成艮，取艮手释招义，非。冶，《释文》郑陆虞姚作野，言妖野容仪。愚谓冶野音义并同，故通用。汉学家必谓野是，非也。

大衍之数五十。其用四十有九。分而为二以象两。卦一以象三。揲之以四以象四时。归奇于扐以象闰。五岁再闰。故再扐而后卦。

此言揲蓍之法，并用数之根本也。凡占必极数。方能知来。五者生数之极，不能再生。又一二三四五五数皆无偶，于是由五加一为六，以与一偶。加二为七，以与二偶。加三为八，以与三偶。加四为九，以与四偶。加五为十，以与五偶。故十者成数之极，不能再加。衍，郑云演也，干云合也，蜀才云广也。五十既为极数，故大衍以此为本也。《太玄》玄图云："一与六共宗，二与七共朋，三与八成友，四与九同道，五与五相守。"正五十也。孔子曰"五十以学《易》"，正谓此也。然五十居生数成数之极，极则穷故不用之。用五十之次数四九，由四十九方能泝出六七八九。然六七八九之生，仍由于一二三四。虚一用一也，分二用二也，挂一用三也，象四用四也。揲余不一则二，不三则四。本一二三四，泝出六七八九。而六七八九，无不含五。十仍五也，非果不用也。此所以为大泝也。象两者天地也。挂一者，别以一策挂于左手之小指。象三者三才也。揲之以四，谓每揲四策，一策象一时也。奇得揲余之策。虞翻云："不一则二。不三则四也。"扐，马云指间。范望云："并之于两手指间。""归奇于扐"者，言将揲左揲右之所余，并挂一，统归于两小指间，以为一扐，即一变也。一变既已，将过揲之策合之，如式再分挂揲，并扐之于次小指间，以为二变。二变既已，仍合正策，如式再分挂揲，并扐之于第三指间，以为三变。故曰"再扐"，再者相续之词。至三扐则卦矣，故不言三扐。三变既毕，视每变所余策数，少则四，多则八。如三变皆少数，则三四十二策。合挂一一策，共十三策。则正策为三十六，四数之得九。贾公彦《周礼·太卜》疏所谓"三少为重"，为九，为老阳也。如三变皆多数，则三八二十四策，合挂一共二十五策。则正策为二十四，四数之得六。贾公彦所谓"三多为交"，为六，为老阴也。如三变两多一少，则为二十策，合挂一共二十一策。则正策为二十八，四数之得七。贾公彦所谓"两多一少为单"，为七，为少阳也。如三变两少一多，则十六策，合挂一共十七策。则正策为三十二，四数之得八。贾公彦所谓"两少一多为坼"，为八，为少阴也。求七八九六之法既得，三变后视所得而画于版，故曰"再扐而后卦"。卦者，挂也。《说文》："挂，画也，言画其所得之一爻于版也。"闰者一岁之余。《左传·文元年》："履端于始，归余于终。"归余于终，与归奇于扐同也。每月必有闰，至年终而计其余。^①每揲必有奇，至一变终而并归于扐。天时积至五岁，约盈五十余日，闰二月以为结束。揲著扐一变之余，二变之余，至第三变再扐之。并合前扐，总计其数，视所得而画出一爻，以为结束。故曰"再扐而后卦"也。虞氏云："初扐挂于小指间，再扐挂于次小指间，三扐挂于第三指间。"必挂于指间者，须知古人多立筮，又无高几凭抚，以存放著策，故必暂挂于指间，以待三变之终也。卦从京氏，实虞氏曰"则布挂之一爻"。虞亦作卦，挂字皆后人妄改。卦、挂本通。《孔疏》引《易纬》云："卦者挂也。言悬挂物象以示人也。"而挂与掛尤通。惟掛为后出之字，故每以卦讹掛。求爻之法，至再扐而后卦已毕。后人误以揲左为初扐，揲右为再扐。因疑卦为二变之挂一，改卦为挂。诚如是，是求爻之法未竣也。未竣人胡能明？且揲半不能谓为一扐。谓为一扐，则一变终也。

天数五。地数五。五位相得而各有合。天数二十有五。地数三十。凡天地之数五十有五。此所以成变化而行鬼神也。

此以天地数明大衍数之本也。一三五七九，天数。二四六八十，地数。五位谓奇耦之位。一与六合为北方水，二与七合为南方火，三与八合为东方木，四与九合为西方金，五与十合为中央土。故五位相得而各有合。此全以数位言。天地数为大衍数之本，而大衍数却不用天地数。变之化之，其妙通于鬼神。

乾之册二百一十有六。^②坤之册百四十有四。^③三百有六十。当期之日。二篇之册。万有一千五百二十。当万物之数也。^④

十二月为一期，乾坤策正三百六十，故曰"当期之日"。

是故四营而成易。十有八变而成卦。八卦而小成。引

---

① 大率一年闰十日。

② 六乘三十六。

③ 六乘二十四凡。

④ 全经阴阳爻各一百九十二，以三六乘百九十二，得六九一二。以二四乘百九十二，得四六〇八。

而伸之。触类而长之。天下之能事毕矣。显道神德行。是
故可与酬酢。可与祐神矣。

分二，挂一，揲四，归奇，故谓四营。四营成一变，三变成一
爻，十有八变成六爻。九变成一卦，故曰八卦而小成。

子曰：知变化之道者。其知神之所为乎？《易》有圣
人之道四焉。以言者尚其辞。以动者尚其变。以制器者尚
其象。以卜筮者尚其占。是故君子将有为也。将有行也。
问焉而以言。其受命也如向。无有远近幽深。遂知来物。
非天下之至精。孰能与于此。

以上言《易》之神。《释文》："向亦作响。"朱子云："向，古文
响字。"言《易》受筮者之命，如响之应声，而告以来物之吉凶也。

参伍以变。错综其数。通其变。遂成天地之交。极其
数。遂定天下之象。非天下之至变。其孰能与于此。

爻数至三，内卦终矣，故曰"必变"，乾四云"乾道乃革"是
也。此从三才而言也。若从五行言，至五而盈，故过五必变。乾上
有悔，《泰·上》"城复于隍"是也。故曰"三五以变"。一二三四，
与六七八九同，而阴阳则异。故一与六相错，二与七相错，三与八
相错，四与九相错。综者，来往上下也。数至三而终，终则复始，
故三变成一爻，至五而盈。盈则返初，五加一为六，加二为七，加
三为八，加四为九。故曰"错综其数"。错则阴数与阳数相合，相
得，故曰"成天地之交"。综则阴阳往复，循环不穷，而四象以出。
此明《易》用六七八九之所以然。古今说此者，人执一辞，讫无定
解。姑申其本原如此。

《易》无思也。无为也。寂然不动。感而遂通天下之
故。非天下之至神。其孰能与于此。夫《易》。圣人之所
以极深而研几也。唯深也故能成天下之志。唯几也故能成
天下之务。唯神也故不疾而速。不行而至。子曰：《易》
有圣人之道四焉者。此之谓也。

四，谓尚辞、尚变、尚象、尚占。

天一地二。天三地四。天五地六。天七地八。天九地

十。子曰：夫《易》何为而作也。夫《易》开物成务。冒天下之道。如斯而已者也。

"如斯而已"者，言《易》道尽包括于十数之中也。《本义》从程氏，置于"大衍"章之前固谬妄。即据《汉书》置于"天数五"之上，仍未得也。如在彼处，则"冒天下之道""如斯而已"数语，尚何指哉！须知"如斯"二字，即指天地数。

是故圣人以通天下之志。以定天下之业。以断天下之疑。是故蓍之德圆而神。卦之德方以知。六爻之义易以贡。圣人以此洗[①]心。退藏于密。吉凶与民同患。神以知来。知以藏往。其孰能与于此哉。古之聪明睿知。神武而不杀[②]者夫。是以明于天之道。而察于民之故。是兴神物。以前民用。圣人以此斋戒。以神明其德夫。是故阖户谓之坤。辟户谓之乾。一阖一辟谓之变。往来不穷谓之通。见乃谓之象。形乃谓之器。制而用之谓之法。利用出入。民咸用之谓之神。

阳生于复，齐于巽，万物相见，故曰"辟户"。阴生于午，闭藏于亥，万物收缩，故曰"阖户"。一辟一阖，往来不穷，故曰"通"。即消息卦之理也。贡，《释文》"告也。京陆虞作工，荀作功。"工、功古通。

是故易有太极。是生两仪。两仪生四象。四象生八卦。八卦定吉凶。吉凶生大业。

《说文》："极，栋也，中也。"从坎至离，南北正中。中即极，极以东万物生，是为阳仪。极以西万物终，是为阴仪。阳少于子，老于巳。阴少于午，老于亥。四象生矣。四象即四时：春少阳，夏老阳，秋少阴，冬老阴也。老阳老阴即九六，少阳少阴即七八，故四象定则八卦自生。

---

① 《石经》作先，诸家训先为尽。实先、洗古通用。《庄子·德充符》：不知先生之洗我以善邪。与此洗义同。

② 衰也。

太极者中。天地定位则阴阳分，两仪也。坤下一阳生震，少阳也。二阳生兑，三阳乾则老阳矣。老阳之下生一阴巽，少阴也。二阴艮，三阴坤则老阴矣。六卦备矣。而水火则横互于中，水火者乃交后之乾坤也。竖则为天地，东阳西阴。横则为日月，南阳北阴。是故坎下震上艮，离上兑下巽。乾坤生六子，离坎兼四隅。故四象生八卦。

是故法象莫大乎天地。变通莫大乎四时。县象著明莫大乎日月。崇高莫大乎富贵。备物致用。立成器以为天下利。莫大乎圣人。探赜索隐。钩深致远。以定天下之吉凶。成天下之亹亹者。莫大乎蓍龟。是故天生神物。圣人则之。天地变化。圣人效之。天垂象见吉凶。圣人象之。河出图。洛出书。圣人则之。易有四象。所以示也。系辞焉所以告也。定之以吉凶。所以断也。

天地者乾坤，四时者离坎震兑。离坎又为日月，艮山为崇为贵，巽为高为利市，故为"富"。合乾坤离坎，震兑艮巽，而八卦之用全，故下曰"备物致用"。《左传·定四年》："会同难啧有烦言。"注："啧、至也。"啧、赜通。"探赜"者，探其深至也。隐者，伏也。"索隐"者言正象之旁，尚有伏象，须索之也。河出图，洛出书，自然属于感应符瑞之事，故与神物并言。以见《易》之所自出，而圣人则之也。惟图书究为何物？《集解》引孔安国注云："河图，八卦也。"按《五行志》云："刘歆以为伏羲继天而王，受河图。则而画之，八卦是也。"又《礼运》"河出马图"，郑注"龙马负图而出"。疏引中侯握中纪云："伏羲有天下，龙马负图出于河，遂法之作八卦。"是伏羲则河图作八卦，汉人多如此言。然曰"则之""法之"，则河图别为一物，非河图即八卦明甚。若河图即八卦，尚胡云则之法之乎？孔说非也。惟河图究为何状，莫有言者。至宋人以五行数当之：一六北方水，二七南方火，三八东方木，四九西方金，五十中央土。共五十五数。此数之见于古籍者，如《太玄》云："三八木，二七火，四九金，一六水，五五土。"《月令》："其日甲乙，其数八。其日丙丁，其数七。其日庚辛，其数九。其日壬癸，其数六。其日戊己，其数五。"《墨子·书迎敌》："其方数东方八，南方七，西方九，北方六。"《大戴礼》："孤子朝，孤子八人以成春事。司马爵士之有度者七人，以成夏事。食农夫九人，以成秋事。司空息国老六人，以成冬事。"《黄帝素问》："其方数东方八，南方七，西方九，北方六。"其方，其时，其数，皆与此图同。而墨子在春秋时即言之，可谓古矣。然各家只言其数，不言其名。不知宋人以此数当河图，究何所据。至于洛书。孔安国谓"即九畴"。《五行志》："刘歆谓禹治洪水，锡洛书。法而陈之，《洪范》是也。"并谓自"初一曰五行"，至"畏用六极"，凡此六十五字，皆洛书本文。是孔刘皆以洛书为《九畴》然郑注引《春秋纬》云："河龙图发，洛龟书成。河图九篇，洛书六篇。"《许衡》云："河图洛书，言兴衰存亡。"是又皆以为书名，与今宋人所传"戴九履一"之数大异。其说"戴九履一"之数者，《乾凿度》云："一阴一阳合十五，太一取其数以行九宫。四正四维，皆合于十五。"则正与今书数合。又《大戴礼》："明堂者九室，二九四，七五三，六一八。"即今书之横图数，九室即九宫。又孙星衍云："北周甄鸾注《数术记遗·九宫算》云：九宫者即二四为肩，六八为足，左三右七，戴九履一，五居中央。"又郑注"太一"下"行九宫"云："太一行始坎，次坤，次震，次巽，复息于中宫。按：坎数一，坤二，震三，巽四，中宫五。是太一之行，按一二三四五之序也。"又云："自中宫至乾，次兑，次艮，次离，一周毕矣。"按乾西北数六，兑西数七，艮东北数八，离正南九。是太一之行，又自五而六七八九也。故曰"四正四维，数合十五"也。然则今洛书，据《大戴礼》《乾凿度》，郑注甄鸾注，皆名曰九宫，不谓为洛书。其谓为洛书者，只北周卢辩注《大戴礼》云："记用九室，谓法龟文。"然他古籍皆不如是言也。河图洛书既茫昧难明，至宋人以五行数九宫数当之，诚不知其何所据。然孔刘以九宫数为九畴，独不思则之者，则以画卦。画卦者伏羲，洛书禹时出，伏羲安能则之？不尤误乎？按《礼纬·含文嘉》云："伏羲德合上下，天应以鸟兽文章，地应以河图洛书，乃则以作《易》。"又《河图挺辅佐》云："黄帝问道于天老。天老曰：河出龙图，洛出龟书，所纪帝录，列圣人之姓号。"据是则洛书亦出伏羲时。出于伏羲时，方能则以画卦。后汉学家袭孔刘之说，定谓洛书出禹，皆误也。四象，或云指七八九六，或云指上神物变化垂象图书四者，又有谓指分二挂一揲四归奇者。愚按指七八九六者是也，七八九六即南北东西，即春夏秋冬也。

《易》曰：自天祐之。吉无不利。子曰：祐者助也。天之所助者顺也。人之所助者信也。履信思乎顺。又以尚贤也。是以自天祐之。吉无不利也。

此释大有上九爻义。或言是错简，宜在前七爻之下。大有六五承阳，五天位。承，顺也，是天以顺祐上也。乾为人为信，二应五，五孚于上，故曰"人之所助者信"。上履信思顺，又二应五得尚于中行，是尚贤也。故无不利。

子曰：书不尽言。言不尽意。然则圣人之意。其不可见乎？子曰：圣人立象以尽意。设卦以尽情伪。系辞焉以尽其言。变而通之以尽利。鼓之舞之以尽神。

意之不能尽者，卦能尽之。言之不能尽者，象能显之。故立象以尽意，设卦以尽情伪。

乾坤其《易》之缊耶。乾坤成列。而《易》立乎其中矣。乾坤毁则无以见《易》。《易》不可见。则乾坤或几乎息矣。

六十四卦，皆乾爻坤爻所积而成，故乾坤为《易》缊。缊，藏也。

是故形而上者谓之道。形而下者谓之器。化而裁之谓之变。推而行之谓之通。举而措之天下之民谓之事业。是故夫象。圣人有以见天下之赜。而拟诸其形容。象其物宜。是故谓之象。圣人有以见天下之动。而观其会通。以行其典礼。系辞焉以断其吉凶。是故谓之爻。极天下之赜者存乎卦。鼓天下之动者存乎辞。化而裁之存乎变。推而行之存乎通。神而明之存乎其人。默而成之。不言而信。存乎德行。

"是故夫象"下九句与前复。故知《系辞》，乃门人杂记孔子之言，非出一人之手。

周易尚氏学卷十九

系辞下传

八卦成列。象在其中矣。因而重之。爻在其中矣。刚柔相推。变在其中矣。系辞焉而命之。动在其中矣。

天地定位，乾坤列南北。日月系象，离坎列东西。山泽通气，艮兑列西北东南。雷风相薄，震巽列东北西南。三画毕而八卦全，凡万物之象，无不包括于八卦之中，故象在其中。因八卦重八卦，兼三才而两之故六，六方有爻。《说文》："爻交也。"一与四交，二与五交，三与上交。故三画只有象，六画始有爻，相推指消息。

吉凶悔吝者。生乎动者也。刚柔者。立本者也。变通者。趋时者也。吉凶者。贞胜者也。天地之道。贞观者也。日月之道。贞明者也。天下之动。贞夫一者也。

"贞胜"姚信读作"贞称"。贞，常也。言吉凶之道，无不与阴阳相称也。按：胜、称音近古通。《考工记》："角不胜干，干不胜筋，谓之不参。"注："胜或作称。"《晋语》曰："中不胜貌。"韦注："胜当为称。"天地谓二五，二五中正，中正以观天下，故曰"贞观"。坎月离日，大明终始，故曰"贞明"。一者神也。神也者，妙万物而为言者也。故动贞于一。

夫乾。确然示人易矣。夫坤。隤然示人简矣。爻也者效此者也。象也者像此者也。[①] 爻象动乎内。吉凶见乎外。功业见乎变。圣人之情见乎辞。天地之大德曰生。圣人之

---

① 义皆与前复。以非一人所记录。

大宝曰位。何以守位曰人。何以聚人曰财。理财正辞。禁民为非曰义。

内，内卦。外，外卦。《乾凿度》云："《易》气从下生，故动于地之下，则应乎天之下。动于地之中，则应于天之中。动于地之上，则应于天之上。"故曰爻象动乎内，吉凶见乎外，"守位曰人"。人，王肃桓玄等作仁。仁、人古通。《礼器碑》"四方士仁"，士仁即士人。《论语》："问管仲，曰人也。"即仁人也。又仁者，"虽告之曰：井有仁焉。其从之也。"有仁即有人。何晏注谓"仁人堕井"，误。

古者包牺氏之王天下也。仰则观象于天。俯则观法于地。观鸟兽之文。与地之宜。近取诸身。远取诸物。于是始作八卦。以通神明之德。以类万物之情。

近取诸身，如乾首坤腹震足等是。远取诸物，如乾马坤牛艮狗兑羊等是。凡物皆有阴阳，有阴阳则相感而有情，有情则相聚相合而为类，故曰"以类万物之情"。

作结绳而为网罟。以佃以渔。盖取诸离。

离中爻巽为绳，离重目故为网罟。网罟皆目也。以网罟取兽于陆曰"佃"，取鱼于泽曰"渔"。

包牺氏没。神农氏作。斲木为耜。揉木为耒。耒耨之利。以教天下。盖取诸益。

益巽为木。震为足故为耜。耜耒头金也。震为耕故为耒。耒，耕具也。中爻艮手，故曰"斲"曰"揉"。耜所以刺地，故斲木使锐。而冒以金，使入地易。耒形曲，故揉之使曲。

日中为市。致天下之民。聚天下之货。交易而退。各得其所。盖取诸噬嗑。

噬嗑离在上，故曰"日中"，互艮为市，坎为聚，为众，为民，震为货为归，故曰"交易而退"。

神农氏没。黄帝尧舜氏作。通其变使民不倦。神而明之。使民宜之。《易》穷则变。变则通。通则久。是以自天祐之。吉无不利。黄帝尧舜垂衣裳而天下治。盖取诸乾坤。

乾为衣，坤为裳。上衣下裳，乾上坤下，故曰"取诸乾坤"。自黄帝以前，只短衣蔽体，以御寒暑，无所谓威仪。至黄帝始服冕垂衣，襟袖宽博，彬彬下垂。至尧舜更象日月星辰山龙华虫作服，而衣裳之文采大备。

刳木为舟。掞木为楫。舟楫之利。以济不通。致远以利天下。盖取诸涣。

涣上巽为木，下坎为楫。《说文》："楫舟棹也。"中爻震为舟，艮手故曰刳曰掞。刳，《说文》："判也。"《玉篇》："空物肠也，剖也。"古之时无锯，故剖木使中空以为舟也。震舟象失传，虞翻等皆以涣为舟。杭辛斋谓日本《易》家以震为船。按：《易林·大有之谦》云："方船备水。"以谦互震为船也。震为虚，故为舟船。《归妹·上六》"承虚筐也"，以震为虚也。

服牛乘马。引重致远。以利天下。盖取诸随。

服牛即驾牛。《说文·牛部犕下》引"《易》曰犕牛乘马"，而不言犕义。陈寿祺曰："《玉篇》：犕，皮秘切，服也，以鞍装马也。《集韵》犕，用牛也，通作服。"据此服牛即驾牛也。《易林·归妹之比》云："申酉脱服，牛马休息。"脱服即弛驾也。随互艮为牛，下震为马。艮为引，巽为利。谓以牛马引重致远，以利济天下也。艮牛象见无妄解。

重门击柝。以待暴客。盖取诸豫。

豫艮为门，坤亦为门，故曰"重门"。又《九家》云："从外视之艮，故曰重门。"是以正反艮为重门也。震为柝，艮为击，故曰"击柝"。震为客，而决躁，故曰"暴客"。重门深密，击柝警戒，皆所以备盗。中爻坎为盗也。

断木为杵。掘地为臼。臼杵之利。万民以济。盖取诸小过。

小过中爻巽为木为杵。兑毁折，故曰"断木为杵"，震中虚为臼，艮为掘。掘地为臼，盖以蜃灰，垩之使坚，盛谷于中，舂之以杵，而民食济也。

弦木为弧。剡木为矢。弧矢之利。以威天下。盖取诸睽。

睽中爻坎为弧，为矢。弦，《说文》："弓弦也。"弧，《说文》

"木弓也"。"弦木为弧"，言以弦牵木使曲成弧也。剡，削也，削木使直成矢也。离为威如，兑毁折，故曰"威天下"。

上古穴居而野处。后世圣人易之以宫室。上栋下宇。以待风雨。盖取诸大壮。

大壮通观。观艮为穴为野，为宫室。巽为栋，在外卦，故曰"上栋"。艮为宇，在巽下，故曰"下宇"。宇，今俗所谓廊檐也。巽为风，兑为雨。旧解不用旁通，用正象，宜其不合也。

古之葬者。厚衣之以薪。葬之中野。不封不树。丧期无数。后世圣人易之以棺椁。盖取诸大过。

大过乾为衣，巽为薪。管辂以坎为棺椁。大过中实亦坎象，故亦象棺椁。汉儒以大过为死卦，盖本此也。

上古结绳而治。后世圣人易之以书契。百官以治。万民以察。盖取诸夬。

夬上兑为覆巽，巽为绳。上古结绳纪事。今巽覆为兑，兑为斧。故曰"书契"。契，刻也。《吕氏春秋》"契舟求剑"是也。《考工记》："筑氏为削，合六而成规。"注："今之书刀。"盖古用简须以刀刻字，今殷墟掘出之甲骨文是也。故曰"书契"。兑为刀、斧，乾为圜。书刀合六以成规，故取于夬。

是故易者象也。象也者像也。

此总明上取象之故也。凡易辞无不从象生，韩宣子适鲁，不曰"见《周易》"，而曰"见《易象》与《鲁春秋》"，诚以"易者象也，象者像也"。言万物虽多，而八卦无不像之也。像，俗字。《释文》："孟、京、虞、姚、董，还作象。"

象者材也。

材犹言行能。阮元训象为分，材与财、裁通。言用此象辞，《说卦》象而分之。

爻者效天下之动者也。是故吉凶生而悔吝著也。

动，发也。爻，交也。卦至六画始有爻，动于下，应于上，故曰"效"。效之而当则吉，不当则凶也。

阳卦多阴。阴卦多阳。其故何也。阳卦奇。阴卦耦。

其德行何也。阳一君而二民。君子之道也。阴二君而一民。小人之道也。

韩注："少者多之宗，一者众之归。阳卦二阴，故奇为之君。阴卦二阳。故耦为之主。"后汉仲长统曰："《易》曰阳一君二臣，君子之道也。阴二君一臣，小人之道也。然则寡者为人上者也，众者为人下者也。专以贵贱言。愚谓阳道行则世治，世治则一君二民而君权一。阴道盛则世乱，世乱则二君一民，而君权堕。"《管子·霸言》云："使天下两天子，天下不可理也。一国而两君，一国不可理也。一家而两父，一家不可理也。"不可理则乱，故曰"小人之道"。

《易》曰：憧憧往来。朋从尔思。子曰：天下何思何虑。天下同归而殊涂。一致而百虑。天下何思何虑。

释咸九四爻义。吾道一以贯之，"朋从尔思"，则百虑也；"憧憧往来"，则殊涂也。然涂虽殊而同归于一，虑虽百亦终致于一，天下事贞于一而已。何思何虑哉！

日往则月来。月往则日来。日月相推而明生焉。寒往则暑来。暑往则寒来。寒暑相推而岁成焉。往者屈也。来者信也。屈信相感。而利生焉。尺蠖之屈。以求信也。龙蛇之蛰。以存身也。精义入神。以致用也。利用安身。以崇德也。过此以往。未之或知也。穷神知化。德之盛也。

咸互乾为日，上兑为月。至夕则日往而月来，至晨则月往而日来。往，收藏也。乾为寒，坤为暑。乾息自复，至姤而藏。坤阴用事，坤消自姤，至复而藏。乾阳用事，寒暑互相推，而岁功以成。往则收藏故曰"屈"，来则用事故曰"信"。尺蠖，屈信虫也，见《说文》。又《尔雅疏》："蠖又呼步屈。言其以尾就首，屈而后信，举步之形也。"《埤雅》云："今人布指求尺，一屈一信，如蠖之步，谓之尺蠖。"按《诗·小雅》："螟蛉有子，果蠃负之。"螟蛉食槐叶虫，色绿与叶若一。夏日细腰，以泥砌窠成，衔螟蛉入。螟蛉即尺蠖。咸九四巽体，巽为虫。蠖行以尾就首，先屈后信，故以为喻。咸艮位戌刻，互乾为龙，伏坤为蛇。乾坤合居于戌亥数无之地，故曰蛰。惟能蛰故能存身，《乾·传》所谓"保合太和"也。乾为神，坤为义。"精义入神"，谓乾坤合德于戌亥。《易林》云："乾坤利贞，乳生六子。"六子生然后能致用，用利然后身安，身安则德自崇。盖阴阳屈信，循环无端，不屈则不能信，不蛰则无以为存。阴阳往来，定理本如是也。

《易》曰：困于石。据于蒺藜。入于其宫。不见其妻凶。子曰：非所困而困焉。名必辱。非所据而据焉。身必危。既辱且危。死期将至。妻其可得见邪。

坎隐伏故名辱，坎险故身危。坎为棺椁，故曰"死"。困六三爻义。

《易》曰：公用射隼于高墉之上。获之无不利。子曰：隼者禽也。弓矢者器也。射之者人也。君子藏器于身。待时而动。何不利之有。动而不括。是以出而有获。语成器而动者也。

解上震为器，为人，互坎故藏器。震为时，为动，动故不括。解上六爻义。

子曰：小人不耻不仁。不畏不义。不见利不动。不威不惩。小惩而大戒。此小人之福也。《易》曰：屦校灭趾无咎。此之谓也。

此释噬嗑初九爻义。震为动为威。

善不积不足以成名。恶不积不足以灭身。小人以小善为无益而弗为也。以小恶为无伤而弗去也。故恶积而不可掩。罪大而不可解。《易》曰：何校灭耳。凶。

此释噬嗑上九爻义。

子曰：危者安其位者也。亡者保其存者也。乱者有其治者也。是故君子安而不忘危。存而不忘亡。治而不忘乱。是以身安而国家可保也。《易》曰：其亡其亡。系于苞桑。

此释否九五爻义。

子曰：德薄而位尊。知小而谋大。力小而任重。鲜不及矣。《易》曰：鼎折足。覆公𫗧。其形渥。凶。言不胜其任也。

此释鼎九四爻。"形渥"，郑虞皆作"刑剭"，言因覆𫗧而被大刑也。古字音同通用，王弼、《程传》以形为形体。王谓形渥为沾濡，程谓为汗赧，皆望文生义。不惟不审通假之例，且于经义显违。以折足覆𫗧之罪，只汗赧而已乎？《本义》多从《程传》，独此不从，诚以其陋也。观此曰"鲜不及矣"，谓及于刑辟也。此可以定其是非也。

子曰：知几其神乎？君子上交不谄。下交不渎。其知几乎？几者动之微。吉之先见者也。君子见几而作。不俟终日。《易》曰：介于石。不终日。贞吉。介如石焉。宁用终日。断可识矣。君子知微知彰。知柔知刚。万夫之望。

此释豫六二爻义。《左传·昭五年》："于人为言，败言为谗。"谦下艮，震反，故曰"败言"。豫与谦同体，亦正反震。故曰"谄"曰"渎"。蒙曰"渎则不告"，以二至上正反震相对。言多故曰"渎"。豫亦正反震，故亦曰"渎"。《系辞》与《左传》之用正覆象。除《易林》外，无有喻者。故解左氏而误。解易而误。而谄与渎之故，皆莫知其所自来矣。介，砎之省，硬也。故曰"介如石"。

子曰：颜氏之子。其殆庶几乎？有不善未尝不知。知之未尝复行也。《易》曰：不远复。无祗悔。元吉。

此释复初爻义。

天地絪缊。万物化醇。男女构精。万物化生。《易》曰：三人行则损一人。一人行则得其友。言致一也。

损六三爻义。少男少女，爻无不交。艮为天，坤为地，为万物。震为生，未交则阴阳分，既交则阴阳合。"德"，所谓同声同气也，故曰"致一"。

子曰：君子安其身而后动。易其心而后语。定其交而后求。君子修此三者。故全也。危以动。则民不与也。惧以语。则民不应也。无交而求。则民不与也。莫之与则伤之者至矣。《易》曰：莫益之。或击之。立心勿恒。凶。

益上九爻义。二至四艮为身为安为求。震为动为言。坤为心为民。易，平也，言平易其心而后语也。

子曰：乾坤其《易》之门邪。乾阳物也。坤阴物也。阴阳合德。而刚柔有体。以体天地之撰。以通神明之德。其称名也。杂而不越。于稽其类。其衰世之意邪。夫《易》彰往而察来。而微显阐幽。开而当名。辨物正言。断辞则备矣。其称名也小。其取类也大。其旨远。其辞文。其言曲而中。其事肆而隐。因贰以济民行。以明失得之报。

阴阳合德，而万物乃生，各有其刚柔之体。体刚者得天数，体柔者得地数。《九家》云："撰，数也。天数九，地数六。言万物形体，皆受天地之数也。"撰与算，音近通用。《夏官》："群吏撰车马。"郑注："撰读曰算，谓数择之。"兹与之同。万物变化，通于神明。其名虽杂，然系之爻卦各有其序，不相逾越。故曰"杂而不越"。凡吉凶悔吝皆所以备忧患，故曰"衰世之意"。若盛世则无所谓忧患也。"彰往"如"先甲三日"，"先庚三日"。"察来"如"履霜坚冰至"，"至于八月有凶"是也。卦名只八耳，而万物皆象于其中，故曰"其称名小，其取类大"。肆，极也。《周语下》："薮泽肆既。"注："肆，极也。"贰，辅也。卦有内外有上下，初为主则四贰之，二为主则五贰之，三为主则上贰之。其吉凶得失，皆以此为度，故"因贰以济民行"。

《易》之兴也。其于中古乎？作《易》者。其有忧患乎？是故履。德之基也。谦。德之柄也。复。德之本也。恒。德之固也。损。德之修也。益。德之裕也。困。德之辨也。井。德之地也。巽。德之制也。

虞氏曰："中古谓庖牺。"庖牺始画卦，以前为上古。上古之人无忧患，九卦者防忧虑患之本。柄，本也，所以持物辨别也。遭困之时，君子不改其常，小人必失其度。以此为别。井以水养人，取不竭，用不穷，故曰"德之地"。巽为命令，人君申命用事，宰制天下，故曰"德之制"。此陈九卦之德。

履和而至。谦尊而光。复小而辨于物。恒杂而不厌。损先难而后易。益长裕而不设。困穷而通。井居其所而迁。巽称而隐。

此申九卦之性，以明其重要。履下兑为和，上乾为至。谦下艮为光明，为山，故"尊而光"。复阳虽微，然阳物，坤阴物，阴阳各别。故"复小而辨于物"。辨，别也。恒六爻皆交，故杂而不厌。损，损人情之所难，故"先难"。久则人谅而服，故"后易"。虞氏以上失位为难，误之远矣。益阳归内，内为贞。贞为我，设，陈也。天施地生，言不必设施为作，自然裕也。困下坎为通，井所居不移，而泽施于人，故居所能迁。巽为命令，举国称扬。然民可使由，不可使知，故"称而隐"。又"称"者铨衡之总名。郑注《月令》云："称锤曰权。"由是以推，称干曰衡。后儒动谓称即权者非也。《谦·传》云："称物平施。"《月令》云"分茧称丝计功"是也。上巽下巽，内外平。故曰"称"。巽伏故隐。

履以和行。谦以制礼。复以自知。恒以一德。损以远害。益以兴利。困以寡怨。井以辩义。巽以行权。

此言九卦之用。履乾为行，兑悦故行和。凡礼以谦为主，故以制礼。恒不易方，故一德。损互坤为害。泰初往坤上，害不能及，故"远害"。富贵易为人忌，困则无忌者，故"寡怨"。风进退。故"行权"。

《易》之为书也不可远。其为道也屡迁。变动不居。周流六虚。上下无常。刚柔相易。不可为典要。唯变所适。其出入以度。外内使知惧。明于忧患与故。无有师保。如临父母。初率其辞而揆其方。既有典常。苟非其人。道不虚行。

《正义》云："屡迁，谓乾初潜龙，乾二见龙是也。""变动不居"，若一阳生为复，二阳为临，无或停息是也。"六虚"，六位也。"上下无常"，如二五相上下，泰二得上于中行是也。适，往也。如乾初得九，则往姤也。乾"元亨利贞"，姤则"天地相遇"，卦德迥不同，故曰"不可为典要"。往外为出。来内为入，往来出入。皆有一定之度数，不能混淆。如初与四相往来，二与五相往来，三与上相往来，倘不能相往来。则中必有疾。如鼎二曰"我仇有疾"是也。疾则惧矣，惧则知所防矣，故曰"明于忧患与故"。率，正也。揆，度也。方，道也。言正其初首之辞，而度其终末之道，尽有典常。故非文王不能明其道也。

《易》之为书也。原始要终以为质也。六爻相杂。唯其时物也。其初难知。其上易知。本末也。初辞拟之。卒成之终。若夫杂物撰德。辨是与非。则非其中爻不备。噫。亦要存亡吉凶。则居可知矣。知者观其象辞。则思过半矣。

原始如乾初"九潜龙勿用"，是原始也。上九"亢龙有悔"，是要终也。质，本也。物，阳物阴物。六爻刚柔相杂，然爻各有其时，各有其物。时物当则吉，否则凶也。本，末初上也。初则事微故难知，上则事彰故易知。初拟议之，卒终成之。假如噬嗑初九，善恶在拟议之间。至上九则凶灾彰彻，一成不变也，故曰"卒成之终"。杂物，言阴阳相杂也。撰，数也。撰德者，言数合阴阳之德，而别其是非也。中爻谓中四爻，二至四互一卦，三至五互一卦。京氏所谓一卦备四卦之用也。吉凶是非，初引其端，上考其成。至其详尽，则在中四爻。故曰"非中爻不备"。中爻之是非既明，则吉凶已著。居，处也。处乾吉则存，处坤凶则亡。故曰"居可知"。

二与四同功而异位。其善不同。二多誉。四多惧。近也。柔之为道。不利远者。其要无咎。其用柔中也。三与五同功而异位。三多凶。五多功。贵贱之等也。其柔危。其刚胜邪。

二四同为坤位，故"同功"。而二位在内，且居中，故"异位"。三五同为乾位，故"同功"。而五在外，且居中，故"异位"。近谓二在内卦，远谓四在外卦，柔之为道不利远。二近故"多誉"，四远故"多惧"。其谓近五故惧者，非也。三五皆阳位，故柔爻居之危，刚爻居之胜。

《易》之为书也。广大悉备。有天道焉。有人道焉。有地道焉。兼三才而两之。故六。六者非他也。三才之道也。道有变动故曰爻。爻有等故曰物。物相杂故曰文。文不当故吉凶生焉。

文不当谓不当位。干宝云：等，群也。爻中之义，群物交集也。

《易》之兴也。其当殷之末世。周之盛德邪。当文王与纣之事邪。是故其辞危。危者使平。易者使倾。其道甚大。百物不废。惧以终始。其要无咎。此之谓《易》之道也。

言《易》辞忧危虑患。或为文王事纣，因于羑里时所为。干宝、何妥等，便指某卦爻辞指周某事，其因皆缘误释此二语。与虞翻之误解"不可为典要。唯变所适"，浪用卦变爻变同也。易，平易也。"危者使平"，如否上先否后喜是也。"易者使倾"，如泰上城复于隍是也。

夫乾天下之至健也。德行恒易以知险。夫坤天下之至顺也。德行恒简以知阻。能说诸心。能研诸侯之虑。定天下之吉凶。成天下之亹亹者。

居易不忘险。行简知有阻。阻，险阻也。知有险阻，然后可免于患难。能研诸虑。"诸"下衍"侯之"二字。亹亹，王肃云"勉也"。

是故变化云为。吉事有祥。象事知器。占事知来。天地设位。圣人成能。人谋鬼谋。百姓与能。

祥、祥音同通用。朕，兆也，言吉凶必有先兆也。象事知器，此言占验之事。如郭璞《洞林》，遇兑知有铜铎，遇坎知有铜铎六枚也。唯圣人能尽天地之性，故曰"成能"。"人谋鬼谋"，言《易》道深至。"百姓与能"，言其庸近，所谓夫妇之愚可以与知也。

八卦以象告。爻象以情言。刚柔杂居。而吉凶可见矣。变动以利言。吉凶以情迁。是故爱恶相攻而吉凶生。

远近相取而悔吝生。情伪相感而利害生。凡《易》之情。近而不相得则凶。或害之。悔且吝。

凡万物之象，皆包括于八卦之中。筮得某卦，必有四象，上下卦并上下互是也。至于卦爻辞则明卦情。占者以象为本，以情为用。如公子完生，筮得观之否。观上风下地，而坤为国，互艮为山，告之以象矣。"观国之光，利用宾于王"，爻则言其情也。"变动以利言"。如观六四动成乾，风为天于土上，愈变而利愈明，益动而其情益吉，故曰"变动以利言，吉凶以情迁"。攻，摩也。"爱恶相攻"即"刚柔相摩"也。阳遇阴、阴遇阳则相求相爱，复"朋来无咎"，《革·六二》"征吉"是也。阳遇阳，阴遇阴，则相敌相恶。如《颐·六二》"行失类，征凶"，《鼎·九二》"慎所之"是也。爱则吉，恶则凶，故"爱恶相攻而吉凶生"。"远近相取而悔吝生"者。远谓应，近谓比。例如同人六二，远取五为正应。近又比三，故吝。咸六二亦然。故远近不能兼取。中孚六四曰"绝类上"，近取也。近取上则不远取初，故曰"马匹亡"也。情者阳，伪者阴。阴阳相感，有利有害，绝不相同。例如益初九感四则利，上九感三，则五为敌而害之矣。下曰"近而不相得则凶，或害之"，正申其故也。

将叛者其辞惭。中心疑者其辞枝。吉人之辞寡。躁人之辞多。诬善之人其辞游。失其守者其辞屈。

荀爽以易辞为解，虞翻谓指六子。按：《易》之本在乾坤，而其用在六子。虞氏之说，似为得之。以六子测人之情伪，不得于此必于彼，无有遁形矣。故于《下系》终言之，示人以涉世之方。离正覆兑相反。叛者，反也，而中虚，故"其辞惭"。坎上下兑口相背，故疑。坎为中为心，故曰"中心疑"。水性枝溢，故"其辞枝"。震为言，震反为艮，故"言寡"。艮为人，艮止而静，故曰"吉人"。震为决躁，似兑而长舌，故"辞多"。兑为口舌，阴掩阳，故曰"诬善"。柔乘刚，故"其辞游"。风进退不果，故"失其守"。阴伏在下，故"其辞屈"。

周易尚氏学卷二十

说　卦

昔者圣人之作《易》也。幽赞于神明而生蓍。参天两地而倚数。

案参两之说，先儒不同。马融王肃，并云："天数五，地数五，五位相合，以阴从阳，天得三合，谓一三与五也。地得两合，谓二与四也。"郑玄云："天地之数，备于十。乃参之以天，两之以地，而倚托大衍之数五十也。必三之以天，两之以地者，天三覆，地二载。必极于数，庶得吉凶之审。"虞翻云："谓分天象为三才，以地两之，立六画之数。"倚，马融训依。虞王训立。按：参两者乃数之本原。马王谓一三五为参天，二四为两地。夫一二三四五乃生数，故数止于五。五数既立，以此为本。加一为六，二为七，三为八，四为九，而蓍数乃出。然则六七八九之成数，皆原于一二三四之生数，故曰倚数。言数皆依此立也。马王之说是也。天奇地耦，大衍五十，两地也。用四十有九，参天也。分二，两地。挂一，参天。揲四，两地。归奇，参天。三变得三奇，三三而九，参天也。三变得三耦，二三得六，两地也。三变而两奇一耦，则为八，两地也。两耦一奇则为七，参天也。盖欲知来，必先极数。而极数之法，必参两回互，以此为本也。

观变于阴阳而立卦。发挥于刚柔而生爻。和顺于道德。而理于义。穷理尽性以至于命。昔者圣人之作《易》也。将以顺性命之理。是以立天之道。曰阴与阳。立地之道。曰柔与刚。立人之道。曰仁与义。兼三才而两之。故

《易》六画而成卦。分阴分阳。迭用柔刚。故《易》六位
而成章。

一三五阳，二四六阴。柔爻居阴位，刚爻居阳位，则当位。否
则失位。以此为用。虞翻曰："和顺谓坤，道德谓乾。"以乾通坤，
谓之理义。以乾推坤，谓之穷理。以坤变乾，谓之尽性。性尽理
穷，故至于命。巽为命也。

天地定位。山泽通气。雷风相薄。水火不相射。八卦
相错。数往者顺。知来者逆。是故《易》逆数也。

此先天卦位也。"天地定位"，言乾位南坤位北也。薄，入也。
射，厌也。错，杂也。交也。言八卦方位，阳错阴，阴错阳，无一
卦不相对，无一爻不相交也。此纯指先天八卦之方位形式，故特申
之曰"八卦相错"。《太玄·玄告》准《说卦》者也。《玄告》云：
"天地相对，日月相刿。山川相流，轻重相浮。"又曰："南北定位，
东西通气，万物错处于其中。"按天地相对，南北定位，即谓乾南
坤北也。曰日月相会，东西通气，谓离东坎西也。天地水火，四正
卦也。曰"山川相流，轻重相浮，万物错处于其中"，即谓四隅卦
也。正释此也。又《乾凿度》曰："其位也，天在上，地在下。君
南臣北，父坐子伏。"《易》若以坤西南乾西北为定位，尚得谓天在
上，地在下乎？尚得谓君南臣北乎？当然别有所指。《乾凿度》又
云："天地之道立，山泽雷风水火之象定矣。其散布用事也，震生
物于东方，离长之于南方，兑收之于西方，坎藏之于北方。"与
"下帝出乎震"之方位同。夫曰"散布用事"，则震东兑西，离南坎
北。未用事之先，不在此也明矣。《乾凿度》于乾南坤北，变为离
南坎北之故，言之可谓悉矣。"数往者顺"，谓四阳卦。"知来者
逆"，谓四阴卦。阳性强健其动直，自内往外，顺行，故曰"数往
者顺"。阴性敛啬闭藏，自外来内，逆行，故曰"知来者逆"。逆，
迎也。阳往阴来，自然相遇。相遇然后相交，《易》道乃成。故曰
"《易》逆数也"。言阳逆阴，阴逆阳，故能定位通气相薄不相射也。
此仍言八卦相错之理，相错故阴阳能相逆。不相错则阴自阴阳自
阳，胡能相值而相交哉！

雷以动之。风以散之。雨以润之。日以晅之。艮以止

之。兑以说之。乾以君之。坤以藏之。

匹耦对举，与前节位同，不过先六子后父母耳。

帝出乎震。齐乎巽。相见乎离。致役乎坤。说言乎
兑。战乎乾。劳乎坎。成言乎艮。

马国翰曰："此《连山易》文，见干宝《周礼注》引。"按此言
后天卦位，《周易》用之。恐人不知，故下节即《连山易》文，逐
字逐句，而详释其义，并明指其方位，以见与上文所言方位，绝不
同也。帝，神也，即主宰万物者也。旧解皆忽略下节乃解释此节，
致此节皆成赘文。

万物出乎震。震东方也。齐乎巽。巽东南也。齐也
者。言万物之洁齐也。离也者明也。万物皆相见。南方之
卦也。圣人南面而听天下。向明而治。盖取诸此也。坤也
者地也。万物皆致养焉。故曰致役乎坤。兑正秋也。万物
之所说也。故曰说言乎兑。战乎乾。乾西北之卦也。言阴
阳相薄也，坎者水也。正北方之卦也。劳卦也。万物之所
归也。故曰劳乎坎。艮东北之卦也。万物之所成终而所成
始也。故曰成言乎艮。

归，藏也。至冬则万物皆归命于坎，故曰"劳卦"。《坤·象
传》云："乃终有庆。"终谓亥。万物终于亥，艮先天居之，故曰
"成终"。万物生于寅，艮后天居之，故曰"成始"。其以丑为岁终，
寅为岁始。说此者虽巧合，然违易理。《易》之计岁，以冬至为界。
过冬至两月，而犹曰终万物可乎？

神也者。妙万物而为言者也。动万物者。莫疾乎雷。
挠万物者。莫疾乎风。燥万物者。莫熯乎火。说万物者。
莫说乎泽。润万物者。莫润乎水。终万物始万物者。莫盛
乎艮。故水火相逮。雷风不相悖。山泽通气。然后能变化
既成万物也。

来知德曰："此专明六子之功用。然孤阳孤阴，不能生物。必
依先天卦位，使六子相错相交，然后能变化既成万物也。"

乾健也。坤顺也。震动也。巽入也。坎陷也。离丽也。艮止也。兑说也。

此言八卦之性情。

乾为马。坤为牛。震为龙。巽为鸡。坎为豕。离为雉。艮为狗。兑为羊。

此所谓远取诸物。巽为鸡。《九家》云："应八风也。"风应节而变。变不失时。鸡时至而鸣，与风相应。杭辛斋曰："鸡善伏。"按巽为伏。然上两解皆未必协，则谓其义至今未明可也。兑为羊，纯取其形似。旧解谓羊性狠者非也。

乾为首。坤为腹。震为足。巽为股。坎为耳。离为目。艮为手。兑为口。

此近取诸身。坎，窞也，故为耳。经以兑为耳，皆取其形。旧解谓坎北方属肾主耳，又谓坎北方主聪，故为耳。皆非。以上二十四象，昔人谓之本象。

乾天也。故称乎父。坤地也。故称乎母。震一索而得男。故谓之长男。巽一索而得女。故谓之长女。坎再索而得男。故谓之中男。离再索而得女。故谓之中女。艮三索而得男。故谓之少男。兑三索而得女。故谓之少女。

索，求也。阴与阳互相求。《文言》曰"同声相应，同气相求"是也。阳求阴得三男，阴求阳得三女，而以初中上三爻为次序。实经之所用，不与尽同。如随以震为小子，艮为丈夫。大过以巽为女妻，以兑为老妇。与此正相反。盖以二人言，先生者为长，次为幼。而以一人言。则初爻为幼，至上而老矣。此其理除《焦氏易林》外，余无知者。《易林》以兑为老妇，巽为少齐。初读之皆莫明其义，后乃恍然知其悉本于《易》也。朱子谓《说卦》之象，求之于经，亦不尽合！诚哉其有不合。盖《说卦》乃自古相传之象，至《周易》愈演愈精。故经所用象，不尽与《说卦》同。虞翻等必执《说卦》以解经，至大过创为二应上，初应五之恶例，以求其合。其误遂不可言矣。

乾为天。为圜。为君。为父。为玉。为金。为寒。为冰。为大赤。为良马。为老马。为瘠马。为驳马。为木果。为龙。为直。为衣。为言。[①]

金、玉象其纯粹。西北不周风，阴寒之地，故为寒冰。乾舍于离，南方火，故为大赤。乾健故为马。凡物皆有初壮究，故由良马而老而瘠而驳。木果形皆圜，无他义。其以驳为食虎豹之兽，或又本陆机《诗疏》，谓驳为木皆非。乾上故为衣。

坤为地。为母。为布。为釜。为吝啬。为均。为子母牛。为大舆。为文。为众。为柄。其于地也为黑。为牝。为迷。为方。为囊。为棠。为黄。为帛。为浆。

坤德遍布万物以致养，故为布。《外府注》云："布，泉也。凡钱藏者曰泉，行者曰布。取名于水泉，其流行无不遍。"按《《本为水，故象泉布。万物资地成熟，故为釜。坤闭故吝啬，不择而生故为均。坤为牛，地生生不已。今之童牛，不日又生子而为母矣，故为子母牛。万物依之为本，故柄。坤文，故为帛。坤为水，故为浆。

震为雷。为龙。为玄黄。为旉。为大涂。为长子。为决躁。为苍筤竹。为萑苇。其于马也为善鸣。为馵足。为作足。为的颡。其于稼也为反生。其究为健。为蕃鲜。为玉。为鹄。为鼓。

龙、駹通，而駹与龙通。《说文》："龙，多毛犬也。"郑作尨，云"取日出色"。虞作駹，云"苍色"。案《周礼·秋官·犬人》："掌犬牲，凡几珥沈辜用駹。"注："故书駹作尨。"疏："杂色牲。"即杂色犬牲也。又《春官》牧人职，"用駹"，御史职"駹车"。注皆云：故书駹作龙。是駹古作龙。清儒依虞说，多从駹。岂知龙、駹音同通用，龙即駹，非误字也。特诂为龙，或只诂为杂色，不诂为犬牲则误耳。又《易林·夬之屯》云："龙吠有威，行者留止。"巽寡发，震多毛。震为威，为鸣，故为龙。是郑读与焦同。旉，干宝云："旉为花貌。"《易林》亦以震为花。此象卦形，余说皆误。

① 依《九家》本增。下同。

《九家》云"苍筤，青也。"震为周为虚，①竹与萑苇皆有节，下阳象之。上二阴象其圆而中空。马足白为异，阳在下故足白。的颡，白颠也。初阳生，故曰"反生"。宋衷曰："阴在上，阳在下，故为反生。谓枲豆之类，皆戴甲而生。"按宋注最为精切，格物入微，取象之妙入微，而经生知之者寡。阳息至三，乾健，反复成巽。巽为垣墉，故为蕃。蕃、藩通。《诗·小雅》"营营青蝇，止于蕃"是也。巽为寡，故为鲜。《诗》"终鲜兄弟"，《传》"鲜，寡也"。玉色白或青，故为玉。有谓为王之讹者，证以《易林》象，非也。鹄、鹤古通。为声音，故为鼓。

巽为木。为风。为长女。为绳直。为工。为白。为长。为高。为进退。为不果。为臭。其于人也为寡发。为广颡。为多白眼。为近利市三倍。其究为躁卦。为杨。为鹳。

陆绩云："风，土气也。"巽坤之所生，故为风。②巽柔故为绳。巽风故直。工，《说文》"巧饰也"。象人有规矩。徐锴曰："为巧必遵规柜法度，然后为工。"按巽为顺，能顺规矩，遵循法度，故为工。风可进可退，故不果。《经》屡以巽为疑，同此也。臭，气也。风散则气至，故为臭。巽陨落，故寡发。震为发，反巽故寡发。广颡取上二阳象，多白眼。按：离为目，中爻阴，黑睛，上下阳目中之白。今二阳皆在上，睛伏在下，故"多白眼"。"利市三倍"，似取流通，或取入义。究为震，故曰"躁卦"。

坎为水。为沟渎。为隐伏。为矫輮。为弓轮。其于人也。为加忧。为心病。为耳痛。为血卦。为赤。其于马也。为美脊。为亟心。为下首。为薄蹄。为曳。其于舆也。为多眚。为通。为月。为盗。其于木也。为坚多心。为宫。为律。为可。为栋。为丛棘。为狐。为蒺藜。为桎梏。

为隐伏，为忧，为心病，为美脊，为亟心，为通，为坚多心，

---

① 《归妹·上六》："承虚筐也。"
② 故《易林》亦以坤为风。

皆以阳在阴中而取象。以乾辟坤，故为沟渎。曲者使直为矫，直者使曲为輮。水性可曲可直也，可曲故可为弓轮。水在地，犹人之有血。乾大赤，坎得乾之中爻，故亦为赤。月者水之精，故坎为月。为忧故下首，下首犹低头也。坎隐伏，故为盗，坎为屋极，故为宫，为栋。坎阳在中，健而直，故为棘，为蒺藜。坎阳陷阴中，不能移动，如法律之固定，如桎梏之在手足。故为法律，为桎梏。

离为火。为日。为电。为中女。为甲胄。为戈兵。其于人也。为大腹。为乾卦。为鳖。为蟹。为蠃。为蚌。为龟。其于木也。为科上槁。为牝牛。

取火之明，故为日为电。中虚故为大腹。余象皆取外坚。离中枯故科上槁。《经》皆以艮为龟，亦外坚故。

艮为山。为径路。为小石。为门阙。为果蓏。为阍寺。为指。为狗。为鼠。为黔喙之属。其于木也为坚多节。为鼻。为虎。为狐。

震为大涂，反之则为径路。为山，故为石，外坚故也。门阙，阍寺皆象形。指能屈伸制物，与手同义，故为指。"狗"，虞翻云："上已有狗，当为拘字之误。"按拘亦音钩。《礼·曲礼》"若朴者降等则自下拘之"，注"拘，取之也"。《释文》："拘，古侯反。"是拘与狗音同，故通用。而其义为取，仍由手取象。狗、拘亦犹"龙、駹，羊、阳"之通用，不可谓龙羊之为误字也。凡经书字如此者，必有其故。详细推考，自能得其故，不必遽为改字。艮为穴，鼠穴居，故为鼠。黔喙，《易林》作黔啄。《说文》："喙，口也。啄，鸟食也。"马郑皆谓为虎豹之属，实虎豹无黔喙者，若啄则专属之鸟。鸟之刚在喙，艮刚在上，故为黔喙。凡鸟之鸷者。无不黔喙。《易林》以艮为鹰、鹯、鸇、隼，本此也。刚在外故坚多节。鼻者面之山，故艮为鼻。乾为虎，艮得乾上爻，故亦为虎。狐穴居，故亦为狐。

兑为泽。为少女。为巫。为口舌。为毁折。为附决。其于地也。为刚卤。为妾。为羊。为常。为辅颊。

巫以口舌用事，故为巫。上缺故为毁折。阴下附于阳，故为附。爻绝于上故为决。兑之附决，犹巽之进退也。朱仰之云："地不生物曰刚卤。"按《释名》："地不生物曰卤。"《左传·襄三十五年》："楚子木使表淳卤。"注："淳卤，埆薄之地。"盖刚者地不柔和，卤者硗确，故不生物。与"毁折"义合。许慎谓卤为西方咸地，非也。兑为少女故为妾。兑为羊，郑谓羊、养，音同通用。养炊妇。更贱于妾，似较虞作羔为近。辅颊取卦形。"常"，《九家》云西方神也。

右所增象，依《九家》本。汉人注经，十八九皆用之，何逸之有？先儒以他本皆无，独《九家》有之，不敢列入，乃谨慎之意。岂知经若本无，《九家》何敢擅增？况证以《易林》及汉魏人注，几人人知之，为说经者所不可离，不得名曰"逸象"。经文之字，各本多寡异同者多矣，兹何足异？故拣择而从则可。谓为"逸象"，则名不副实。

序　卦

　　《上经》始乾坤，终坎离，而以否泰为枢纽。《下经》始咸恒，终既未济，而以损益为枢纽。其间次序，皆有深意。圣人虑后世妄人，或有乱其卦序者，故为此以缩毂之，其意义可不深求也。

　　有天地。然后万物生焉。盈天地之间者唯万物。故受之以屯。屯者盈也。屯者物之始生也。物生必蒙。故受之以蒙。蒙者蒙也。物之稚也。物稚不可不养也。故受之以需。需者饮食之道也。饮食必有讼。故受之以讼。讼必有众起。故受之以师。师者众也。众必有所比。故受之以比。比者比也。比必有所畜。故受之以小畜。物畜然后有礼。故受之以履。履而泰。然后安。故受之以泰。泰者通也。物不可以终通。故受之以否。物不可以终否。故受之以同人。与人同者。物必归焉。故受之以大有。大者不可以盈。故受之以谦。有大而能谦必豫。故受之以豫。豫必有随。故受之以随。以喜随人者必有事。故受之以蛊。蛊者事也。有事而后可大。故受之以临。临者大也。物大然后可观。故受之以观。可观而后有所合。故受之以噬嗑。嗑者合也。物不可以苟合而已。故受之以贲。贲者饰也。致饰然后亨则尽矣。故受之以剥。剥者剥也。物不可以终尽。剥穷上反下。故受之以复。复则不妄矣。故受之以无妄。有无妄然后可畜。故受之以大畜。物畜然后可养。故受之以颐。颐者养也。不养则不可动。故受之以大过。物不可以终过。故受之以坎。坎者陷也。陷必有所丽。故受之以离。离者丽也。

　　"离，丽"者，言一阴丽于二阳之间。

　　有天地然后有万物。有万物然后有男女。有男女然后有夫妇。有夫妇然后有父子。有父子然后有君臣。有君臣然后有上下。有上下然后礼义有所错。夫妇之道①不可以不久也。故受之以恒。恒者久也。物不以久居其所。故受之以遁。遁者退也。物不可以终遁。故受之以大壮。物不可以终壮。故受之以晋。晋者进也。进必有所伤。故受之以明夷。夷者伤也。伤于外者。必反其家。故受之以家人。家道穷必乖。故受之以睽。睽者乖也。乖必有难。故受之以蹇。蹇者难也。物不可以终难。故受之以解。解者缓也。缓必有所失。故受之以损。损而不已必益。故受之以益。益而不已必决。故受之以夬。夬者决也。决必有所遇。故受之以姤。姤者遇也。物相遇而后聚。故受之以萃。萃者聚也。聚而上者谓之升。故受之以升。升而不已必困。故受之以困。困乎上者必反下。故受之以井。井道不可不革。故受之以革。革物者莫若鼎。故受之以鼎。主器者莫若长子。故受之以震。震者动也。物不可以终动。止之。故受之以艮。艮者止也。物不可以终止。故受之以渐。渐者进也。进必有所归。故受之以归妹。得其所归者必大。故受之以丰。丰者大也。穷大者必失其居。故受之以旅。旅而无所容。故受之以巽。巽者入也。入而后说之。故受之以兑。兑者说也。说而后散之。故受之以涣。涣者离也。物不可以终离。故受之以节。节而信之。故受之以中孚。有其信者必行之。故受之以小过。有过物者必济。故受之以既济。物不可穷也。故受之以未济终焉。

伏羲未定婚礼以前，人皆知有母，不知有父。故曰"有夫妇然后有父子"。节者符也，以竹为之，各持其一，合之以为信。《周礼·地官》"掌节"是也。物不可终离，故受之以节。节之用在合，故与离对文。合而符则信，故曰"节而信之"，全指符节言。旧解皆误。

---

① 指咸卦。

杂 卦

《十翼》以《杂卦》终，与六十四卦以未济终义同也。盖六十四卦卦序皆文王所定，其起讫皆有深义不可动摇。然《易》道以不穷为义，六十四卦至既济而六爻定，定则穷矣，故殿以未济，使之复通。六十四卦，《上经》始天地，《下经》始夫妇，此不易者也。故《杂卦》仍之。而以井困居《上经》之末，以损益为枢纽。以未济夬居《下经》之末，以否泰为枢纽。损益否泰，后先互易。明文王之意，先天道，后人事。孔子之意，先人事，后天道也。先人事，井取其不穷，困而不失其亨，故以为《上经》之殿。听天道，则事之济不济命也。刚健果决，自强不息，终焉以赴之耳，故以未济、夬终，仍穷变通久之义也。谓之为杂者，言杂糅各卦，使上、下《经》互易，不与文王卦序同。非孔子不敢有此改作，亦非孔子无此神化之笔也。彼七十二贤固不敢创制如斯也。

以上所言，《杂卦》殿《十翼》之义也。至其所言，必错综对举者何也？以见卦象正则如此，反则如彼也。正象《说卦》举其端，《说卦》所未言者，可类推也。至覆象则无言者，然如《大过·九五》"枯杨"，人尚知为反巽。独正覆象相杂，如蒙"匪我求童蒙，童蒙求我。初筮告，再三渎，渎则不告"，则以二至上，正反震也。如《左传》以谦为"败言"，则以谦下艮，与震相反也。如困曰"有言不信"，则以三至上，正覆兑也。如震曰"婚媾有言"，则以二至上正覆震相背也。如中孚曰"鹤鸣子和"，则以二至五正反震相对，如相应也。"鸣鹤在阴"者。则以二至五正反艮。正则为山阳，反则为山阴也。又六三云："或鼓或罢，或泣或歌。"则以二至五正反艮震，震则或鼓或歌，艮则或泣或罢也。如此之类，经内甚多。除《焦氏易林》外，二千年说者无不误。夫子盖预知之，故于最后之《杂卦》申其义。

乾刚坤柔。比乐师忧。

比五虽坎，然当位居尊，故乐。师二入渊，故忧。

临观之义。或与或求。

临二阳抚临万民，有施惠之意。震往，故曰"与"。反之为观，则万民仰五，有乞求之意，故曰"求"。艮为求也。

屯见而不失其居。蒙杂而著。

屯二阳皆当位，故"不失其居"。蒙二阳皆失位，故曰杂。物相"杂"则文生，故曰"著"。

震起也。艮止也。损益盛衰之始也。

震动故起。反则止矣。泰损下一阳以益上，故损为衰之始。①否移上一阳以益下。故益为盛之始。②

大畜时也。无妄灾也。

王引之云："古时与待通。恐天灾至，畜以待饥。义本坤灵图。"无妄互艮，艮为火，故灾。焦京皆以无妄为大旱卦。自艮火象失传，虞氏即不知其义。

萃聚而升不来也。谦轻而豫怠也。

阳上升，故不来。谦不自满，故轻。豫自足，故怠。怠，虞作怡。按：怠、怡皆从心，本一字，故古常通用。《史记·始皇本纪》："视听不怠。"刘歆《烈女赞》："言行不怠。"注"并作怡"。怡则自足，与谦轻反。

噬嗑食也。贲无色也。兑见而巽伏也。

颐中有物，故曰"食"。火在山下，与明夷同，故曰"无色"。兑阴在上故曰"见"，巽阴在下故曰"伏"。故巽亦为盗贼，为寇戎，为豕，与坎同象。

随无故也。蛊则饬也。剥烂也。复反也。晋昼也。明夷诛也。

志在随时，不执其故。《广韵》："饬，整备也。"蛊则饬者，乱极思治也。烂自姤始，至剥而极。复则阳反，日在上故昼。诛，伤也。明伤则夜矣。

井通而困相遇也。

---

① 再三损则成否。
② 再三益则成泰。

井养而不穷故通 。困刚掩，阳陷阴中，不通。

自乾坤至此仍三十卦。合《上经》数。自咸恒至夬，仍三十四卦，合《下经》数。

咸速也。恒久也。涣离也。节止也。

感则无远近，无弗届，故事莫速于感。反之为恒，则不速而久。涣者，散也，故曰离。反之为节，则合而不离，故曰"止"。

解缓也。蹇难也。睽外也。家人内也。

缓则和矣，和则易矣，反之则难。睽离女在上卦，故曰"外"。反之在内，故曰"内"也。

否泰反其类也。

阴阳交为类。否阴交阳，泰阳交阴，故曰"反"。

大壮则止。遁则退也。大有众也。同人亲也。

止则不退，反之则退。众则不亲，反之则亲。

革去故也。鼎取新也。小过过也。中孚信也。

革更改旧有，故曰"去故"。鼎亨饪待熟，故曰"取新"。过，失也。失则不信，反之则信。

丰多故也。亲寡旅也。离上而坎下也。

多与寡相反，上与下相反。丰雷电皆至，故多。旅互巽为寡，艮为鼣，故亲寡。火炎上，水润下。

小畜寡也。履不处也。需不进也。讼不亲也。

小畜巽为寡。履者，行也，故不处。需险在前，故不进。讼天水违行，故不亲。寡居则独处，反之则不处矣。不亲则异行，与需之不行，亦正相反。

大过颠也。姤遇也。柔遇刚也。

颠，陨也。下巽陨落，顶灭泽中，故颠。姤坤遇乾，乾刚坤柔。

渐女归待男行也。颐养正也。既济定也。

渐阴皆居阳后，故待男行。颐求口食，得养之正。既济六爻当位而止其所，故曰"定"。

归妹女之终也。未济男之穷也。

女终夫家，故以嫁为终。既济三阳皆比阴，内刚外柔，与泰理同，故不穷。未济三阳皆居阴前，内柔外刚，与否理同，故穷。程子谓三阳不当位故穷。岂知三女亦不当位，岂独三男？然而不穷者，以三女皆承阳也。程子谓求之多年，不得其义，后得之于成都箍桶者，盖托辞也。

夬决也。刚决柔也。君子道长。小人道忧也。

沈善登云："《杂卦》以乾刚坤柔始。以夬刚决柔，还复为乾终。是举全《易》浑成一乾。"按此说最得夬卦居终之义。自大过以下，不两卦反对，宋儒颇疑为错简。然曰"女之终，男之穷"，上下对文，似非错简，惟义仍反对。大过死，反之则得养。姤柔遇刚，反之则刚决柔。渐女有待而行，反之则不待而嫁矣。既济定，穷则不定。虽不对举，而义仍反对。虞翻谓大过死，大过下姤，故次以姤，上夬故以夬终。亦可参考。

附录一

周易古筮考

周易古筮考详目

卷五　二爻动

序

《说文》："卜，灼龟也；筮，揲蓍也。"龟卜之法自唐以后即不见于记载，盖亡已久矣。揲蓍之占，春秋太史所掌，虽亦失传，赖左氏内外传所纪十余事，义法粗具，后之人犹得窥见端绪，传述不绝也。

盖《易》之用代有阐明，而其别有三：伏羲以来察象，周用辞而兼重象，至西汉乃推本辞象而益以五行，五行明而筮道乃大备矣。是以汉之焦、京，魏晋之管、郭，唐之李淳风，宋之邵尧夫，其筮法之神奇有非春秋太史所能望见者，则以春秋太史局于辞象，后之人能兼用五行也。

五行之义始箕子，易微露其兆，引而弗申，至汉乃大昌。后儒以其淫也，矫之而过，凡经义略涉五行者即噤而忌言，一若言及即为儒术之累者。岂知天、地、水、火、雷、风、山、泽、阴、阳、刚、柔，乃《彖传》《象传》之比附推测。《周易》本文不曾言及，且其迷信又何以异于五行乎？信于彼而疑于此，是何异以五十步诮百步乎？兹惑已。

战乱以来，屏营忧虑，颇思学易，而古人筮案散在百家。毛西河尝录之附《说卦》中，李刚主为《筮考》，又只十余事，较西河尤略，欲窥其全要难。乃发愤搜辑，上自春秋，下迄明清传记所载，凡以辞象占而存有本卦者，概为辑录；其只有事验而本卦遗失者，则以其无益推测，摈弗取焉。凡得筮案百六则，一百十卦，揲蓍之法灿然大备。其或词义怪奇深奥难知者，则推求本卦章解句释，以期洞明，俾学者有所遵循，而得其涂径焉。至今日市肆所用明程良玉等筮法，虽号称占易，实与辞象无关，且专取用爻，用爻不得即不能推断，可小事而不可大事，宜一人不宜国家，能占命不能射覆，垂帘市井肆应，则宜观象玩占，兹编不录。

民国十五年一月，滋溪老人记

卷一 筮仪

筮 仪

《易》本用以卜筮，不娴筮法九六之义即不知其何来。而《系辞》大衍一章尤难索解，《春秋传》所谓某卦之某卦亦莫明其故，故学《易》者宜先明筮法。兹就朱子所传《筮仪》用之。至此《筮仪》为朱子所定，抑或传自先儒，朱子未言，则亦不必论也。

筮仪详解

择地洁处为筮室，南户置床于室中央。蓍五十茎①，韬以帛囊，纳之椟中②，置之床北。设木格于椟南，居床二分之北③。

置香炉一于格南，香合一于炉南，日炷香致敬。将筮，则洒扫拂拭，涤砚一注水，及笔一、墨一、黄漆板一于炉南。东上，筮者齐洁衣冠，北面盥手焚香致敬④。

两手捧椟盖，置于格南炉北，出蓍于椟，解囊置于椟东，合五十策⑤，薰于炉上。

命之曰："假尔泰，筮有常⑥。某今以某事未知可否，爰质所疑于神之灵。吉凶得失，悔吝忧虞，惟尔有神，尚明告之。"

---

① 长尺余。

② 椟以圆竹筒或木筒为之，上有盖，下有台函之，使不偃仆。

③ 格以横木板为之，高一尺，长竟床，广当床三分之二，中为两大刻，相距一尺。大刻之西为三小刻，相距约五寸，下施横足。按：刻即槽也，凹也。

④ 筮者北面见仪礼。若使人筮，则主人焚香毕北面立。筮者进立于床前，少西南面受命。主人直述所占之事，筮者许诺，主人右还西向立，筮者右还北向立。

⑤ 此所谓大衍之数五十也。

⑥ 任氏云：古命筮二，主人一，筮史再。此筮史之辞，言假此以质于神也。

乃以左手取其一策，反于楼中^①。而以左右手中分之，置格之左右两大刻^②。

次以左手取大刻之策执之，而以右手取右大刻之一策，挂之左手小指间^③。

次以右手四揲左手之策^④。

次归所余之策，或一，或二，或三，或四，而扐之左手无名指之间^⑤。

次以右手反过揲之策于左大刻，遂取右大刻之策执之，而以左手四揲之^⑥。

次归其所余之策如前，而扐之左手中指之间^⑦。

次以右手反过揲之策于右大刻，而合左手一挂二扐之策置于格西第一小刻^⑧，是为一变^⑨。

再以两手取左右大刻之蓍合之^⑩，复四营如一变之仪，而置其挂扐之策于格西第二小刻，是为二变^⑪。

又取左右大刻之蓍合之^⑫，复四营如二变之仪，而置其挂扐之策于格西第三小刻，是为三变^⑬。

---

① 此所谓"其用四十有九"也。存一不用，以存神也，一故神。

② 此第一营，所谓"分而为二以象两"仪也。按：营即经营之义。

③ 指第二营，所谓"挂一以象三"才也。

④ 此第三营，所谓"揲之以四，以象四时"也。

⑤ 此第四营，所谓"归奇于扐以象闰"也。

⑥ 此第三营之半。

⑦ 此第四营之半，所谓再扐以象再闰者也。一变所余之策，左一则右必三，左三则右必一，左二则右亦二，左四则右亦四。通挂一之策，不五则九也。或谓右不必再揲，举左则右可知，但取余策扐之可已。任启运曰："如此则有意简略，且失阴阳交错之义，心不诚则神不应，万不可不揲。"

⑧ 以东为上。

⑨ 此所谓"四营而成易"。

⑩ 或四十四策，或四十策。

⑪ 二变所余之策左一则右必二，左二则右必一，左三则右必四，左四则右必三。通所挂之一，不四则八也。

⑫ 或四十策，或三十六策，或三十二策。

⑬ 所余之策与二变同。

三变既毕，乃合三变挂扐之策，而画其爻于板①，故曰三变而成爻②。

凡十有八变而成卦，乃考其卦之变而占其事之吉凶。礼毕，韬蓍袭之以囊，入椟加盖，敛笔砚墨板，再焚香致敬而退③。

按：一变所余之策不五则九，五为奇，九为偶。五除挂一为四，以四约之得一，故为奇。九除挂一为八，以四约之得二，故为偶。

二变三变所余之策不四则八，不去挂一，四约之，四为奇，八为偶。

通三变所余之策，若初五、次四、次四，则全是奇④。共得十三策，而揲策则为三十六，四揲之得九而为老阳，阳老则变为阴，故圣人于乾卦六爻之后曰用九。言筮者遇老阳之九，须用以变阴，与遇少阳之七不同也，故用之也。曰："见群龙无首吉"，言老阳须变阴之义也。此筮仪所以曰遇三少则其画为重〇，重〇者九之标识而待变阴者也。

通三变所余之策，若初九、次八、次八，则全是偶⑤。共得二十五策，而揲策则为二十四，四揲得六，而为老阴，阴老则变为阳。故圣人于坤卦六爻之后曰用六，戒筮者遇六须用以变阳，与遇少阴之八不同也，故用之也。曰"利永贞"者，言老阴须变阳之义也。此筮仪所以曰遇三多则其画为交×，交×者六之标识而待以变阳者也。

通三变所余之策，若初五、次八、次八⑥，或初九、次四、次八⑦，或初九、次八、次四⑧，则一奇二偶。共得二十一，而揲策为

---

① 此所谓三变而成爻也。合三变挂扐，若共十三策，则三少，而为老阳，其画为重〇，重〇须变阴。若共十七策，则二少一多，而为少阴，其画为拆一，拆一不变。若共二十一策，则二多一少，而为少阳，其画为单一，单一不变。若共二十五策，则三多，而为老阴，其画为交×，交×须变阳。此四象也。

② 九变成三爻，谓之内卦。

③ 如使人筮，则主人焚香，揖筮者而退。

④ 奇为阳，三阳为乾，故曰群龙。

⑤ 偶为阴，三阴为坤。

⑥ 阳在初为震。

⑦ 阳在中为坎。

⑧ 阳在上为艮。

二十八，四揲得七，而为少阳，少阳不变。此筮仪所以曰遇一少二多，则其画为单一，单一者即不变之阳爻也。

通三变所余之策，若初九、次四、次四①，或初五、次八、次四②，或初五、次四、次八③，则一偶二奇。共得十七，而揲策则为三十二，四揲得八，而为少阴，少阴不变。此筮仪所以曰遇一多二少，则其画为拆一，拆一者即不变之阴爻也。

用九用六解一

《易》于乾坤二卦之后，独赞曰："用九：见群龙无首，吉"，曰："用六，利永贞。"何也？曰："此圣人教人知筮例也，非占辞也。且专就筮时所遇之一爻言，非论六爻之重卦也。"何言之？凡《易》无论何卦，皆由乾爻坤爻所积而成。而筮时所遇揲数有九、六焉，有七、八焉，七、九皆阳，八、六皆阴。何以乾坤两卦之发端只言九、六不言七、八？因七为少阳，八为少阴，少阳、少阴静而无为。九为老阳，六为老阴，老阳、老阴动而有用，以有用故，故以九、六代阴阳爻，而不以七、八。

其曰"见群龙无首"、"利永贞"者，则所以申明九、六必变之义。九何以必变？阳极则亢，亢则凶，若"见群龙无首"则吉也，无首则阴矣。六何以必变？阴极则消，消则不能固守，若持之以健而永贞则利也，永贞则阳矣。

朱子曰："凡筮得阳爻者，皆用九而不用七；筮得阴爻者，皆用六而不用八。"其诂是也。其曰"使遇此卦而六爻皆变者，即此辞占之"，则非也。用九用六专指三变成一爻言耳。

三变而揲余皆为奇，或皆为偶，则揲为九为六，则用以变易也。三变而揲余为一奇二偶，则揲数为七；或二奇一偶，则揲数为八，七、八虽亦为阳爻、阴爻，则不用以变易也。

---

① 阴在初为巽。
② 阴在中为离。
③ 阴在上为兑。

专就三变成一爻言，于六爻皆变，何与哉？设此而为六爻皆变之占辞，则其余六十二卦皆当有六爻变之占，而何以皆无？且《易》于一、二、三、四、五爻变皆未占及，而突及于六爻变之占，于义无取，于例何当哉？此其误。惟清初任氏启运知之，而不敢昌言。

任氏论朱子所定六爻皆变占法云："'乾坤占两用'，是也。'余占之卦之彖辞'，非也。朱子盖误以用九为变坤，用六为变乾"云云。推任氏之意，应以用九为变阴，用六为变阳，以用九用六为变重卦六爻之乾坤者，误也。是任氏亦心知用九用六专指三变成一爻言，审矣。而犹模梭其词，以乾坤占两用为是，则恐有攻朱子之嫌，而干犯清议也。

然其误并不自朱子始。考《左传》，蔡墨论龙云："乾之坤曰：见群龙无首，吉。"夫墨非为人筮也，所言乾之坤即阳变阴，仍指一爻言也。墨于姤、于同人、于大有、夬，皆指一爻言，于坤亦指一爻可知。

而杜注曰"乾六爻皆变"，是其误自杜预而已。然预之误不止此也。于"见群龙无首"句则注曰："用九爻辞。"夫用九若为爻，则卦有七爻矣，古今岂闻有七爻之卦哉。后之人习焉不察，沿传注之误，遂误及《易经》。

且又以杜预古人也，或明知其误而不敢驳。岂知筮者遇九则三变之揲余皆奇。三奇即三阳，则乾之象所谓重也，重则之坤矣。三变之揲余皆偶，三偶即三阴，则坤之象所谓交也，交则之乾矣。

周秦人凡明《易》者无不明揲扐，故蔡墨言之而不讹。后之人不娴揲扐，徒知讲《易》，故杜预释之而易误以一爻之乾变坤而认为六爻，则揲蓍之法不娴故也。

此其义惟唐一行言之最详。唐一行之言曰："三变皆少，则乾之象也；皆多，则坤之象也。三变而少者一，则震、坎、艮；多者一，则巽、离、兑。故夫七、八、九、六者，因揲数以名阴阳。而阴阳之所以为老少者，不在乎此，在乎三变之间所含八卦之象也。夫三变之间既各含卦象，则蔡墨所言之乾之坤为一爻之乾之坤可断言也。何则，墨非为人筮故也。

按：用九即阳变阴，亦可曰乾之坤，因一爻亦有乾爻坤爻之分。设蔡墨为人筮遇乾之坤，再以"群龙无首"为占辞，则可曰乾六爻皆变矣。今泛论阳变阴之义而曰乾之坤，则乾爻变坤爻也，仍指一爻言。

又《周易》本占变，筮得一爻阳变阴、阴变阳之义当然为人说明，而六十四卦皆乾爻坤爻积成，故于乾坤二卦之末发其端。而后儒忽以用九用六为六爻全变，百思而不得其解。推原其故，皆由蔡墨论龙"乾之坤"三字误之以为此是用九的解。岂知蔡墨并非为人筮，只以乾爻变坤爻诂用九耳。

又按：卫庭凑筮得乾之坤，只就坤卦推，不推"群龙无首"，以其非占辞也。

老少之义自来无确诂，独僧一行以谓三变皆奇则乾之象，皆偶则坤之象。乾坤为父母，故曰老。三变而一奇则震、坎、艮之象，一偶则巽、离、兑之象。震、坎、艮、巽、离、兑为男女六子，故曰少。由一行之说则老少之义皆由三变所含卦象而来，故知蔡墨所言乾之坤即三变时所含之乾象变为坤象也，专指筮时成一爻言也。此义既明，则历来注疏家恃蔡墨以为根据，谓用九用六为六爻全变者，不攻自破矣。

《易》内所言九六乃乾爻坤爻代名，与筮得之九六异。后人以乾皆九，坤皆六，便疑用为六爻皆变。岂知筮时尽可六爻皆得乾，皆得坤，而无一爻变，以不必得九六耳。

任氏论朱子乾坤占二用云"然则坤尽变何不占乾元亨利贞之四德，而只占利永贞之两德乎"，是亦以占二用为非矣。

用九用六解二

余著前论既毕，复得欧阳公说，皆与余意相发明。自古解用九用六者，盖莫过欧阳公也。欧阳公《明用篇》云："乾卦六爻之后又曰用九者，何谓也？谓以九而名爻也。乾爻七、九，九变而七无为，易道占变，故以其所占者名爻，不谓六爻皆常九也。曰用九者，释所以不用七也。及其筮也，七常多而九常少，有无九者焉此不可以不释也。坤卦六爻之后又曰用六者，何也？谓以六而名爻也。坤爻八、六，六变而八无为，亦以其占者名爻，不谓六爻皆常六也。曰用六者，释所以不用八也。及其筮也，八常多而六常少，有无六者焉此不可以不释也。"终又曰："六十四卦阳爻皆七九，阴爻皆六八，于乾坤而见之，则其余可知也。"

允哉，欧阳子之言也。夫曰以九六名爻，则九六者只乾爻坤爻之代名，非筮得之九六也。乾坤之九六既非筮得，何得谓六爻全变，又何得谓无首为占辞。夫曰及其筮也，七八常多九六常少，有无九六者焉则用九用六之专指三变成一爻言，尤为显著。

一爻成而为七八也，则不变也。一爻成而遇九六也，则用以变也。如是积之而至于六爻，六爻皆七，虽得乾卦而不变一爻；六爻皆八，虽得坤卦亦不变一爻。且或九六与七八各半焉，七八多而九六少，九六少而七八多焉，遇有用则动，遇无用则静。此正圣人发凡，明例示人以筮法，而安得以名爻之九六认为筮得之九六，谓用九用六为六爻全变而自乱其例哉。

朱子盖尝疑之，而以为不安，故曰使遇此卦而六爻全变者即此辞占之。夫曰使遇则非确认用九用六为六爻全变也，谓设或如此焉耳。其不安之意自在言外。顾犹以"见群龙无首吉"、"利永贞"为占辞者，则误会蔡墨之言，而惑于杜注也。

岂知元首二语乃释用义而非占辞。任启运曰："设此而为占辞，则坤尽变乾何不占乾元亨利贞之四德，而只占利永贞之二德乎？"其立说可谓至坚，为历来注疏家所不能破。

且朱子亦既以"六爻全变当占之卦象辞"教人矣，而独于乾坤全变则不占之卦而占本卦，考之于古而不然，揆之于理而不协。学者苟能娴营撰之法，而详考六九之言，屏除千百年来注疏家之蒙说，则其心必有与我同者矣。

按：《易经》本文尽占辞，只此两节教人筮法，于乾坤两卦发之者，凡卦皆乾爻坤爻积成也。用九用六者，申不用七不用八之义也。"群龙无首吉"、"利永贞"者，又释九六必变之义也。

蔡墨之乾之坤，即阳变阴也，仍指一爻言，非为人筮遇六爻全变也。蔡墨不误也，杜注误也。杜之误不只此，其释艮之八，先儒尤谓其误他注易之处，驳之者亦多也。

后又阅毛西河《仲氏易》，亦谓后人误解蔡墨之言，惟毛释

"乾之坤"三字仍隔鞋抓痒，不能折后人之口耳。至谓用九用六若另为爻辞，则天下岂有七爻之卦？颇足补助，余非占辞。及圣人自乱其例之说，特毛又谓用九用六为上九上六爻辞，则又忽明忽暗，不能自圆其说耳。

卷二　静爻

静　爻

朱子曰："六爻不动，占本卦彖辞。"

按：古人成例固以占彖辞为常，然彖辞往往与我不亲，则视其所宜者而推之，斯察象为贵耳。兹将古人占得六爻全静之推汇录于左，固不拘一法也。

董因筮重耳返国

公子重耳反国，董因迎之河，曰："臣筮之，遇泰䷊之八①。曰：是谓天地配享，小往大来②，今及之矣，必有晋国。"

按：此用彖辞。

又按：泰之八，韦注不甚明了。宋程迥云"九变六，六变九"，非也。九当变八，六当变七，何以言之？董因为晋文公筮得泰之八，谓初、二、三以九变八，四、五、上不变为八，故曰泰之八。如程氏之说，则初、二、三变矣。然史何不曰泰之坤而曰泰之八，则未变可知也。且如程说，施之于艮之八，贞屯悔豫皆八，则不通也。阙疑可也。

秦伯伐晋筮获晋君

秦伯伐晋，卜徒父筮之，"吉，涉河，侯车败。"诘之③，对曰：

---

① 韦注：遇泰无动爻，筮为侯，泰三至五震为侯，阴爻不动，其数皆八，与贞屯悔豫皆八义同。

② 阳下阴升，故曰配享。小喻子圉，大喻文公，阴在外为小往，阳在内为大来。

③ 杜注：秦伯不解，谓败在己，故诘之。

"乃大吉也，三败必获晋君。其卦遇蛊䷑，曰'千乘三去，三去之余，获其雄狐'。夫狐蛊，必其君也①蛊之贞风也，其悔山也②。岁云秋矣，我落其实而取其材，所以克也③。实落材亡，不败何待，三败及韩④。"果获晋君。

按："涉河，侯车败"，卜徒父筮辞也。秦伯疑败在己，故诘之。蛊初至四为大坎，河也；二至四为兑，兑毁折；三至五为震，震为车，故车毁折而止于汻，艮止故也。更参之以贞悔，知败在彼而不在我，明矣。

按：此不用象辞。

晋败楚鄢陵筮得复

成公十六年，晋楚遇于鄢陵，晋侯筮之。史曰："吉，其卦遇复䷗。曰：南国蹙，射其元王，中厥目，国蹙王伤，不败何待。"公从之。及战，吕锜射其王，中目，楚师败。

按：此亦不用象辞。

杜注曰：复，阳长之卦，阳气起子，南行推阴，故曰南国蹙也⑤。南国蹙则受其咎，离为诸侯⑥，又为目，阳气激南，飞矢之象。

何氏《订诂》云：贞我悔彼，以震木入坤土，射之义也。

孔子自筮命得贲

《家语》：孔子常自筮，其卦得贲䷕，愀然有不平之色。子张进曰："师，闻卜者得贲者吉，而夫子之色不平，何也？"孔子曰：

---

① 注：于《周易》，'利涉大川，往有事也'，亦秦胜晋之卦也。今此所言，盖卜筮书杂辞以狐蛊为君，其义欲喻晋惠公，其象未闻。顾炎武曰："邵氏云，去犹除也，每除三百三十三，则三除所剩为一，非获其君而何。"

② 注：内卦为贞，外卦为悔。巽为风秦象，艮为山晋象。

③ 注：艮为山，山有木。今岁已秋，风吹落山木之实，则材为人所取。

④ 晋侯车三坏。

⑤ 按：子正北方，一阳初生，必逐渐增长，阳长则阴消，故曰推，曰蹙。

⑥ 《正义》曰：离为日，日君象，故为诸侯。

"以其离耶，在《周易》，山下有火谓之贲，非正色之卦也。夫质也，黑白宜正焉。今得贲，非吾之兆也。吾闻丹漆不文，白玉不雕，何也？质有余，不受饰也。"

按：此推卦义。

象曰："文明以止"，言内离明而外艮止也。李刚主曰："孔子之意，盖欲行道于天下，乃不遇见龙等卦而得贲，则止以《诗》、《书》传后，所谓'小利有攸往'，故不快也。"

孔子自筮命得旅

《乾凿度》云：孔子生不知《易》本，偶筮其命得旅☲，请益于商瞿氏。曰："子有圣知而无位。"孔子泣曰："凤鸟不来，河无图至，天之命也。"于是始作十翼。

按：此占与贲义同。

《旅·象》云："小亨，柔得中乎外，而顺乎刚，止而丽乎明"，言离明而止也，有道于身而不能行之象也，故孔子泣也。

鲁伐越筮鼎折足

《论衡》：鲁将伐越，筮之得鼎☲折足。子贡占之以为凶，何则？鼎而折足，行用足，故谓之凶。孔子占之以为吉，曰："越人水居，行用舟，不用足，故谓之吉。"果克之。

按：此不知其何以占得此一语。或谓古人凡占得鼎卦，皆有折足之惧。观下子贡事及李刚事，殆是也，故仍列入静爻中，然则古人得全静卦，或独取一爻推也。

鼎取新也，有取意。越行不用足，即折足，寓取越意，故孔子以为吉。

孔子命弟子筮子贡久而不来

《诚斋杂记》：孔子使子贡，久而不来，命弟子占，遇鼎☲，皆言无足不来。颜回掩口而笑，子曰："回也哂，谓赐来乎？"对曰："无足者，乘舟而至也。"果然。

按：此亦不取象辞，专取折足义，以象与我不亲也。

汉和帝筮雨

汉永平五年，京师少雨，上向云台，自作卦，以《周易》林占之，遇蹇☵☶，其疏曰："蚁封穴户，大雨将至。"上以问沛献王辅，辅上书："蹇，艮下坎上，艮为山，坎为水，山出云为雨。蚁穴，居之物，雨将至，故以蚁为兴。"

按：此专取象。

蜀都尉赵正为杨仪筮代政

蜀杨仪随诸葛亮出屯谷口。亮卒，仪领军，既诛魏延，自以为当代亮秉政。呼都尉赵正筮之，得家人☲☴，默然不悦。

按：家人有反身内修、巽顺贞静之义，与仪愿违，故不悦也。

魏爰邵为邓艾筮梦决艾不还

魏邓艾当伐蜀，梦坐山上而有流水，以问珍虏护军爰邵。邵曰："按易卦，山上有水蹇☵☶。蹇繇曰：'蹇利西南，不利东北'。孔子曰：'蹇利西南，往有功也；不利东北，其道穷也'，往必克蜀，殆不还乎？"艾怃然不乐。

按：此以象辞占。

魏管辂为刘邠射覆

魏管辂善射覆，平原太守刘邠取印囊及山鸡毛著器中，使辂筮。辂曰："内外方圆，五色成章，含宝守信，出则有章，此印囊也。高岳岩岩，有鸟朱身，羽翼玄黄，鸣不失晨，此山鸡毛也。"

按：此全以易象推。今即其辞而推其所得之卦。其印囊之卦为地天泰䷊。天员而地方，天在内卦，地在外卦，故曰"内外方员"。坤为文章、为黄、为黑，乾为赤，而震为玄黄，故曰"五色成章"。乾为宝，坤为囊，而乾内坤外，故曰"函宝"。乾为直，为信，故曰"守"。又震为动，故曰"出则有章"。夫既为宝之函矣，而宝上有文有色有信，故决其为印囊也。

其山鸡毛之卦必为火山旅䷷。内艮为山，故曰"高岳岩岩"。外卦为离，离为鸟为雉为朱，故曰"有鸟朱身"。而艮之倒体为震，震为玄黄，又二至四互巽，巽为翼为鸡，故曰"羽翼玄黄"。三至五互兑，兑为口舌为鸣，故曰"鸣不失晨"。夫既为能鸣者之毛羽，而卦中有山象雉象鸡象，故决其为山鸡毛也。

或者谓此卦亦可为山火贲䷖。贲上艮，艮为山，故曰"高岳岩岩"。下离，离为雉为朱，故曰"有鸟朱身"。三至五互震，震为玄黄，二至四互坎，坎为美脊，合上震形，似鸟展翼，故曰"羽翼玄黄"。震为鸣，震旦，故曰"鸣不失晨"。夫既为玄黄之羽毛，为鸣不失晨者之羽毛，则或为鸡毛也。然依于山，则非家禽之羽可知也，故曰"山鸡毛也"。

魏管辂为诸葛原射覆

新兴太守诸葛原取燕卵、蜂窝、蜘蛛著器中，使管辂射之。卦成，辂曰："第一物，含气须变，依乎宇堂，雌雄以形，翅翼舒张，此燕卵也。第二物，家室倒悬，门户众多，藏精育毒，得秋乃化，此蜂窠也。第三物，觳觫长足，吐丝成罗，寻网求食，利在昏夜，此蜘蛛也。"举座惊喜。

按：燕卵之卦当为火雷噬嗑䷔。噬嗑内为震，震为雷电、为气、为竹、为苇，竹、苇皆圆空，象卵壳，故曰"含气"。而震为动，故曰"须变"。二至四互艮，艮为门庭，而与震体连，故曰"依乎宇堂"。三至五互坎，外为离，坎男离女，故曰"雌雄以形"。而二至五有鸟舒翼状，而初阳上阳函之，故曰"翅翼舒张"。夫既推得卵象，又推得羽翼象，则为鸟卵无疑矣。而依于宇堂之上，则非鸡卵、鸦鹊卵，必为燕卵也。

蜂窠之卦当为震☳。震者，艮之倒也，艮为门庭，故曰"家室倒悬"。而二至四爻又互艮，艮为门，三至五爻又互坎，坎为宫，故曰"门户众多"。又坎为隐伏而阴精，故曰"藏精"。坎为眚为病为毒，故曰"育毒"。坎为水，秋金王生水，故曰"至秋乃化"。夫卦象既全体为门户而倒悬，或尚有其他之窠而中育毒，则非蜂窠不可矣。

至蜘蛛之卦则为☳归妹。上震为足，震动，故曰"觳觫长足"，觳觫者动之貌。而二至四互离，离为网罗，下为兑，兑为口舌，故曰"吐丝成罗"、故曰"寻网求食"。而三至五互坎，坎为夜为盗为伏，故曰"利在昏夜"。夫能吐丝而有足，则非蚕，而就网求食又利昏夜，以卦象推非蜘蛛不可也。

魏管辂为涂季龙筮本日猎得貍

清河令徐季龙使人行猎，令管辂筮其所得。辂曰："当获小兽，非食禽。虽有爪牙，微而不强；虽有文章，蔚而不明。非虎非雉，其名曰貍。"猎人暮归，果如辂言。

按：此亦以象占。今依其辞推其所筮之卦，以博筮趣。

按：其所得之卦当为蒙☶。蒙上艮，艮为黔喙之属，故知其为兽。而艮为小，故知所获为"小兽"也。蒙下坎，坎上有半兑象，兑为口，今口不全，胡能食，故曰"非食禽"。兑为爪牙，半兑，故曰"微而不强"。离为文章，坎上下只有半离象，且二至四互震，震为玄黄，三至五互坤，坤为文为黑，故曰"蔚而不明"。兑为虎，离为雉，半兑则"非虎"，半离则"非雉"。夫既为小兽，其文采蔚而不明则非狐①。且爪牙又微，必为貍也②。

以上六射，陈志皆失其本卦，甚为可惜。今皆依辞推出，以为学射覆者之导引，非谓必是也。

---

① 狐则文采彰。
② 又坎为薄蹄，故曰"爪牙微"。

魏牛辅筮客善恶

《魏书》曰：牛辅怯失守，不能自安，见客先使相者相之，知有反气与不，又筮知吉凶，然后乃见之，中郎将董越来就辅，辅使筮之，得兑下离上䷝。筮者曰："火胜金，外谋内之卦也。"即时杀越。《献帝记》云："筮人常为越所鞭，故因此报之。"

按：此专取象。暌上离下兑，离为火，兑为金，火在上，故曰胜。

晋郭璞避难筮所投

郭璞云：余乡里屡遭危难，寇戎并至，百姓遑遑，莫知所投。时姑涉《易》义，颇晓分筮，寻思贞筮，钩求攸济。于是普卜郡内县道可以逃死之处者，皆遇明夷䷗，乃投策而叹曰："嗟乎，黔黎时漂异类桑梓之邦，其为鱼乎？"于是潜命姻妮，密交得数十家，与其流遁，乃到处遇贼，不得安居，符卦象焉。

按：明夷者，灭也。时郡县沦陷，灭入于虏，故皆遇此卦。

晋郭璞避难筮所诣

郭璞云：偕姻族避难昌邑，不静，复南过颍，由脉头口渡，去三十里所，传高贼屯驻，栅断渡处，以要流人。时数百家，车千乘，不敢前，令余占可决，得泰䷊。欣然语众曰："群类避难而得拔茅汇征之卦，且泰者通也，吉又何疑？"吾为前驱，从者数十家，至贼界，贼已去。余皆回避累津，渡为贼劫，悔不取余卦。

至淮南安丰县，诸人缅然怀悲，咸有归志，令余卦决之，卜往安丰，得既济䷾。其林曰："小狐迄济，垂尾累衰①，初虽偷安，终靡所依。"案卦言之，秋吉春悲。

---

① 言垂渡而困。

卜诣寿春，得否☷☰。其林曰："乾坤蔽塞道消散，虎刑挟鬼法凶乱①，乱则何时时建寅②，僵尸交林血流漂③。"此占行者入涂炭。至春三月，诸家留安丰者为贼所得，所谓春悲也④。

按：此三占皆取象意。否林曰"乾坤蔽塞"者，言上下不交也。下数语以纳甲法推。否，乾宫卦，乾为金，故午火为官鬼，寅木生火，故曰鬼生处。

兄弟戊子——应
官鬼戊戌——
父母戊申——
兄弟己亥——世
官鬼己丑——
子孙己卯——

右既济卦图秋吉春悲者，世主亥水，秋金王生水，故吉。春木王生火，水火相煎，故不吉。或曰，二爻五爻土鬼，土生金，故秋吉。至春木生火，火生土鬼，故不吉。

父母壬戌——应
兄弟壬申——
官鬼壬午——
妻才乙卯——世
官鬼乙巳——
父母乙未——

右否卦图，二爻巳刑寅而值鬼，故知建寅之日必乱。又四爻午鬼十一月占，虎刑值午，至寅月生午鬼，故益知必乱。

晋郭璞筮景绪病食兔必瘥

东中郎参军景绪病，经年不瘥，在丹徒遣其弟景歧求郭璞卦

---

① 十一月虎刑在午为鬼，鬼即贼。
② 火鬼生处。
③ 火刑与鬼并。
④ 注：系《洞林》原注。

之，六月癸酉日得临䷒。其林曰："卯与身世并，而扶天医①。"案卦祛病法当食兔乃瘥。弟归，捕一头食之，果瘥。

按：此全按纳甲法推。临世在二爻，二爻属卯，故曰卯与身世并。食兔乃瘥者，天医在卯故也。六月建未，卯木克未土。

六月癸酉日卦，得临

子孙癸酉——
妻才癸亥——应
兄弟癸丑——
兄弟丁丑——
官鬼丁卯——世
父母丁巳——

按：卯墓于未，食兔乃瘥者，亦破墓出身之义也。

南齐阮孝绪筮嘉遁

南齐《阮孝绪传》：时有善筮者张有道，谓孝绪曰："见子隐迹而心难明，自非考之龟筮无以验也。"及布卦，既揲五爻，曰："此将为咸应感之法，非嘉遁之兆。"孝绪曰："安知后爻不为上九。"果成遁䷠卦，此谓"肥遁，无不利"象，实应德心迹并也。孝绪曰："虽获遁卦，而上九爻不发，升遐之道便当高谢许生。"

按：此以象推。

北齐吴遵世为大将军筮雨

北齐吴遵世为大将军文襄府墨曹参军，从游东山，有云起，恐雨废射戏，使筮，遇剥䷖。李业兴占云："艮上地下，剥。艮为山，山出云，故知有雨。"遵世云："坤为地，土制水，故知无雨。"文襄使崔暹书之，云："遵世若著，赏绢十匹；不著，罚杖十。业兴

---

① 六月天医在卯。

若著无赏，不著罚杖十。"业兴："同是著，何独无赏。"曰："遵世著会我意，故赏也。"须臾云散，二人各受赏罚。

按：此只以象并五行推。

北齐赵辅和为世宗筮宅兆

北齐赵辅和明易筮，为世宗馆客。高祖崩于晋阳，葬有日矣。世祖令显祖亲卜宅兆于邺西北漳水北原，频卜不吉。又至一所命吴遵世筮之，遇革䷰，遵世等数十人咸云不可用。辅和少年，在众人之后进曰："革卦于天下人皆凶，唯王家用之大吉。革卦辞云，汤武革命，应天顺民。"显祖遂登车，顾云："即以此地为定。"即义平陵也。

按：此用卦辞。

北齐赵辅和为人筮父疾

有一人父疾，托相知者筮之，遇泰䷊。筮者云甚吉，疾当愈。是人喜出后，赵辅和谓筮者曰："泰卦乾下坤上，然则父入土矣，岂得言吉。"果以凶闻。

按：此只察象。乾父坤土，故曰入土。

唐李刚筮仕进易代乃显

唐代李纲在隋仕宦不进，筮之得鼎䷱。筮者曰："君当为卿辅[1]，然俟易姓乃如志[2]。仕不知退，折足为败[3]。"纲后显于唐，屡辞相位，称疾而去。

按：古人凡占得此卦者，皆取折足，不必四爻动方取之。

---

[1] 彖云："大亨以养圣贤。"

[2] 《杂卦》："革，去故也；鼎，取新也。"

[3] 四爻辞。

晋马重绩筮石敬塘为天子

后唐马重绩精易筮，世居太原。唐庄宗镇太原，每用兵征伐，必以问之，所言无不中，拜大理司直。废帝时，晋高祖以太原拒命，废帝遣兵围之，势甚急，命重绩筮之，遇同人☰。曰："乾健而离明，健者君之德也，明者南面而向之所以治天下也。同人者人所同也，必有同我者焉。《易》曰：'战乎乾，乾西北也'，又曰'相见乎离'，离南方也，其同我者自北而南乎。乾西北也，战而胜，其九月十月之交乎？"是岁九月，契丹助晋击败唐军，遂有天下。

按：此稍采象意，乾健离明是也。余皆以象推。

五代刘龑筮胜楚

五代南汉刘龑四年，楚攻封州，封州兵败贺江。龑惧甚，筮之，遇大有☲。遂赦境内，改元大有，遣将苏章以神弩军三千救封州。章以铁索沉贺江中，为巨轮于岸上，隐以堤，轻舟迎战，阳败而奔，楚人逐之。章举巨轮挽铁索锁楚舟，以强弩夹江射之，尽杀楚人。果符卦象。

按：大有繇云："元亨。"彖云："柔得尊位大中，而上下应之"，"其德刚健而文明"，"是以'元亨'。"《大象》云："以遏恶扬善，顺天休命。"故龑以为大吉，改元。

又大有内乾，而内互亦为乾，乾健外离，离为戈甲，而外互为兑，兑为毁折，内我外敌，是健在我而甲兵之毁折在敌也，故战胜也。

晋马重绩筮张从宾反必败

晋高祖二年，张从宾反，命重绩筮之，遇随☲。曰："南瞻析木，木不自续，虚而动之，动随其覆。岁将秋矣，无能为也。"七月而从宾败，高祖大喜，赐以良马。

按：此不用象辞。初至四为大离，离为南，故瞻析木之津。震动，兑为毁折，故曰覆灭。兑为西方属秋，而二至四互艮山，三至五互巽风，至秋而木被风摇，落败之象也，故曰无能为。此全以卦体卦互推。

宋辛弃疾党怀英筮仕何方

宋辛弃疾历城人，少师蔡伯坚，与党怀英同学，号辛党。始筮仕，决以蓍。怀英遇坎☵，因留事金。弃疾得离☲，遂决意南归。

按：此只论卦向推。坎北方，故留北；离南方，故南归。

宋晁以道筮预知客折足

宋晁以道为明州船场，日日平旦具衣冠焚香占一卦。一日有士人访之，坐间小雨，以道语之曰："某今日占卦得鼎☲，有折足象，然非某也，客至者当之，必验无疑，君宜戒之。"士人辞去，至港口践滑而仆，胫几折，疗治累月乃愈。

按：贞我悔彼，折足为四爻象，故与我无涉。

宋程迥筮寓僧舍

宋程迥寓余姚僧舍，筮之遇巽☴。占曰："有风火之恐而不及害。"未几，舍北火发，焚十余室至寓舍止，县取纲维与遗火僧杖之。其占曰："巽为风，互体离为火[1]，兑为毁折[2]，变震[3]，为惊惧。初六为内卦之主，不与离应[4]，故曰'不及害'。巽为寡发，重

---

[1] 三至五。
[2] 二至四。
[3] 巽全变为震。
[4] 隔二爻。

巽二僧之象，反对重兑[1]，兑为决，二僧受杖之象。"其奇验如此。

按：此推重互体倒体。

宋程迥为人筮婚姻

或筮婚姻遇小过☳☶，不知其占，再筮之仍得小过。程氏迥为占之曰："小过内卦兼互体为渐[2]，外卦兼互体为归妹[3]。渐之词曰：'女归吉'。归妹，'悦以动，所归妹也'。"后果成。

按：此以内互与内卦合成一卦，外互与外卦合成一卦，即以两卦占，为筮法之变例，古人所未有。然则，筮无定法明矣。

---

① 巽倒为兑。
② 二至四互风，故为风山渐。
③ 二至五互兑，雷泽归妹。

卷三　一爻动上

动　爻

卦有一爻动、二爻动、三爻动，甚至四爻、五爻、六爻全动。吾人遇之，如何推断乎？兹按古人成例，及朱子所论定以为法式，然不可泥也。盖易占贵变、象与辞之通变，及事实之拍合，神之所示，千变万化，有不可思议者，故不可执也。须就事以取辞察象而印我，弃疏而用亲。

一爻动上

朱子曰："一爻变，则以本卦变爻辞占。"

按：此论其常耳。古人殊不尽取动爻辞，以辞往往与我疏，故弃而不用，用其象之亲于我者以推其事。又陈敬仲遇观之否，取动爻辞矣，又何以兼推互体，可见筮无定法。专察卦象之于我，何如？不能执一以推也。兹将古人筮得一爻动故事汇辑如左。

毕万筮仕于晋

闵公元年初，毕万筮仕于晋，遇屯䷂之比䷇。辛廖占之曰："屯固比入，吉孰大焉，其必蕃昌[①]。震为土[②]，车从马[③]，足居之[④]，

---

① 注：屯险难所以为坚固，比亲密所以得入。
② 屯内卦震变坤。
③ 震为车，坤为马。
④ 震为足。

兄长之①，母覆之②，众归之③，六体不易④。合而能固，安而能杀，公侯之卦也⑤。公侯之子孙必复其始。"

按：此占专重在内卦，以变在内卦也，不取辞。

卜楚丘筮成季之生

成季之将生也，桓公使卜楚丘之父卜之，曰："男也，其名曰友，在公之右，间于两社，为公室辅，季氏亡则鲁不昌。"又筮之遇大有䷍之乾䷀，曰："同复于父，敬如君所⑥。"及生，有文在其手曰"友"，遂以命之。后季氏大于鲁，果与君同。

按：此占专重在外卦，以动在外卦也。

任启运曰："同复于父，敬如君所"，所谓后天之离即先天之乾。

陈厉公筮公子敬仲生

陈厉公生敬仲，筮之，遇观䷓之否䷋。曰："是谓'观国之光，利用宾于王'⑦，此其代陈有国乎？不在此，其在异国。非此其身，在其子孙，光远而自他有耀者也。坤土也⑧，巽风也⑨，乾天也⑩，

---

① 震为长男。

② 坤为母。

③ 坤为众。

④ 初一爻变，有此六义，不可易也。

⑤ 比合屯固，坤安震杀，故曰公侯之卦。孔疏：震之为杀，传无明文。《晋语》云：震车也，车有威。武昭二十五年传云为刑罚、威狱，以类其震曜杀戮，是震为威武杀戮之意也。

⑥ 注：筮者之辞也。乾为君父，离变为乾，故曰'同复于父'，见敬与君同。孔疏：离为乾子，还变为乾，故云'同复于父'，言其尊与父同也。国人敬之，其敬如君之处，所言其贵与君同也。

⑦ 注：此观六四爻辞。易之为书，六爻皆有变象，又有互体，圣人随其义而论之。

⑧ 观内卦。

⑨ 外卦。

⑩ 否外卦。

风为天于土上，山也①。有山之材而照之以天光，于是乎居土上②，故曰'观国之光'③。庭实旅百，奉之以玉帛，天地之美具焉，故曰'利用宾于王'④。犹有观焉，故曰'其在后乎'⑤。风行而著于土，故曰'其在异国'乎。若在异国，必姜姓也。姜，大岳之后也。山岳则配天，物莫能两大，陈衰此其昌乎⑥？及陈之初亡也，陈桓子始大于齐，其后亡也。成子得政。

按：此取动爻辞，而兼取互体。本卦三至五互艮，之卦二至四互艮也。

晋献公筮嫁伯姬于秦

初，晋献公筮嫁伯姬于秦，遇归妹䷵之睽䷥⑦。史苏占之曰："不吉，其繇曰：'士刲羊，亦无衁也。女承筐，亦无贶也'⑧。西邻责言，不可偿也⑨。归妹之睽，犹无相也⑩。震之离，亦离之震⑪，为雷、为火、为嬴败姬⑫。车说其輹，火焚其旗，不利行师，败于宗丘⑬。归妹睽孤，寇张之弧⑭。侄其从姑⑮，六年其逋，逃归其国，

---

① 巽变乾，故曰风为天；自二至四互艮，艮为山。

② 山则材之所生，上有乾，下有坤，故言居土上，照之以天光。

③ 四为诸侯，变而之乾，有国朝王之象。

④ 艮为门庭，乾为金帛，坤为布帛，诸侯朝王陈贽币之象。旅陈也，百言物备。

⑤ 因观文以博占，故言犹有观。非在己之言，故知在子孙。

⑥ 变而象艮，故知当兴于大岳之后，得大岳之权，则有配天之大功，故知陈必衰。

⑦ 上六变来。

⑧ 归妹上六爻辞也。衁，血也；贶，赐也。刲羊，士之功；承筐，女之职。上六无应，所求不获，故下卦无血，上承无实，不吉之象也。离为中女，震为长男，故称士女。

⑨ 将嫁女于西而遇不吉之卦，故知有责让之言，不可报偿。

⑩ 归妹，女嫁之卦；睽，乖离之象，故曰无相。相，助也。

⑪ 二卦变而气相通。震离皆二卦外卦。

⑫ 嬴秦姓，姬晋姓，震为雷，离为火，火动炽而害其母，女嫁反害其家之象，故曰为嬴败姬。

⑬ 说同脱，輹车下缚，丘犹邑也。震为车，离为火，上六爻在震则无应，故车脱輹；在离则失位，故火焚旗。言皆失车，火之用也。车败旗焚，故不利师。火还害母，故败不出国，近在宗邑。

⑭ 此睽上九爻辞也。处睽之极，故曰睽孤失位，孤绝，故遇寇难，而有弓矢之警，皆不吉之象。

⑮ 震为木，离为火，火从木生，离为震妹，于火为姑，谓我侄者，我谓之姑，谓子圉质秦。

而弃其家①。明年，其死于高梁之墟②。"后秦穆公伐晋，晋师败，获惠公，乃以太子圉为质，惠公始返国。未几，子圉弃其妻怀嬴，逃归。惠公卒，子圉立。秦又纳重耳，子圉奔高梁，重耳杀之。

　　按：此推本卦动爻辞，兼推之卦动爻辞，并推互体之坎，与任启运说相合。

　　杜注详矣，而仍未尽。兹采毛氏、何氏二家解诂列后，二家诂有杜注所未及者。

　　毛西河曰：十五年，秦伯伐晋，败晋于韩原，此不利行师、败于宗丘也。夫离为戈兵，为甲胄，此行师者也。以我之震柔变而为彼之戈兵甲胄，是利在彼而不利在我，则我败矣。且夫震我也，之离客也。我之主震，倒艮山而为之邱，是主丘也③。主丘者，韩原晋地也，而乃变客之离，刚而败之，获晋侯。十一月归晋侯。此归妹睽孤寇张之弧也。

　　毛氏又曰：震之离，亦离之震。高梁者离一变而离刚已亡。夫离刚之上横者高梁也。变之震而刚已亡，则变于是死亦于是焉④。

　　何氏楷云：兑在西，秦为西方，震为言，上六变则曰渝，故曰"西邻责言，不可偿也。"归妹于秦，欲得其助，变而为睽，两情相违，故曰"归妹之睽，犹无相也。"自三至五体坎为车，雷电交作，车不能行，故为说其輹象。变离为火，爻之下体有坎⑤，为曳⑥，象旗，离火在上烧之，故为焚旗象。三上敌应⑦，上体震为木，下体兑为金，木与金遇，必为金所胜，兑为西方，故为嬴败姬象。震为兄，兑为妹，震木变离火，火从木生，以震为木，则以兑金为姑矣。木既为金所克，则侄无所依，故为侄从姑象。其与败于韩原子圉事一一吻合，春秋筮法之神如此。至曰，败宗丘，死高梁，殆不可晓。

　　　　───────────

　　① 逋亡也，谓子圉妇怀嬴。
　　② 惠公死之明年，文公入，杀怀公于高梁。
　　③ 宗主也。
　　④ 按：毛氏释高梁义亦未协。
　　⑤ 睽三至五互坎。
　　⑥ 《说卦》：坎为舆、为曳。
　　⑦ 言三爻上爻。

晋文公筮纳周王

晋文公谋纳王，筮之遇大有☲☰之睽☲☱①。曰："吉！遇'公用亨于天子'之卦②，战克而王飨，吉孰大焉！且是卦也③，天为泽以当日，天子降心以逆公，不亦可乎④？大有去，睽而复，亦其所也⑤。"

按：此推动爻辞，兼推上下卦体。

齐崔杼筮取棠姜

襄公二十五年，崔杼欲取棠姜，筮之遇困☵☱之大过☱☴⑥，史皆曰吉⑦。示陈文子，文子曰："夫从风⑧，风陨，不可取也。且其繇曰：'困于石，据于蒺藜，入于其宫，不见其妻，凶⑨'。困于石，往不济也；据于蒺藜，所恃伤也；入于其宫，不见其妻，凶，无所归也。"

按：此推变象，兼推本卦动爻辞。坎为中男，故曰夫；变巽，故曰从；风陨，故凶。上兑毁折，亦凶也。

郑子太叔以复卦筮楚子将死

襄公二十八年，郑子太叔朝楚，楚子欲郑朝归复命。告子展

---

① 大有三爻变。

② 大有九三爻辞也。三为三公而得位，变而为兑，兑为悦，得位而悦，故能为所宴享。

③ 总言二卦之义，不系于一爻。

④ 乾为天，兑为泽，乾变为兑而上当离，离为日，日之在天，垂曜在泽。天子在上悦心，在下是降心，逆公之象。

⑤ 言去睽卦，还论大有，亦有天子降心之象。乾尊离卑，降尊下卑，亦其义也。

⑥ 困三爻变。

⑦ 阿也。

⑧ 坎变巽。

⑨ 困三爻辞。

曰："楚子将死矣。不修其政德，而贪昧于诸侯，以逞其欲。《周易》有之，在复䷗之颐䷚①，曰：'迷复凶'②。其楚子之谓乎！欲复其愿，而弃其本③，复归无所，是谓迷复④，能无凶乎？君其往也，送葬而归。"后楚子果死。

按：此亦以动爻辞占，特复之取义并非筮来，只因楚子欲郑朝，楚以复其愿，因即取复卦为占，并取复上六变颐，以寓无应之义。古人之于易学，精熟如此，可随事取占，不必布蓍也。

郑伯廖以丰卦筮曼满义败

宣公六年，郑公子曼满与王子伯廖语，欲为卿。伯廖告人曰："无德而贪，其在《周易》丰䷶之离䷝⑤，弗过之矣⑥。"间一岁，郑人杀之。

按：此亦即事取义，非筮得之卦而亦无不验。盖易学之发达，无过春秋。

晋知庄子以师卦筮彘子违命出师

宣公十二年，楚伐郑，晋救郑及河，闻郑及楚平，中军师荀林父欲还。彘子曰："成师以出，闻敌强而退，非夫也。命为军师，而卒以非夫。唯群子能，我弗为也。"以中军佐济。知庄子曰："此师殆哉。《周易》有之，在师䷆之临䷒⑦，曰：'师出以律，否臧

---

① 复上六变。

② 注：复上六爻辞也。复反也，阴极反阳之卦，上处极位，迷而复反，失道已远，远而无应，故凶。按：上应在三，三亦阴爻，远而无应也。

③ 谓欲得郑朝以复其愿，乃弃本而不修德。

④ 失道已远，又无所归。

⑤ 注：丰上六变为纯离也。《周易》论变，故虽不筮，必以变言其义。丰上六曰："丰其屋，蔀其家，窥其户，阒其无人，三岁不觌，凶。"义取无德而大其屋，不过三岁必灭亡也。

⑥ 不过三年。

⑦ 师初六变。

凶'①。执事顺成为臧，逆为否②，众散为弱③，川壅为泽④。有律以如己也⑤，故曰律否臧。且律竭也⑥，盈而以竭，夭且不整，所以凶也⑦。不行之谓临⑧。有帅而不从，临孰甚焉，此之谓矣⑨。果遇必败⑩，嬖子尸之⑪，虽免而归，必有大咎⑫。"后果如庄子言。

　　按：此因嬖子出师，即以师为卦，而有取于初爻变临之辞以推决后事，而无不神验，与前两则因事取卦之义正同，神乎技矣！自春秋后不复有此。

　　又按：《说卦》坎为律⑬，坎变为兑，兑毁折，应嬖子违法也。坤众也。注云坎为众，不知其本。

鲁庄叔筮叔孙穆初生

　　昭五年初，穆子之生也，穆庄叔以《周易》筮之，遇明夷䷣之谦䷰⑭，以示卜楚丘。曰："是将行⑮，而归为子祀⑯，以谗人入，其名曰牛，卒以馁，死明夷日也⑰。日之数十⑱，故有十时，亦当十

---

① 师初六爻辞。律，法；否，不也。
② 今嬖子逆命不顺成，故应否臧之凶。
③ 坎为众，今变为兑，兑柔弱。
④ 坎为川，今变为兑，兑为泽，是川见壅。
⑤ 如，从也。法行则人从法，法散则法从人。坎为法象，今为众则散，为川则壅，是失法用、从人之象。
⑥ 竭，败也。坎变为兑，是法败。孔疏：竭是水涸之名。坎为水为法，水之竭似法之败，故云竭败也。
⑦ 水遇夭塞，不得整流，则竭故也。
⑧ 水变为泽仍成临卦，泽不行之物。
⑨ 譬嬖子之违命，亦不可行。
⑩ 遇敌。
⑪ 尸主也。
⑫ 为明年晋杀先谷传。
⑬ 同法。
⑭ 初爻变。
⑮ 出行，走也。
⑯ 奉祭祀。
⑰ 离为日，夷伤也，日明伤。
⑱ 甲至癸。

位，自王已下，其二为公，其三为卿①，日上其中②，食日为二③，旦日为三④。明夷之谦，明而未融，其当旦乎⑤？故曰为子祀⑥。日之谦当鸟，故曰'明夷于飞,⑦。明而未融，故曰'垂其翼'⑧。象日之动，故曰'君子于行'⑨。当三在旦，故曰'三日不食'⑩。离火也，艮山也，离为火，火焚山，山败⑪。于人为言⑫，败言为谗⑬，故曰'有攸往，主人有言'，言必谗也⑭。纯离为牛⑮，世乱谗胜，胜将适离，故曰'其名曰牛'⑯。谦不足，飞不翔⑰，垂不峻，翼不广⑱，故曰其为子后⑲。吾子亚卿也，抑少不终⑳。"其后叔孙穆子避侨如之难，及庚宗遇妇人宿焉，及召归立为卿，庚宗妇人携其子，献雉问所生，曰："能奉雉矣"，召见，号曰"牛"，宠之使为政，乃以谗杀。长子孟又谮而逐仲后，穆子疾，不食之死。

　　按：此取本卦动爻辞，兼取之卦动爻意。曰"明夷于飞"，曰"垂其翼"，曰"三日不食"，明夷初爻辞也。曰"谦不足"，谦初爻"卑以自牧也"。

----

① 日中当王，食时当公，平旦为卿，鸡鸣为士，夜半为皂，人定为舆，黄昏为隶，日入为僚，晡时为仆，日昳为台。隅中日出，阙不在第。尊王公，旷其位。

② 日中盛明，故以当王。

③ 公位。

④ 卿位。

⑤ 融，明也。离在坤下，日在地中之象。又变为谦，谦道卑退，故曰"明而未融"。日明未融，故曰其当旦乎。

⑥ 庄叔卿也，卜豹为卿，故知为子祀。

⑦ 离为日为鸟。离变为谦，日光不足，故当鸟。鸟飞行，故曰"于飞"。初爻辞。

⑧ 于日为未融，于鸟为垂翼。

⑨ 明夷初九得位，有应君子象也。在明伤之，世居谦下之位，故将避难而行。

⑩ 旦日在三，又非食时，故曰"三日不食"。

⑪ 离艮合体故。

⑫ 艮为言。孔疏：《说卦》云"成言乎艮"，故艮为言也。

⑬ 为离所焚，故言败。

⑭ 离变为艮，故言有所往，往而见烧，故"主人有言"。言而见败，故必谗言也。

⑮ 《易》：离上离下，离，"畜牝牛，吉"，故言纯离为牛。

⑯ 离焚山则离胜，譬世乱则谗胜，山焚则离独存，故知名牛也。竖牛非牝牛，故不吉。

⑰ 谦道冲退，故飞不远翔。

⑱ 峻高也，翼垂下，故不能广远。

⑲ 不远翔，故知不远去。

⑳ 旦日正卿之位。庄叔父子世为亚卿，位不足以终尽卦体，盖引而致之。

艮为言不见于经。孔疏引《说卦》"成言乎艮"，以此为"艮为言"之证，诂甚不协。此言字与言"阴阳相薄"，言"万物之齐洁"义同，乃指点之字，非实字，故注疏不可尽信也。《仲氏易》以两卦皆互震，震有言，义较胜①。

后世如李淳风等能推得未来姓名，或以为伪，观此何足为奇哉！

毛西河曰：于行避难而奔也，之谦有终②，则归嗣也。夫庚宗之妇，固下离之中女也。离者别也，而初变为艮，而少男生焉。彼竖牛者，继孟仲之嫡而非庶子，非少男乎？顾变艮而犹本乎离。则将奉离雒，号离牛焉，乃离上为震③，震有言也，变艮亦有震，阍寺之为言，则谗言也④。夫离为腹，腹下败则馁⑤。去离日而就鬼门，则馁死矣。

卫孔成子筮立公子元

昭公七年，卫襄公生孟絷，足不良于行，又生子名之曰元。初，孔成子梦康叔谓己："立元。"史朝亦梦，协，故名之也。孔成子以《周易》筮之："元尚享卫国，主其社稷⑥。"遇屯䷂，又曰："余尚立絷，尚克嘉之！"遇屯䷂之比䷆⑦，以示史朝。史朝曰："元亨，又何疑焉？"⑧成子曰："非长之谓乎？"⑨对曰："康叔名之，可谓长矣⑩。孟非人也，将不列于宗，不可谓长⑪。且其繇曰：'利建

---

① 取善鸣意。
② 谦：亨，君子有终。
③ 三至五互震。
④ 艮为阍寺。
⑤ 谓下一爻变阴。
⑥ 命筮辞。
⑦ 屯初九变。
⑧ 《周易》曰：屯，元亨。
⑨ 言屯之元亨谓年长，非谓名元。
⑩ 元者，善之长也。
⑪ 足跛非全人，不可列为宗主。

侯'①。嗣吉何建，建非嗣也②。二卦皆云③，子其建之！康叔命之，二卦告之，筮袭于梦，武王所用也，弗从何为？弱足者居④。侯主社稷，临祭祀，奉民人，事鬼神，从会朝，又焉得居⑤？各以所利，不亦可乎？"⑥

按：此以动爻辞推，亦推象辞。

李刚主曰：此与毕万之筮遇卦同，而断辞不同，各随其事也。此筮法也。

鲁南蒯筮叛季氏

昭十二年，南蒯将叛季氏，枚筮之⑦，遇坤☷之比☷⑧。曰："黄裳，元吉"⑨，也为大吉也。示子服惠伯，曰："即欲有事，何如？"惠伯曰："吾尝学此矣。忠信之事则可，不然必败。外强内温，忠也；和以率贞，信也。故曰：'黄裳，元吉'。黄，中之色也；裳，下之饰也；元，善之长也。中不忠，不得其色⑩；下不共，不得其饰⑪；事不善，不得其极⑫。外内倡和为中⑬，率事以信为共⑭，供养三德为善，非此三者弗当⑮。且夫易不可以占险。将何事

---

① 繇，卦辞也。
② 嗣子有常位，故无所卜，又无建。今以位不定，卜嗣得吉，则当从吉而建之也。
③ 谓再得屯卦，皆有建侯之文。初卦屯象辞曰"利建侯"，次卜屯初九爻辞亦曰"利建侯"。
④ 跛则偏弱居其家，不能行。屯初九爻辞："磐桓，利居贞。"
⑤ 言元不可居。
⑥ 孟跛利居，元吉利建。
⑦ 枚筹也。
⑧ 坤六五变。
⑨ 坤六五爻辞。
⑩ 言非黄。
⑪ 不为裳。
⑫ 失中德。
⑬ 不相违也。
⑭ 率行也。
⑮ 非忠、信、善不当此卦。

也？且可饰乎？① 中美能黄，上美为元，下美则裳。参成可筮，犹有阙也。筮虽吉，未也"②。后蒯果败。

按：此专取本卦动爻辞。

晋赵鞅筮救郑伐宋

昭九年，晋赵鞅谋救郑伐宋。阳虎以《周易》筮之，遇泰䷊之需䷄③。曰："宋方吉，不可与也④。微子启，帝乙之元子也；宋，郑甥舅也；祉，禄也。若帝乙之元子归妹而有吉禄，我安得吉焉。"乃止⑤。

按：此亦专取本卦动爻辞。

---

① 问南蒯占此卦将欲举何事也，欲令从下之饰为恭。

② 有阙谓不参成。

③ 泰六五变。

④ 言不可与战。泰六五爻辞曰："帝乙归妹，以祉，元吉。"宋，帝乙之后，故吉在宋，不可与战也。

⑤ 吉在彼，则我伐之为不吉。

卷四　一爻动下

汉武帝筮伐匈奴

汉武帝伐匈奴，筮之，得大过 ䷛ 之九五。太卜谓匈奴不久当破，占用"何可久也"一语①。乃遣贰师伐匈奴。后巫蛊事发，贰师降匈奴。武帝咎卦兆反谬。

按：此亦专推动爻辞。

《仲氏易》曰：当时既失周史之占，如《春秋传》所记。而后儒笼统论理，则又谓占者有德则吉在我，无德则吉在彼。如此则但修德而已，用五、用二、筮人、太卜一切可废。今按春秋传占法，则象辞观玩，休咎瞭然。大过为大坎，而五当重乾之未进，承坤上龙战玄黄，正在此际。幸乾、坎二位皆居北方，我以南向北，则我南为凯，彼北为败。所以能破匈奴兵，乘胜追北至范夫人城者，此也。奈身在坎中，尚未出险。而兑为口舌，又为毁折，非因令误，当以间败。乃咀咒事发，而脱身降矣。兑者，脱也。夫"枯杨之华"，不入寒地；身为士夫，敌丑非偶。乃既降单于，则身已为人所得，而单于又妻之以女，此正匹配反常，一若老妇之得士夫者。亦可谓奇验矣。

李刚主曰：乾与大坎皆北方，乾为健，坎为弓轮，北伐之象。乾为君居中，为中国之帝，四阳中实，故北伐而胜。但终之以兑缺，则收局败耳。

---

① 九五爻辞。

王莽以筮造符命

王莽时造符命，谓张邯筮得同人☴九三爻词，解之云："伏戎于莽"者，谓阴起兵以讨皇帝，莽也。"升于高陵"，升者刘伯升，高陵者高陵侯子翟义也。""三岁不兴"者，言皆败绝，不得起也。其说虽诬妄，然据此解断，犹得古遗法。

按：此全以爻辞推。

汉太史筮梁皇后

后汉梁皇后，大将军商之女也。永进三年，与姑俱选入掖庭时，年十二。太史筮之，得坤☷之比☵①，遂以为贵人。阳嘉元年立为皇后。

按：坤者，国也母也，有国母之象。五爻动，"黄裳元吉"，辞尤协也。

毛西河曰：此卦当时解之者，但曰"元吉"②，"位正中"而已③。其后进为后，顺帝崩，进为皇太后。以无子，立他妃子，临朝，即冲帝也。冲帝崩，质帝立，又临朝。及兄冀杀质帝，然后迎桓帝立之，而于是有兄冀擅权、宦官乱政之祸。今推之，则坤五后也，之比而变刚君也，临朝也，所谓"显比"④者也。"三驱"者⑤，立三帝也。"失前禽"者⑥，无子也，犹无前禽也。"舍逆取顺"⑦，信宦官、杀忠良也。其最犹可异者，一推自复☳，以震初之刚而易比五；一推自剥☶，以艮上之刚而易比五，震为长子为兄，艮为门阙为阍寺，合

---

① 坤五爻变。
② 坤五爻词。
③ 比五爻词。
④ 比九五词。
⑤ 九五语。
⑥ 九五语。
⑦ 九五语。

兄冀与宦官而皆与九五有参易之迹，因之有杀帝乱政之祸。何推易之神，一至是也。向使汉之太史能不失周史推解之法，则必唾而置之矣。而宋人言易，率以先后天方圆两图造占变诸法，而不识周史三易之秘，宜相去益河汉耳。

虞翻为孙权筮关壮缪首落

孙权闻关羽败，使虞翻筮之，遇节䷻之临䷒。占曰："不出二日断头。"节自泰䷊卦中来。乾为首，九三之五，凡迁二位，故有是象。

按：此为第五爻动，故专即五爻推。

节九五有项象，变为拆一，项断矣，故应断头。

秦苻坚筮取长安

苻坚未入秦，京兆杜洪窃据长安。苻坚战胜，犹修笺于洪，并送名马珍宝，请至长安上尊号。洪曰："币重言甘，诱我也"，乃尽召关中之众来拒坚。坚筮之，遇泰䷊之临䷒①。坚曰："'小往大来，吉亨'，昔往东而小，今还东而大，吉孰大焉。"是时众星夹河西流，占者以为百姓还西之象。坚遂进军，略定三辅，引兵至长安。洪奔司竹，坚入而都之。

按："小往大来"，泰彖辞也。不取动爻辞。然动爻九三"无平不陂，无往不复"，亦与事相应也。

晋郭璞为仍叔宝筮伤寒疾

义兴郡丞仍叔宝得伤寒疾，积日危困，令郭璞卦之，得遁䷠，

---

① 泰三爻变。

之姤☳☶。其林曰："卦象出墓气家囚①，变身见绝鬼潜游②。爻墓冲刑鬼煞愁③，卜病得此归蒿丘。谁能救之坤上牛④，若以子色吉之尤⑤。"案林即令求白牛，而庐江荒僻卒索不得。即日有大牛从西南来诣，途中仍留一宿，主人乃知，过将去。去之后复寻，挽断纲来临叔宝，叔宝惊愕起，病得愈也。此即救御，潜应感而遂通⑥。

按：此以纳甲法推。

"变身见绝"者言二爻世值午鬼，变为之卦之身亥，火绝于亥，亥又克火，况午又与鬼，临其凶甚矣⑦。而初爻身值辰，复为上爻戌所冲。夫戌既为午火墓，而又冲身之辰，鬼爻迭见，占病遇此其凶亦甚矣，故曰"归蒿丘"。然遇丑牛能救者，以土能制水，使不克世，而生应爻休囚之申金⑧故也。又月煞在申，土能生之，故得救。

五月筮得：

父母壬戌——	父母壬戌——
兄弟壬申——应	兄弟壬申——
官鬼壬午——	官鬼壬午——应
兄弟丙申——	兄弟辛酉——
官鬼丙午——世	子孙辛亥——身
父母丙辰——身	父母辛丑——世
遁	姤

---

① 艮为乾墓世主丑，故卜时五月，申金在囚。

② 身在丙午，夏入辛亥在五月。

③ 主戌为鬼墓，而初六为戌刑，刑在占故言冲刑。盖五月白虎在卯，又与月煞并也。

④ 以卜爻见丑为牛，丑为子能扶身克鬼之压虎煞，上令伏不动。

⑤ 巽主辛丑，丑为白虎，金色复征，以和解鬼及虎煞，皆相制也。

⑥ 上注皆郭璞《洞林》原注。而传抄日久，不能无讹。遁世主午而云主丑，疑讹。余亦多不协。

⑦ 化回头克最为大凶。

⑧ 申金休囚见原注。

晋郭璞为宏泰筮藻盘鸣

扬州从事宏泰，言家时坐有众客，曰："家适有祥，试为卦。"郭璞为卜，遇豫 ䷏ 之解 ䷧ [1]。其林曰："有釜之象无火形[2]，变见月光连月精[3]。潜龙在中不游行[4]，案卦卜之藻盘鸣。'金妖所凭无咎庆，藻盘非鸣或有鸣'者，其家至今无他。"宏泰乃大骇，云："前夜月出，盥盘忽鸣，中有盘龙象也。"

按：此纯以象推，去易尚不远。釜象者，豫卦形也。变见夜光连夜精者，言坤变为坎。连月者，解三至五又互一坎也。"潜龙在中不游行"者，言豫九四潜龙在阴之中不动也。藻盘鸣者，震象盘，震善鸣。知为藻者，以解坎水在内也。

晋干宝为弦超筮神女

晋弦超为神女所降，论者以为神仙，或以为鬼魅。著作郎干宝以《周易》筮之，遇颐 ䷚ 之益 ䷩，以示同僚。郭璞曰："颐，'贞吉'，正以养身。雷动山下，气性惟心。变而之益，延寿永年。龙乘御风，乃升于天，此仙人之卦也。"

按：此亦专以象推。"正以养身"者，颐象意也。"龙乘御风"者，震为龙、巽为风也。

晋郭璞避难筮诣河北吉凶

郭璞《洞林》云：余偕姻友避难，欲从蒲坂之河北。时草贼刘石又招集群贼为掠害，势不能过。同行皆欲假道取便，未审所之，

---

① 豫二爻动。
② 不见离也。
③ 坎为月。
④ 言蟠者。

令吾决去留。卦遇同人☲☰之革☱☲，其林曰："朱雀西北，白虎东起①。奸猾衔璧，敌人束手②。占行得此，是为无咎。"余初为占，尚未能取定，众不见从，却退猗氏而贼遂至。余独约十余家，从焦丘间径至河北，轻步极险，不通车乘。然依卦行之，卒未遇贼。其留猗氏者，后皆覆没，靡有遗余。

按：此不以爻辞推。

其原注全讹作正文。盖璞自为注，传抄久而错乱也。兹特更正，并加"原注"二字以存其真。

乾兑皆属金，而下皆离火，故曰火肖金。乾化兑，故曰玉在口。

晋郭璞筮许迈升仙

晋许迈，字叔元，少恬静，不慕仕进。未弱冠，尝造郭璞。璞为之筮，遇泰☷☰之上六爻发，谓曰："君元吉自天，宜学升遐之道。"

按：此亦不用辞。

《乾凿度》以上爻为宗庙爻。此爻发有升遐之象，谓迈宜学升导引之术而仙去也。

晋郭璞筮东海世子母病

东海世子母病，郭璞为筮，得明夷☷☲之既济☵☲。曰："不宜封国，坤为国，坎折之。"

按：此亦以象推，不用辞，且只就外卦推。坤变坎，坤为众、为土、为国，坎险折。

---

① 原注：离为朱雀，兑为白虎，言火能销金之义。
② 原注：兑为口，乾为玉，玉在口中，故曰衔璧。

晋关朗筮晋百年大计

关氏《易传》：同州刺史王彦问于关子曰："夫治乱损益，各以数至，苟推其道，百世可知。彦不佞，愿假先生之筮，一以决之。"关子曰："占算幽微，至诚一虑，多则有惑。请命筮，卦以百年为断。"

既而揲蓍布卦，得夬☱☰之革☱☲①，舍蓍而叹曰："当今大运，不过二再传尔。从今甲申，二十四年戊申，天下当大乱。而祸始宫掖，有蕃臣柄政，而世伏其强。若用之以道，则桓文之业也；如不以道，臣主俱屠地也。"彦曰："其人安出？"子曰："叁代之墟，有异气焉。若出，其在并之郊乎？"彦曰："此人不振，苍生何属？"子曰："当有二雄举，而中原分。"彦曰："各能成乎？"子曰："我隙彼动，能无成乎！若无大贤扶之，恐皆不能成名。"

彦曰："请刻其岁。"子曰："始于甲寅，卒于庚子，天之数也。"彦曰："何国先亡？"子曰："不战德而诈权，则旧者先亡。"彦曰："其后何如？"子曰："辛丑之岁，当有恭俭之主起布衣而并六合。"彦曰："其东南乎？"子曰："必在西北。夫平大乱，未可以文治，必须以武定。且北用武之国也。且东南之俗，其弊也剽；西北之俗，其兴也勃。况东南，中国之旧主也。中国之废久矣。天之所废，孰能兴之！"

彦曰："东南之岁可刻乎？"子曰："东南不出，运历三百，大贤大圣不可卒遇能终其运，所幸多矣。且辛丑之岁，明王当兴。定天下者，不出九载。己酉江东其危乎？"彦曰："明王既兴，其道若何？"子曰："设斯人有始有卒，五帝三王之化复矣。若无三五之道，则必终之以骄，加之以亢，晚节末路，有桀纣之主出焉，天下复乱。夫先王之道坠地久矣，改张易调，其兴实难。苟化虐政，其穷必酷。故曰'大兵之后必有凶年，积乱之后必有雄主'，理当然也。"彦曰："先王之道竟亡乎？"子曰："何谓能亡也。夫明主久旷，必有达者兴焉。而能兴其典礼，此三才五常所由系也。孔子曰

---

① 夬二爻动。

'文不在兹乎'，此王道不能亡也。"

彦曰："请推其数。"子曰："乾坤之策，阴阳之数，推而行之，不过三百六十六，引而申之，不过三百八十四。终则有始，天之道也。噫！朗闻之，先圣与卦象相契。自魏以降，天下无真主，故黄初元年庚子至今八十四载，更八十二年丙午，三百六十六矣，当有达者生焉。更十八年甲子，当有王者合焉。用之则王道振，不用则洙泗之教修矣。"

彦曰："其人安出？"子曰："唐晋之郊乎？昔殷后不王，而仲尼生周；周后不王，斯人生晋。生周者，周公之余烈也。生晋者，陶唐之遗风乎？天地之数，宜契自然。"彦曰："此后何如？"子曰："始于甲申，止于甲子，正百年矣。过此，未之或知也。"

按：此亦以纳甲法推。或疑其妄。岂知近代如著《黄金策》之胡宏，著《易冒》之程良玉，著《增删卜易》之野鹤，皆能以一卦定人平生之吉凶，而推得数十年之事。况深明易筮如关朗，刻百年之事，有何不能。特未详著其事与卦相应之理，后人阅之，但见其神奇耳，而不知晦明否塞皆由卦象之五行推得，事甚平易也。

按：朗布卦之年为晋惠帝永宁元年，其曰"当今大运不过二再传"，寓怀帝、愍帝而西晋亡也。曰"从今甲申二十四年戊申，天下当大乱"者，言自永宁辛酉，二十四年至东晋太宁二年甲申，又二十四年至永和四年戊申，天下大乱也。曰"蕃臣柄政"者，寓桓温也。曰"臣主俱屠"者，寓桓氏篡晋，桓氏灭而晋亦随亡也。曰"二雄举而中原分"者，寓刘裕与北魏也。曰"始于甲寅，卒于庚子"者，寓刘宋始盛之年，及杨坚为隋王之年也。坚既为隋王，天下将统一，而南北之局终，故曰卒也。曰"辛丑之岁，当有恭俭之主并六合"者，考杨坚篡周之岁为周大象辛丑，三年由是灭陈而一统也。隋起西北，故曰"必在西北"。其曰"辛丑之岁明王当兴，不出九载定天下"者，应杨坚辛丑篡周，又九年为开皇，九年己酉灭陈也，故曰"己酉江东其危也"。曰"晚节末路，有桀纣之王"者，应炀帝也。其曰"丙午三百六十六"者，言自黄初元年至陈后主四年丙午，足三百六十六年。其曰"达者生"，不知所指[①]。其曰"更十八年甲子，当有王者合焉"者，自陈后主四年丙午，又十八年至隋文帝仁寿四年甲子，而唐太宗生也。

北齐吴遵世筮孝武帝为帝

北齐吴遵世少学易，精卜筮。魏孝武帝之将即位，使之筮，遇否䷋之萃䷬①。曰："先否后喜。"帝曰："喜在何时？"遵世曰："刚决柔，则春末夏初也。"又筮遇明夷䷣之贲䷕，曰："'初登于天'，当作天子；'后入于地'，不得久也。"后皆如其言。

按：此皆以动爻辞推。"先否后喜"，否上九爻辞也。乾健，故曰刚；变为兑，兑悦，故曰柔。"初登于天，后入于地"，明夷上六爻辞也。象曰："'初登于天'，照四国也"，故曰"作天子"。"'后入于地'，失则也"，故曰"不得久"。

北齐清河王岳母筮高祖赤光知为帝

北齐清河王岳，太祖从父弟也，家于洛阳，高祖每奉使入洛，每止于岳舍。岳母山氏尝夜见高祖室中有光，密往觇之，乃无灯。即移高祖于别室，如前所见，怪其神异。诣卜者筮之，遇乾䷀之大有䷍。占曰："吉！《易》称'飞龙在天'，大人造也。'飞龙'九五，大人之卦，贵不可言。"山氏归报高祖。后高祖起兵信都，山氏闻之大喜，谓岳曰："赤光之瑞，今当验矣。汝可间行从之，共图大计。"岳遂往信都，高祖见之大悦。

按：此亦以爻辞占。乾九五动，九五爻辞"飞龙在天"，故曰"贵不可言。"

北齐颜恶头为人筮父死

北齐颜恶头善易筮，有人以三月十三日诣恶头，求卜，遇兑䷹之履䷆。恶头占曰："君卜父，父已亡。当上天闻哭声，忽复苏而

---

① 否上九变。

有言。"其人曰："父卧疾三年矣。昨日鸡鸣时气尽，举家大哭。父忽惊寤，云：'我死，有三尺人来迎，欲升天，闻哭声，遂坠地'。"恶头曰："更三日，当永去。"果如言。

人问其故，恶头曰："兑上天下土，是今日庚辛[①]，本宫火[②]，故知卜父。今三月土入墓，又见宗庙爻发[③]，故知死。变见生气[④]，故知苏。兑为口主音声，故知哭。兑变为乾，乾天也，故升天。兑为言，故父言，故知有言。未化入戌为土[⑤]，三月土墓，戌又是本宫鬼墓[⑥]，未后三日至戌，故知三日复死[⑦]。"

按：此全以纳甲法取卦中所藏干支及筮时时日推，而兼取卦象。

纳甲法兑初爻主巳，二爻主卯，三爻主丑，四爻主亥，五父主酉，上爻主未，未为世，故全以土推[⑧]。土生金，卜日金，本宫金，故知卜父[⑨]。土生于申，旺于子，墓于辰，三月属辰，故曰土入墓。上爻为宗庙爻，人死神入宗庙，二者皆死征，故曰知死。然值申日，土遇生气，故知又苏。

未化入戌者，兑上爻主未，履上爻主戌，故曰未化戌。戌仍是土，值三月仍须入墓[⑩]，况戌又为火鬼之墓[⑪]。又况自本日申，历三日复遇戌[⑫]。重重鬼墓，故知复死。

"兑上天下土"者，兑变乾，故曰"上天"；兑上爻主未，故曰"下土"，土于六亲当父母。

辰月申日占

父母丁未——世　　　父母壬戌——

---

① 当作申字讹也。
② 当作金，谓兑宫。
③ 发，动也。
④ 土生于申。
⑤ 兑上六主未，化乾为履卦，履上九主戌。
⑥ 火为本宫金鬼，而墓于戌，入墓则不生土。
⑦ 土恃火生值戌，火入墓则不能生土，土为世，故知必死。
⑧ 世应说详后。
⑨ 金为土子。
⑩ 生而复死之一因。
⑪ 生而复死之二因。
⑫ 复死之三因。

兄弟丁酉 ——	兄弟壬申 —— 世
子孙丁亥 ——	官鬼壬午 ——
父母丁丑 —— 应	父母丁丑 ——
妻财丁卯 ——	妻财丁卯 —— 应
官鬼丁巳 ——	官鬼丁巳 ——
兑	履

隋炀帝筮江都寺

隋炀帝来江都，筮易，遇离☲☲之贲☲☲①。乃以离宫为寺名，曰山火，取卦象也。后改曰山光，在扬州北十五里，地名湾头。其辞曰："突如其来如，焚如，死如，弃如。"② 王观赋诗曰："不须谈贲卦，兴废古今同。"

按：此取动爻辞。

唐路晏筮遇刺客

唐明宗时路晏夜适厕，有盗伏焉，晏心动，取烛照之。盗即告晏"请勿惊。某禀命，有自察公正直，不敢动剑"，匣剑而去。由是昼夜惊惧，以备不虞。召董贺筮，遇夬☰，二爻用事。曰："察象征辞，大有害公之心。然难已过。但守其中正，请释忧心。"晏亦终无患。

按：此亦以爻辞占。夬二爻云："惕号，莫夜有戎，勿恤"，故曰"难已过也。"

---

① 四爻变。
② 离四爻辞。

唐葫芦生筮刘辟必被戮

　　唐刘辟始登第，诣卜者葫芦生，筮得一卦以定官禄。葫芦生双瞽，卜成，谓辟曰："自此二十年，禄在西南，不得善终。"辟留束素与之。其后脱褐，从韦令公于西川，官至御史大夫，为行军司马。既二十年，韦病薨，使辟入奏，请益东川，诏未允。辟乃微服单骑，复诣葫芦生筮之。揲筮成卦，谓辟曰："吾二十年前曾卜得无妄䷘之随䷐，今复得此卦，非曩昔贤乎？"辟即依阿唯诺。葫芦生曰："若审，其人祸将至。"辟不甚信，乃归蜀果叛。宪宗皇帝擒之，戮于藁街。

　　按：此似以卦辞、爻辞意占。正则"元亨利贞"；非正则"有眚，不利有攸往"，卦辞意也。"行有眚，无攸利"，爻辞意也。故卜者戒其勿往，云祸将至也。

　　乾为金玉，震为车，有车载金玉之象，故曰禄。变为兑，兑西方，一至四互大离，离南方，故曰"禄在西南"也。乃乾变为兑，兑为毁折，故曰"不得善终"。又随自否来，有首落象，与"戮于藁街"相应也。"二十年"者，无妄世在四爻，古人以一爻值五年，过此则入兑，毁折至矣，故曰"祸将至"。

唐朱邯为董元范筮愈母奇病

　　唐朱邯，豫章人，精《周易》，得京、管遗法。建中初，游楚卖卜。楚青山董元范母患奇病，至夜即发。邯为筮之，得解之上六。曰："君今日昃，具衫服于道侧，伺有执弓挟矢而过者，君向求之。"时邑人季楚宝喜猎，其时果至。元范邀之至家，设酒馔留宿。是夜月明如昼，楚宝出户徘徊，见一大鸟飞集舍上，引喙啄屋，即闻堂内叫痛苦声。楚宝引弓射之，两发皆中，其鸟飞去，痛声亦止。明日与元范四索，于败屋古址中得碓臼，两箭著其上，皆有血光，遂取焚之，母患果平。

按：此用动爻辞占。

解上六云："公用射隼于高墉之上，获之，无不利"，故邯令伺执弓挟箭者治之。

宋平江人解者预筮徽钦北狩

宋政和末，平江人解者筮之，得噬嗑䷔之二爻。曰："离为戈兵，艮为门阙，又艮东北之卦，而介乎南离，必东北敌人南寇犯阙，且将不利乎君矣。"鼻者，君祖也。后徽宗果北狩，如所占。

按：此只以象推。二至四互艮，故曰艮为门阙，曰东北。三至五互坎险，故曰"不利"。离为日，君象，与坎连，故曰"不利乎君"。荀《九家》：艮为鼻，而内卦为震，是我有震惊之象。

宋王子献筮得洪帅

宋王子献占，遇夬䷪九二。占者曰："必夜有惊恐，后有兵权。"未几，果夜遇寇，旋得洪帅。

按：此以爻辞推。九二云："莫夜有戎，勿恤"，故遇寇而无害。"后有兵权"者，乾、兑于五行皆属金，金主兵，故得兵权。

明胡瓛袁杞山筮失金杯

明胡瓛善筮，多奇中，与同邑袁杞山游金陵，寓神乐观。提点姚一山偶失金杯，酷责其徒，二人怜之，占得剥䷖之颐䷚①。曰："金在土中，未亡也。汝第从居西南隅，掘下五寸，则得矣。"如其言，果得杯。

按：此以象推。剥上艮，艮有覆杯象，下坤，坤土，而艮为止，故知杯

① 初爻变。

止于地中也。又坤位西南，故曰向西南隅掘之。九宫坤数五，故掘五寸。

又掘得五寸者，言坤变震，震有杯象，而变在初爻为颐。颐二至四、三至五皆互坤，而自颐六五往下，数当坤爻之第五位，故知五寸也。

明胡㵎筮赐名及殿焚

胡㵎初名浚，既与袁杞山为姚一山卜得杯，一山感之。至永乐八年，一山荐二人于上。袁称病不行，胡至京卜，无不神验，赐今名，授钦天监刻漏博士。上新作殿，命之卜，布算讫，跪曰："某月某日午时当毁。"上怒，囚之以待。至期，倩狱卒觇视，返报曰："午过矣，无火。"胡服毒。至午时正三刻，殿果焚，上急召，胡死矣。甚惜之，赐驰驿归葬。

初，召命之初下也，袁杞山为㵎卜之，得乾䷀之五爻。袁曰："五为君，升阳在四，子命又午也，其有锡命之庆乎？"㵎曰："吾值壬午，壬为水，而午者子之冲也。果赐名，必不离水。"袁曰："非徒然也。四为渊[1]，又值升阳，而五居渊上，渊而大者乎？以草莽之臣践五位，终非吉兆。五为火，丁者壬之合也，遇火则危矣！"后闻赐名"㵎"，袁大笑曰："验矣！死不远矣！"果因殿焚而卒。

按：此亦以爻辞推，而兼用五行。后人动以古人能推得来人姓名为妄，苦不知其理耳。观此，何妄之有哉！

明仝寅为石亨筮英宗还期

明仝寅安邑人，生十二岁而瞽，乃从师学京房术，为人占祸福多奇中。父清游大同，携之行，塞上石亨为参将，酷信之，每事咨焉。英宗北狩猎，遣使问还期，筮得乾䷀之初。寅曰："大吉！四为初之应，初潜四跃，明年岁在午，其干庚。午跃候也，庚更新

---

[1] 乾九四：或跃在渊。

也。龙岁一跃，春潜秋跃，明年仲秋驾必复。但繇'勿用'应'在渊'，还而复，必失位。然象龙也，数九也，四近五，跃近飞，龙在丑，丑曰赤奋。若复在午，午色赤，午奋于丑，若顺也，天顺之也。其于丁，象大明也，位于南方，火也。寅其生，午其王，王其合也，至岁丁丑，月寅日午，合于王帝，其复辟乎？"已而悉验。

> 按：此占得一爻，竟以全卦推。任启运所谓：占虽不及飞跃，而飞跃有必至也。

英宗返国，在景泰元年庚午八月，所谓庚午仲秋驾必复也。又八年，岁丁丑正月复辟，所谓"午奋于丑""丁象大明"也。尤奇者，英宗复辟，改元天顺，亦能预言。其数之神，真不让京、管乎！

明胡宏筮太守陆阜遇冯刘得祸

宁波胡宏善易筮，天顺间太守陆阜邀至官舍，翌日为阜筮，得丰䷶之明夷䷣。断曰："逢刘则滞，逢冯则止。"顷之，同知刘文显至，与阜大忤，屡欲攘臂奋击。明年，海道副使冯靖，劾阜仓粮不给军饷，谪戍广西。其神验类如此。著筮书曰《黄金策》。

> 按：此亦以爻辞推。丰三爻云[1]"丰其沛"，丰沛者刘氏所生之地也，故曰"逢刘"。曰"日中见沫"，"日中"者午也，午马，"见沫"者马旁之两点，冯也，故曰"遇冯"。曰"折其右肱"凶，故知遇刘、冯不吉，且与"攘臂奋击"应也。

此筮初观不知刘、冯所自来，叹为神奇，及一经解释，悉本易辞，仍平易也。

明王奇筮刑部逸囚

台州王奇善易筮，成化中刑部逸重囚，主者请奇筮之，遇恒䷟之大过䷛[2]。奇曰："五为囹圄，贼入矣，其焉逃之。"计其获日与

---

① 三不动。
② 恒五爻变。

时，皆不爽。

按：此不以动爻辞推。贼入者，内卦巽入故也。

明张仑筮太监毕真谋逆

仁和张仑五岁丧明，十三受易，遂善卜筮，有奇验，凡搢绅道杭者必访焉。宸濠构逆浙，镇守太监毕真谋内应，人情汹汹。方伯何天衢稽疑于仑，筮得解☷之象。仑敛楮贺曰："无虞也，渠魁将授首矣，何内应之有？"不旬日，江西捷音。至武宗南巡，将及浙，有司急敛诸供。方伯徐公蕃命筮焉，得同人☲之离☲。徐曰："同人亲也，应南面急当只迎。"仑曰："不然。卦体属乾，西北其位也。兹应反矣①。君至尊也，岂夫人可同。且爻曰：'先号咷''后笑'，兆之也。其在纯乾之日乎？"后悉如其言②。

按：此以象占，兼用辞。解象云"动而免乎险"，故曰"无虞"。"将授首"者，解自升来，五为图圄，九三之四，一阳孤进，将变坎而入狱矣。又象为甲坼③。

明御史张嵿筮巡抚保定

明正德间，都御史张嵿奉敕巡抚保定，兼提督紫荆诸关，筮之，得屯☵之六三。曰："行'无虞'，官何以'即鹿'，吾入林而已④。"时提学李梦阳在座，曰："不然。三关，古巨鹿地也。急即之无虞者，不疑也。惟入林中，恐为彬所中耳。"后武宗西狩，江彬索壁、马、妇女不应驾，临三关迎驾，军不至，罢职。

按：此专以动爻辞推。

---

① 乾先天位南，入后天返西北，应武宗南来将返西北。

② 宋人以《易》林卜金主亮入寇，得解云灭身，与此可参断。

③ 故曰授首。

④ 屯六三：即鹿无虞，惟入于林中。

明冢宰魏骥筮土木之变

明土木之变，南冢宰魏骥集同官上监国疏，会钱塘客陆时至善易，请筮之，得恒☳☴之解☳☵[1]。骥曰："帝出之，不恒而承之羞"，固也[2]。乃变而负乘，寇将复至，如之何[3]？"客曰："既已负，帝乘矣，再至何害。所虑者，贞之则吝，徒守反咎耳[4]！"骥曰："善！"乃易疏去。

次日客过，骥曰："昨筮，无大咎乎？"曰："大吉！"曰："何谓也？"曰："夫恒为大坎[5]，而正当坎中，所以陷也。然而恒互为乾[6]，以一乾而巍然居三乾之间，若无往而不为。君者，乃一变为解，则已解矣。且解之辞[7]曰：'利西南'。西南者，所狩地也；'其来复'，则还复也。夫恒者久也，日月得天而久照[8]。今解之互体则正当两坎互离之间，坎月离日，非日月幽而复明乎？'大明'，吾国号，非返国乎？只解有两坎两离，而上离未全，尚有待耳！"后寇果再至，以战得胜，英宗返国，如所占。

按：此用两卦辞，兼用两卦互卦。

清毛西河筮出亡

毛西河少年出亡，筮之，遇节☱☵之需☰☵[9]。节者止也，需者有

---

① 恒三爻变。
② 恒三爻辞。
③ 解三爻辞。
④ 贞吝亦解三爻辞。
⑤ 上下阴中阳，故曰大坎。
⑥ 二至四。
⑦ 象辞。
⑧ 恒象辞。
⑨ 节三爻变。

待也。节与需皆坎险在前。然节三爻当互震①，之柔而变为乾刚，震则动，动而得刚，可以出险，经云"刚健而不陷"是也②。顾亦惟刚健，故不陷，否则需矣，"致寇至"矣③。乃急行，而跛者果至，因匿海陵，越一月，曰"可出险矣。"经曰"利涉大川"④，大川淮也，因过淮至山阳令朱君所，朱君集名士歌宴。先生念需象有饮食宴乐语⑤，憬然会，吾幸已出险，且宴乐矣。过此失位⑥，于是舍之去。

李刚主曰：按遇卦之卦皆有水火既济之象⑦，是险可济也。兑缺变乾，其身甚健，文明在体⑧，则后之举博学宏辞，与高年著述传世，皆见焉。

按：此偏重之卦，象、彖、爻辞并推，与朱子说相反。

清纪晓岚筮乡举

纪晓岚先生幼时乡举，其师为筮，得困☷☱之六三。师曰："不吉！"先生曰："不然。困六三云：'困于石，据于蒺藜，入于其宫，不见其妻，凶'。见吾尚未娶，何妻之可见，'不见其妻'者，莫之与偶也，恐中解元耳。'困于石'者，或第二名姓名有石字或石旁也。"榜发。果第一，亚元则石姓也，第三名姓米，米字形象蒺藜。其神验如此。

按：此专以动爻辞占。

---

① 二至四互震。
② 需彖辞。
③ 需九三爻辞。
④ 需彖辞。
⑤ 大象语。
⑥ 需六爻语意。
⑦ 节二至五互大离，需三至五互离。
⑧ 节三爻在大离中，需三爻在互离中。

卷五　二爻动

二爻动

朱子曰："二爻变，则以本卦二变爻辞占，仍以上爻为主。"经传无明文，以例推之，当如此。

按：二爻动，经无明文，传记则数见也。朱子未详考耳。其占法亦不如朱子所言也。

晋郭璞为王导筮国事安危

郭璞《洞林》云：岁在甲子正月中，丞相扬州令余卦安危、诸事如何，遇咸☷之井☵①。璞曰："案卦东北郡县有以武名者当出铜铎六枚，一枚有龙虎，象异祥。兑为金②，金有口舌③，来达号令者铜铎也。山陵神气出此，则丞相创以令天下，见在丑地④，则金墓也。起之以卦为推立之应，晋陵武进县也。

又当犬与猪交者⑤，狗变入居中，鬼与相连，其事审也⑥。戌亥世应土胜水⑦，二物相交，象吾和合为一体，此丞相雄有江东也。

---

① 二爻四爻变。
② 咸外卦兑。
③ 兑为口舌。
④ 丑东北方。
⑤ 井卦世在五爻，五爻主戌，应在二爻，二爻主亥，戌狗亥猪，又居世应，有相交象。
⑥ 井五爻戌当坎卦之中，坎象为豕，下四爻申金于井六亲值官鬼，同在外卦，故曰相连。狗居坎中画，与犬豕交事相应，下又与鬼连，故曰其事审，言不讹也。
⑦ 戌土亥水。

民当以水妖相惊，岁在水位①。水爻复变成坎②，当出大水之象，以此知其灵应。巽木成言③，果又妖生④。二月变为鬼，戌土所克，果无他。水乃金子⑤来扶其母⑥，是亦丞相将兴之象也。

西南郡县有阳名者，井水当自沸。卦变入井内⑦丙午变而犯升阳，故知井涌⑧，于分野应在历阳。

虎来入州城，两兑者，虎出山而入门阙⑨。寅正月，戌为天煞⑩，即刺史宅。虎属寅，与月⑪并而来，此大人将兴之应⑫。

东方当有蟹、鼠为灾，食稻稼。有离体⑬，两相连之象，艮为鼠，又煞阴在子，子亦鼠⑭，而岁子来寅卯，故知东方有灾。"

其年晋陵郡武进县民陈龙果于田中得铜铎六枚。言六者，用坎数也⑮。铜者，咸本家⑯兑故也。口有龙虎文，又得者名龙，益审。陈土性，金之用⑰，进者乃生金也。丹徒县流民赵子康家有狗与吴人猪相交，其年六月天连雨，百姓相惊。妖言云："当有十丈水，翕然骇动。"其明年丑岁六月十五己未日未时，历阳县井水沸涌，经日乃止。阴阳相感，各以其类，亦金水之应也。六月，虎来州城浴井中。秋，吴诸郡皆有蟹、鼠为灾。鼠为子，子水，蟹亦水物，皆金之子，而晋主遂登祚也。

---

① 甲子，子属水。
② 咸九四主亥变井六四为坎，故曰水爻复成坎。
③ 古有以艮为言者，咸内卦艮变为巽，井内卦巽亦可变为艮，故曰巽木成言。
④ 艮为果蓏，而二爻主午鬼，故曰妖生。
⑤ 金生水，故对金为子。
⑥ 咸世在三爻申金，金本生水，而下二爻动午火变亥水，上四爻动亥水变成坎，重重水动，故曰来扶。
⑦ 即午变亥，亥变坎，皆井水，故曰卦变入井。
⑧ 咸二爻午火变井二爻亥水，水自火来，故曰升阳，故知井涌。
⑨ 艮为虎、为门阙，而上为兑，兑者虎张口入门阙。
⑩ 寅木克戌土。
⑪ 寅正月。
⑫ 云从龙，风从虎。又豹变虎变亦大人将兴之象。
⑬ 井三至五互离。
⑭ 此子似指井上变。
⑮ 后天卦配河图。
⑯ 即本宫。
⑰ 土生金。

此论一岁异事，略举一卦之意。惟不得①腊中行刑有血逆之变。将推之不精，亦自无征，不登于卦乎？死者，晋陵令淳于伯也②。

按：此以纳甲推，兼用互体。其可解者分注于下，其不能解而字句或有错误者仍之也。《仲氏易》曰："铜铎之出以贞咸也，井之沸以悔井也。"咸内为艮，艮东北之卦也。其名武者，以上兑在右，武位也③。其出铎者，兑为金，与互乾金合，而乾数六④，故得六铎。且互乾为天，互巽为命，此天命也，故曰此受命之符也。若井则二四互兑，三五互离，离兑为西南，郡县而南为阳方，故亦有阳名。乃以下巽与互兑为金木之交，上坎与互离为水火之际，木间金得火而上承以水，此非薪在釜下得火而水乃沸乎？且四正相躔，乾丽坤域，非受命而何？

按：毛西河只引《晋书》所记，似未见《洞林》原文。六铎等义本文皆自释之，如毛释金属之器多矣，何以知其必出铎。又释武义尤穿凿。然解水沸义亦精，惟阳义仍未惬。故备录之，以资参考。

甲子年寅月占

父母丁未——应	父母戊子——
兄弟丁酉——	妻财戊戌——世
子孙丁亥——	官鬼戊申——
兄弟丙申——世	官鬼辛酉——
官鬼丙午——	父母辛亥——应
父母丙辰——	妻财辛丑——
咸	井

晋郭璞避乱筮诣阳泉

郭璞与戚朋避难至淮南安丰，卜住不吉，卜诣松滋、卜诣合肥皆不吉，卜诣阳泉，得小过䷽之坤䷁。其林曰："小过之坤卦不奇，虽有旺气变阳离⑤。初见勾陈被牵羁，暂过则可羁不宜。将见劫追

---

① 言未占得也。

② 又狗变入居中者，艮为狗变巽，又值官鬼，故曰鬼与相连，义亦通。

③ 兑在西方。

④ 九宫西北六数。

⑤ 原注：卜时立春，其气变入，坤中气废。

事几危，赖有龙德终无疵①。"于是诸计不可，伴人悉散，乃独往阳泉，而留安丰、松滋、合肥者皆不得全。未几，阳泉亦有事，登时惶虑，复往庐江，所谓暂过则可、羁不宜也②。

按：此以纳甲法就筮时月日推。月丑日戊，故初值勾陈，四爻世临玄武，勾陈主羁累，故曰将被牵羁。玄武主盗贼，故曰见劫追。

父母庚戌——	兄弟癸酉——
兄弟庚申——	子孙癸亥——
官鬼庚午——世	父母癸丑——
兄弟丙申——	妻财乙卯——
官鬼丙午——	官鬼乙巳——
父母丙辰——应	父母乙未——
小过	坤

晋郭璞为顾士群筮母病

顾士群筮母病，得归妹☳☱之随☱☳。郭景纯谓秋必亡。盖母主仁，木也。卦内兑变震，外震变兑，木皆克于金③，生气尽矣。后果死。

按：震木变兑金，是木往被克也。兑金变震木，是金往克木也。至秋而金王，木益衰矣，故曰至秋必亡。

按：此专以五行推。

晋郭璞为顾球筮姊病

晋扬州别驾顾球姊生十年便病，至年五十余令郭璞筮，得大过☱☴之升☴☵。其辞曰："大过卦者义不嘉，冢墓枯杨无英华。振动游魂见龙车，身被重累婴妖邪。法由斩祀杀灵蛇，非己之咎先人瑕。案卦论之可奈何。"球乃迹访其家事，先世曾伐大树，得大蛇杀之，

---

① 原注：十二月龙德在艮，凡有月德终无患。

② 小过世主午火，立春在寅月，寅木生午火，故曰有旺气。

③ 兑金震木，金克木。

女便病。病后有群鸟数千回翔屋上，人皆怪之，不知何故。有县农行过舍边，仰视，见龙牵车，五色光烂，其大非常，有顷遂灭。

按：此亦以纳甲推，兼易义。"冢墓枯杨无英华"者，言世亥变为丑，丑为亥墓，土克水，无水何能生本官之木，故曰"枯杨无英华"。"振动游魂见龙车"者，言世居游魂之位，从震卦变至五爻，又从五爻退后变至四爻，则上卦仍为震，故曰"振动游魂"。又震为龙为车，故曰"见龙车"。"身被重累婴妖邪"者，言身未变升酉鬼，而未土生酉金，故鬼不去身也。"法由斩祀杀灵蛇"者，言世值亥，亥冲巳，巳为蛇，故决其曾斩蛇。但龙车系已往卦象，故又决其先人所为，而曰非己之咎也。

妻财丁未——身	官鬼癸酉——
官鬼丁酉——	父母癸亥——变
父母丁亥——世	妻财癸丑——变
官鬼辛酉——	官鬼辛酉——
父母辛亥——	父母辛亥——
妻财辛丑——应	妻财辛丑——
大过	升

齐文宣筮位

齐文宣筮位，得乾☰之离☲。宋景业曰："乾，君也，天也，变得离，五月受命也。"

按：此亦不以辞推。

唐崔群筮寇乱

唐相国崔群之镇徐，尝以《焦氏易林》自筮，遇乾☰之大畜☲。其繇曰："典册法书，藏在兰台。虽遭乱溃，独不遇灾。"及经王智兴之变，果除秘书监[①]。

按：繇辞皆与易辞无涉。

———————————————

① 大畜疑大过之误。大过繇辞云"栋桡，利有攸往，亨"，与辞相应。若大畜则无涉也。

五代刘龑筮国祚长短

《五代南汉刘氏传》：初，刘龑时尝召司天监周杰筮之，遇复䷗之丰䷶。龑问曰："享年几何？"杰曰："凡二卦皆土为应，土之数五，二五十也。上下各五，将五百五十五乎？"及刘长之亡，果五十五年。盖杰举成数以避一时之害尔。

按：此亦以纳甲法推。纳甲法复世在初爻属子，应在四爻属丑，丰世在五爻属申，应在二爻亦属丑，丑为土，故曰"两卦皆土为应。"土于九宫数五，合上下共三五也。

子孙癸酉———	兄弟庚戌———
妻财癸亥———	子孙庚申———世
兄弟癸丑———应	父母庚午———
兄弟庚辰———	妻财己亥———
官鬼庚寅———	兄弟己丑———应
妻财庚子———世	官鬼己卯———
复	丰

宋崔相公筮脱虎口

《易林纪验》云：宣和末，长庆崔相公任福州日，其时晏清无事，思此圣书，虔诚自卜，得大过䷛卦。云："典册法书，藏在兰台。虽遭乱溃，独不遇灾。"之遁䷠卦，辞曰："坐席未温，忧来扣门。逾墙北走，兵来我后，脱于虎口。"其时卜后十日州乱，崔相公逾墙而出，家族不损，无事归京。乃知此书贤人所制，初虽难会，后无不中。

按：大过彖辞云："栋桡，利有攸往，亨"，故《易林》曰"不遇灾"云云，遁彖辞云："遁：亨小，利贞"，故《易林》曰"逾墙北走"、"脱于虎口"云云。

宋人筮金主亮入寇当死

绍兴末，金主亮入寇时，有人以焦赣《易林》筮，遇解☳☵之大壮☳☰。其辞曰："骄胡火形，造恶作凶。无所能成，遂自灭身。"其亲切应验如此，虽天罡、淳风不能过也。开辟以来，惟亮可以当之。延寿著书，何以知后世有亮也。

按：《解·象》云"险以动"，《大壮·象》云"刚以动"。震动坎险，故曰"险以动"。震动乾刚，故曰"刚以动"。震为雷为电为火，而解又互火形，而解内卦坎，三至五互坎，重重险象，而变为大壮之互兑，兑毁折，故曰"无所能成，遂自灭身"。

清李刚主筮南行

李刚主曰：丁丑之岁，郭子坚招予南行。子固且为余谋南中置侧室生子，因筮之，遇大畜☶☰之中孚☴☱，当时亦意为吉卦。然未知占法，未了然也。后学《易》，拟为繇曰：是谓"不家食，吉，利涉大川"也①。兑之口舌②，食于宫阙③，故曰"不家食"。乘木而风顺以行泽上④，故曰："利涉大川"⑤。且是往也，所畜至大。老阳变动，遂之少女⑥，是置下妻乎？其属为豕⑦。长男生芽，我进而震，主艮而止，男之生也。遂以寅岁。

按：此同以辞占，而不必动爻。

---

① 大畜繇辞。
② 二至四互兑。
③ 艮为宫阙。
④ 巽为木为风，兑为泽。
⑤ 中孚象辞。
⑥ 乾变兑，兑少女。
⑦ 辞曰"豚鱼包鱼"者，置妻也。

卷六 三爻动

三爻动

朱子曰："三爻变则占本卦及之卦象辞，以本卦为贞，之卦为悔。"

按：晋文公筮得贞屯☳☷悔豫☷☳，取两卦象辞曰"利建侯"，与朱子《启蒙》说合，而又兼取卦体，则不执于一也。此外，皆与朱子说不甚合，盖筮法不能执一，执一则捍格不通，变而通之，神而明之，存乎其人。

晋重耳筮得国

晋重耳筮得国，曰："尚有晋国？"① 得贞屯☳☷悔豫☷☳，皆八也②。筮史占之，皆曰："不吉。闭而不通，爻无为也③。"

司空季子曰："吉。是在《周易》，皆'利建侯'④，不有晋国，以辅王室，安能建侯？我命筮曰：'尚有晋国？'筮告我曰：'利建侯'，得国之务也。吉孰大焉！

震车也⑤，坎水也，坤土也，屯厚也，豫乐也。车班内外，顺

---

① 注：命筮之辞也。

② 注：震在屯为贞，在豫为悔，八谓震两阴爻在贞在悔皆不动，故曰皆八，谓爻无为也。

③ 震为动，动遇坎，坎为陷阻，闭塞不通，无所为也。

④ 屯初九曰"利建侯"，豫大象曰"利建侯行师"。

⑤ 《易》坤为大车，震为雷。今云车，老车亦动，声象雷，其为小车也。案《左传》辛廖曰"震为土车从马"，是亦以震为车。盖震之卦象类车，且车亦发动之物，与震为动义合也。

以训之①，泉原以资之②，土厚而乐其实，不有晋国，何以当之③？

震，雷也，车也；坎，劳也，众也④。主雷与车⑤，而尚水与众⑥。车有震武⑦，众顺文也⑧。文武具，厚之至也，故曰屯⑨。

其繇曰：'元亨利贞，勿用有攸往，利建侯⑩。主震雷，长也，故曰'元'⑪。众而顺，嘉也，故曰'亨'。内有震雷，故曰'利贞'⑫。车上水下，必伯⑬。小事不济，壅也，故曰'勿用有攸往'⑭，一夫之行也⑮。众顺而有武威，故曰'利建侯'。

坤母也，震长男也，母老子强，故曰豫。其繇曰'行师'，居乐出威之谓也⑯。是两者得国之卦也。"

按：此用两卦繇辞，兼推两卦互体。"元亨利贞，勿用有攸往，利建侯"，屯繇辞也。"利建侯行师"，豫繇辞也。而韦注于屯引初九之"利建侯"不合也。《沙随筮法》云：晋文筮贞屯悔豫，初、四、五三爻动，初九无位而得民，重耳在外之象。至豫则九四为众阴所宗，震为诸侯，坤为国土，重耳得国之象。辞曰"朋盍簪"，簪整发以装首，率诸侯以宗周之象。象辞"利行师"，一战而霸之象。

---

① 车震也，班遍也，遍外内谓屯之内有震，豫之外亦有震。坤顺也，豫内为坤，屯二至四亦为坤。

② 资财也，屯三至五、豫二至四皆有艮象，屯上坎，豫三至五亦坎，艮山坎水，水在山为泉原，流而不竭。

③ 屯、豫皆有坤象，重坤故厚；豫为乐。

④ 《易》以坤为众，坎为水，水亦众之类。

⑤ 内为主也。

⑥ 坎象皆在上，故上水与众。

⑦ 震威也，车声隆象，有威武。

⑧ 坤为众为土为文，象有文德，为众所归也。

⑨ 屯厚也。

⑩ 繇卦辞也。亨通也，贞正也，攸所也，往之也。勿用有所之，君子则利建侯行师。

⑪ 内为主，震为长男为雷，雷为诸侯，故曰"元"。"元者，善之长。"

⑫ 屯内有震。贾侍中云："震以动之，利也；侯以正国，贞也。利，义之和也；贞，事之干也。"

⑬ 车震也，坎水也，车动而上威也，水动而下顺也，故知"必伯"。

⑭ 壅，震动而遇坎，坎为险阻，故曰"勿用有攸往"。

⑮ 一夫一人也，震一索得男。

⑯ 居乐，母在内也；出威，震在外也。居乐，故利建侯；出威，故利行师。

晋筮悼公归国

晋孙谈之子周适周，事单襄公，有贤德①。单公有疾，召顷公而告之曰："必善晋周。其行也文，天地所祚，将得晋国。且吾闻成公之归也②，晋筮之，遇乾☰之否☷。曰：'配而不终，君三出焉③。一既往矣，后之不知，其次必此④。且吾闻成公之生也，其母梦神曰：'使有晋国，三而畀欢之孙'⑤。今周子正襄公孙也，而令德孝恭，非此其谁。且其梦曰'必欢之孙'，实有晋国。其卦曰'必三取君'。于是其德又足以君三袭⑥焉，必当之矣。"顷公许诺。及厉公之乱，周子果入为君，是为悼公。

按：此以象推，不用辞。乾天也君也，坤土也国也，内乾变坤，则是天命之有国也，亦君而之国也。而三变则三次也。"配而不终"者，谓坤与乾配，至三而止⑦。而三为诸侯，五为天子，周天子国不动如故⑧，而侯之往有国⑨者，咸出自九五之下，是出自周也。而三出者，因乾初爻变、二爻变、三爻变，故决其三出也。

简言之，乾之坤是君而之国也。而上九五之乾如故，是君而之国者，皆出自周天子国之下也。而乾德阳，阳为君。《周易》于乾每爻以龙为喻，是一爻变即一君出之国而取自周，二爻、三爻变亦然也。"不终"者，谓变不及九五之乾。韦注谓为子孙不终为君，义无取。

---

① 注：周，晋悼公之名也。其父谈，晋襄公之孙。

② 成公，晋文公之庶子，初居周。赵穿杀灵公迎于周而立之，名黑臀。

③ 乾初九、九二、九三变而之否也。乾，天也，君也，故曰配，配先君也。"不终"，子孙不终为君也。乾下变而为坤，坤地也臣也，天地不交曰否。变有臣象，三爻故三世而终。上有乾，乾天子也，国。三爻有三变，故君三出于周也。

④ 一谓成公已往为晋君。"后之不知"，不知最后者在谁也。"其次必此"，次成公而往者，必周子也。

⑤ 欢，晋襄公名也。

⑥ 合也。

⑦ 韦注谓配为配先君，疑非。

⑧ 上乾不变。

⑨ 指坤。

吴孙皓筮国运

吴孙皓之将亡也，筮得同人☰☱之颐☶☳，占者曰"不吉"，后果亡国。盖内日没于震①，外天折于山②，君道亡矣。且象君出郊野而求口食，衔璧兆也③。

按：此专以卦变推吉凶。

晋郭璞为殷祐筮怪兽

晋渡江后，宣城太守殷祐以郭璞为参军，会有物如牛足，卑颜象，大力而迟，行到城下，祐将伏取之。命璞作卦，遇遁☰☶之蛊☶☴。其辞曰："艮体连乾，其物壮巨。山潜之畜，匪兕匪虎。身与鬼并，精见二牛。法当为禽，两翼不许。遂被一创，还其本墅。"按卦名之，是为驴鼠。卜竟，伏者以戟刺之，深尺余，遂去不见。郡纲纪上祠巫云庙神不悦，曰："此邺亭驴山君鼠也，偶诣荆山，暂来过我，何容触之。"

按：此以卦象推，兼用纳甲。毛西河、李刚主不知纳甲法，多误解也。

按：乾天也健也，艮体连之，故知壮巨。以艮当所卜物者，世在艮二爻故也④。艮为山，止也潜也，故曰"山潜之畜"。"匪兕匪虎"者，因遁世在二爻，二爻值午，午为马，故曰匪兕虎。

"身与鬼并"者，世为身，世爻值午，午火克本宫乾金为鬼，故曰"身与鬼并"。而上四爻仍值午为鬼，故又曰"精见二午"，而知此物为鬼物为精魅也。"法当为禽"者，艮止有禽获象，艮化巽，巽为鸡，鸡禽也。"两翼不许"者，遁二至四互巽，巽为鸡，是一翼也。蛊下体又巽，是又一翼也。而巽为风为动，艮在二卦皆与相

---

① 离为日，震东方，吴在东，内离变震，故曰"日没于震"。
② 乾变为艮。
③ 颐有口食象。
④ 遁世在二爻午，应在五爻申。

连，有顺风而逝之象，故禽之不得也。

"遂被一创"者，因遁艮二爻世午化为亥，亥水克午火，故知"被一创"。"还其本塾"者，艮为门庭，一变而居上，有跃出之象。又遁五爻申变子，四爻午变戌，皆来生艮爻，故决其逃还也。

"按卦名之，是为驴鼠"者，因乾为马，艮为鼠。可云马鼠而云驴鼠者，因乾变艮，马为鼠。马为鼠，马斯小矣，小则驴矣，故曰"驴鼠"。又驴鼠者，遁世爻午马化亥猪，四爻午马化戌狗，马而猪、狗则不马矣。然不失马体，则小于马而驴矣。鼠者，因应爻申化子，子为鼠。世为驴，应为鼠，故曰"驴鼠"也。

毛西河曰：遁下艮上乾，故曰"连乾"。为兕虎，蛊二阳间之，故曰非[1]。《乾凿度》以艮为鬼冥门，贞悔两见，故曰"与鬼并"[2]。离五月卦建午，蛊三至上为大离，是倍午也[3]。离为雉，巽为鸡，故为禽。遁四阳，伤其一为一创，然只伤乾一画[4]。而艮山如故，蛊上之山可还豚本塾[5]。

李刚主曰：按遁下体为山，二至四互体为巽，伏于山上，"山潜之畜"也。"为禽"而"两翼不许"者，遁之巽鸡，蛊之离雉，其身之外当为翼，而俱艮止，是无翼也[6]。乾为马，艮为鼠，今变卦艮鼠依然，而乾马初爻变为阴小，则似驴矣。今为一体，可名为驴鼠。

父母壬戌 ——	妻财丙寅 ——
兄弟壬申 ——应	子孙丙子 ——变
官鬼壬午 ——	父母丙戌 ——变
兄弟丙申 ——	兄弟辛酉 ——
官鬼丙午 ——世	子孙辛亥 ——变
父母丙辰 ——	父母辛丑 ——
遁	蛊

---

[1] 此解勉强。

[2] 此解错误，身、并二字皆无着。

[3] 解二午义尤穿凿。

[4] 解被创尤无理。

[5] 按：毛解无一可取者，特录而驳之，俾后学勿为所惑。

[6] 不许者，不许物被禽也，有翼无翼何涉。

晋郭璞为元帝筮征瑞

晋元帝为晋王时，太岁在寅，将即祚，使郭璞占国家征瑞之事，得豫☷☷之睽☲☱。曰："会稽当出钟，以告成功，王者功成作乐。会稽晋王初所封国，又会稽山灵祥之所兴也，上有铭勒。坤为文章，与天子爻并，故知晋王受命之事准。此应在民间井池中得之。钟出于民间井中者，以象晋王出家而王也。金以水为子[①]，子相扶而生，此即家之祥征事也，由应所谓'先王以作乐崇德，殷荐之上帝'也[②]。"其后岁在执徐帝即位，会稽郡剡县陈青井中得一钟，长七寸四分，口径四寸半，上有古文十八字，人莫能识。

按：此取互体，兼用象辞。

"帝出乎震"，震变离，离为日，君象，故知王者受命兴起也。而断其出钟者，因"雷出地奋"，有作乐之意。乐声与雷声近者惟鼓钟，鼓皮质，钟金质，而地变为兑，兑金，故知出钟。

钟"出在民间井池中"者，因二卦皆互坎水，钟出[③]，地而有水，非池中即井中，故知其出井池中[④]。知"上有铭勒"者，因《说卦》坤为文，景纯亦自释之矣。

知出在会稽者，晋王初封会稽，今为帝，然则会稽者，帝所自出也，震也。钟既为皇帝受命之应，则亦必出于会稽，景纯亦自释之，特辞太略。彼毛西河以东南郡县当会稽，失之远矣。

毛西河曰：此事第有案，验而无占断，似乎狡狯[⑤]。然以易推之，则瞭若指掌，非畸事也。豫上震下坤，震为龙为首，出之子而下连坤土，此奋而出地之象也。悔为睽，上离下兑，向明而治，而

---

① 二卦三至五皆互坎。

② 豫大象辞。

③ 象辞：雷出地。

④ 若河中海中，则于出地之义不合。

⑤ 按：古今筮案，惟郭景纯每自释其义，尚不失春秋时占验古义。前此如管辂，皆有事验而不言筮法，乃狡狯耳。此案景纯仍自释其义，惟恐人不明，何狡狯之有？而毛氏谓狡狯者，盖未见《洞林》原文，故恨骂之。景纯有知，不呼冤乎？毛氏所引只数语，盖从《晋书》得此筮案，而叹其不说明，岂知景纯原书，不如此也。

金以宣之，体离互亦离，此重明重光中兴之象也。震为鸣为声，故"先王以作乐崇德"。而合睽之兑金以升于睽之离火，是坐明堂向南离，而考击钟镛以作乐之象也[1]。只两卦皆有坎水以陷之，则尚在陷中，未经出土。而豫互坎坤则当在水土之间[2]。况豫之震为东方，睽之离为南方，会稽者东南郡也[3]。豫又互艮，"万物之所成终"者也，非告成功乎？若曰钟勒有铭有古文，则睽离为文，兑为言，以文为言，非勒铭乎[4]？

唐文德皇后筮丈马

唐太宗文德皇后初嫁世民，归宁，舅高士廉妾见天马二丈立后舍外，惧，占之，遇坤☷☷之泰☰☷。占者曰："坤顺承天，载物无疆，马地类之。泰是'天地交而万物通也'，又以'辅相天地之宜'。繇协归妹[5]，妇人事也。女处尊位，履中而居顺，后妃象也。"

按：此以卦意及互体推。坤卦"利牝马之贞"，故曰"马地类。""繇协归妹"者，言泰三至五互震，二至四互兑，雷泽归妹，又适当其归宁也。

---

[1] 按毛氏解钟字太泛。
[2] 此解与井何涉。
[3] 东南郡岂止会稽。
[4] 铭义《洞林》原释甚切当，毛氏未见解，遂浮泛。
[5] 言当其归宁。

卷七　四爻动五爻动六爻动

四爻动

朱子曰："四爻变则以之卦二不变爻占，以下爻为主。"经传无明文，以例推之，当如此。

按：四爻动之占，传记亦有。朱子谓无明文者，未详考也，特晋郭璞、魏赵辅和等占法皆与朱子之例异耳。故后人颇非朱说。

晋郭璞为桓茂伦筮嫂病飱兔义愈

晋丞相掾桓茂伦嫂病，困虑不能济，令郭璞卦，得贲䷕之豫䷏。其林曰："时阴在初卦失度，杀阴为刑鬼入墓。建未之月难得度，消息卦爻为扶助。冯马之师乃寡妪，自然奇救宜飱兔。子若恤之得守故。"卜时四月，降阴在初而见阳爻，此为失度。四月杀阴在申，申为木鬼与杀阴并，又身为卯变为乙未，未是水墓，马午为火，冯亦马，申是杀阴以火性消之。巽为寡妇，兔属卯，飱兔谓破墓出身。茂伦归，求得兔，令嫂食之，便心痛不可忍，于是病愈。

按：此纯以纳甲推，不用辞。占时在四月，四月为巳月巳刑申，故郭自注云"四月杀阴在申"。占辞言冯马，冯疑是寡嫂姓也。"鬼入墓、建未之月难得度"者，因贲卦按纳甲法世在初爻值卯鬼①，变为豫卦初爻未，未为木墓②，故曰"鬼入墓"。六月建未，世身既为卯木，至未月身入墓矣，不死而何，故曰"难得度"也。食兔得愈者，兔为木克未土，故曰破墓。

①　本宫艮土，卯木克土，故为鬼。
②　木长于亥，王于卯，墓于未，绝在申。

官鬼丙寅———	兄弟庚戌———变
妻财丙子———	子孙庚申———
兄弟丙戌———应	父母庚午———变
妻财己亥———	官鬼乙卯———变
兄弟己丑———	父母乙巳———
官鬼己卯———世	兄弟乙未———变
贲	豫

北魏赵辅和为人筮父疾

北魏赵辅和善易筮，有人父疾，托辅和筮，遇乾☰之晋☷。慰谕令去后，告人云："乾之游魂，乾为天为父，父变为魂而升于天，能无死乎？"后如其言。

按：此以八宫卦名占。乾之游魂者，因晋为乾宫第七卦，第七卦为游魂卦。第八卦名归魂。凡占卦遇游魂归魂者，不吉。

乾卦变到第五爻为山地剥☶，为乾宫第六卦，其乾卦上爻不能变，其第七卦须从山地剥退后四爻变为阳爻，是为晋卦。晋卦系退后再变而成，故曰游魂。

唐王诸筮入解

唐天宝十四年，王诸入解，筮遇乾☰之观☴，谓已及宾王[①]，而大人未见[②]，遂遇禄山变而返。

按：此以卦辞推，而与朱子说尤异。

元张留孙筮得贤相

元张留孙待诏尚方，因论黄老治道贵清静，圣人在宥天下之

---

① 观四爻：利用宾于王。
② 言变至四爻，不及五爻，利见大人也。

旨，深契主衷。及上将以完泽为丞相，命留孙筮之，得同人☰☰之豫☷☳。曰："同人柔得位而进乎乾①，君臣之合也。豫'利建侯'，命相之事也。何吉如之，愿陛下勿疑。"及拜完泽，天下果以为贤。

按：此全以象辞占，与朱子说亦异。乾健离明，文明以健，故知为贤相，况之卦又有利建侯之利乎？

五爻动

朱子曰"以之卦不变爻占"，任启运曰"以不变爻占"。

按：如朱子之说则舍本卦不用，如任氏之说则本卦之卦并重，只取其静者耳。而按之古人筮案，皆不尽然。朱子未详考，只引《左传》艮之随为例，谓当以随不变爻"系小子、失丈夫"为占，以成其说。岂知即穆姜言观之，仍以繇辞为占耳。

穆姜筮往东宫

襄公九年，穆姜薨于东宫，始往而筮之，遇艮☶☶之八②。史曰："是为艮之随☷☳③。随其出也，君出速出。"姜曰："亡。是于《周易》，曰：'随，元亨利贞，无咎'④。元，体之长也。亨，嘉之会也。利，义之和也。贞，事之干也。体仁足以长人，嘉德足以合礼，利物足以和义，贞固足以干事。然固不可诬也，是以虽随无咎。今我妇人而与于乱，固在下位而有不仁，不可谓元；不靖国家，不可谓亨；作而害身，不可谓利；弃位而姣，不可谓贞。有四德者，随而无咎。我则无之，岂随也哉！我则取恶，能无咎乎？必

---

① 言二爻阴与九五阳应，故下言君臣合。
② 杜注：《周礼·太卜》："太卜掌三易，《连山》《归藏》皆以七八为占。"故言遇艮之八。
③ 惟艮二爻不变。注云：史疑遇八为不利，故更为《周易》占变爻，得随卦而论之。而姜亦指《周易》以析之也。
④ 象辞。

死于此，弗得出矣。"

李刚主曰：艮止也。爻皆变，二不变，五君也，二小君也。艮为门阙，小君止于是而不变，薨于东宫之象也。故史以为不利，而别用《周易》变占得随，以欺穆姜耳。穆姜谓随必'元亨利贞，无咎"，固正解也。

按：此筮独二爻静。任启运曰："众爻动而此爻独静，则必有所以静之故。"刘禹锡曰："宜以少占也。"朱子曰："此筮应以'系小子，失丈夫'为占。"[①] 而观之本文亦殊不然也。

晋张轨筮据河西

晋时张轨为散骑常待、征西军司马，轨以时方多难，阴图据河西，筮之，遇泰䷁之观䷓[②]，乃投策喜曰："霸者兆也。"于是求为凉州。

按：此似以观四爻是谓"观国之光，利用宾于王"为推，故云"霸者之兆"，与刘禹锡、朱子等说合。惟遇泰下乾，乾为首为君，上坤，坤为土为地，是得土地为一方君主之象，故曰霸，较取四爻辞义更胜，又似与朱子等说不合也。

晋郭璞避难筮行焦丘吉凶

郭璞与族戚避难至猗氏，贼遽至，诸人惶窘。从猗氏至河北有一间径名焦丘，可避贼，惟不通车，只可步行，极险难过，遂自筮之如何，得随䷐之升䷭。其林曰："虎在山石，马过其左[③]。驳为功

---

①　二爻辞。

②　惟泰四爻不变。

③　兑虎震马，互艮山石。

曹，猾为主者①。垂耳而潜，不敢来下②。爰升虚邑③。"遂释④魏野。随时制行卦义也。升，贼不来⑤，知无寇。然当时河北之魏亦荒败，便知林义。示行人说，欲从此道之义，咸失色丧气，无有赞者，或云林殆误不可轻信。璞知众人阴贰，乃独约十余家，涉此径诣河北。后贼果攻猗氏，合城覆没无遗余。之河北者得全。

> 按：此以卦象及卦辞占，皆与前法不合，原注皆混入正文，殆璞自注传抄久混淆，兹特将原注分列句下，而《洞林》原本又有小字注，不知为谁，故加某云以别之。

"虎在山石"者，随上兑为虎，二至四互艮，艮为山为石，而兑虎恰在山上也。"马过其左"者，震为马，在随下卦，故曰"过其左"。驳猾二句不能解。"垂耳而潜"者，言变升二至四互兑在卦中，故曰潜，曰不下。升九三象云"升虚邑，无所疑也"，故决贼不来，无寇警也。况随、升卦辞皆元亨无咎也。

梁武帝筮同泰寺灾

梁大同中，同泰寺灾，帝召太史令虞履筮之，遇坤☷☷之履☰☱。曰："无害。其繇云：'西南得朋，东北丧朋，安贞吉。'⑥《文言》云：'东北丧朋，乃终有庆。'"帝曰："斯魔也。酉应见卯，金来克木，卯为阴贼，鬼而带贼，非魔而何？"

> 按：此虞履以繇辞占，而不用之卦，与前法异。而武帝又以纳甲推，谓为魔也。

按纳甲法，坤世在上六值酉，应在六三值卯，故曰："酉应见卯"，谓卯为世酉应也。酉金卯木，故曰金克木。卯为阴贼者，坤宫土属阴，卯木克土，故为阴贼，贼者害也。又卯在坤宫于六亲值

---

① 驳猾能伏虎。某云：惜不注驳猾象。
② 兑虎去不能见。
③ 升九三爻辞。
④ 某云：疑字误。
⑤ 小象升虚邑，无疑也。
⑥ 坤繇辞。

鬼，故曰鬼而带贼。

子孙癸酉——世	兄弟壬戌——变
妻财癸亥——	子孙壬申——变
兄弟癸丑——	父母壬午——变
官鬼乙卯——应	兄弟丁丑——
父母乙巳——	官鬼丁卯——变
兄弟乙未——	父母丁巳——变
坤	履

梁武帝与闰公射鼠

　　梁天监中，有蜀闰、颛融杰、敤颛、仉脊四公谒武帝，帝见之甚悦，因命沈隐侯约作覆，将与百僚共射之。时太史适获一鼠，约匣而缄之以献，帝筮之遇蹇☷☶之噬嗑☲☳。帝占成，群臣受命献卦者八人，有命待成俱出。帝占置诸青蒲，申命闰公揲蓍。对曰："圣人布卦，依象辨物，何取异之，请以帝命"[①]。

　　时八月庚子日巳时，闰公举帝卦撰占置于青蒲而退[②]。读帝占曰："先蹇后噬嗑，是其时；内艮外坎，是其象。坎为盗，其鼠也[③]。居蹇之时，动而见噬嗑，其拘系矣。噬嗑六爻四'无咎'，一'利艰贞'，非盗之事。上九'荷校灭耳，凶'，是因盗获戾，必死鼠也。"群臣蹈舞，呼万岁，帝自矜其中，颇有喜色。

　　次读八臣占辞，皆无中者。末启闰公占，曰："时日王相，必生鼠矣[④]。且阴阳晦而入文明[⑤]，从静止而之震动[⑥]，失其性必就擒

---

① 言不必另占，即帝所得之卦而推之。
② 即帝卦撰成占辞而退。
③ 艮象不只为鼠，因坎为盗，鼠性盗，故决其为鼠。
④ 八月酉金而日子，子水，子鼠，金生水，故曰王相，曰生鼠。
⑤ 言坎变为火。
⑥ 言下艮变为震，艮止。

矣^①。金盛之月^②，制之必金，子为鼠，辰与艮合体^③。坎为盗，又为隐伏，隐伏为盗，是必生鼠也^④。金数于四，其鼠必四^⑤。离为文明，南方之卦，日中则昃，况阴类乎？晋之䷢曰：'死如弃如'^⑥，实其事也，日昃必死。"

既见生鼠，百僚失色，而尤闿公曰："占辞有四^⑦，今者唯一，何也？"公曰："请剖之。"帝性不好杀，自恨不中。至日昃鼠且死矣，因令剖之，果妊三子。

按：此以卦象辞占，然与朱子等所言之法仍异也。特为详注，以期易解。

按：鼠终死，帝占亦皆中也。如以帝不全中，则射者只射目前，目前只一鼠，闿亦不全中也。

按：此筮有李恕谷与毛西河问答，所推虽不当，然用心则勤，录以备参考。

李问：此种琐屑似两晋以后管辂、郭璞诸筮法，不知与推易之法及春秋太史诸占筮同异若何。且两卦正互顺逆皆无兑象，而曰金盛，曰数四，某未解也。

毛答：此即推易法与春秋太史占筮并无不合，特其说有未当者。既曰坎艮，则不俟推测而即知为鼠，何则？夫子明曰坎为豕，艮为狗为鼠，则未有狗、豕而可入匣者，此不必以隐盗显拘，从卦象求也。况既变噬嗑，则更与黔喙之属有明证者乎？

且鼠必不死，梁武、闿公各有误者，舍蹇则之噬嗑，则蹇足虽不行，而噬口尚能啮，不死也。去坎陷、艮止而就燥与动，则燥出溸阂动可决行，又不死也。且艮为鬼冥门，死象也，今乃变为震之反生，又不死也。艮为鼠，今之卦二至四仍有艮，又

---

① 言鼠阴性，变相皆阳，故曰失其性。

② 八月金盛。

③ 辰者时也，时子属鼠，艮亦为鼠，故曰合体。

④ 能为盗必生。

⑤ 八月为金，按后天卦配河图象，四九为金居兑；又以先天卦配洛书，兑数亦四。兑数四，故知鼠为四也。

⑥ 按："死如弃如"，为离卦四爻辞，晋初爻辞为"晋如摧如"。而闿公以"死如弃如"属之晋卦者，偶误耳，其义相同也。又晋九四云"晋如鼫鼠，贞厉"，是晋与鼠有关也。

⑦ 言四鼠也。

不死也。若云日中则昃，他物畏日昃，鼠不畏日昃。至如逮晚鼠死，则在射后矣。射只当前，与后何涉，此当时傅会也。

至若金盛数四之说，春秋太史无有以时气占者，更属荒唐。本卦之卦并无一兑，兑四之数于何见之，子所言固不谬耳。

按：西河、怨谷所引，乃杂记割裂不全之四公记，并未见原文。原文载明，时八月庚子巳时，故曰时日王相，故曰数四。今未见原文推其说而不得，遂目之为荒唐。闳公荒唐乎，抑西河荒唐乎？赖世人研易者少，无从发其覆耳。

又问：艮为鼠，夫子之言也，然夫子于离亦言为蠃、为蚌、为龟、为蟹、为鳖。今噬嗑有离，何以不曰此龟、蠃属乎[①]？

答：善哉问也。但占物之法以遇卦为主，遇卦有物则不必更占之卦，龟与蠃究之卦物也。然物可兼占，惜当时君臣见不及此，无有以龟、鼠作兼占者。既占为鼠，即当云坎为水为湿，而艮为山为门阙，是必有水中之物去隐湿而登艮山，可以藏诸室献诸阙者，得非龟乎？况之卦之离显有龟名，则此中是龟亦容有之。特吾谓必是鼠不是龟者，坎为盗，龟不盗也；噬嗑能啮物，龟不啮物也；震为动为躁决，龟能动不能躁决也，则鼠长耳。使春秋太史而占物，当必如是。

子孙戊子——	官鬼己巳——变
父母戊戌——	父母己未——变
兄弟戊申——世	兄弟己酉——变
兄弟丙申——	父母庚辰——变
官鬼丙午——	妻财庚寅——
父母丙辰——应	子孙庚子——变
蹇	噬嗑

按：蹇卦世主申而当酉月子日，故曰时日旺相。彼毛西河于纳甲全无所知而参考，又陋然动敢谩骂，颇有三家村学究无往而胜人气象。

六爻动

朱子曰："乾坤占两用，余占之卦之彖辞。"

---

① 按：蹇亦互离，何必之卦。

任启运曰："'乾坤占两用'，是也；'余占之卦之象辞'，非也，盖朱子误以用九为变坤，用六为变乾耳。然则坤尽变，何不占乾元亨利贞之四德，而止占利永贞之两德乎？则以全卦占事之久近始终，可知也。"

按：如任氏之说"乾坤占两用"亦非耳。何？是之有其"见群龙无首，吉""利永贞"，非占辞。说已详《用九用六解》中，兹不复赘。

又按：用九用六若为占辞，则乾坤二卦有七爻矣，毛西河《仲氏易》曾辨之。

唐王庭凑筮为节度使

唐长庆中，成德兵变，杀节度使田宏正，而拥立部将王庭凑。初庭凑微时，邺有道士为卜，得乾☰之坤☷。曰："坤土也地也，大位当临而旄节不违，兼有土地山河之力。"复问寿几何，子孙几何。曰："公三十年后当有二王。"已而庭凑立十三年。盖庚文景崇镕也皆王。

按：此全以之卦推，而原本乾坤不占二用也。二用非占辞也。乾世在上爻。古法一爻值五年，故三十年。乾为君，重乾故二王。

宋筮金主亮入寇首落地

宋时金主亮入寇，筮得蛊☶之随☱。占者曰："我有震威①，而外当毁折②敌败之象也③。且两互之渐④，渐之辞曰'夫征不复'，其何能返？且艮上变柔⑤，巽初变刚⑥，随自否☶来，头落地矣⑦。"后

---

① 本卦为贞故称我，蛊三至五互震。
② 之卦为悔故曰外，随上兑，兑毁折。
③ 内我外敌。
④ 随三至五互巽，二至四互艮，合之为风山渐。
⑤ 蛊艮上九变随兑上六。
⑥ 蛊内巽初六变随内震初九，故曰刚。
⑦ 否上九与初六易位为随，乾为首，乾爻自上落下，故曰首落地。

亮果兵败被杀。

按：此纯以卦变卦象推，本卦之卦并重，与任氏说合。

筮林补遗

吴尚广筮孙皓庚子年青盖入洛

吴陆抗既平步阐，孙皓意张大令尚广筮并天下，遇同人☲之颐☶。曰："吉！庚子青盖当入洛阳。"皓由是不修德政，有窥上国之心。及皓之降，岁正庚子。

案：此与孙皓前筮①当为一事，纪载不同耳。尚广盖避祸不敢正言。谬谓为吉；而又不欲没其实，故刻入洛之岁，岂知实被俘入洛也。其刻庚子者，同人内卦离，离为火为午，颐又为大离，至子年冲而兼克，故知必灭。

梁邓元起筮入蜀知不还

梁邓元起初为益州刺史，及巴东闻蜀乱，使蒋光济筮之，遇蹇☵，喟然叹曰："吾岂邓艾而及此乎？"后果如筮，不能还也。

蹇，"利西南，不利东北。"蜀西南也，故往利；还则东北矣，故不利。

后魏高祖筮南征遇革而止

《后魏书》：高祖欲南讨，诏太常卿王谌筮之，遇革☱，曰"此

---

① 见卷六。

'汤武革命'之卦也"，群臣莫敢言。任城王澄曰："革者，更也，将欲应天顺人，革君臣之命，汤武得之而吉，陛下帝有天下，重光累叶，今日卜征，可云伐叛，不得云革命，未可为吉也。"高祖厉色斥之，后悟乃止。

按：此纯以卦义推。

后周梁孝元射盒中金玉
琥珀指环及筮使至

后周梁孝元精伎术，南平嗣王恪尝以铜盒盛金玉、琥珀、指环，请孝元射覆，卦遇姤☰☴之履☰☱。曰："上既为天，其体则圆；指环之象，金玉在焉。寅爻带牛，寅则为虎，琥珀生光，在盒中央。盒中之物，凡有三种，案卦而谈，或轻或重。"恪于是神服。

又以壬申日寅时筮南军何时有信，遇剥☶☷之艮☶☶。孝元曰："使还，已在门外。"遣之往，果如所言。宾客惊其妙而问之，孝元曰："艮为门，时在寅，与日辰并，故知之耳①。"

按：前卦姤上乾，乾为天，天体圆，又为金玉，故有环象。定为指环者，小盒不能盛臂环也，是决其有金环、玉环矣。然姤互三乾，又巽数三，故知圆象之物有三种，金玉得二种。余一种因姤本官乾二爻主寅，姤初爻则为丑，变履三爻亦主丑，丑牛，故曰寅爻带牛。寅为虎，居丑土中，夫虎之生于土中者，必琥珀也。况履二至四互离，离为光，琥珀有光，是余一种之圆物必为琥珀无疑矣。是以卦象兼纳甲推也。

其第二占剥上艮，艮为门，上爻主寅值妻财。妻财者役使之神，而艮为门，是役使者已到门矣。况剥三爻值妻财，变为艮值申，恰与日并，故益知使已到门也。亦以卦象兼纳甲推也。

金楼子孟秋筮雨

金楼子云：孟秋之月亢旱。乃端策揲蓍，遇复☷☳，既而言曰：

---

① 按：申子辰驿马在寅，占时恰遇寅，剥上六又寅，故知驿马到门。

"庚子爻为世，于金七月建申，申子辰又三合，必在此月五日庚子。"果得甘雨。

> 按：复世在初爻庚子，子水，水长生于申，王于子，墓于辰，七月建申，申子辰合成水局，是子水甚王，值子日尤王矣，故雨。三五合者，盖复下卦三爻辰土，上卦五爻亥水，亦地上有水之象也。

金楼子又十七日筮雨

金楼子又于十七日筮雨，遇坎☵之比☵。曰："坎者水也，子爻为世，其在今夜三更乎？地上有水，称之为比，其必有甘雨乎？"至夜果雨。

> 按：坎世在上爻子，卦既为水，世又值子水，至夜三更子时水益王矣。况比又为地上有水之象，故决其有雨。

金楼子又为桃文烈筮雨

又桃文烈谓金楼子曰："此二十一日将雨，其在虞渊之时。"金乃筮之，遇谦☷之小过☶。曰："坤艮之象皆在土宫，非值无雨，乃应开霁。"既而星如玉李，月上金波，果晴。

> 按：坤艮为土，土克水，故知无雨。

金楼子又射人名

又有人名裹襞纸中，请金楼子射之，得鼎☲卦。曰："鼎卦上离为日，下巽为木，日下安木，杲字也。"此是典签裴重欢疏潘杲名，与余射之。他验皆如此也。

> 按：此以卦象及卦所属五行推。

五明道士筮王庭凑否泰

唐耳目记云：长庆之代邺中有五明道士者，不知何许人，善阴阳历数，尤攻卜筮。成德军节度使田弘正诛求，不息民众怨咨。时王庭凑为部将，遣使于邺。既至，忽有微恙，因诣五明先生卜否泰，卦成三钱并舞，良久方定，而六位俱重。道士曰："此卦纯乾变纯坤，坤土也地也。大夫将来秉旄不违，兼有土地山河之力，事将集矣，曷速归乎？"庭凑掩耳而走。是夜复得异梦，即辞归，未及旬兵变，杀弘正，推庭凑为主。朝廷遣裴度讨之，赵人拒命。二年，会文皇立诏加节制，子尚在位十三年，卒赠太师。凡五世六主二王，一百零一年而灭。初庭凑即立，迎五明于府，从容问曰："将来禄寿，请更推之。"五明曰："三十，十三之倒也，后裔有二王"①。

黄贺筮刘干功名

唐昭宗时，有黄贺者巩洛人，避乱游赵家于常山，以卜筮为业。时赵王镕幼，燕军寇北郊，王方选将拒之。有勇士陈立、刘干投刺军门，愿以五百人尝寇，王壮而许之。即夜大捷，燕人骇退，立战殁，干唱凯而旋。王悦，赐马数匹，金帛称是。俄为阉人所谮，曰："此皆陈立之功。"王母何夫人闻之，曰："身死为君，未若全身为国。"即赐锦衣银带，加钱二十万，擢为中坚尉。

初，干诣贺卜，卦成，谓干曰："是卦也，火水未济，终有立也。变而之晋，明出地中奋，发光扬恩，泽相接子。今行也，利用御戎，大获庆捷，王当有车马之赐，其间小闲，不足忧之。"

按：上卦为未济之晋，二爻动，即以二爻辞断，兼用之卦词意，遇卦之卦镕而为一，与《左传》占法略同，而不用纳甲。又按纳甲，子孙为宝爻，

---

① 此卦已见前，比较详。

宝爻发，固宜多得赍赐。

黄贺为张师筮病

赞皇县尉张师卧病经年，日觉危殆，请贺卜之，得无妄，曰："'无妄之疾，勿药有喜'，请停理疗，五日必大瘳也。"师果应期而愈。

　　按：上筮独取五爻辞，或五爻发也。然筮得鼎卦者，四爻不发亦尝取折足象，筮无定法也。

黄贺为张师筮梦

又数十年，张师梦白鸟飞翔，堕于云际，既觉恍惚不乐。召贺卜之，卦成，贺惨然曰："朝来寝息，不有梦乎？必若有梦，其飞禽之象乎？且雷震山上，鸟坠云间，声迹两销，不可复见。愿加宝爱，乐天委命可也。"师竟不起。

　　按：雷在山上，小过。"飞鸟遗之音，不宜上，宜下，大吉。"贺不以吉断者，时与位不同也。

黄贺为段诲筮失马

又藁城镇将段诲夜宿邮亭，马断缰而逸，数日不知所适。使人诣肆而筮之，贺曰："据卦睽也。初九动者，应有凶失之事，无乃'丧马'乎？'勿逐，自复'，必有絷而送之者。"回未及舍，已有边鄙恶少牵而还之。时人谓贺为易圣。

　　按：边鄙恶少，应"见恶人，无咎"。

卷八　纳甲考

纳甲说

前引占验故事，其用纳甲法者，如不解，可照此法排列，纳入卦中，自瞭然矣。

纳甲者，将干支排纳于六爻中，而以干支所属之五行及筮时时日，视其生克，以断吉凶也。其法始于汉京房，原本于孔门，至晋郭璞多用之。不明此法，前所引古人占验故事有不能尽解者，故略述明之。

其法乾起于子，隔一位顺推至戌而止；坤起于未，隔一位逆推至酉而止。即乾一爻子，二爻寅，三爻辰，四爻午，五爻申，上爻戌。坤一爻未，二爻巳，三爻卯，四爻丑，五爻亥，上爻酉是也。而属于乾卦之阳三子，坎起寅，艮起辰，震仍起子，皆顺推。坤卦之阴三子，兑起巳，离起卯，巽起丑，皆逆推。今将十二辰方位图列右，装卦时可按图排列。如在外卦，按序推排。

巳　午　未　申
辰　　　　　酉
卯　　　　　戌
寅　丑　子　亥

六　亲

各爻既将地支排好，次排六亲。六亲者，父母、兄弟、妻财、子孙、官鬼是也。其法视各卦所值地支之五行，与遇卦本宫之五行相生克而定，名其地支生本宫者为父母，与本宫同性者为兄弟，克本宫者为官鬼，本宫生者为子孙，本宫克者为妻财。

如火天大有为乾宫卦，属金，一爻值子水，金生水为子孙；二爻值寅木，金克木为妻财；三爻值辰土，土生金为父母；四爻值酉金，同性为兄弟；五爻值未土，仍为父母；上爻值巳火，火克金为官鬼也。全视所纳之地支之五行与本宫生克定名也。他卦同此也。

世 应

世应者，卦中之主，所恃以推吉凶者也。略如贞悔，世为我，应为彼。然世应究值何爻，仍原本于遇卦之本宫。如本宫为乾，乾初爻动变天风姤，因姤卦自乾初爻变来，故姤世即在初爻。乾二爻再变为天山遁，因遁卦自乾二爻变来，故遁世即在二爻。乾三爻再变为天地否，故否世即在三爻。乾四爻再变为风地观，故观世即在四爻。乾五爻再变为山地剥，故剥世即在五爻。上爻不能变①，由剥卦五爻退后将四爻仍变为阳，是为乾宫之第七卦火地晋，因其退后变来，故卜筮家名曰游魂卦，其世亦在四爻②。再由晋卦四爻退后，将下三爻全变，是为乾宫之第八卦火天大有，因大有内卦仍变为乾，故卜筮家名之曰归魂，其世又退在三爻。八宫同此。世位既定，隔二爻即为应爻也。

或曰：乾、坎、艮、震、巽、离、坤、兑八宫本卦世在何爻？曰：世在上爻。《乾凿度》以上爻为宗庙爻，言八卦皆可自初爻以至五爻变成各卦，惟上爻不能变，隐然为一宫之宗祖也。

寻世爻捷法

凡遇卦不得世爻所在，即不能断。而寻世爻之法，须按卦象分宫次序歌寻之。如乾为天世在上③，其第二卦天风姤世在初爻④，第

---

① 变即出宫。
② 与观卦同。
③ 首卦仿此。
④ 因乾初爻变，说见前。

三卦遁世在二爻，第四卦否世在三爻，五卦观世在四爻，六卦剥世在五爻，七卦晋世退在四爻，八卦大有世退在三爻。共次序歌须能背诵纯熟，得卦时即知此卦某宫第几，世爻不难即得，否则有书亦可。倘无书可翻，又不能背诵分宫卦歌，则世爻不得，即无从推卦。余以年老多忘，屡有此困。儿子骧进言，卦即从八宫某卦变来，可仍将遇卦从初爻往回变，变至上下卦相同，即本宫卦也。变至某爻得到本宫，某爻即世爻也。如法试之，而困难尽解。

世　身

古纳甲法世应之外尚有身，至于明以世为身，废而不用，只用世应。然古有此法，不可不知也。兹将古人按身诀录后。

子午持世身居初，丑未持世身居二，寅申持世身居三，卯酉持世身居四，辰戌持世身居五，巳亥持世身居六。

纳　甲

纳甲者，将甲乙丙丁十天干纳入卦中也。前所纳者，只十二地支也。然则干支如何排纳乎？即凡遇乾卦在内，三爻皆属甲，在外三爻属壬。坤卦在内三爻皆属乙，在外三爻皆属癸。乾三子坎内外皆为戊，艮内外皆为丙，震内外皆为庚。坤三子巽内外皆为辛，离内外皆为己，兑内外皆为丁。如乾内卦为子、寅、辰，即甲子、甲寅、甲辰；外卦为午、申、戌，即壬午，壬申、壬戌是也。他卦仿此。

但古时虽天干与地支同排，实只重地支。至明代，筮者竟以天干无用，只纳子而不纳甲矣[①]。所以今之卜人询以纳甲之义，几不知其何谓，然其源甚远，汉京房即言，用辰不用日也。

---

① 惟卜日用天干备推旬空。

五 行 生 克

金生水，水生木，木生火，火生土，土生金。
金克木，木克土，土克水，水克火，火克金。

天 干 五 行

东方，甲乙，木。南方，丙丁，火。西方，庚辛，金。北方，壬癸，水。中央，戊己，土。

地 支 五 行

子，水，鼠。丑，土，牛。寅，木，虎。卯，木，兔。辰，土，龙。巳，火，蛇。午，火，马。未，土，羊。申，金，猴。酉，金，鸡。戌，土，狗。亥，水，猪。

五 行 生 旺 墓 绝

金长生在巳，旺在酉，墓地丑，绝在寅。
木长生在亥，旺在卯，墓在未，绝在申。
水、土长生在申，旺在子，墓在辰，绝在巳。
火长生在寅，旺在午，墓在戌，绝在亥。

地 支 冲 刑 合

子午冲，丑未冲，寅申冲，卯酉冲，辰戌冲，巳亥冲。
寅刑巳，巳刑申。子卯相刑，丑戌相刑，未辰相刑。

子丑合，午未合，寅亥合，卯戌合，辰酉合，申巳合。

纳甲术古今用法之异同

纳甲始于西汉。其用以卜筮之见于载记者，三国时管辂陈志虽不详其本卦，然观其所言，盖用纳甲法为多。至晋郭璞所著《洞林》，不惟详其筮法，并自注释，其筮义与只有事验、不详筮法、徒炫骋神怪者不同，津逮后学斯为甚矣。考其所用，纳甲为多，然兼取卦象卦辞，且其推法不专在动爻。

至明纳甲大家程良玉[①]，得若上张星元秘传，凡占一准于用爻。如老奴占幼主，必用父母爻；少主占衰仆，必用妻财爻。词讼凭官后世应，寿命凭用后父母。科目先文，廷试先官。辨空破绝散之真伪，明飞伏互变之轻重。若晋外伏艮内伏乾，已酉世爻以丙戌为飞伏。需外伏兑内伏坤，戊申世爻以丁亥为飞伏。盖参之枯匏老人之说。一时占验遂为星元家所未及，由是与《周易》辞象乖矣，推测之途狭矣。

占既与辞象离，沿至今日，虽市井略识字者亦皆能之，而搢绅遂鄙之以为不足道。岂知纳甲之深奥者，搢绅虽白首不能穷其术，而管、郭且恃之参天地穷鬼神，胡可易视之哉！

兹编所录占验故事，原以《周易》辞、象为主，而间及纳甲，故略述纳甲法，以期能解前录筮案。若其详细，自有专书。

六　神

六神者，青龙、朱雀、勾陈、螣蛇、白虎、元武也。其用法以日起，如甲乙日初爻起青龙，以次上排，六爻元武。丙丁日起朱雀，至六爻反青龙。戊日初爻起勾陈，六爻反朱雀。己日起螣蛇，至勾陈。庚辛起白虎，至螣蛇。壬癸起元武，至白虎。

---

① 即著《易冒》者。

然考之，郭璞于六亲只见用鬼，于六神只见用白虎，他皆不常用，似白虎最重也。

　　考之诸书，大致以青龙为吉，白虎为凶。占疾病，螣蛇主死，白虎主丧。玄武主盗贼，朱雀主是非口舌。又青龙属木，朱雀属火，勾陈属土，螣蛇属火，白虎属金，元武属水。故其吉凶，亦视所遇之生克以定。然考之诸书，六神只为附合之神：用爻吉，虽遇虎不凶；用爻衰，虽遇龙不吉，不能专主也。

飞　伏

　　后世纳甲之法，既以用爻为占，有时用神不上卦，即不能推测，则有飞伏之法。伏者，伏神也。例如占财当以财爻为用神，而遇天风姤，姤卦无妻财，则寻本宫乾二爻寅木之妻财为本卦伏神，本卦二爻亥水为飞神，水生木谓之飞来生扶，便作吉推也。余皆可类推。

年上起月

　　甲己起丙寅，乙庚起戊寅，丙辛起庚寅，丁壬起壬寅，戊癸起甲寅。

　　如甲年或己年五月，即正月起丙寅，顺数，五月庚午。

日上起时

　　甲己起甲子，乙庚起丙子，丙辛起戊子，丁壬起庚子，戊癸起壬子。

　　如甲日或己日当卯时，即子时起甲子，顺轮，卯时是丁卯也。

卦　身

　　世为阳爻，则自十一月起，向初爻数之，至世爻止。如乾卦世在上爻，从初爻十一月数至世为四月，则卦身在巳。可用以与筮时月日定吉凶也。

　　世为阴爻，则自五月起，向初爻数之，至世爻止。如否卦世在三爻，从初爻五月数至世为七月，则卦身在申。可用以与筮时月日定吉凶也。

卷九　占易杂述

卦象考

占《周易》者以辞为先，然辞往往与我不亲，则察象为最要矣。象者，易之本文。孔以前之辞俱亡，不可得见，今存者只《周易》。然《周易》之辞，无一非察象得来，乃文王孔子所以示学者以学易之端绪，非谓其包蕴尽于是也。故夫学筮者，于各卦义象须将古昔先儒以次所发明而推演者，荟萃之，记录之，然后能应用而不穷。

乾，健也。坤，顺也。震，动也。巽，入也。坎，陷也。离，丽也。艮，止也。兑，说也。

乾为天，首，圜，君，父，金，玉，寒，冰，大赤，良马，老马，瘠马，驳马，木果，龙，直，衣，言①。

坎为水，豕，耳，沟渎，隐伏，矫𫐓，弓轮，加忧，心病，耳痛，血卦，赤，美脊马，中心马，下首马，薄蹄马，曳马，月，盗，坚心木，宫，栋，丛棘，狐，蒺藜，桎梏，险，棺椁②，志，法，律，酒，夜，中男，多眚车，众③。

艮为山，狗④，手，径路，小石，门阙，阍寺，指，鼠，黔喙之属，坚多节木，鼻，虎，狐，背，皮，尾，宗庙，小子，僮仆，城，狼，鬼冥门，言⑤，少男，果蓏。

震为雷，龙⑥，足，玄黄，旉⑦，大涂，决躁，苍筤竹，萑苇，

---

①　与震重。
②　管辂语。
③　见《左传》注。
④　或作拘，非。
⑤　见《左传》杜注。
⑥　与乾重。
⑦　又作专静。

善鸣马，异足马，反生稼，健①，蕃鲜，玉②，鹄，鼓，侯，主，兄，夫，言，行，乐，出，作，麋鹿，喜笑，车，木，诸侯，长男。

巽为风，鸡，股，木③，长女，绳直，工，白，长，高，进退不果，臭④，寡发人，广颡人，白眼人，近利市三倍，躁卦，杨，鹳，妻，处，随，鱼，号，包，杞，白茅。

离为火，雉，目，日，君⑤，电，中女，甲胄，戈兵，大腹人，乾卦⑥，鳖，蟹，赢，蚌，龟，科上槁木，牝牛，飞鸟，隼，鹤，矢，黄牛，文明，昼，斧，鸟，诸侯⑦。

坤为地，母，腹，牛，布，釜，吝啬，均，子母牛，大舆，众，文，柄，黑地，帛，裳，黄，牝，方，邑，臣，民，土，国，顺，师，马⑧，兕虎。

兑为泽，口，羊，少女，巫，口舌，毁折，附决，刚卤地，妾，辅颊，妹，孔穴，刑人，小，虎⑨，言，柝⑩，鸡⑪，丧车⑫。

以上诸象皆筮易之最要，而复者颇多。如乾为言，艮、震、兑皆为言，自以震、兑义为长。乾、震皆为龙，艮、兑皆为虎，坎、艮皆为狐，坤、震皆为车，义似兼胜。乾、坤、坎、震皆有马，其专属者则为乾，余皆取马之动作。至坎、坤皆为众，则坤义胜。乾、震皆为玉，则乾义胜。乾、震皆为健，亦乾义胜。遇卦取象，须择其亲于我且为古人所常用者，用以推测庶几必验⑬。若夫卦象

---

① 与乾重。

② 与乾重。

③ 与震重，盖皆取五行。

④ 或作嗅。

⑤ 从日得象。

⑥ 乾音干，取干燥义。

⑦ 上二象皆《左传》。

⑧ 见《左》注。

⑨ 郭璞每以兑为虎。

⑩ 马重绩以兑为柝。

⑪ 管辂云：鸡者兑之畜。

⑫ 管辂语。

⑬ 余屡试不爽。

与所筮疏，则不可悖理强推以冀其验也。兹将最要而古人习用者择出，以备用时有所遵循。

乾为天，君，父，金，玉，马，龙，健。凡易辞多取刚健义，而原本于天。

坎为盗，险，陷，隐伏，月，中男。凡易辞取义皆用坎险、坎陷，而原本于水。

艮为止，门庭，少男，虎，鼠，鼻。凡易辞多取艮止及门庭义，而原本于山。

震为动，龙，长男，言，车，马，钟，鼓，足。凡易辞多取震动义，而原本于雷。

巽为顺，长女，鸡，长，寡发，人。凡易辞多取顺入义，而原本于风。

离为日，文明，君，电，兵甲，目，雉，中女。凡易辞多取文明义，而原本于火。

坤为母，土，腹，文，牛，布帛，大舆，众，顺，臣，民，马，国。凡易辞多取坤顺安贞之义，而原本于地。

兑为口舌，少女，言，毁折，羊，说。凡易辞多取兑说义，而原本于泽。占者以毁折、口舌二义为最验。

右所举卦象，凡熟于易辞及常研览古人筮案者，某卦宜取某象遇之自有主张，而不至靡所适从。又筮时可随便取象，不泥古人。如郭璞以震为藻盘，以兑为虎。袁杞山以震为杯，以艮为覆杯，皆遇物取象，为易所无，而亦无不中也。

八卦与九宫相配

按古人筮案往往能推得物数，如郭璞筮得铜铎六枚，自注云用坎数六也，是即以卦配九宫推也。惟是八卦有先后天，今将古人所习用之后天配河洛数列后。

一、六为水，居北，当坎位。三、八为木，居东，当震、巽位。二、七为火，居南，当离位。四、九为金，居西，为兑、乾位。五、十为土，居中，当坤、艮，而偏王于丑未之交。

右后天卦配河图数。

离南数九，坎北数一，震东数三，兑西数七，乾西北数六，巽东南数四，坤西南数二，艮东北数八，中央五。

右后天卦配洛书数。

然古人间有用先天者，兹将先天卦配洛书数附录于后。其配河图数用者少，暂缺焉。

乾南九，坤北一，离东三，坎西七，震东北八，巽西南二，艮西北六，兑东南四。

汉人十二辟卦

毛西河云：十二辟卦，十二月卦也。自复至夬而为乾，自姤至剥而为坤。凡十二卦配十二月，每一卦为一月之主。辟者，君也，主也，谓主十二月也。

复䷗一阳，建子，十一月。临䷒二阳，建丑，十二月。泰䷊三阳，建寅，一月。大壮䷡四阳，建卯，二月。夬䷪五阳，建辰，三月。乾䷀六阳，建巳，四月。而阳数已终，所谓阳绝于巳也。

姤䷫一阴，建午，五月。遁䷠二阳，建未，六月。否䷋三阴，建申，七月。观䷓四阴，建酉，八月。剥䷖五阴，建戌，九月。坤䷁六阴，建亥，十月。而阴数已终，所谓阴绝于亥也。

按：临主十二月，而《易》临卦卦辞云："至于八月有凶。"毛西河谓：观主八月，而临卦亦云八月者，临观同体，只正倒之分耳。

八卦五行

乾、兑金，震、巽木，坤、艮土，离火，坎水。

八卦方位

先天卦：乾南坤北，离东坎西，震东北，巽西南，艮西北，兑东南。

先天卦凡相对者皆相交，不惟八卦交，即圆图之六十四卦亦无一爻不交，以相对为体者也。

后天卦：离南坎北，震东兑西，艮东北，坤西南，乾西北，巽东南。

后天卦凡相次者皆相生，离火生坤土，坤土生兑、乾金，兑、乾金生坎水；水润艮土而生震、巽之木，木生火，以相生为用者也。

后儒讲汉易者否认先天方位，谓后天方位《易》有明文，先天无明文。然"天地定位"，若如后天一在西北，一在西南，位如何定。"山泽通气"，一在正西，一在东北，气如何通。"雷风相薄"，一在正东，一在东南，面不相对，如何相薄。任讲汉易者之百方斡旋，总不能自圆其说，则何必守此门户，以自形其短也哉。

后儒谓《易》言先天者，只"天地定位"十六语。余谓《系辞》之首云"天尊地卑，乾坤定矣，卑高以陈，贵贱位矣"，若如后天方位尊卑何分。又《说卦》由"动万物者，莫疾乎雷；桡万物者，莫疾乎风"起，至"兑为泽"、"为妾、为羊"止，皆以天、地、雷、风、水、火、山、泽相次对举，为文皆暗指先天方位，立言与后天绝不相涉也。

彼谓无先天方位者，以《易》未明言为护符，岂知《易》之所未明言者多矣，彼何以敢据以解经。如毛西河之解临卦八月有凶，云临观同体，十二月辟卦观当八月，此岂《易》之所明言哉。独于先天方位执以为辞，且先天方位按其所排次序亦明甚矣。乾坤既言尊卑，当然南北，古人尚右，故次列西北之艮，又次列东北之震，又次列西方之坎，而相对相交之卦随之，又何必明言哉。其明言后天者，因后天方位非八卦本体，恐人不解，故明示人也。

又《左传》成季之生筮遇离之乾，曰"同复于父"，是明明以后天之离位为先天之乾位，故曰复。魏管辂曰："辂不解古之圣人何以处乾位于西北，坤位于西南。夫乾坤者天地之象，然天地至大，为神明君父，覆载万物生长，无首何以安处二位，与六卦同列。乾之象曰：'大哉乾元，万物资始，乃统天'。夫统者属也，尊莫大焉，何由有别位也"云云。夫既曰无别位，则其位于南也审矣，是以后天背理矣。又《易》除"帝出乎震"数语言后天外，余乾坤皆对举，皆演先天。其最显著者为"男女构精"一语，构者交也。乾坤若不相对，即不相交，何构之有哉。

先天主静，后天主动。先天主体，后天主用。以理揆之，有先天即有后天，非至文王始改八卦方位而有后天也。亦犹有八卦即有六十四卦，非至文王而始重为六十四卦。不信八卦有方位则可；信后天不信先天，是犹知二五而不知一十也。

然筮易之用，则多就后天方位推，而每多验以后天，人用位也。

互　体

互体者，即所得之卦二至四互某卦，三至五又互某卦也。自春秋时筮人已用之，为筮易者唯一之要术也。

倒　体

先天四正之卦乾、坤、离、坎，正倒视之皆不变，四隅皆变，然究为一体，故筮者亦常以倒体推。如程沙随倒巽为兑，知二僧受杖。袁杞山倒震为艮，知杯在土中是也[①]。

时　日

《易》临卦"至于八月有凶"。复"七日来复"。蛊"先甲三日，后甲三日"。巽先庚后庚。

《左传》于蛊卦曰"岁云秋矣"。闵公射鼠当八月子日，云时日

---

① 事皆见前。

王相。马重绩谓"乾为九、十月之卦"。皆时日之义也。若纳甲法，时日尤重。

易先甲三日后甲三日解

《易》"先甲三日，后甲三日"，巽九五"先庚三日，后庚三日"，自来无确诂。虽以毛西河之善穿凿，亦解之不协。夫《易》言庚、甲，非用以纪年月也。既不用以纪年月，舍五行生克胡能释其义哉！余此书专演卜筮，非以解经。然浏览所及，独于此四语叹古今无能通其义，其晦茫否塞，与用九用六相同，故亦略述其义焉。

蛊䷑上艮下巽，下互大坎，上互大离，艮土也，巽木也，坎水也，离火也。"先甲三日"者，辛、壬、癸也。辛、壬、癸者水也，即内互大坎也。而内卦巽木以水生之，所以救蛊之坏，即所以干蛊也。"后甲三日"者，乙、丙、丁也。乙、丙、丁者火也，即外互大离也。而外卦艮土以火生之，亦所以救蛊之敝，即所以干蛊也。

夫蛊者，坏也，敝也，将终之象也。今内卦巽木当大坎水，水生巽木，故文王察其象而系之曰"先甲三日"，即辛余生壬癸水，水生巽木也。外卦艮土当大离火，火生艮土，故文王又察其象而系之曰"后甲三日"，即乙木生丙丁火，火生艮土也。夫内卦外卦既皆得生，故象曰"终则有始"，言乱之终、治之始也。故初爻至五爻，不曰干蛊，即曰裕蛊也。

先庚三日后庚三日解

巽䷸顺也，柔也，于五行木也。"先庚三日"者，丁、戊、己也。丁火，戊、己土，巽木生火，火生土，乃君子得位以美利利天下之义，所谓君子以经纶也。"后庚三日"者，辛、壬、癸也。辛金，壬癸水，水生巽木，乃君子得位宜尚贤、能容纳善类以自助之义，所谓君子以反身修德，求外来之益也。

而独于九五发之者，九五刚健中正，君子得位之象。既得位，当大有为，发于事业。而丁火戊己土者，乃巽木之以次所生者也，故圣人引以为喻。既得位，则同声相应，同气相求，宜引贤以自助。而辛金壬癸水者，则以次生巽木者也，故圣人复引以为喻焉。

论　八

《左传》"艮之八"，《国语》"泰之八"、"贞屯悔豫皆八"，杜预、韦昭注皆不能自圆其说。杜注"艮之八"云"《连山》《归藏》以七八占，故曰'艮之八'"，然何无言七者。赖史曰："是谓艮之随，方知五爻皆变，惟六二不变耳"，于是后人谓八指六二阴爻言。如是说也，是《连山》、《归藏》不占变，故不曰艮之随，而曰艮之八。凡言八者，皆用《归藏》占也。然何以公子重耳既占得屯，又变为豫，是明明用《周易》占变矣，而何以亦曰八也。是杜氏之说不可信也。

且"皆八"皆字殊费解。韦昭云："震两阴爻在贞在悔皆不变，故曰皆八。"推是说也，艮之随，艮六二阴爻在贞在悔皆不变，史何不曰贞艮悔随皆八乎？且屯之豫，屯上六亦不变也，亦八也，胡独于屯六二、六三之不变而谓为八乎？是韦注亦自相牴牾也，不可信也。韦注于泰之八云："泰无动爻，筮为候，泰三至五震为侯，阴爻不动，其数皆八。"夫泰既不动，则内卦三阳爻皆七也。数爻当自初起，史何不曰泰之七，而必曰泰之八乎？是亦不协也。

又韦必以震之二阴爻不动为八，其他阴爻虽不动不谓八也，与杜注截然不同。盖此等筮法，其亡已久。而《左氏内外传》所纪又止此三起，后人无以会其通，故无从索解耳。

金钱代蓍

揲蓍为占，其法太繁，有不能用于仓卒之时者，故古人以金钱代之。盖自京、郭而已然矣。其法用钱三枚，以字为阴、背为阳摇之。遇三枚皆为背，则为老阳，所得为重，即揲蓍所得之三少也，九也。三枚皆为字，则为老阴，所得为交，即揲蓍所遇之三多也，六也。三枚而两字一背，则为少阳，所得为单，即揲蓍所遇之二多一少也，七也。三枚而两背一字，则为少阴，所得为拆一，即揲蓍所遇之二少一多也，八也。以其与揲蓍法合，故用之而亦验。然揲蓍四营皆有所取象，而钱则不能，筮者若非不得已之时，总以揲蓍为愈也。

八卦分宫次序

乾宫
乾☰为天，天风姤☴，天山遁☶，天地否☷，风地观☴，山地剥☶，火地晋☲，火天大有☲。

坎宫
坎☵为水，水泽节☱，水雷屯☳，水火既济☲，泽火革☲，雷火丰☳，地火明夷☷，地水师☷。

艮宫
艮☶为山，山火贲☲，山天大畜☰，山泽损☱，火泽睽☱，天泽履☱，风泽中孚☱，风山渐☶。

震宫
震☳为雷，雷地豫☷，雷水解☵，雷风恒☴，地风升☴，水风井☴，泽风大过☴，泽雷随☳。

巽宫
巽☴为风，风天小畜☰，风火家人☲，风雷益☳，天雷无妄☳，火雷噬嗑☳，山雷颐☳，山风蛊☴。

离宫
离☲为火，火山旅☶，火风鼎☴，火水未济☵，山水蒙☵，风水涣☵，天水讼☵，天火同人☲。

坤宫
坤☷为地，地雷复☳，地泽临☱，地天泰☰，雷天大壮☰，泽天夬☰，水天需☰，水地比☷。

兑宫

兑☱为泽，泽水困☷，泽地萃☷，泽山咸☷，水山蹇☷，地山谦☷，雷山小过☷，雷泽归妹☷。

凡第二卦由本卦初爻变成，第三卦由本卦二爻变成，第四卦由本卦三爻变成，第五卦由本卦四爻变成，第六卦由本卦五爻变成，第七卦由变成之五爻退后将四爻复变回，第八卦则仍退后将内卦全变。知此则知纳甲法世爻所在，及游魂归魂等名义矣。

卷十 筮验辑存

筮直奉开战与否

乙丑七月初七日夜，友人常朗斋过访，谈及时局，云直奉谣传将开战，然时起时灭，令余卦其如何。余即布卦，遇地泽临☷☱变水风井☵☴。断曰："坤众震①起，兑为毁折，风激浪涌②，凶起八月③。"朗斋云："北方有战事否？"曰："坤变为坎，坤西南方，坎北方，必始于西南而延及于北。且按卦象论之，北方战祸必甚于南方。井二至四互兑，三至五互离，而皆与坎连，有无处非甲兵非毁折之象。"朗斋云："止于何时？"曰："坤西南位申酉而变坎，坎北方位子丑，其起于酉月，终于丑月乎？"

及八月至中秋，战谣又息，谓卦不验矣。不意至阴历二十五日，江浙战事忽起，奉军退出苏皖，战事之由起于西南，吴佩孚之为联军总司令也。及至阴历十月中旬，奉军郭松龄忽然倒戈，又数日直督李景林忽然与冯宣战，于是津浦路、京津路、北方战事遂烈。及至十一月冯军入津，郭松龄入奉亦败。至十二月战事遂暂停止。卦象无一不与事实相应，虽曰人事，若有天定焉。

筮段政府命运

乙丑九月初五日，在署为同人占段政府命运，遇地山谦☷☶变艮

---

① 临二至四互震。

② 井象。

③ 临象八月有凶。

☶。曰："坤母也，国也，众也①，艮止也，终也②，众而止一国之母，有终止之象。且遇卦之卦皆为艮，是凡属执政者皆从此终止也。又艮止也，潜也，伏也，众而止，必皆隐去也。又艮为东北位当寅，其命运之终止必寅日也。又遇卦之卦二至四皆互坎，恐有危险也。又三至五互震，震为车，必车行遇险而受震惊也。"及至阴历十月十一日，曾毓隽被捕，执政府阁员星散避匿，命运遂终，而是日正为甲寅。后学生围执政第甚险，徐树铮车行遇险，皆验。

筮直派奉派胜负

乙丑九月十七日午后，在部中同人请卦直奉最后胜负。时徐州大战尚未分胜负。余为布卦，得坤☷之蒙☶。断曰："坤为土为柄为众，而位西南，是西南有得政柄、得众心之象。又坤彖辞云'西南得朋，东北丧朋'，最后奉张必失援势孤。又蒙之反对曰蹇☶，蹇彖辞亦'利西南，不利东北'，是奉张之不利决矣。又蒙上艮下坎，艮为止为终，坎为险为陷，而艮位东北，坎为内卦，是东北之危险伏在内而不尽在外也。而蒙二至四互震，必有时爆发于内也。"

时张作霖雄兵全在北方，冯军力避其锋，莫与为敌。不料至十月初十日，郭松龄倒戈反张作霖，半月余遂鼓行出关，定锦州，据新民屯，奉张势力减去八九，则艮止坎险之应也。又"西南得朋"③，东北丧朋之验也。惟象云："东北丧朋，乃终有庆"，最后奉张或乃获胜未可知也。尤奇者，坤二爻动，二爻辞云"直方大，不习无不利"，词意巧合。上六动，上六爻辞云："龙战于野，其血玄黄。"以数月之事，南方北方之变乱成败、幽微曲折尽见于二卦之中，非《易》之神，焉能如此哉④！

---

① 谦外卦坤。
② 内卦艮。
③ 吴佩孚本以讨张为名，郭反张则吴得朋张丧朋，冯讨张亦然。
④ 后郭果败，张果胜。

筮北京安危

十月初三日，时奉军压迫京师，冯军北退，京城市民慌惑。余至署，友人言简斋叶希文等请余卦京城安危，余即布卦，得坤☷。贺曰："安贞吉。"诸友咸喜而心疑为安慰之辞。不数日，冯奉妥协，奉军撤退。又数日，而郭军反戈，去都益远，京城安谧如恒。人始服卦果验也。

筮侄枢等归娶

十月初二日，侄枢及侄孙涛原订十月二十一日归娶，而有兵事，惧路不通，然又不能废学早归，拟至十五、六等日归，遂为卦之。遇归妹☱之临☷，四爻动，爻辞云"归妹愆期，迟归有时"，乍观之似不得归也。然卦变临，临者到也，四爻爻辞云"至临，无咎"，又似能归也。疑不能决。

及至十三日，火车忽阻，以为必不能归。及至十八日，火车又通，竟得归娶。乃悟爻辞云"愆期"者，愆原定归期，不过稍迟耳，究有时归也。况之卦爻辞临无咎也。当时以词太显著，未及察象，后观归妹之象，外震内兑，震为长男，兑为少女，男外女内，必娶之象。因是益知察象愈于取辞矣。

筮鹿司令前途

十月十一日，在警卫司令部为鹿太翁朴儒先生筮鹿瑞伯司令前途，遇同人☰之丰☷。曰："同人上乾，乾为首，下离，离为日，二者皆有君象，是应司令将为一方首领之象。又乾健离明，光照天下，必将向明而治，发越光明而大有为也。又乾变为震，震威也起也，有振威奋起之象，必得大权。"未几，果兼任京师警察总监及市政督办，京师大权集于一身。又未几，帅兵南克天津，耀武克敌，与卦象悉符焉。惟卦象得伏吟，为小疵耳。

又按纳甲法占，时为亥月甲寅日，三爻亥水为世爻，而官星持世，所谓世临月建值官星，官爻可谓旺极。况亥又与日建寅合，五爻动申金来生世官，上爻复动戌土来生申金，节节相生，世官之旺为卜筮所罕观，许亥日超迁。后果于亥日兼总监，寅日兼督办，仍应在月日，亦可谓奇矣。

为鹿司令筮夺天津期

十月三十日，余往警卫司令部访鹿太翁，闲谈时冯军攻北仓正不利，瑞伯司令闻余至，令余卦之，遇风天小畜☰。余拱手贺曰："必得天津矣。"何言之？小畜上巽，巽入，巽顺；下乾，乾刚，乾健，而贞我悔彼，以我之刚健临敌之巽顺，必胜之矣。又乾西北也，巽东南也，以方位言，亦当之矣。又乾金也，巽木也，以我之金有不克敌之木者乎？而巽数八，乾数九，天津之入其在下月初八、初九两日乎？然二至四互兑，兑为毁折，三至五互离，离为甲兵，彼我之戈甲毁折亦甚矣。此察象断也。

又按纳甲，筮时为亥月癸酉日，世在初爻值子水，既临王月，而酉日生之，世尤王。所虑者应爻未土克世，应爻为敌，赖上爻卯木暗动克未，敌无力也。又明日即入子月，世爻子水愈得力，以日计之，子月初七日属辰，应爻未土即入墓，初八巳日未土绝矣，入津之日必巳日也。

瑞伯闻之甚喜，次日即赴敌。果于七日下北仓，初八日晚入津，所刻之日皆验。则以卦象兼纳甲推之益也。

为张子铭筮子在前敌安否

十一月初六日己卯夜，张子铭袖蓍来访，云子钺从战北仓，久无言信，请筮安否。子铭即盥手撰蓍，遇丰☲之复☷。曰："丰内离，离为甲兵，外震，震为长子，震健，是长兄处甲兵之中而贞健也，可无忧矣。又震变坤，尤为长子安贞之显证。又复者阴盛之极，阳气回转，尤为吉利。又子孙爻值卯，子月生之而临日建，三爻亥水动亦来生子孙，变卦又为六合而无一疵，尤保无虞。"果不久有信至也。

筮冯督办下野

子月己卯日，友人闲谈，云冯军若胜直，冯或移督直隶，令余卦之，得震☳。余曰："震者动也起也，而二至四互艮，艮止也终也，三至五互坎，坎陷也北方也。冯若督直不应动而北也，且不应有止象也。又艮与坎皆有隐象，意者其退隐乎？而卦又为震动，非退隐也。又卦为六冲，与止象相应，或者其竟起而入山①，抛弃一切乎？"

及天津下后，又数日，冯竟有下野之电，金以为必不能。余曰："恐为事实，著先告矣。"未几，各方挽劝无效，果下野，督办职务终止②。赴欧游历③，乃行至平地泉寒不能行，暂止其处④，一切职务皆蝉蜕，部下已无一存⑤，与卦象符焉。

当冯初有信下野时，即再卜其确否，得无妄☲之屯☵，复为六冲卦。且二至四又互艮，之卦又有坎，与原卦略同，乃益信数之有定矣。

筮于总长就职

十一月二十四，内务部总长于右任订是日到任，乃侯至日晡未

---

① 艮为山。
② 应互艮。
③ 应震动。
④ 应坎险。
⑤ 应六冲。

到，同曹言简斋等令余卦之，得离☲。曰："离者去也，二至四互巽，巽进退不果，三至五互兑，兑为决，而巽为内，互兑为外，互是其初进退不果，最后则决不就职也。"未几，改订二十六日。余曰："恐仍不来。"果至二十六日又未到，且函内阁他觅人。盖卦象既显著其事之曲折，而纳甲又为六冲，故敢断言也。

筮姊病

余姊今年七十一岁，十一月壬寅二十九日得家信，云新病危甚，已不饮食，不语言矣。余忧甚，即布卦，得大壮☳。曰："乾健震动，不日即行动矣。又卦为六冲，新病逢冲即愈。辰土兄爻为用神，辰巳空，凡病逢空亦愈，必不碍也。"又数日，果有信至，已愈。

射洋火柴

新年多暇，辄与儿童为射覆之戏，澄孙覆火柴一茎令射，遇雷火丰☲之震☳。曰："内含火质[①]，上与木连[②]。划而动之，则爆发焉[③]。光明闪耀，如雷如电[④]。是曰火柴。"其象如见。夫火既与木连，而巽又为直为长为白，是非洋火茎不可。而其用在震，尤非洋火不可也。

射烬余纸烟

小儿等覆纸烟头令射，得兑☱之坤☷。曰："是物也，身有两

---

① 内卦离。
② 二至四互巽。
③ 震为动为爆。
④ 离为光明，震为雷。

口①，而外有囊②，口内衔火③，毁则出光④，首之破矣⑤，弃于地上。按卦揣之，非洋火匣即烟卷纸囊。"揭视，果纸烟头。兼射洋火盒者，盒有两口，亦有囊，口内亦有火，无一不与残余烟卷相同。或善筮如管、郭能分之，初学则不能也。

筮 雪

正月初五夜有云生，占得雨否，得坎☵之小畜☴。曰："坎为水，定有雨矣。而乾为玉为冰为寒，巽为白，是雨而变雪也。日为丙子，坎世亦值子，至夜半子时水旺极矣，必雨雪也。但卦变小畜，阴气甚微弱，雪不大耳。"至天晓，果屋瓦皆白，雪厚不盈寸。未几晴。

射珐琅圆徽章

得天地否☰之火山旅☲。曰："其形圆⑥，其质坚⑦，金石和揉⑧，文字模镌⑨，又曾经火炼⑩，文采斑斓⑪，团团一片，望之俨然，尊卑以见⑫。夫其物既为圆，有石质，有文字，为火煅成，似为土制之圆象棋子。而又有金有尊卑，则非徽章不可矣。

---

① 兑为口，重兑。
② 坤为囊。
③ 二至四互离。
④ 兑毁折，离为光。
⑤ 兑上缺。
⑥ 乾为圆。
⑦ 乾为坚。
⑧ 乾金艮石。
⑨ 坤为文。
⑩ 乾变离。
⑪ 离为文彩。
⑫ 天尊地卑。

射带筒小显微镜

　　枢侄覆带筒小显微镜射，得中孚☲之姤☰。初射以中孚有盒象，而含大离，疑是洋火匣。继思遇卦之卦皆有金象，洋火匣无金质。复卦之，得山风蛊☶之地风升☷。遇卦仍与中孚无异，中孚巽兑互艮震，蛊艮巽互震兑，仍是原体，乃知卦不我欺也。尤异者，初占之卦似覆碗，再占之卦似仰盂，象尤显著。遂为之繇曰："形凹如泽①，而体则圆②，金石制成③，空其中间④，中间蕴光⑤，如日之芒⑥。覆之则金杯⑦，仰之则盂象⑧。"夫只圆象而中间有光，尚可为带柄之显微镜，而有杯象则必带筒之显微镜也。

射皮印囊

　　小儿等覆皮印囊令射，得观☴之颐☶。曰："坤为囊，而颐有大腹象⑨，内孕文章⑩，而体则方⑪。且震为萑苇为苍筤，亦有壳状，是必印囊，小印内装。"夜临睡作覆，仓卒难决，至次日始射成。小儿等不知卦理，谓曾偷视。吾自演易理耳，岂与尔等赌胜负哉。其可笑有如此者。

---

① 兑象。

② 乾为圆。

③ 兑金，互艮石。

④ 中孚象。

⑤ 互大离为光。

⑥ 离为日。

⑦ 姤象。

⑧ 升象。

⑨ 颐为大离，离为大腹。

⑩ 坤为文。

⑪ 坤为方。

射小方印

澧孙手握小方印，印有布囊装下半有文处，射之，得明夷䷣之临䷒。曰："坤为布帛为囊而在外，内卦为离，离文章。而卦遇明夷，是文章灭没于内，为囊所障蔽也。且坤为方，两卦皆互震，震为玉，而下泽承之，是一方玉印下承以囊之象也[①]。"启掌，果然。

是虽小道，然布卦时必专精覃思，杂念皆失，庶几得卦，无不冥符。及其推也，必先自信我所布之卦皆从精诚感来，万不能讹。然后罄神凝虑，即象玩占。物体即得，定名为难，掉以轻心，垂成败焉。余如此者屡矣。独此射思不逾时，竟尔得之。私自念言，其有寸进乎？

又射残纸烟

得泰䷊。曰："坤为囊，乾为衣为圆，而二至四互兑，兑为口为毁折，三至五互震，震为雷火为气为震动，是此物为圆筒无疑。而雷火爆发于口内，则物遭毁折矣，殆已燃之爆竹筒也。"启视，仍残余烟卷头。

其为囊为衣为圆，及火爆发于口内而遭毁折，无一不符。无如两物太相类，遂致混淆。甚矣，定名之难。然管辂射覆亦梳以为枇，此等处虽古之善筮者，盖亦无如何也。

射琉璃印色盒

得火水未济䷿。曰："圆如日[②]，白似月[③]，外见光明[④]，内孕赤

---

① 之卦象。
② 离为日。
③ 坎为月。
④ 离为光明，在外卦。

血①，网罗重重②，矫鞣造作③。是殆玻璃印色盒子也。"启覆，果然。

射包烟卷锡纸球

得雷水解☲☵之大壮☳☰。曰："明如水，圆似月④，其质金⑤，其形薄⑥，闪电光⑦，文明发⑧。其仍为圆洋铁片耶?"启覆，乃包烟锡纸，揉为球。

所射虽皆中，然有胜义。坎为矫鞣，重坎有将锡纸揉为球之象。又卦为解，上为震，震所以载物，有从烟包解下之象。轻易推之，遂不着。将启覆，儿童大哗，以为无金质，是纸相去远矣。岂知锡纸仍是金，虽揉为球，原象固甚薄也。细思之，占辞仍中，特定名差耳。

射烟卷筒内之洋铁片

得火山旅☲☶之火泽睽☲☱。曰："光溢如日⑨，形凹而圆⑩，兑金为质，生本于山⑪，锤打极薄⑫，身轻如叶，而文章烂焉⑬，是为洋铁片。"揭视，果然。但叠至七八片之多，乃悟之卦重离，未察为

---

① 坎为赤为血，在内卦。
② 离为网罗，重离故云。
③ 坎为矫鞣。
④ 互离为明，坎为水月。
⑤ 乾为金。
⑥ 坎为薄。
⑦ 震为雷。
⑧ 离为文明。
⑨ 上离为日。
⑩ 三至五互兑泽，日圆象。
⑪ 兑从艮变来。
⑫ 兑为毁折，两卦皆互坎，坎为薄。
⑬ 离为文。

疏耳。然上有文字，连带射着，则又出意外也。

射囊中铜币数

得中孚䷚之家人䷤。曰："兑为九，之卦离亦为九①。而兑为金，离为圆，是金圆有九枚，而巽数八，合之共十七也。"数之，大铜币八枚，小者一枚，恰九枚。而大者一枚为两文，八枚为十六，合小币一枚，共十七，与卦象巧合焉。

射橘皮

侄孙澄覆橘皮请射，得同人䷌之无妄䷘。曰："是物也，其身甚圆，大腹皤然②。而乾为衣为皮，震为壳为鸣，其空其中，摇则发声者乎③？殆小皮鼓也。"揭视，乃橘皮。

圆身、大腹、皮壳、空中皆著，惟鸣不著，继思乾为木果为衣，震为竹为苇，皆与皮壳相应。而互艮又为果蓏，震又为黄，是橘皮之象显然。不澄心馨思，则不能射至尽头处；不至尽头，则物有循形。其难有如此者？

射画图规矩

孙澧覆规矩令射，得困䷮之渐䷴。察两卦皆有巽，知其物形长，或为木质。而遇卦又有兑金，不能决，复卦之，得同人䷌之无妄䷘。两卦皆有乾金，乃定其物为金质。而占曰："金质长肩④，其

---

① 用洛书数。
② 天为圆，离为大腹。
③ 震为鸣。
④ 巽为长。

首则圆①，下分两股②，其末则尖③，文章富丽④，光辉烂焉。"射至此，曰必是订书之黄铜钉，圆首而下分两股者。答曰："所射皆是，然非钉也。"乃令勿启覆。再察卦内尚有水象，复曰："口内衔水⑤，曳则涌泉⑥，足之所覆，其迹多圆⑦"，必作图之规矩也。

后四语若能一气射成，则去古人不远矣。惜乎其在天机微泄之后也。

射玛瑙水勺

余几上有小圆玛瑙水盛，其酌水勺亦玛瑙制，形甚怪奇。小儿等欲以窘余，潜覆令射，得困☵之节☱。果只射得其物有光，且居于盒口之内，至其形其质皆未射著。

启覆思之，勺形变曲，下端似舌而略凹，上端有首而不圆，似鸟首非鸟首，卦实难以形容，乃舍其形而言其用。初学不知其狡侩，遂难全著。然卦由至诚筮来，无不奇合。遇卦外兑内坎，兑有壶象，坎者水，而卦名为困，示此勺永困处泽水之中也。之卦外水内兑，而卦名为节，示此物能酌水于壶外而不能多用之，有节也。全示勺之用也。

后与友人张子铭语及，子铭云："是固然矣，然玛瑙勺似水精，且居壶内者半，壶外者半。坎为水精，为弯曲，困坎居内是水精勺处于壶内也。节坎居外，是水精勺露于壶外也。且两卦互离，有光明之物也。"义亦精当。

---

① 乾为首为圆。

② 巽为股，艮为指。

③ 坎为棘。

④ 四卦皆有离，离为文为丽。

⑤ 本卦外兑内坎。

⑥ 坎为曳。

⑦ 震为足，乾、离皆圆象。

跋

　　揲蓍为占源，本易理固矣。而决断推测古人筮案，尤贵精研，犹学文者之先诵古文，习绘者之先读古画也。顾数千年来筮案如林，竟无专书荟萃其全，以资考览。偶有之，如《太平御览》所辑，又苦无注释，难以索解，且甚缺略。至清初李刚主所为《筮考》有注释矣，仍寥落无几事，学者病焉。

　　吾师滋溪老人以古文专家精游艺，余事偶为人筮，无不奇中。暇辄搜录古人筮案，自春秋以迄明清，凡以易筮而存有本卦者靡弗抄录，并详加注释，俾幽深奥衍之筮辞碻然洞解。

　　其间如郭璞之占龙车、占怪兽、占犬豕交，胡宏之筮陆阜遇冯刘得祸，千百年来从无人能解其义。先生按卦冥思穷索，一一剖解。及既释明，然后叹古人所炫为神奇者，仍无一不本于易理，甚平易也。盖非郭、胡之神于筮不能为此占，亦非先生之邃于易不能为此注解。

　　尤奇者，魏管辂之射印囊、山鸡毛、燕卵、蜂窠、蜘蛛，陈志皆失其本卦，至使古今最有名之射覆术竟不传。先生能即筮辞推得本卦，丝毫不爽，其有功于筮术尤大。

　　至谓用九用六为圣人之明筮例而非占辞，且专指三变成一爻，言非六爻全变。其谓六爻全变者，乃《左传》杜注之误也，尤足正汉、魏以来注疏家之谬，扫除蒙说，独标真谛，于经义阐明尤为有功。洵晚近之奇著，筮史之大成已近。

　　今世界各国学问相流通，而哲学尤重。如我国之易筮，所谓世界极深之哲学，非耶？而继述肄习者寂无闻焉，更何望发挥于峤外乎？兹编出，吾知于易学裨益良非浅鲜。殿臣等既怂恿付梓。及既竣事，爰志数语以告治易者。

受业刘殿臣谨识

附录二

《左传》《国语》易象释

《左传》《国语》易象释详目

绪　言

《易》之为书，以象为本，故《说卦》专言象以揭其纲。《九家逸象》《孟氏逸象》一再引其绪，而象学宏深博大之义，唯《系辞》能发挥之。《系辞》云："易者象也。八卦成列，象在其中矣。是故夫象，圣人有以见天下之赜，而拟诸其形容，象其物宜。故谓之象。象也者，像此者也。"按像此者，不惟万物像之，即万事亦无不像之。《说卦》所言，乾健坤顺诸事是也。故又曰"象事知器"，又曰"立象以尽意"。盖天下万物万事之意，无不包涵于易象之中，故能尽意，此言立象之本也。所本维何？本于仰观俯察也。又曰"圣人设卦观象，系辞焉而明吉凶"。夫曰"观象系辞"，则今之易辞，固皆古圣人瞠目注视卦象而为者也。《易》之卦爻辞，既由象而生。后之人释卦爻辞，而欲离象，其不能识卦爻辞为何物，不待智者而决矣。朱子云："先见象数，方说得理，不然事无实证，虚理易差。"惜哉此种定识，在其晚年，于其《本义》无补也。《系辞》又云："八卦以象告。"辞而吉，非系辞者命其吉也。辞而凶，亦非系辞者命其凶也。皆象所告。不得不然也。又有上句吉，下句忽凶。上句方说甲，下句忽说乙。此尤非系辞者语无伦次如是也，亦易象所告，不得不然也。设使系辞者，专务怪奇，而不观象，不有类颠狂乎？《易》安得与他经并列，使孔圣学之终身乎？朱子云："古圣王以诗书礼乐教世，而不及《易》，看来别是一个道理。某枉费许多年工夫。"此等彻悟，此等认识，为二千年以来所未有。且不自护其非，真不欺之大儒也。而后之解《易》者，其观察往往与他经同，胡能合乎？盖《易》之为学，至王弼为一转关。王弼以前注《易》者，无不言象。而《焦氏易林》，则无一字不从象生。且于《易》用正象用覆象伏象之法，无不依样揭出。虽不明注《易》，愚以为能注《易》者，莫详于焦氏也。再溯之春秋人言《易》者，亦无一字不根于象。且于《易》用正用互用覆之法，亦无不依样揭出。而以谦为谗、为有言，于是《周易》正覆象并用之妙。为二千年人所误解者，遂划然冰释。开《易林》神妙之门，处处取法。自王弼扫象，避难就易，学者喜之，其道大行，渐不识《易》为何物。至有宋演为空谈，而《易》遂亡矣。故夫自王弼以来，无论其谈老庄，言王道，说圣功，不以象解《易》者，皆与《系辞》背驰者也，其唐之李鼎祚，宋之朱汉上，吴草庐，明之来矣鲜，及清之讲汉《易》者，无论其详略深浅，皆能认识易象，语不离宗，与《系辞》所言之大本大源相合者也。此其大略也。其汉人易象注释之者，有李道平之《周易集解疏》。《焦氏易林》，愚曾注之。其春秋人谈易象者，尽在《左传》《国语》。恨其注不能解，或解之而误，拙辑《焦氏易诂》，曾略及之，而不全。兹再以次注之，以为象学之助。

一 筮公子完生

庄二十二年，陈公子完奔齐。其少也。周史有以《周易》见陈侯者，使筮之，遇观☶☶之否☶☶。曰："是谓观国之光，利用宾于王。"

观六四动，故取六四爻词以为占，左氏恒例也。坤为国，互艮为观、为光，故曰"观国之光"。巽为利、为宾客，乾为王，故曰"利用宾于王"。艮为观、为光象皆失传，详《焦氏易诂》。

此其代陈有国乎？不在此，其在异国。非此其身，在其子孙。光远而自他有耀者也。

遇卦为贞，贞我。之卦为悔，悔彼。故遇卦之坤为陈国，之卦之坤为异国。而之卦有乾，乾为大为君，故知其将代陈有国。坤为身，非此其身者，言所应不在遇卦。艮为子孙，在其子孙者，言所应在之卦也。乾为远、为大明，故曰"耀"。乾在之卦，故曰"自他"。

坤土也，巽风也，乾天也。风为天，于土上，山也。有山之材，而照之以天光，居土上，故曰"观国之光，利用宾于王"。

巽变乾，故曰"风为天"。在坤上，故曰"于土上"。遇卦三五，之卦二四，皆互艮，故曰"山"。巽为木，故曰"材"。之卦乾在上，故曰"照之以天光"。乾为王，巽之乾，故有朝王之象。

庭实旅百。奉之以玉帛。天地之美具焉。故曰"利用宾于王"。

艮为庭，"庭实"者，言诸侯朝王，贡献品物，陈列于王庭也。坤为品物，与艮连，故曰"庭实"。旅，众也。《诗·小雅》："旅力方刚。"《毛传》："旅，众。"又《书·牧誓》"亚旅"，《传》亦训旅为众。"旅百"者，言庭实众多也。坤为众，为百，为帛，乾为玉，艮手，故曰"奉之以玉帛"。否上天下地，故曰"天地之美具"。

犹有观焉。故曰"其在后乎"？

此下杜注《孔疏》，皆不能释其义，而误测"犹有观"者，言之卦初至五，仍风地观，故曰"犹有观"。"其在后"者，言所应在之卦也。

风行而著于土，故曰"其在异国乎"？

遇卦有坤，之卦仍有坤。坤为国，贞我悔彼，故之卦之坤为异国。

若在异国，必姜姓也。姜，大岳之后也。

巽为齐，故为姜。犹震为周，亦为姬也。艮为山岳，因遇卦之卦皆有巽，故决其在姜姓之国。又皆有艮岳象，为姜所自出，故益知其为姜也。

山岳则配天，物莫能两大，陈衰此其昌乎？

艮与乾连，故曰"山岳配天"。坤为国，遇卦之坤陈国也，之卦之坤异国也。乾为大，之卦有乾，而遇卦无乾，故曰"物莫能两大"。而遇卦上为巽，巽陨落，故曰"陈衰"。之卦上乾，乾为大为昌，故曰"此昌"。后之人昌言易理，而惮于观象，于是诧此筮为神异者有之，谓左氏事后造作此筮者有之。岂知《周史》所谈，皆卦象所明示。彼不过观象深，用象熟，故有此彻悟耳，岂有其他技巧哉！自野文出，象学隐，哆口空谈，以辅嗣、伊川为宗主，岂知皆避难就易之一念误之也。观左氏所谈，可恍然矣。

按此筮为言互卦之祖，但互艮杜注知之。之卦互巽，即不说，故误解"犹有观"三字。此句既误解，于是陈衰此昌，卦象所明示者，遂不能察知其所以然之故。而哆口谈空者，遂妄疑之矣。又为五字互之祖，否初至五仍为观，故曰"犹有观"。后儒谓一卦互八卦，观此其例亦创于左氏也。

二　筮毕万仕晋

闵元年。初，毕万筮仕于晋，遇屯䷂之比䷇。辛廖占之曰："吉。屯固比入，吉孰大焉。其必蕃昌。"

按杜注云："屯险难，所以为坚固。比亲密，所以得入。"皆浮泛，于卦象不切。屯固者，因初至五，正反皆艮。艮为坚，故曰"固"。即《坎·象传》云："天险不可升，地险丘陵。王公设险，以守其国。"其义亦在坎中爻之正覆艮，故曰"丘陵"。坎二至五，与屯初至五同也。比入者，言阳入居坤五。五尊位，入居之，故下云"蕃昌"。杜注言"亲密所以得入"，谁入乎？诂太疏矣。

震为土，车从马，足居之。兄长之，母覆之，众归之。

震变坤，故曰"为土"，故曰"从马"。震为足、为兄、为长子，坤为母、为众，震为归。此六句杜注皆当。惟屯为遇卦，遇卦贞也。贞为我，见在也。比为之卦，之卦悔也。悔为后来，以见在之兄长，变而为众归母覆之象。而坤为土地，则后此之有国，可断言也。

六体不易，合而能固，安而能杀，公侯之卦也。公侯之子孙，必复其始。

此下杜注皆误。坎数六，遇卦之卦皆有坎，居五位，故曰"六体不易"。杜注谓六体，指上六义，非也。上六义何谓"不易"乎？"不易"者，坎始终不变也。坎为合，合而能固，谓屯也。坤为安为杀，安而能杀，谓比也。杜注谓震为杀。震为武则《国语》有明文，为杀则无此易象也。《孔疏》引《左传·昭二十五年》："子太叔对赵简子云：为刑罚威狱，以类其震曜杀戮。"据是谓震为杀戮。岂知子太叔乃论礼之言，非谓震有杀戮之象。震曜杀戮，平列二义，胡得即以震为杀乎？益支离矣。震为公为诸侯，故曰"公侯之卦"。震变坤，坤为国，则诸侯有国之象也。故曰"公侯之子孙，必复其始"。震为复、为子。艮为孙。"公侯子之孙"者，以万为毕公高之后。复始者，言又将为公侯。此皆据之卦而推及其后，与《周史》据之卦否，推公子完之于齐，一理也。稍明卦象者，皆足知之。稍知贞悔之义者，皆能断之。乃野文家不知卦象，如耳提面命，而总疑其造作也。如之何哉！

三 筮季友生

闵二年，成季之将生。筮之，遇大有☲☰之乾☰。曰："同复于父，敬如君所。"及生，有文在其手，曰"友"。遂以命之。

按大有之乾，是离变乾也。乾为君为父，故曰"同于父，敬如君"。此杜注之所释也。而《传》文复曰"所"曰"复"何哉？所者位也，复者复其君父之位也。因乾位南，离亦位南，故人之敬离位，同于乾位也。乾若不在南，但言敬如君可矣，胡言所乎？此先天乾南之确证，为《易林》之所本。彼夫不承认乾南者，于所字如何释乎？况《九家》及荀爽，皆言乾舍于离，如何能灭其证？清惠栋谓荀爽用鬼易，以乾归合离为解。夫京房所谓鬼易，于乾南何涉？又乾之归魂为大有，而荀所注者为同人，于乾归何涉？乃惠氏若一言鬼易，言归魂，学者即茫然不解为何物，便可灭此先天之确证，亦徒自形其误耳。

四 秦筮与晋战

僖公十五年，秦伯伐晋。卜徒父筮之，吉。涉河，侯车败。诘之，对曰："乃大吉也。三败必获晋君。其卦遇蛊☶☴，曰：'千乘三去。三去之余，获其雄狐。'夫狐蛊必其君也。"

按蛊互震，震为千为车，故曰"千乘"。震为奔驰，数三，故曰"三去"。去者，驱也。《诗·小雅》："风雨攸除，鸟鼠攸去，君子攸芋。"① 去读为驱，与除芋韵。去者，即驱除鸟鼠也。又《易》比九五"王用三驱"，此三去即三驱，皆言田猎。且驱与余狐为韵，与《诗》同。若作去，即不协。古经籍通用之字，如此者正多，不足异也。顾氏炎武，引邵氏说，谓去即算法之除，恐不然也。艮为狐，阳卦故曰"雄狐"。艮为拘系，故曰"获"。蛊者，败也，坏也。《左传·昭元年》："女惑男，风落山，谓之蛊。"夫女惑男使男病，风落山使山败，二者皆败坏之义。今狐既被获而败坏，故曰"狐蛊"。然曰"必其君"者何也？三至四震为君，上艮为覆震。震君既覆，故知所获者必其君。此句为自来注疏家所不能解，岂知易象固明白易见也。自震君象失传，于是归妹六五之"君"，小过六二之"君"，及此皆不能解。自覆象失传，于是以兑为覆巽，如大过九五之"杨"。以震为覆艮，如"重门击柝"之取诸豫，人知之。至象覆即于覆取义，如蒙之象词，困之"有言不信"，中孚之"鹤鸣子和"，"或鼓或罢"，"或泣或歌"等易词。遂都不知其所谓矣。《易》既不解，《左传》与《焦氏易林》模《易》之辞，遂都不解。

　　蛊之贞风也，其悔山也。岁云秋矣，我落其实，而取其材。实落材亡，不败何待？

　　此处杜注仍不免疏。"岁云秋矣"者，以兑为秋，仍取卦象，非泛言也。杜注谓周九月，即夏七月孟秋也，而不言兑。又《易林》以震为岁，岁亦卦象。艮为果蓏，故曰"实"。震艮皆为木，故曰"材"。巽陨落，故曰"实落材亡"。实与材皆在悔，落之取之者在贞，故我胜彼也。

　　周时筮人三《易》并占。此卦六爻皆静，尽七八也。《周易》占九六，《归》《连》占七八。疑"千乘三去"，为二《易》之词。至易象则三《易》尽同，非《归》《连》一易象，《周易》又一易象也。《孔疏》谓此筮了无《周易》片意，又谓筮者若引《周易》，则其事可推。岂知此筮，无一字不从象生。杜征南承扫象之后，艮狐震君诸象，即已不知。至唐而象学几尽失，益茫昧矣。此李鼎祚所

――――――――――

　　① 音吁。

以有野文之叹也。学者苟能观象乎？必知左氏筮案，皆平易近人，无一神奇之语。其诧为神奇者，皆野文家之见，不知词从象生也。

五 晋献公筮嫁伯姬于秦

《左传·僖十五年》：初，晋献公筮嫁伯姬于秦，遇归妹䷵之睽䷥。史苏占之曰："不吉。其繇曰：士刲羊，亦无□也。女承筐，亦无贶也。"

此归妹上六爻词，杜注大致得之，而用象稍误。震筐之象，除《易林》外，独虞翻知之，杜征南不知也。又震为周、为竹、为笔，故亦为虚。女承筐无实，震虚故也。震虚之象，只《易林》知之，并虞翻亦不知矣。不知而用卦变，强命四爻变成坤，为虚，以解无实。若杜注，则只以上六无应为说，益浮泛矣。查此爻，自来注家说之，所以不能透彻者，以不知《易》之恒例。爻在此，而所系之词，往往在应。应爻有应予，固以有应予取义，应爻无应予，即以无应予取义。又《易》之恒例，象伏即于伏取义，敢本此义。为重说之。

震为士，上六应在三，三兑，兑为羊，又为斧，故曰"刲羊"。坎为血。瘯，血也。坎伏，故曰"无瘯"。昔贤以三至五，明有坎象，如何曰无？故"无血"二字，永不得解。岂知《经》用伏坎，三为离主爻，即为坎主爻。离见坎伏，故曰"无血"。三与上为正应，故取伏坎。若互坎，则与上无涉也。兑为女，震为筐。筐在女上，故曰"承筐"。无贶即无实。《小象》曰："承虚筐也。"即以震为虚，震虚故筐空。又震变离，离虚益空。上句言上求三，三无应，故无瘯。此句言三求上，上无应，故无贶。象如此也。

西邻责言，不可偿也。归妹之睽，犹无相也。

此二句杜注皆无当。兑为西。互离为邻。故曰西邻。兑为口。口向上。故曰责言。《说文》。责求也。震为言。变离言败。故不可偿。归妹之睽。睽上九曰睽孤。孤则无相。相助也。之卦亦占动爻。左氏恒例也。

震之离，亦离之震。为雷、为火、为赢败姬。车说其赍，火焚其旗。不利行师，败于宗丘。

前四句杜注得之，惟不知姬嬴象。按：震为周，周姬姓，故亦为姬。犹巽为齐，亦为姜也。详前《筮公子完生》。兑西，故为秦。秦嬴姓，故亦为嬴。为嬴败姬者，兑如故，而震象毁，故曰"败姬"。

后四句杜注皆误。"车说其赍"者，震为车为赍。震为车，见《闵元年传》，人尚知之。为赍，则自东汉迄今无知者。《孔疏》引《子夏传》云："赍，车下伏兔，今人谓之车屐。"夫震为履屐，又屐在箱下，俨然足形。则赍为震象，似《子夏传》已知。但《子夏传》久亡，《孔疏》引只数语。《传》是否即以赍为震象，疏未明言。然由"车屐"二字，而《左传》得解。凡《易》之言赍者，皆得解。则古注之可珍，为何如也？震变离，车毁，故曰"说赍"。赍说，则箱与轴分离，车不能行。震为旗，见《焦氏易林》。盖旗之翻动飞舞，惟震能象之，详《焦氏易诂》。而清何楷以坎曳为旗，于以见象学之宏深，不易识也。震为旗，旗变火，故曰"火焚旗"。震为征伐，故为"行师"。震毁，故不"利行师"。震为主，故为"宗"；为陵，故为丘。宗丘犹宗国也。震为木，火所自出，今火还害之，故知不利于晋，仍为嬴败姬之旨也。

　妇妹睽孤，寇张之弧。姪其从姑，六年其逋。逃归其国，而弃其家。明年其死于高梁之虚。

首二句，睽上九爻辞。兑为姪。姪，兄弟之女也。古之贵族，嫁女必以姪娣从是也。震为从，伏巽为母，故曰"姑"。杜注以震为姑，震无此象也。《焦氏易林》每以震为年，震主爻互坎，坎数六，故曰"六年"。坎为隐伏，故曰"逋逃"。坤为国，言九四隐伏，于坤中，犹讼九二之"入渊"也。艮为家，艮伏兑见，故曰"弃家"。震为年，变离，故曰"明年"。伏巽为高，艮为梁为虚，故曰"高梁之虚"。坎为棺椁，故曰"死"。棺椁象见《三国志·管辂传》。

总之此爻辞自来不得解者，以象之失传者太多也。嬴象，姬象，赍象，旗象，巽母象，自东汉迄宋，只朱汉上知一巽母象，余尽遗失。故夫毛西河、李刚主、何楷、顾复诸巨儒，迭为讲明，乃愈讲愈晦。赖有《焦氏易林》，失传之象，一一复出耳。不然鸟从索解哉！

六　晋筮与楚战

　　成公十六年，晋楚遇于鄢陵。公[①]筮之，史曰"吉"。其卦遇复䷗，曰"南国蹙，射其元，王中厥目"。国蹙王伤，不败何待？吕锜射共王，[②]中目，楚宵遁。

　　按此为《左传》乾南之证。杜注只知离在南，谓离受咎，故目伤。不知乾亦在南。乾为首为王，元者首也。《左传》"归先轸之元"，"归国子之元"是也。乾亦受咎，故射中王元也。"南国蹙"者，震为南，坤为国、为丧，故曰"南国蹙"。震为射，故乾首离目之在南者，均受咎也。震南、震射、乾南之象，皆失传。只《焦氏易林》知之。故杜注皆不知而不释。

七　穆庄叔筮叔孙穆子生

　　昭五年。初，穆子之生也，庄叔以《周易》筮之。遇明夷䷣之谦䷴，以示卜楚邱曰："是将行，而归为子祀。以谗人入，其名曰牛。"卒以馁死。

　　按此杜注不详释，殊觉昆仑。遇卦之卦皆有震，震为子为行，故曰"是将行"。震为归、为主器长子，故曰"归而为子祀"。遇卦为贞，贞见在。之卦为悔，悔将来。以谗人入，其名曰"牛"，谓谦卦也。谦震为人，正反震，故曰"谗人"。震为反，故曰"入"。艮为名、为牛，故曰"其名曰牛"。坤虚故馁，坤杀故死。

　　明夷日也。日之数十，故有十时，亦当十位。自王以下，其二为公，其三为卿。日上其中，食日为二，旦日为三。明夷之谦，明而未融，其当旦乎？故曰"为子祀"。

---

　　① 晋侯。

　　② 楚王。

此处杜注皆当，惟明夷之谦三句，只就谦道卑退为说，似未明了。明夷之谦，即离变艮。艮为黔，黔黑也。故曰"明而未融"。初爻应在四，四体震，震为旦，旦为卿。而遇卦之卦皆有震，震长子主祭，故曰"为子祀"。祀亦震象也。

日之谦当鸟，故曰"明夷于飞"。明而未融，故曰"垂其翼"。象日之动，故曰"君子于行"。当三在旦，故曰"三日不食"。

日之谦即离变艮。艮为鸟，故曰"当鸟"。杜注不知艮鸟象，以离为鸟，即离当离矣，于变艮何涉乎？其误可知也。震为翼，坤下故垂其翼。下离上震，故曰"象日之动"。震为君、为子、为行，故曰"君子于行"。震为旦数三，故曰"当三在旦"。震为口、为食，坤闭故不食。

离火也，艮山也。离为火，火焚山，山败。

此处杜注甚当。

于人为言，败言为谗，故曰"有攸往"。主人有言，言必谗也。

此处杜注皆误。于人为言，谓震也。震为人、为言，败言为谗，谓艮也。艮为反震，故曰"败言"。此专就谦象言。谦正覆震相背，故曰"谗"。《易林》本之。凡遇此等象，不曰"争讼"。即曰"谗佞"。于是凡《易》之"小有言"，"有言不信"。"闻言不信"，"昏媾有言"等《易》词，二千年不知所谓者，至此皆得解，以《易》原皆正覆象并用也。"昏媾有言"，以震二至上，正反震相背。"有言不信"，以困三至上，正反兑相背。"闻言不信"，以夬兑言与乾言相背。震之"小有言"，亦以初至四，兑言与乾言相背。讼初之"小有言"，则以坎上下兑，口相背。而《传》即以谦释明夷，其神妙匪夷所思矣。《系辞》云："圣人观象系辞。"诚以所有易辞，无不从象生也。自象学失传，于是易辞多晦矣。震为往、为主、为人，故曰"主人有言"。

纯离为牛。世乱谗胜，胜将适离，故曰"其名曰牛"。

此处杜注仍误。适、敌同。《礼》："燕仪君独升立席上，西面特立。"莫敢适之义也。《史记·田单传·赞》："始如处女，适人闭户。后如脱兔，适不敢距。"皆以适为敌。适离者，言与离相同也。离为牛，艮亦为牛也。艮阳在上为名，故曰"其名曰牛"。自艮牛象失传，于是《易》无妄六三之牛，遁六二之牛，大畜六四之牛象，皆无着。不用虞仲翔强变之法，不能解也。岂知左氏固明白言之，《焦氏易林》遇艮即言牛也。

谦不足，飞不翔，垂不峻，翼不广。故曰"其为子后"。吾子亚卿也，抑少不终。

震为后，遇卦之卦皆有震，故曰"为子后"。

八　崔杼筮取棠姜

襄二十五年，崔武子见棠姜而美之，使偃取之。筮之，遇困☵之大过☶，史皆曰吉。示陈文子。文子曰："夫从风，风陨不可取也。"

按困之大过，困三爻变也。三在困为坎体，变则成巽。文子曰"夫从风"。是明明以坎为夫，以巽为风也。曰"风陨不可取"，是明明以巽为陨也。乃坎夫风陨之象，竟尔失传。于是《易》比卦之"后夫凶"，渐九三之"夫征不复"，正以坎为夫者，皆莫知所指。而虞仲翔竟命初爻变，再命三爻变成震，以震为夫矣。后姚氏配中，谓坎为中男，故曰"夫"。江氏藩以坎为丈夫，取象较仲翔为胜矣，而讫不知左氏即以坎为夫也。岂不异哉！

至于风陨之义。如鼎初六云："鼎颠趾。"鼎初为巽，故曰"颠"，颠即陨也。九四"鼎折足"，折仍陨也，以四应初也。而虞翻不知其故，以初应在四，四体大过，以大过颠为说。九四则命四变为震，震折入兑为说。全以卦变为敷衍，不变不能解也。

他若大过栋桡，《说卦》"桡万物者，莫疾乎风"，桡者败也，仍风陨之义也。诸儒说之，皆有未当。凡《左传》失传之象，为杜注所不能解，或解之而误者，以上皆补而释之。其余杜注所释，而无疑义者，遂皆略焉。

九　《国语》重耳筮得国

公子[1]亲筮之，曰“尚有晋国”。得贞屯䷂悔豫䷏，皆八也。

韦注云：“震在屯为贞，在豫为悔。八谓震两阴爻在贞在悔皆不动，故曰皆八。”按震在屯两阴爻未动，若在豫只上六未动耳，若六五正由屯九五变来。坎之震，亦震之坎，胡言未动乎？观下云是在《周易》，则所谓皆八者，用二《易》可知也。杜征南云：二《易》占七八，其占法盖久已失传。而《左》、《国》用八者，又只有三事，无以会其同，故不能解也。说详《周易古筮考》中。

又曰“震车也。车有震武，众顺而有威武”。

震车之象，兼见于《左传》，人尚知之。震武之象，只此一见，遂尔失传。于是《履·六三》之“武人”，《巽·初六》之“武人”，皆不得其象，而解遂晦矣。岂知《履·六三》之“武人”，以伏震也。震为人、为武、为大君。《象》曰：“武人为于大君，志刚也。”志刚者，言三欲承阳也。象则用伏震也。易辞正象与伏象并用者多矣，不独此也。巽初六，“进退利武人之贞”者，进退即往来，言震巽相往来，得此爻者，武人占则利也，亦兼伏震言也。

易象之用伏，人知之，而能贯彻者甚少。如《泰·初九》之“茅茹”，则用伏坤象。《大有·六五》之“厥孚交如”，及《小象》之“信以发志”，则用伏坎象也。而《易》家知者甚鲜，武人象亦其一也。武人象于《焦氏易林》遇之久矣，而总莫知其所谓。后于《国语》遇此象，再由《国语》证《周易》，而《易林》之武象，始完全得解，其详尽在《焦氏易诂》第十卷中。

至此筮之韦注，皆详而且明。独及此者，以韦注于车有震武，云“车声隆隆象有威武”，其义颇有未备。震为武者，威武莫过于雷。而震又为决躁、为健，皆武象之根本。又此象自东汉迄今失

---

① 重耳。

传，致《易》之"武人"，永不得解。故备论之。

十　晋筮成公归国

晋孙谈之子周适周，事单襄公。襄公有疾，召顷公而告之曰："必善晋周，其行也文，天地所祚，可以得国。成公之归也，吾闻晋筮之，遇乾☰之否☷。曰'配而不终，君三出焉。一既往矣，后之不知'。其次必此。"

此占词，韦昭注、所释皆误。按：董因筮公子重耳返国，遇泰之八，曰："是谓天地配享，小往大来。""天地配享"者，言泰天地均平，阴阳适相配也。兹曰"配而不终"，言否亦天地均平，阴阳相配。配谓卦象，非谓先君。"配而不终"者，言所配者三爻，应有三君往就国，今才成公一人。不终者，言所应未毕也。下云"一既往矣。后之不知"，即申不终之意也。韦注谓"配为配先君，不终谓子孙不终为君"，误之远矣。简言之，乾君也，坤国也。乾之坤，即君往就国也。而乾九五不变，是君而之国者，咸出自周天子之下也。而坤之爻数三，故决其必三往也。

附录三

滋溪老人传

滋溪老人传

滋溪老人，姓尚氏，名秉和，字节之，世居行唐县城西南滋河北岸之伏流村。自前明以来，家世无甚贫，亦无甚富。世世耕，亦世世读。父中宪公，幼有声于痒序间。乃六应乡举而不第，卒以贡生终老。有二子：长式和。字逊臣。次即秉和，乃纵令游学，曰："是或能成吾志。"初肄业邑龙泉书院，从安州魏奉宸先生游。岁己丑乡试，逊臣中誊录，分国史馆，人言可叙官。时年少气盛，弃而不顾，继而又赴真定恒阳书院肄业。时桐城吴挚父先生方主讲保定莲池书院，以诗、古文为北方倡。心慕之，乃复游学于保定。逊臣于历史地理，及诸家古文，素所服习，尤擅长制艺。既至莲池，颇为吴先生所赏拔。乃六应乡举，每高荐而不第。最后二科主司拟中者再，仍不第。后乙酉科取中拔贡生，非所好也。乃绝意进取。只秉和一人，在外游学。

岁乙亥，丁生母张太宜人忧。遂屏弃制艺，专致力于诗、古文。凡归方姚梅曾张，并吴先生所评点诗古文诸子、前四史、《五代史》，或假之于吴先生，或索之同门，日夕移录者数年。由是于班马韩欧，叙事虚实，详略简括，微妙之旨，略得于心。而叹晋唐以来史传，其叙述每与其人之精神，不能相称。后昌黎能之矣，而不作史。欧阳能之矣，而于《新唐书》，只作志不作传。只《新五代史》为一手所成，班马遗法，赖以复明。外此则陈陈相因，有若簿籍，未尝不读之而倦也。

光绪壬寅，受知于学使陆伯葵先生，取优贡第四名。是年举于乡，翌年癸卯成进士，分工部。光绪三十年入进士馆，学习法政。三十一年十二月巡警部尚书徐公，闻名调入巡警部。三十二年补主事，翌年升员外郎，以军机章京记名。宣统二年丁父忧。始巡警部设立二年，易名民政部，至是又易名内务部，复浮沉部中者十余年。

自通籍后，处京师，出入于各座师之门。凡王公贵人，及当世宰相，莫不亲接其颜色，习见其晋接僚属承奉辇毂之劳。而为时势所拘，皆不克行其志，慨然于崇高富贵者如斯。至四五品以下朝士，能酬应奔走，趋附形势者，即可超迁，否则庸碌不足数也。其烦劳其情状，自料非孱躯所能堪。而文学者，吾所素习也。始欲以著述自见矣，然不能枵腹为，又不能去通都大邑，以与文人学士远也。东方生云："避世金马门。"扬子云云："下者录隐。"遂师其意，如讷如愚，不顾讥笑，博升斗以自涸。乃集《古文讲授谈》十二卷，凡文章家讲求义法传授心印之言，靡不辑录，而于叙事之法讲论尤详。盖文章之道，以记事为最难，八家之中已不尽能矣。明清两朝儒者，仅有文名横绝一世，乃一叙事则蹶足不起，且邻于小说者多矣。则以义法不详，雅俗之辨未审也。独归熙甫、方望溪两氏，能摧伏外道，力扶雅音，故备录其说，以为古文者导。自此书出，河北大儒王晋卿先生，桐城姚仲实姚叔节诸名士，皆叩门来访，引为同气。

至辛亥革命，国体变更，私忖此变为数千年所未有。蹶然兴曰："是吾有事之日也。"乃搜集传记，存录报章，凡百七十余种，以十年之力，成《辛壬春秋》四十八卷。继又思中国历史，皆详于朝代兴亡，政治得失，文物制度之记载。至于社会风俗之演变，事物风尚之异同，饮食起居之状况，自三代以迄唐宋，实相不明。一读古书，每多隔阂。初学固病之，即通人学士，偶有所询，瞠目不能答者多矣。然一物有一物之历史，一事有一事之历史。即细而至于拜跪坐卧，床榻几席，更衣便旋，亦莫不有其历史。因即经史百家，及晋唐宋以来小说。凡人所习焉不察，而于事物之历史有关者，详细辑录，解说原委，连缀成篇，成《历代社会风俗事物考》四十四卷。

时政府已南迁，则授读于辽东以自给，年已垂垂老矣。老而学《易》，自古如斯，亦不知其所以然也。欲学《易》，先明筮。而古筮法皆亡，乃辑《周易古筮考》十卷。罗古人筮案，以备研寻。象者，学《易》之本。而《左传》《国语》为最古之《易》师，乃著《左传国语易象释》一卷。汉人说《易》，其重象与春秋人同。然象之不知者，浪用卦变或爻辰以当之。初不敢谓其非，心不能无疑也。

初在莲池时，读《焦氏易林》而爱之。继思即一卦为六十四繇词，必有所以主其词者，无如《易林》所用之象，与汉魏人多不同，故仍不能通其义。久之阅《蒙之节》云："三夫共妻，莫适为雌。子无名氏，翁不可知。"知林词果由象生。又久之阅《剥之巽》云："三人同行，一人言北。伯仲欲南，少叔不得。中路分道，争门相贼。"巽通震，由是《易林》言覆象者亦解。又数年读大过，九五曰："老归得其士夫。"大过上兑，而恍然于《易林》遇兑即言老归之本此也。《大过·九二》曰"女妻"。女妻，少妻也。九二巽体，又恍然于《易林》遇巽即言"少齐"之本此也。他若《易林》遇艮即言龟，而恍然于颐、损、益之"龟"之指互艮。遇兑即言月，而恍然小畜、归妹、中孚之"月"之指兑。若此者共百余象。非《易林》之异于汉魏人，乃汉魏人之误解《易》。尤异者，困之"有言不信"，以三至上正覆兑相背也。中孚之"鹤鸣子和"，以二至五正覆震艮相对也。凡旧解无不误，亦皆赖《易林》以通。先天卦象。清儒谓为宋以前所无，关之数百年矣，乃《易林》无不用之。邵子所传一二三四五六七八之先天卦数，及日月星辰水火石土之八象，清儒尤讥其无理，《易林》亦无不用之。于是著《焦氏易林注》十六卷，《焦氏易诂》十二卷，以正二千年《周易》之误解。

卦气者卜筮之资，乃必与时训相附。初莫明其故，久之知七十二候之词，皆由卦象而出。如中孚曰"蚯蚓结"。上巽为虫，故曰"蚯蚓"。中孚正反巽，相对于中，故曰"蚯蚓结"。于复曰"麋角解"。震为鹿故曰"麋"。艮为角，艮覆在地，则角落矣，故曰"麋角解"。初以为偶然耳。既求之各卦无不皆然，且用正象覆象半象靡不精切。凡《易林》所举失传之象，如以艮巽为鸿雁，以兑为斧为燕，求之卦气图往往而在，于《周易》所关至巨，乃著《周易时训卦气图易象考》一卷。

文王演《易》，本因二《易》之辞。而改易旧卦名者，约二十余卦。其旧名略见于宋李过《西谿易说》，乃说之不详。至清黄宗炎、朱彝尊、马国翰等选考之，于某卦当今之某卦，略得矣，而皆未详其义。又二《易》繇词，杂见于传记者。其卦名虽异，其取象则同，可考见《周易》之沿革。乃著《连山归藏卦名卦象考》一卷。

易理之真解既明。易象之亡者复得。于是由汉魏以迄明清，二千年之误解，遂尽行暴露。非前人知慧之不及，乃易象失传之太久也。因之及门诸友环请注《易》，乃复成《易注》二十二卷。以其与先儒旧说十七八不同，而又不敢自匿其非也。因名曰《周易尚氏学》。

以二千余年之旧解，今忽谓其多误。以一人之是，谓千百人皆非，无仍骇众。然而易象易理，如此则协，如彼则龃。一经道破，明白易知。以天下之大，千百年学士之多，果无一人同我者乎？乃复泛览易说，至数百家之多。果得会稽茹敦和，乾隆进士，著《周易大衍》，其发明失传之象，与我同者十有五，如以坎为矢、震为嵩、艮为床等是也。得归安卞斌，嘉庆进士，著《周易通释》，以巽为豕，以坤为鱼，以坎为矢，其取象与我同者三。得安仁卢兆鳌，嘉庆进士，著《周易辑义》，以乾为日，以"鸣鹤在阴"之阴为山阴。说"龙战于野"云："天地之大德曰生。生生之谓易，故天地不交则万物不通。"以战为交接。说与余同者三。得黄冈万裕云，嘉庆举人，著《周易变通解》，谓左氏风行而著于土，山岳则配天，川壅为泽，震之离亦离之震。荀爽注家人，谓离巽之中有乾坤。同人谓乾舍于离，同日而居。坤舍于坎，同月而居。皆明言先天卦位，说与余同者六。得宛平李源，道光举人，著《周易函书补义》，说"西南得朋，乃与类行"，朋即类，类即朋，阴以阳为朋。复曰"朋来无咎"，谓阳来也。阴以阳为类，颐六二曰"行失类也"，谓往不遇阳也。说"天地变化，草木蕃"云："蕃者掩闭。"说大过以巽为女妻，以兑为老妇，谓既济以离为东，坎为西。说与我同者九。得江宁沈绍勋，著《周易示儿篇》，言《焦氏易林》为言易者所不解，其学遂绝。苟有深明象数者，一一诠注，可以发无穷之义蕴。乃注《易林》乾之随、艮之离二卦，皆原本象数。又谓《左传》"同复于父，敬如君所"，及"南国蹙射其元王中厥目"等辞，皆明言先天卦位，说与我同。此六人者，其说《易》虽不皆善，而各有二三说与余符合。可见直理之在天壤，久而必明。孔子曰"德不孤必有邻"，岂不然乎？乃引以自证焉。

独左氏与《易林》所用正覆象，迄无一人用以解《易》者，则余说之赖以证明者，不过百分之五六耳，其有待于后者尚多也。泛览既久，乃成《易林评议》十二卷。年老健忘，偶有所得，不即书之，转瞬即逝。力矫其病，成《读易偶得录》二卷，《读书偶得录》四卷。

《太玄》说《易》，与《易林》等重。乃《太玄》筮法，人与人殊，从无论定。乃著书《太玄筮法正误》一卷。

凡说《易》之书约有十种，其立说与取象十七八与先儒不同。其誉我者，王晋卿先生谓："将二千年来，儒者之盲词呓说，一一驳倒。使西汉易学，复明于世。孟子所谓'其功不在禹下'。"陈散原先生谓："此书千古绝作。今世竟有此人，著此绝无仅有之书。本朝诸儒，见此当有愧色。"其谤我者，谓："郑虞旧注，为历代《易》家所尊重。今忽谓其多疵。岂有清一代如惠氏父子、张惠言、姚配中诸人之尊崇郑虞者之皆误乎？是则妄诞之甚。"然而我所举之易说易象，皆《周易》所固有。我不过举《左传》、《易林》等书，用以证明，以贡献于学者之前耳。至于毁之誉之弃之取之，在其人之功力如何，庸足计乎？

此外著《查勘明陵记》四卷，《燕京城垣沿革考》一卷，《燕京历代官殿考》一卷，《灌园余暇录》六卷，《槐轩见闻录》二卷，《客余随笔》一卷，《文集》四卷，《诗集》四卷，《槐轩说诗》十二卷。二十六年讲学莲池书院，为《毛诗说》二卷。始吾以易象失传，故易说多晦。乃浏览《毛诗》新旧各说，其晦黯与《易》同。惜余年老，不获终业，只说《召南》《周南》二篇耳。

老人资性鲁钝，幼读书日不过十余行。讷于言，见事迟滞。今年七十矣，回忆生平所历，如科名如学问，无不艰苦既久，而后得之。年十八入邑庠，二十一补廪膳生。乃七应乡举，始举于乡。成进士时年已三十三，先母张太宜人殁已三年。又外祖育堂公，有知人鉴。见余兄弟文，谓必腾达，吾当见其成。乃乡举报捷，先一月而公殁。科第之荣，世俗所重。二老人期望终身，竟不得目睹，以博一笑。此则生平所最痛心者。

及通籍为官，不三年得补主事，又二年迁员外郎，得京察一等记名军机章京。军机章京即唐宋之中书舍人，据形势之地，最为清要。乃将任职，而清室鼎革。其为学，当少年精力强壮之时，为制艺所困，不得专致力于诗、古文。乃通籍后始专意为之，而吴先生已殁。乃问法于吴北江、常稷笙、贾佩卿、刘莘西诸同学，凡有所作，无不就正，遂门径粗通。而易学十种，其伏根在二十年前。其考求遗象而成书，则在二十年后。其念兹在兹之艰苦，有非言语所能形容者。盖《易林》既通，以《易林》注《易》。而《易林》未通以前，实以《易》注《易林》。呜呼困矣！

老人生平足迹所至：昔赴汴应试，值河水大涨，得观黄河威势。民国三年奉部檄，往热河查避暑山庄古物，因得遍观庄内七十二胜境，及园外八大处之名迹，康熙乾隆两帝之墨迹，徜徉于山水湖石之间者约一年。五年从塔宣抚使为参赞，遍游张家口、大同、归化城诸边塞。九年因赈至汉口，登黄鹄矶，览大江，陟晴川阁，访琴台。复乘江轮至九江，冒雨登匡卢绝顶。北望大江，如长虹挂天。东眺鄱阳湖，波浪春天。十年查赈河北，游苏门百泉，登啸台，访邵子安乐窝。东至黎阳，陟大伾寻禹迹，瞻佛图澄所刻石佛像，高十丈，抚端木子手植桧。十五年至蚌埠，驻徐州，登云龙山。访东坡遗迹，拜亚父冢。回至济南，泛大明湖，登历亭，得李北海杜工部宴处。十八年赴沈阳，过碣石山海关，东望大海波涛作黑色。平生足迹止此。

老人自幼游佛庙则喜，道院则否，殊不知其所以然。初读佛经，懵不知落处。后阅《五灯会元》，达观禅师云："禅是经纲，经是禅纲。提纲正纲，了禅见经。"乃穷览禅说，久之，知唐宋以来禅家大师，道齐诸圣，其寥寥数语，能括尽经教精华。其大自在处，已入吾儒圣境。凡吾儒谤佛者，皆不知佛之实际与吾儒同，且不知吾儒中庸之道与佛无异也。盖自唐之王维、白居易、裴休，宋之杨亿、李遵勖、张九成、李邴、冯楫，十数人外，鲜有知此者矣。禅语既会，再读诸经，立知归宿，然仍不能解脱也。十四年冬，因时局兀臬不能去怀。偶阅马祖与百丈观野鸭因缘，遂脱然放下。因说偈曰："参得江西过去禅，应无所住得真铨。森罗万象飞飞过，不许些微把眼穿。"因发弃时事，安心著书。后读僧璨信心铭曰："大道无难，惟嫌拣择。但莫爱憎，洞然明白。"又曰："才有是非，纷然失心。"凡著书不能无拣，无是非，于是著书之念亦放下。放下再放，回思旧梦，尽是云烟。历历数之，真多事也。

右系先君七十岁时所写自传。先君生于一八七○年（同治九年）七月廿七日，殁于一九五○年四月十日，享年八十一岁。写此传时约为一九三九年，正当华北沦陷时期。忧国心伤，无以自遣，书此述怀，聊作一生总结。然先君事迹之足可称述者，当不只此。即以著述而论，自传中未经提及者尚多。如《诸子古训考》十八种、《洞林筮案》《郭璞洞林注》《易卦杂说》《槐轩杂著》《（易筮）卦验集存》《周易导略论》《国学概论》《云烟过眼录》《避暑山庄记》《河北省通志（兵事篇）》等二十余种。或自以为零星小品，无足称述。或为七十岁后所写，未及完成。

先君自九一八事变，由东北返京后，即在京寓为生徒讲《易》。院内有老槐二株，因名屋曰"槐轩"。先君于学无所不窥。除著述外，对于方术医药，无不精通博洽。凡家庭妇孺，以及邻舍老幼，偶患病症，一经诊治，无不手到病除。或劝悬壶以济世，先君未允，北京中医学会遂聘为顾问。又精于鉴赏金石文玩，工于绘事。所绘山水，介乎云林子久之间，名画室曰"无声诗室"。自号石烟道人。教子骧以画法，因号骧为小烟。元配卢氏，早亡，无所出。继配王氏，生子二：长骏，幼殇。次即骧。女三：长兰，适行唐傅氏。次桐云，适长垣焦氏。三女章云，适束鹿李氏。骧工科大学毕业，历任重工业部建筑工程部工程师。孙沣辅仁大学毕业，供职北京电业局。孙女慧娟，适北平席氏。曾孙四，曾孙女一，俱幼读。

一九六二年三月尚骧谨记